先辈丛书·回忆录卷

黄华回忆录

中共党史出版社

图书在版编目（CIP）数据

黄华回忆录 / 黄华著 . -- 北京 ： 中共党史出版社，
2025.6. -- ISBN 978-7-5098-6795-2

Ⅰ . K827=7

中国国家版本馆 CIP 数据核字第 20257KL954 号

书　　名：黄华回忆录

作　　者：黄华

出版发行：**中共党史出版社**

责任编辑：杨琳

责任校对：申宁

责任印制：段文超

社　　址：北京市海淀区芙蓉里南街 6 号院 1 号楼　邮编：100080

网　　址：www.dscbs.com

经　　销：新华书店

印　　刷：北京中科印刷有限公司

开　　本：710mm × 1000mm　1/16

字　　数：473 千字

印　　张：28.25

版　　次：2025 年 6 月第 1 版

印　　次：2025 年 6 月第 1 次印刷

书　　号：ISBN 978-7-5098-6795-2

定　　价：78.00 元

黄华（1913 年 1 月 25 日—2010 年 11 月 24 日）

自　　序

过去 70 年间，我在党的领导下，从事青年工作和外事工作，见闻不少。解放前我是外事一兵，新中国建立后，我主要从事外交工作，这对我有多方面的锻炼。我有机会参加我国人民的革命和建设事业，可谓生逢其时，一生充实。

近三年来，我在许多同志的热情关心和帮助下，完成本书的撰写。我希望本书能使读者增加知识，并从中得到一些启发。

黄华

2007 年 6 月

序 一

　　我和黄华同志是同一时代的人，从年轻时就一直追随着中国共产党，我们的经历和党的战斗历程密切相连。光阴荏苒，如今我们已是耄耋之年。看到中国经济蓬勃发展，人民生活不断改善，国际地位与日俱增，心里感到十分欣慰。

　　我与黄华同志相识在一二·九运动时期。他在燕京，我在清华，都是风华正茂、抗日爱国的热血青年。我们不甘做亡国奴，和北平、天津的学生们一道高举抗日救国的旗帜，和反动军警顽强斗争。中国共产党领导中国工农红军在陕北建立的革命根据地，如同光辉的朝阳吸引着成千上万爱国志士，我们也投笔从戎，奔向延安。

宋平

　　1946年的一件趣事令我至今记忆犹新。那时我在南京梅园新村周恩来副主席处工作，黄华在北平军事调处执行部工作。中央委托他从北平专程捎100锭黄金给梅园新村作经费。赖祖烈同志点过后开玩笑说："不对呀，怎么多出一锭？"黄华听了诙谐地说："噢，是生了小金锭了。"

　　黄华从事外事工作数十年。在陕北保安，他为埃德加·斯诺做翻译，到延安后又接待过许多外国朋友和记者，包括美军观察组等。新中国成立后他调入外交部，在周总理和陈毅同志的直接领导下，多次参加新中国重大外交活动，从而培养了作为外交官必须具备的胆略、气魄和斗争艺术。黄华同志深受周总理高风亮节、庄重洒脱的外交风范影响，牢记周总理"外事工作，授权有限"的八字告诫，谦虚谨慎，成为一名立场坚定，掌握政策，钻研业务，开拓进取的外交家。

记得在 1989 年 5 月底，正是北京发生那场政治风波前夕，黄华要去美国出席国际行动理事会年会。行前，他坚守党的外事纪律，通过姚依林找我研究中央的对外口径。在中国革命艰难、漫长的道路上，黄华始终站稳革命立场，和党中央保持一致。

黄华不仅不忘为中国革命和建设倾注过心血的国际友人，而且非常重视结交新朋友。无论过去、现在和将来，我们都需要各国人民的支持和帮助。他领导的几个民间组织，在增进与外国人民的了解和友谊方面做了许多工作。

黄华同志年逾 90，写就了一部回忆录，记述他一生的革命和外事工作，我很赞同。从书中我们可以看到他 70 年走过的光荣岁月。

宋平

2007 年 6 月 25 日

序　二

凌青

　　我怀着十分高兴的心情，阅读并欢迎黄华同志95岁高龄之时出版其回忆录。

　　黄华同志早年积极参加北京的抗日救亡学生运动，曾是北平学联中共党组书记。在临近燕京大学毕业之时，黄华欣然应美国记者埃德加·斯诺的邀请，随他去陕北苏区采访，后留在红军，开始了他很独特的革命外事生活。

　　黄华同志生活的20世纪30年代到今天的70多年，是我国人民在中国共产党领导下，进行翻天覆地的斗争，赢得人民民主革命的胜利和经济社会建设巨大成就的时期。这个伟大的洪流，有千千万万知识分子参加，黄华是其中出色的一员。黄华常说他是生逢其时，他的一生是充实的。

　　黄华同志可以说是我党仍健在的最老的外事福将和寿星。他的工作阅历十分丰富。他参加过我党在解放前的一段重要的对外工作——同美军驻延安观察组共事并在国、共、美军事调处执行部任职。新中国诞生前夕，他被派至南京，同美国驻华大使司徒雷登接触。新中国成立后，他作为中国政府代表参加朝、中、美、韩关于建立朝鲜和平的谈判，陪周总理为首的代表团出席日内瓦和万隆国际会议，先后任驻加纳、埃及、加拿大大使和常驻联合国代表。任外交部长期间，他在邓小平副总理领导下，完成了签订中日和平友好条约、中美建交等毛主席和周总理生前未完成的具有战略意义的工作。自 1983 年起，黄华担任全国人大常委会副委员长和中共中央顾问委员会常务委员，其间仍积极参加一些国际知名人士的会议，宣传我国改革开放、反对"台独"和维护国际和平等政策。20 世纪 80 年代以来，黄华还担任一些以教育、福利、对外宣传和友好活动为宗旨的非政府组织的社会工作。

黄华同志是我的老领导，早在 1944 年延安美军观察组时，我就在他的领导下工作。以后，因情况变化，长期不在一起，直到他出任常驻联合国代表和外交部长，才又重逢。几十年的相知，使我深深感受到他身上具有的很多优秀品质。他对党忠诚，坚持原则，敢于直言，勤奋认真，办事实在，不搞浮漂。他力行陈云同志的格言，不唯上、不唯书、只唯实。对同志，既严格又热情。对任务，既勇于承担，又慎于从事。

鉴于黄华同志的长期革命经历和外交经验，有一本书能把这些经历和经验记录下来，供后人学习，是十分必要的。

我以为，这本书至少有以下八个亮点：

一二·九学生运动是中国近代革命史上的一件大事，虽然对运动情况，已有不少报道，但多是后人的追记，黄华是当时运动的领导者和参与者之一，从他的叙述中，更可让后人全面了解运动发展的实际情形。

他和美国友人埃德加·斯诺的亲密关系，更是党内领导人中独一无二的。斯诺的《西行漫记》曾经影响了很多中国青年奔赴延安，我自己就是受它影响的人，而《西行漫记》是在黄华协助下完成的。书中对于斯诺访问陕甘宁苏区情况的叙述，是一段很宝贵的史料。

中国共产党最早期的半官方外交，黄华也是领导者之一。书中关于延安美军观察组和北平军事调处执行部的活动，以及当时它们引起的影响，有着详细的描述。

解放初期，各地军管会忙于扫除外国在中国的特权和势力，巩固新中国的主权，国家间的外交关系远未全面展开，大城市的外事工作比较复杂，外侨、外资等工作都需慎重处理。黄华先后担任天津、南京、上海外侨事务处处长，承担这一繁重任务。特别是在南京期间，与司徒雷登的接触，是中美关系史中的特殊一页。

20 世纪 50 年代初期的两次具有开创意义的国际会议——万隆会议和日内瓦会议，黄华都作为代表团的顾问和新闻发言人，参加会务领导工作并活跃于各国记者之间，扩大了新中国的国际影响。

由于他工作作风认真负责，深受周恩来总理赏识，很多开拓性工作，多委派他担任，如20世纪60年代，他任首任驻加纳大使、70年代任首任驻加拿大大使，直至任第一任常驻联合国代表。"文革"期间，他出使埃及，是唯一未被调回国内参加"文革"运动的大使，周总理有意保留他作为当时唯一对外的窗口。中美开展乒乓外交时，他是配合周总理在现场接待的领导人之一。他并被指定为同秘密来访的基辛格谈判的三人小组成员。

在他任外长期间，他又完成了许多具有战略意义的外交成就，如实现中美正式建交，签订《中日和平友好条约》等。这些在新中国外交史上具有里程碑意义的事件，都是经过长期艰苦的谈判后才实现的。

黄华同志的对外民间友好工作，也很丰富多彩。他是我国外交界前辈中极其少见的拥有很多外国民间朋友的领导人。这说明，他不仅重视官方外交，也很注意交普通外国朋友，这是很难得的，也是一般领导人难以做到的。

这本书以我国现代史为背景，从黄华工作的角度出发，阐述他对我国外交工作的体会，其中有对政府交涉的回忆，也有对一些重大事件的感想。娓娓叙来，引人入胜。

我以为，这不仅是一部内容充实的史书，也是一部对后人有启发和教育意义的好书。我希望，广大读者能够喜爱这本书。

凌青

2007年7月

目　录

第一章　学生年代和一二·九运动

家庭和学校

我是河北省南部的磁县人。磁县地处世界著名的华北黄土平原，境内河渠交错，阡陌纵横，农业发达，是中国小麦的重要产区。人口密集，文化和教育比较发达。磁县是1700多年前三国时代魏国建置的磁州。境内有丰富的煤炭矿和瓷土（磁县人把瓷土也称作磁土）。磁州窑生产的民用陶瓷是中国北方的名品，在国际上也享有相当声誉。磁县与河南、山东、山西三省相邻，有1906年建成的京汉铁路通过。

1913年初，我出生于一个教职员兼地主的大家庭，原名王汝梅。全家三房有十五六口人，有地40亩。父亲王浩然受过中等教育，曾任县府督学和实业局职员。他注意到我爱读书，就抓我诵读古文，如《论语》《孟子》《幼学琼林》等，可惜我12岁时他病逝了。临终前他嘱咐我母亲，要当时在保定工业学校读书的哥哥王汝贤回家帮她主持家务，而让我继续读书。我母亲是个善良勤劳而又开明的家庭妇女，她鼓励孩子们读书，让过了门的大儿媳妇继续上学，成为教师。我有两个伯父，大伯父王豁然，一生务农；二伯父王欣然（号向荣），是位有声望的学者和教育家。二伯父幼年时也因家贫上不起学，私塾老师看他勤奋好学，聪慧过人，便决定资助他专心读书，直到他考取清朝的"拔贡"。此后他深入儒学研究，广泛涉猎西方学术思想。民国后他应地方当局要求回磁县当教育局长，创立磁县中学，之后，他长期在天津女子师范学院任教。中华书局和商务印书馆出版过他的五本著作，都成为当年大专院校的教材。他自学日语，翻译出版过日本学者的伦理学著作。七七事变后，抗战爆发，日军侵占磁县，日本人要他出来当县长，他极为愤怒，誓死捍卫中华民族尊严，不为侵略者做事。据说他用日语把日本人骂走。随后，他到磁县西部太行山麓的紫金山隐居，直到病逝，"赍志而殁"。二伯父生活俭朴，为人正直，忠贞爱国。我的性格和学习习惯的形成多得于他的教导和影响。我上初中时，每天放学回家，很喜欢到二伯父书房里找书读。他藏书甚多，称得上汗牛充栋，那书房便成为我的乐园。正是在那里我读到鲁迅先生的一些作品，如《狂人日记》《阿Q正传》等。我喜欢读鲁迅的著作，觉得好像给我打开了一扇窗户，帮助我开始懂得如何做人以及探索事物的本质。鲁迅的杂文成了我一生的良师益友。在那里，我也读到了《新青年》等进步刊物。

回顾我的求学经历，也是一波三折。由于战乱的影响，我不能在家乡完成高中学业，就到北平寻找机会。1929年秋，我考入锦州东北交通大学预科，远走东北，到锦州去读书。在交大，我们这些学生热心研讨如何开发葫芦岛，以抵制日本侵略者控制了的旅顺和大连，另辟中国自己能控制的国际交往港口。1931年9月初，我刚升入东北交大本科，发生了日本帝国主义发动侵略战争并占领沈阳的九一八事变。日本要吞并中国东北三省。拥有20万东北军的张学良将军在南京蒋介石政府不抵抗政策的胁迫下，下令部属撤退进山海关，整个东北大好河山迅速被日本侵略者占领，3000万东北同胞成了日寇任意奴役、宰杀的亡国奴。我们交大的学生，每天看着东北军官兵乘一列列火车经锦州开往山海关，痛心疾首，愤懑已极。不久之后，我同大批东北同学也搭车入关，回到北平——五四运动的发源地和中国青年抗日救亡运动的温床和大熔炉。此后，日本帝国主义策动华北五省自治，民族危机迫在眉睫，激发了伟大的一二·九运动。一二·九运动迅速波及全国，掀起全国人民抗日救亡的大潮。

1932年秋，我考入燕京大学。坐落在北平城外西北郊区的燕京大学是美国教会、私人财团和个人捐资兴办的，先后在北洋政府和南京政府注册和获得批准。根据政府规定，中国教育家吴雷川出任校长。原校长、中国出生的美籍神学家司徒雷登改任教务长，实际上掌管全校工作。

当时燕大的学术气氛比较浓厚，教学思想比较自由开明，在图书馆里可以看到马、恩、列、斯的一些著作的英译本。司徒雷登是基督教徒，但他主张宗教与大学教育分离，学校世俗化，不要求学生信教做礼拜。为了提高学校的知名度和吸引力，学校重视聘请中外知名学者任教。师资水平一直保持在全国高校前列。中国教授、讲师日益增加，占2/3。在中、外籍教授、讲师和他们的夫人中，许多人理解和同情学生的进步思想倾向和他们的抗日爱国主张，支持他们的活动。突出的如新闻系讲师、有名的美国记者埃德加·斯诺和他

1934 年春，王汝梅（黄华）在燕京大学校园

的妻子海伦·斯诺，心理学教授夏仁德和赖朴吾等。夏仁德常把自己的客厅借给进步学生开会用。例如，1936 年 3 月初，我借用夏先生的客厅，供中共华北局书记林枫同志同燕大、清华四五位党员会晤和讲解形势政策。这些外籍教授不单是我们的师长，还成了我们的知心朋友，支持中国共产党的抗日救国主张。我永远敬重和怀念他们。至于燕大的同学，有许多后来成为新中国的著名专家、学者和国务活动家。现在我国科学院和工程院院士中，燕大出身的占相当比重。

在高中、预科和大学期间，我读了一些当时能找到的进步书籍和刊物，除鲁迅先生的作品外，有德国梅林著的《马克思传》中文译本、李达的《唯物辩证法》和河上肇的《政治经济学》等，初步明白了一些共产主义和中国革命的基本理论，从爱国、反帝和反封建的意识逐渐发展到接受社会主义革命的思想。我把斯大林著的《列宁主义问题》和《列宁主义基础》英译本中关于帝国主义的论述译成中文，同东北大学的好友张希尧、宋黎及进步教育家车向忱先生一起讨论，我对中国和国际问题的认识加深了。

在殖民地半殖民地的中国，知识分子，尤其是青年学生，是政治上最敏感的群体。我熟悉的年轻人中有许多东北人。他们背井离乡，身受漂泊流浪之痛苦，反对国民党的不抵抗政策，要求打回老家去的情绪非常强烈。我同北平的东北同学思想接近，往来密切。我们在一起讨论进步书刊，特别是讨论抗日救亡的问题。

我刚在燕大读了一个学期，1933 年 1 月，日本继侵占东北之后，又沿着北宁铁路占领山海关，接着又占领热河和喜峰口、古北口等长城主要关口，这等于是打开了进入华北的门户，日军随时可以侵占五省和平津，关内已没有安宁，人心惶惶。在尚属优美安静的校园中读书的燕京大学学生受到极大震动，燕大的进步学生发起成立了全校抗日救国会，在校内抨击日本的侵略暴行，在校外要求政府抗日。我也参加了抗日救国会，是救国会的积极分子。

面对日本帝国主义张牙舞爪的侵略，我们意识到应以牙还牙，应号召全民拿起武器，抵御外侮，在思想上和物质上做好准备。应东北大学同学张希尧的要求，我请燕大印刷所的工人师傅帮助，铅印了一部关于游击战术的小册子。燕大抗日救国会还曾带领全校学生举行过一次军事演习。我通过东北大学学生的关系，得到了该校军训教官的允许，借来一批武器。当时北平各城门都有检查哨，监视进出的车辆和行人，要把武器运出运入是相当困难的。那一天，我借了一辆燕大的校车，开到城里的东北大学，从仓库里取出一批步枪和几十颗马尾手榴弹，放在汽车座椅底下，开到西直门。侥幸的是检查哨的警察向车里望了一眼，问明是燕大的校车便放行了。

演习时间选在天黑之后。同学们在西校门内挖了壕沟，在学校的水塔顶上用大号手电筒放信号，使用了真刀真枪，投掷手榴弹，还放鞭炮增加声势。这次演习的真情实感激发了同学们的抗日热情，锻炼了大家的胆量。麻烦的是投出去的马尾手榴弹，大多数挂到未名湖畔的树枝上，还得爬到树上取下来，好如数送还东北大学。我记得有一次，张希尧教我学习制作简易的手榴弹。我们用香烟铁皮罐做外壳，里面装上炸药和铁钉、碎玻璃等物，中心空出个小洞，插入一根雷管，是触发式的，一遇猛力撞击就会射出火星，将手榴弹引爆。我们把这颗手榴弹拿到燕大附近的圆明园，选了一个荒凉无人的地方进行试验。我们用力将手榴弹投掷出去，手榴弹着地时发出巨大的爆炸声。在我们离开时，看园的老警察赞许地说："唔，还真是挺响的啊！"

燕大名为贵族学校，但部分学生的家庭却并不富裕。从 1933 年秋天起，为了婚姻问题，我家停止给我学费。幸而我申请到了吴雷川奖学金（每学年200银元，逐年按学习成绩评定），才继续读了后三个学年。几个同年级的东北同学经济来源也很有限。我和好友张兆麟、刘克夷、叶德光等十多个同学在校内组织了一个小型抗日团体叫"刻苦团"，提倡生活刻苦、锻炼身体，准备日后参加东北义勇军打日本。"刻苦团"的成员平时不进城，不上电影院，早晨起来做各种锻炼，穿蓝布大褂，吃食堂价低的饭菜，住冬冷夏热的阁楼宿舍，也住过"蔚秀园"的平房，都比较便宜。当然还说不上是卧薪尝胆，但坚定了我们的抗日斗志。我在学习上除了努力读好学分，以便继续取得吴雷川奖学金，还尽量挤时间阅读进步刊物和理论书籍。这对我投身革命，是一种探索和准备。

　　1935 年 5 月，燕大全校学生开会选举新闻系的张兆麟为学生会主席，龚普生（女，我在经济系的同班同学，新中国成立后曾任中国驻爱尔兰大使）为副主席，陈絜为文书。我被选为学生会执行委员会主席，陈翰伯和龚澎为执行委员。我们担任学生会干部后，认真地做了几件有利于全体学生福利的事，得到了同学们的好评。

燕京大学参加一二·九运动的部分领导骨干。左一为陈翰伯，左三为龚澎，左四为黄华，正中为张兆麟，右二为赵荣声，右三为龚普生

　　我和邻近的清华大学的蒋南翔和姚克广（姚依林）等来往频繁，也和城内女一中的郭明秋、北大的俞启威（黄敬）、韩天石等人联系。他们是见多识广、谈吐很不一般的青年，有的已是中共秘密党员。我和他们曾去拜访城内大学的著名教授，如张申府、刘清扬、邢西萍（徐冰）等，并借燕大学生会办公

室开会，筹备成立"华北各界抗日救国会"等问题。

半封建半殖民地的中国，在帝国主义、封建势力和蒋介石法西斯政权的统治下，百业凋敝，民不聊生。日本帝国主义的侵略，步步紧逼，在国难当头的危急形势下，知识分子对时局的反应已从担忧变为行动。北平、天津的大中学校学生最先发动起来。

1935 年的中国是多事之秋。黄河决口，山东、河北遭受特大洪灾，大批灾民流入北平。国民党政府对成千上万饥饿的难民熟视无睹，赈济不力，任凭他们拖儿带女在街头乞讨，时常有病饿的难民倒毙在路边。

中共北平地下党发动各学校组织黄河水灾赈济联合会，动员社会力量进行救灾。燕大学生会也成立了赈济分会，积极发动全校师生，热情地投入了救灾工作。同学们对国民党政府的腐败无能深恶痛绝。

1935 年 7 月，国民党政府接受日本在"何梅协定"（何应钦和梅津美治郎签订）中提出的全部无理条件，把河北、察哈尔两省大部分领土的行政权奉送给日本。加上此前的"秦土协定"（秦德纯和土肥原贤二签订），日本几乎不费一枪一弹攫取了华北五省，国民党的党部和中央军全部撤离，北平、天津随时可能被日军占领。亡国灭种的危急形势激发起全国人民，首先是北平、天津人民的抗日救亡怒潮。

中国共产党北平市委员会尽管几次遭到国民党破坏，调换领导人，但一直密切注视着平津学生日益高涨的爱国热情，在各大学建立支部和外围组织，并注意总结学运中的经验和创意，再用以指导学运。大约在 1935 年 11 月上旬，燕大学生自治会倡议建立北平学生联合会，得到北平党组织的支持。就在燕大的食堂召开了各校代表谈话会，决定推荐燕大、女一中和汇文中学三校作为市学联的发起单位。11 月 18 日，在城里举行了市学联第一次代表大会，选出主席郭明秋（女一中代表）、秘书姚克广（清华大学代表）、总交通孙敬文（镜湖中学代表），我为总交际。市学联还发表宣言，要求立即停止内战，对日作战，保卫华北……

燕大的左派同学十分关注中国共产党领导的工农红军长征的消息。著名记者范长江在《大公报》上报道的一则消息，特别激动人心：中央红军已走过二万五千里的长征，并于 1935 年 10 月胜利到达陕北革命根据地。1935 年 9 月，学校开学后，有人寄给我一封信，拆开一看是吴玉章在法国出版的中文版《巴黎救国时报》印发的中共《八一宣言》。宣言号召全国人民团结起来，停止内战，建立抗日民族统一战线。这一宣言对当时的抗日救亡运动起了很大的宣传和推动作用。许多同学争先恐后地传阅和翻印这份激动人心的宣言。燕大同学中越来越多的人认识到中共是真诚抗日的，红军部队已开到陕北，随时准备对日作战；蒋介石必须停止"攘外必先安内"政策，联合全国一切爱国力量，发动抗战，把日本帝国主义赶出中国。

我早就想加入中国共产党。1935年秋，东北大学的中共党员张希尧曾提出愿意介绍我入党。我很高兴，同时考虑到工作的方便，我请他把我的入党愿望转达给燕大支部。由于当时燕大尚未成立党支部，我于1936年1月由同学陈絜、李宗瀛介绍入党。

一二·九学生运动的爆发

燕京大学是美国人办的学校，不像其他大学那样直接处于国民党反动政府的高压下，学生的活动受到种种干扰和镇压，学生很容易被逮捕和监禁。燕大的外国教授多数能明辨是非，秉彰正义，同当时普通美国人一样，同情中国人民的抗日斗争，反对日本侵占中国领土。燕大这种比较宽松的政治环境使学生的抗日思想得以较自由地抒发，燕大学生在当时的北平学运中实际上处于前卫和骨干地位。1935年6月，国民党政府颁布了一则《敦睦邦交令》，公然宣布"以文字、图画或演说为反日宣传者，均处以防害邦交罪论处"。燕大学生会偏偏不听这一套，而大谈抗日，有时还在全体学生大会上点名指责蒋介石的投降卖国政策。1935年秋季开学以后，燕大学生会公开出版的《燕大周刊》上每期都有谈论抗日的文章，揭露"何梅协定""广田三原则"和日本酝酿占领平、津的密谋。文章喊出了当时全国人民的心声。学生会还召集了几次学生大会，每次有六七百人参加，热烈讨论当时的政治形势，批驳所谓"攘外必先安内"的谬论，斥责蒋介石丧权辱国、媚日投降的罪恶行径。

20世纪二三十年代的旧中国是国民党实行法西斯统治的时期，白色恐怖笼罩着中华大地，人民毫无民主自由。国民党特务猖狂暴虐，尤其对进步知识分子严密监视、逮捕和迫害。为了反对国民党当局随意逮捕学生，不给人民言论、结社、集会的自由，1935年10月22日，燕大全体学生大会一致通过决定，授权学生会请哲学系研究生高名凯草拟电文，发给南京正在召开的国民党第四届中央委员会第六次全体会议，要求政府开放言论、集会、结社自由，禁止非法逮捕学生……在征得清华大学、女一中、法商学院等校学生会的支持后，我们将此电文作为平津十校学生自治会为抗日救国、争取自由联合发表的宣言，连夜印刷，寄送到全国各大中学校、报纸杂志社。这个措辞尖锐的宣言无情地揭露国民党残害青年学生的暴行，强有力地抨击国民党扼杀民主的政策，打破了当时国内黑暗沉闷的局面。可以说，它是一二·九运动爆发前的一颗信号弹。

北平市学联成立后不久，我们考虑应迅速采取行动，表示我们对当前政治局势的态度。一天，我们在盔甲厂13号斯诺先生的客厅写信给当时民众十分尊敬的革命者宋庆龄，请她指点我们应该怎么办。12月初，美国记者艾格尼斯·史沫特莱和埃德加·斯诺转来宋庆龄的答复，明确建议我们采取行动，说最重要的是行动起来！这对平、津学生于12月9日开始发起的一系列行动是一个有力的推动。

这时，北平盛传亲日伪政权"冀察政务委员会"要在9日那一天成立。北平市学联开了几次会，决定联合北平各大中学校学生举行请愿和游行。7日，我到城里开会后带回这一决定。8日，清华大学、中国大学、东北大学、女一中、北平大学、师范大学、师大女附中、民国大学、志成中学、汇文中学等校代表来到政治气氛较轻松的燕京大学开会。代表们在男生体育馆济济一堂，会议在严肃、亲切而又紧张的气氛中进行，由女一中的郭明秋主持。她是中共党员，同北平市委联系密切。大家讨论了如何向国民党军事委员会北平分会代理委员长何应钦请愿，布置了口号、行动策略和请愿的六条纲领，对游行的时间、地点和路线都作了部署。会后，各校代表回校分头动员。燕大学生会大会在张兆麟主席的主持下，一致拥护次日到北平城内游行。

12月9日，天色尚未大亮，燕大男女宿舍都梆声齐鸣，催促大家起床。在刺骨的寒风中，女同学们先于男同学来到南操场集合。全体到齐后，共编成六个大队，每队90人；每大队又分三个中队，每中队30人；下面又分三小队，每小队10人，都有队长负责指挥。另外还有纠察队和骑自行车的交通队，组织严密。张兆麟高大魁梧，走在队伍的最前面，按照原定计划，为了避免警察注意，取道小路进城。哪知出校门不久，即遇警察前来阻止。我们就由一部分同学采取包围形式，和他们交涉，另外的同学则乘机继续前进。后来我们又一再受到警察的阻止，每次我们都用这种方法对付，获得很大成功。

我们从田间走到公路上以后，警察坚持不让通过，于是我们散开，分头前进。为了不使警察传递消息，男同学抱住警察，女同学拖住警察的自行车，许多平时温文尔雅的同学在高喊"打倒日本帝国主义""反对华北自治"的口号声中，感到力气倍增，迸发出使不尽的革命热情。

我们的队伍走了十几里，来到了离北平城西北角的西直门不远的高粱桥，这里把守的警察很多，设置了三道防线。他们人多势大，态度也比较蛮横，我们仍然用前述的办法，一面由一些人和他们交涉，另外的人实行偷渡。这里的警察急了，动起武来，撕毁我们的校旗和队旗，并殴打学生，我们被迫自卫还击，发生了小冲突。几个警察拽住张兆麟的围巾，连拉带推地把他拖进西直门外大街的区署。

西直门外区署的警察，平时为非作歹，欺压老百姓，就是凭着他们手中有几十条枪。今天的学生不在乎那个，团结起来力量大，那几十条枪就显得渺小了。当时，我纵身向前并大声呼喊："抢回张兆麟！"于是许多同学冲进区署，硬把张兆麟抢了出来，警察也没有办法。

我们的队伍到达西直门外，城门已经关闭，我们只好站在瓮城外面。此时清华同学的大队沿平绥铁路线来了，大家鼓掌欢迎。北京大学农学院和其他学校的同学也来了，大家又鼓掌欢迎。学生愈集愈多，西直门外已不下两千人。我们觉得不宜在这里坐等，索性把城外的空地当作会场，开起群众大会。这时道路已水泄不通，有很多过路人和看热闹的市民，逐渐由外围靠近，和学生打成一片，人越来越多，声势浩大。

这个自然形成的群众大会，由张兆麟拿起纸做的喇叭筒，站到一个小土墩上开始讲话。他的嗓音很洪亮，满怀激情地控诉日本兵在东北的暴行，指责国民政府的不抵抗政策，明确表示反对成立冀察政务委员会，并领着大家呼口号。在张兆麟讲话之后，各校许多同学相继登上这个小土墩讲话，其中尤以清华大学女同学陆璀讲得最好，最使听众感动，在大家的心中留下深刻的印象。她拿着话筒讲话的那张照片，还被邹韬奋先生选作《大众生活》杂志的封面。后来又有燕大的赵志萱（女）和别的同学讲话，西直门外的群众大会一直开到下午。大会结束后，有数辆卡车的日本兵径直驶向西直门，学生即面对持枪日军，高呼"打倒日本帝国主义""反对华北五省自治"等口号。

在交通断绝以及城内电话不通的情形下，我心中非常焦急。因为我们事前商定，游行队伍要一直进发到城内中南海居仁堂，去见何应钦，由燕大学生代表，当面向他递交请愿书，并当众愤怒斥责国民党的投降卖国政策。现在我

1935 年 12 月 9 日，燕京大学和清华大学的学生游行至西直门外受阻，就地举行群众大会。图为陆璀讲话。左一（背影）为张兆麟

们一直被阻在城外，没法去完成这个任务，我感到很不安。后来一想，相信别的学校的同学也同样会做好这些工作，我又放心了。到下午 3 时，何应钦的代表、北平市社会局局长雷季尚出现在西直门，他在城里由门缝中向外对各校代表们说："诸位的各点要求，已转达何部长，他已全盘接受，请同学们赶快回校……"当时各校同学又冷又饿，疲惫不堪，听见雷季尚的话，虽然不相信，但姑妄听之，觉得总比没有答复为好。于是学生高呼口号，分别整队返校。回校后，我们在《一二·九特刊》上写道："我们这次请愿是一个民族解放运动的开始，而不是一个终结。这仅是一个小火花。但是这个小火花将会燃起全国民众革命的烈火。"

一二·九之后，我们又听说冀察政务委员会推迟到 12 月 16 日成立，北平市学联决定再度举行游行示威。

12 月 16 日，我们接受了一二·九未能进入西直门的教训，决定除了大队学生由西便门的铁路门入城外，燕京、清华还各派 30 名同学头一天进城，一定要和城里的同学一齐参加新的战斗。根据学生大会决定，我和 30 多位燕大同学前一天晚上进城，有的住在同学家，有的住在灯市口燕大校友会。我带了宣传品住在灯市口校友会，人多床少，工友们热情地帮助铺上

草席，多数人打地铺过夜。第二天一早，我们就到了预定集合地——西直门内北沟沿。到了9时，我们在东北大学宿舍排成队伍，燕京30人在前，清华30人居中，后面是数百人的东北大学的大队。这个队伍意气风发，一面游行示威，一面发动沿途学校的学生来参加游行，队伍不断扩大。当我们顺北沟沿向南经过平民中学时，因为这个学校是红漆大门的旧式房屋，一层层进院很深，我进到了最后一个院子的教室，找学生出来参加游行，出来迟了一些，一出校门便被警察捉住，押送到北平市公安局。这是我在北平的第一次被捕。这一天，在宋黎、黄敬、姚依林的领导下，城内外的同学在宣武门会合，开始游行，约有两万学生和市民参加，比一二·九的规模还大。反动军警以棍棒殴打和水龙头冲击学生，各校受伤者250多人，还有22人被捕。

1935年12月16日，北平城内的游行学生遭到当局镇压，他们英勇反抗，从军警手中夺过水龙头射向军警

　　我被关在公安局一个小院子里的一间孤零零的平房里。屋子里有个大炕。陆续被关进这里的有六七个同学，其中有清华大学的王永兴，还有记者刘江陵。门口有一个老警察，没精打采地抱着步枪，坐在凳子上，似乎是无所谓地看守着。我们在凝结着水蒸气的玻璃窗上用拉丁化新文字写了"打倒日本帝国主义"等标语。这次我被关在这里只有一个星期，没有受审讯，便与另外几个被捕的同学被燕京大学校长陆志韦、清华大学校长梅贻琦和其他几个大学校长联合保释出来。

南下宣传团的活动

我被释放回学校后没几天，便在1936年1月4日参加了南下扩大宣传活动。平津学生联合会在北平党组织的号召下决定，在冬季保持学生运动的势头，发动学生到京、津以南农村地区宣传抗日救国的道理。学联一共组织了四个宣传团，第一团由北平东城各校同学组成，第二团由西城、南城各校同学组成，第三团由西郊和别处同学组成，第四团由天津同学组成。1月4日上午，我同燕京同学的队伍来到蓝靛厂，这是远郊区一个可以撇开军警阻挠的集合地点，但还是来了不少便衣特务、军警监视我们。当时清华五十个同学编成第三团第一大队，燕大同学49人（其中包括贝满女中、华光女中同学三人）编为第二大队，辅仁、中法、朝阳和市一中等校同学五十多人编为第三大队。因城内同学须绕路出城，陆续来到，我们不能久候，就拿出队旗，举行宣誓，先走了一步，走到田庄才和辅仁、中法、朝阳等校的同学会合。在蓝靛厂出发前，我见陆璀同学身体太弱，还在发烧，硬把她劝回去了。斯诺和他夫人海伦·斯诺（笔名尼姆·威尔斯）以及好几个外国记者，都按事前的约定，来到蓝靛厂拍照、采访兼送行。美国米高梅公司还有人来拍了电影。海伦神秘地塞给我一个用报纸包的东西，像牛舌烧饼那么大小。我塞入夹克口袋，问海伦是什么东

1936年1月，平津学生南下扩大宣传团第三团第二大队（燕京大学）第三小队合影。右一为黄华，右二为陈翰伯

西。她瞪大了眼睛说，是炸药！我吐了吐舌头，做了个鬼脸，握手告别。原来那是一板巧克力。

我们这次南下宣传，首要目的是把抗日救亡的宣传从大城市扩大到中小城市和乡村，发动广大工农群众，同时也是要在学生群众当中训练一支思想进步，认识清楚，能经得起考验的骨干队伍。我们决心挺身而出，担负起天下兴亡的责任，当抗日救国的先锋，甚至愿意献出自己的生命。1月份的北平十分寒冷，但同学们认为最寒冷的天气和最凌厉的风沙正是锻炼我们意志的机会。

我们离开蓝靛厂之后，向北平以南的方向步行前进，第一晚住宿在宛平县即卢沟桥，第二晚住宿在琉璃河，第三晚住宿在涿县码头镇。我们扩大宣传团每到一个集镇人多之处，即张贴标语，演讲，唱歌，演短剧，召开群众大会，或派遣小分队深入附近的村落，去唤醒沉睡的农村。在行进途中，同学们且行且谈，根据一二·九以来的感受，敞开思想，谈论天下大事，议论统治当局的媚外屈从思想等。我们感触最深的是，农村凋敝，农民受到极残酷的剥削，贫穷落后，对国家大事闭塞无知，但淳朴憨厚，热情直率，在明白抗日的道理时，即坚定表示决不做亡国奴，要打走日本人。这次行动还使我们认识到自己过去对于中国社会的实际情况了解得太少了，直接的生活体验和相互的交流，使大家的思想很快地发生了较大变化，同学们开始深深同情和尊敬广大老百姓，对抗战和中国必胜的信心倍增。作为扩大宣传团之一员，我热心投入，热情地进行宣传。因为我是扩大宣传第三团的团长，我还要考虑宣传团的行程路线以及和北平学联南下扩大宣传指挥部的联络。1月7日，我们自琉璃河起身，午前到达码头镇，适逢该镇大集，人很多。我们团就在这里演戏，开群众大会。我抽时间骑自行车到礼贤镇找扩大宣传第二团，向扩大宣传团总指挥宋黎汇报工作，讨论下一步怎么办。从宋黎那里得知四个宣传团将在固安县会合。我当即赶回码头镇。

1月8日，四个扩大宣传团由不同方向来到固安县，胜利会师。可是固安县长是怎样欢迎我们的呢？他下令紧闭城门，在城门楼上架起机关枪，说扩大宣传团的同学是"土匪"，不让进城。如果学生三天不走，他的城门也将紧闭三日。各团同学只得分住在四个城门之外的大车店里。1月9日上午，四个宣传团的同学集合在一起开会，由各团团长报告他们的工作，讨论下一步的行动计划，并由中国大学的董毓华同学代表扩大宣传指挥部作了总结报告。

我们团最紧张的一幕是高碑店之夜。我们于1月13日行至高碑店，在进行了一天的分组宣传回来之后，看到我们借住的小学校已被县公安局警察和北平来的便衣警察包围，持枪的便衣队进来对我们进行搜查，抢去我们的旗帜和宣传品。到农村宣传的各小分队相继回来，都被便衣队拒绝在门外，有的被他们扣留，转送到别处去了。此时有几个自称是冀察政务委员会委员和新城县县长的人进入小学校，说要解散我们扩大宣传团。原来他们正在用各个击破的办法打击我们。我们几个队长考虑到我们手头的旗帜和宣传品都没有了，不能工作，不如暂时返校，于是就和这些委员和县长达成协议，只要把扣留的同学放回来，并且道歉，我们就自动返回北平。被扣留的同学回来后，我们即排队前往火车站。由于当晚没有北上的车次，我们又冷又饿，饥肠辘辘，只好在车站旁边的小饭铺内随便吃一点东西，以解饥渴。

小饭铺前后只有两间房，里面原有两个军人在吃饭，第三大队的燕京同学进来了，我告诉他们，北平侦缉队马上会来捣乱，劝他们尽快离开这个是非之地，他们便匆匆地走了。同学们正在喝水，便衣军警就来了，不许同学们聚集在一起，要我们解散。我们说，我们宣传团已经分散了，只剩下30来人在这里吃饭，还不允许吗？外面的便衣军警仍然大声叫唤，要我们出来。我们不理这帮走狗，他们气急败坏地冲进屋来，拿着棍子乱打我们。我们拿起板凳，拆下桌腿当武器来自卫，噼噼啪啪打了几个回合。因为饭铺很小，只有一门一窗，打手们施展不开，他们便放火烧饭铺。纸糊的窗户和茅草屋顶很快就燃烧起来，浓烟滚滚，情况很紧急，同学们赶紧泼水救火，房子才没有被烧坏，但同学们的衣服全被泼湿了，狼狈不堪。

第二天天一亮，我们第三团三个大队的同学们又聚集在一起。因为周围有军警特务监视，我用英语对大家说："我们还是一个都不少地暂时回去吧。虽然回去，但我们的宣传团决不解散，我们要永远为中国的民族解放而奋斗。"同学们或鼓掌表示赞成，或用英文说"我明白""我同意""很好"等。火车进站后，我们乘上一节车厢返回了北平。我和清华大学的蒋南翔商定，我们这个宣传团要继续存在，定名为中国青年救亡先锋团。后来在燕京大学，我们召开了一次两校参加过扩大宣传活动的同学的会议。又听说城内各校扩大宣传第一团、第二团的同学也和我们一样，要把扩大宣传团这个组织永远继续下去。在北平党组织的指导下，我们把中国青年救亡先锋团和城内一团、二团的组织合并在一起，命名为中华民族解放先锋队（简称"民先"），2月1日在师范大学举行了第一次代表大会，选举了清华大学的学生李昌为大队长。这样，中华民族解放先锋队就正式诞生了。

王汝梅（黄华）和蒋南翔商量后，建议成立的中华民族解放先锋队，简称"民先"。民先于 1936 年 2 月 1 日成立，为抗战准备思想和干部。图为民先 1937 年 7 月 10 日赴医院慰问第二十九军抗日受伤的战士

抬棺游行和《牢狱之花》

　　南下扩大宣传回来以后，学生运动进入一个艰难困苦的低潮时期。1936 年 2 月中旬，南京国民党政府眼看全国各地学生受一二·九运动的影响，抗日爱国斗争正以燎原之势扩大，于是颁布了一个杀气腾腾的《维护治安紧急治罪法》，接着又发布取缔北平市学联的命令。北平当局开始了镇压行动，对各校抗日学生进行大逮捕，相继在东北大学、中国大学、清华大学和另外一些学校逮捕了 200 多个同学，整个 2 月份都笼罩在恐怖气氛之中。一些特别暴露的同学夜间不睡在自己的宿舍里，我把自己保管的宣传品交给了同屋的新西兰籍研究生詹姆斯·贝特兰代为收藏。贝特兰毕业于英国牛津大学，他在那里参加了费边派社会主义俱乐部，因获得西塞尔·罗得斯奖学金到燕大来学中文和研究中国政治。他曾把马尔罗关于中国大革命的一本小说《人的命运》送给我

读。因此我是信任他的，他也欣然接受了我的委托。

在白色恐怖加剧的时期，我们始终没有放松救亡活动。2 月 1 日在北师大召开民先第一次代表大会，正式成立中华民族解放先锋队。燕京大学民先队的同志，按照民先代表大会所通过的"斗争纲领"和"工作纲要"，于 2 月 7 日，即中国工人运动史上最早的节日，平汉铁路二七大罢工纪念日，组织了一个 24 人的宣传队，前往南口铁路工厂，向工人进行抗日宣传，继续做一个月以前南下扩大宣传所做的工作。同学们来到厂外，受到门警的阻拦。他们指着"工厂重地，闲人免进"的牌子，不许学生入内。同学们只好站在厂外等待工人下工。后来见下班的工人出厂，同学们迎上前去讲解，竟遭便衣警察的疯狂殴打。军警抓走四个学生，并夺去陈翰伯手中的照相三脚架，还猛击陈翰伯的头部，致使陈血流满身。后来军警提出条件，如果其余同学同意离开南口，不再在工厂门口宣传，可以释放抓去的四个同学。全队同学看见工作没法开展，为了四个战友的安全，只好同意上述条件，怏怏地返回学校。

北平学联拟定了《非常时期教育方案》，加强各校校内的工作，举办各种座谈会、讨论会，团结更多的同学。到了三八妇女节，我们假借燕园内的适楼小礼堂，举行了上千人参加的三八纪念会，北平市妇女救国会代表曹国智等在会上讲话，会后在燕园内举行小型的游行活动。我根据倍倍尔《妇女与社会主义》一书对妇女受压迫的社会根源和阶级根源的分析，针对当前华北垂危下的中国妇女问题，写了纪念文章，刊登在《燕大周刊》上。

3 月 18 日，北平学联组织各校同学到圆明园荒凉的三一八烈士墓，举行三一八烈士遇难十周年的纪念会，纪念 1926 年被北洋军阀段祺瑞执政府开枪屠杀的四十六名北平学生。到会的有清华、燕京、师大、法商学院、工学院、农学院等校同学约两千人。举行仪式后，通过了几项决议，包括发电报给南京政府要求收回《维护治安紧急治罪法》和取缔平、津学联的法令，通电庆祝全国学联在上海成立，扩大追悼北平河北高中同学郭清之死。这一天军警沿途戒备，但是没有出面阻止，而是"护送"大家到公墓。

从 1936 年 1 月起，北平党组织指派领导市学联的党团书记是姚依林，成员有郭明秋、孙敬文、黄敬、王其梅。在 2 月 29 日清华大逮捕时，姚依林被同学们从军警手中抢了回来。因他的目标太大，后来组织调他到天津工作去了。黄敬隐蔽起来，专做党的工作，郭明秋和林枫到天津去了，王其梅被捕入狱。在这个沉闷的时期，我继任市学联党团书记。党团成员有北大的韩天石、东北大学的王庸等同志。每次学联开执委会和各校代表会议，各校的积极分子们都憋着一口气，发言激昂慷慨，情绪急躁，要求对大逮捕发动反击，打破"黑云压城城欲摧"的低沉局面。我劝大家忍耐一点，不要硬拼，但是说不服这些同学，有的甚至埋怨学联软弱，不能代表广大同学。

河北省立高中（即现在的北京第十七中学）一位 18 岁的学生郭清被捕后受刑挨打，生命垂危。警察拒绝送医院治疗，到了快断气的时候才把他送出来，于 3 月 9 日惨死。在验尸的时候发现他遍身紫红，嘴里和耳朵里都是凝结了的血块，眼睛大睁着，头发竖立，肚子很瘪。郭清的同班同学看到这种情景泣不成声，验尸时所摄的照片很快就在各校同学中流传开来，引起同学们的深切悲痛。该校高二丙班同学想开一个小型追悼会，约请各班派代表参加。但该校的训育主任却斥责学生说，郭清因闹学潮而身亡，是咎由自取，郭清对学校和社会没有做有益的事情，不值得追悼。学联开会时，大家都情绪激动，希望学联出来组织追悼会，开展反对当局镇压的运动。这不仅仅是积极分子的愿望，一般学生也有此要求，只要一号召，一定有很多人跟上来。我最初的思想是既要团结同学，反对白色恐怖；又要避免同学遭受到不必要的损失，主张慎重一点，想说服这些同学，不要急躁，结果反而被他们说服。经向市委请示，决定开追悼会。

3 月 31 日上午 9 时，在沙滩北大三院礼堂，召开郭清的追悼会，到会一千多人，多数是各校的民先队员和积极分子。本来会场上只简单地悬挂了郭清的画像和郭清同学追悼大会的横幅，台前放了几个花圈。东北大学的王庸是一个活动力很强的小伙子，他为了增加会场上沉痛的气氛，自己花钱从棺材店里租来了一口棺材，放在主席台上。追悼会开始，首先是公祭，向郭清遗像鞠躬致哀，继由燕大同学王永祺代表学联致悼词，接着由几个同学登台讲话，控诉国民党当局的迫害，要求爱国自由，言词都很悲愤激昂，有的讲着讲着就哭了起来。我记得事前党内部说过，为了保存力量，各校主要领导学运的负责人不要参加这次行动，以免暴露。西郊区委就曾嘱咐燕大党支部和民先领导人之一的王永祺（后名王明远）不要参加追悼会，但他不顾自己的安危，还是来参加了。会场上还有我很熟悉的几个大学的核心骨干，我一方面为这些同学的坚强斗志感到鼓舞，一方面又有顾虑，如果这次行动受到打击，会使北平学运受到重大损失，因此心情沉重不安。正当追悼会在礼堂里进行的时候，国民党地方部队的军警已经荷枪实弹，把北大三院团团围住，禁止出入。与此同时，北大校长蒋梦麟以开除学籍威胁韩天石等北大学生会负责人，强迫他们解散追悼会，停止北大学生会的活动。韩天石等自然拒绝蒋梦麟的无理要求，会场上同学们见此情形，群情沸腾，愤怒难遏。此时，有人提议抬棺游行，立刻得到同学们的热烈响应。在北大三院和孔德中学之间原有一门相通，后来此门被用砖头垒死了。同学们便把这堵墙推倒，由孔德中学冲到街上游行。许多同学抢着高举追悼郭清同学的大字横幅，抢着拿花圈、抬棺材，唱着《五月的鲜花》等悲愤的抗战歌曲，壮烈之情洋溢。

堵在北大三院门外的军警没有想到我们从孔德中学出来，来不及阻挡。我们取道沙滩走上北池子大街，向南游行。这次和一二·一六游行不同。一二·一六有周密布置，事先设计好游行示威的路线图。那天我被捕之后，首先就是设法毁掉自己身上携带的路线图。而3月31日这一次是临时组织的队伍，队伍不长，从队前可以看到队尾。当我们来到南池子的时候，前面有军警阻拦，并有穿皮夹克的警察骑着摩托车向我们撞来。因为队伍前面是燕京、清华和城里几个大学组成的主力队伍，尚能和他们抵挡一阵，尾部相当一部分是中学生，没有遇到过这样的场面，被军警一冲便乱了。后面一乱，前面的队伍也随之被冲散，花圈被抢走了。军警逢人就乱打乱抓。

我见机闪入路边一个小胡同，不巧这是个死胡同，走进去就出不来，而且也有警察。在一个茶馆前面，警察追上来把我抓住，拳打脚踢，还打碎了我手表的玻璃蒙子。这一天我穿的是灰布大褂，不是学生装束。警察问我："你是干什么的？是闹事的学生吗？"我说："不是。我的表坏了，表蒙子破了，我是去修理表的。"警察不管那些，把我拉到城内第六区派出所。有一位燕大同学柯家龙在前面抬棺材，他穿着棕色皮夹克，目标特别突出，也挨了打，被抓进派出所。

这一天抬棺游行被捕的有50多人，抓到内六区派出所的有20多人。燕京同学被捕的有王永祺、柯家龙、麦佳曾、余梦燕、王令娴、肖庆暄和我共七人，其中有四位女同学。事后思考，觉得学联党团在这一次抬棺游行决策上是有错误的。当时同学们激于义愤，希望有一次行动是可以理解的。既然各校积极分子坚持要反击当局的镇压，搞一次运动，我们就在取得市委同意后举行了追悼会。但是否游行，开始没有明确决定，后来见警察包围北大三院，觉得冲出去比被围捕会有利些，便临时匆忙确定了游行路线和队伍序列。我作为北平学联的负责人，很不成熟，没有经验，没有考虑在形势与条件不利的时候应该号召各校分散纪念，表达哀思，避免与敌人硬拼，以致遭受挫折和损失，对此，我是有责任的。刘少奇同志于 1936 年 4 月到天津主持北方局工作后，曾写文章批评，指出三三一事件应作为一个"左"的例子来教育大家。对我来说，这是一次十分深刻的教育。当时我入党时间不长，对于斗争策略和领导群众行动的经验都懂得很少，经过这一次挫折的教育，才有所领悟。

当时我被抓进派出所，他们问我姓名，我讲的是真实姓名，是燕京大学的学生，为的是使外面的同学知道，便于营救。羁押在派出所的学生到了夜晚，两个人铐在同一副手铐上，被装上大汽车，押到北新桥炮局子陆军监狱。

1936 年 3 月 31 日，北平的大中学生为监狱中牺牲的学生抬棺游行，被军警冲散，黄华被捕。半个多月后被学校师生营救出狱。图为监狱的部分被捕者名单。左五为王汝梅（黄华）

到了监狱，每人都戴上四斤多重的脚镣，并且用铁钉把脚镣钉死，然后分别被带进号子（牢房）里。当晚我们被一一唤出过堂，由一个姓郭的军法官审问。法官并未多问，只是叫被捕同学把身上的零钱、手表、眼镜交出来。我把玻璃蒙子碎了的手表也交了出来。夜里，我们十多人睡一个铺着苇席的通铺。第一夜没有被子，同学们只好背靠着背睡，借体温保暖。狱卒对我们睡觉也有规定，即每个人都必须头朝外，以便他半夜用手电照着点数。

第二天我仔细一看，这间号子不过十几平方米，牢门的上部开了个长方窗口，透过铁栏杆可以看到对面号子里的难友。和牢门相对的方向有个小窗口，也有铁栏杆，我住在这里就算尝到铁窗风味了。每天上午监狱只发给我们冷窝窝头，下午是黑馒头，早晚都有一碗黑菜汤。每天有两次放风（或称放茅），每次一出来就有一个大个子山东军官训话。他一口獠牙，嗓门儿不小，但讲话没什么内容。训话后他带着我们跑步，最后给片刻自由活动时间，让我们上厕所，在院子里走走，呼吸点新鲜空气。我们趁机和另外号子里的人讲几句话，传递狱中的秘密小报。

我在大号子里住了几天后，被命令搬入边上一间小牢房。小牢房的特点是只有三个人，共睡一张大木板床。我高兴的是小牢房里有一个难友是张申府教授。我和他是在 1935 年夏筹备召开华北各界救国会时相识的。他就是 1922 年在德国同周恩来介绍朱德加入中国共产党的人。20 世纪 30 年代，张先生是清华大学教授，讲授"逻辑学""西洋哲学史"。他在一二·九运动中支持学运，在 2 月 29 日军警包围清华园时被捕。现在我们朝夕相处，谈得很投机。张申府的夫人刘清扬也被关在这所监狱，与两个女同学就在斜对面另一间小牢房内。有人告诉我：关在小牢房里的都是情节较重的，我也没在意，大号子里的同志却为我们担心。

这时，监狱分派王其梅做狱内勤务工作，如扫地、送饭等等。他已被关押数月，是未暴露身份的中共北平市党委委员（新中国成立后曾任中共驻西藏的党委书记）。在狱中，他有机会在各个号子走廊间走动，经常给别人带东西。给我带过一小段铅笔，后来又带给我一些白纸。我听说从前监狱里出过刊物，传递消息，鼓励难友们与困难做斗争的决心和信心。现在我们为什么不能这么干呢？于是我就坐在地上掀开被褥，把床板当桌子写字，编写小报。每次一听见门外有人声，我立刻用被子把它盖上，以防暴露。

我用铅笔在白纸上写整齐的仿宋字，自编自缮一份狱中的秘密小报，刊名为《牢狱之花》，这是沿用德国一本小说的名字。除刊头外，在一张纸的两面密密麻麻地写了不少东西。监狱向来规定，被关押的人不许看报，外边报纸不准送进监狱。有两三次燕京的同学给我送毛毯和其他用品的时候，用北平出版的英文报纸包起来。狱卒不懂外文，这些报纸竟没有被扣留，我从中知道了许多外面的消息，包括抗日运动的新闻和学运动态。我就把这些消息摘要写在小报上，从一间牢房传至另一间牢房，一手传一手。

在狱中，张申府还用唯物辩证法向难友们讲述困难的前面就是光明，鼓励难友们树立斗争的信心。他讲得很长，我只能在我们的小报上节录其中精彩的一部分。小报除学术专栏外，还有狱中信息，例如说某号子里边窝头有剩余，谁要？简单活泼，充满着友爱，也解决实际问题。文学方面也有过精彩的作品，下面一首诗便是狱中一位同学写的。这首诗全文如下：

野性的呼唤

我企望那殷红的血迹，
那血迹是为战斗而洒的。
我渴慕那野性的呼唤，
那呼唤是为了四万万五千万啊！

我看见那辽远的信号了，
我听见那粗壮的咆哮了，
虽然镣铐锁住两脚，
心还是奔驰的啊！

《牢狱之花》只办了几期，因我们出狱就停办了。狱友们仍然互相传诵这首诗，它深刻反映了一二·九时期北方青年的心。以后它在《燕大周刊》上公开发表，得以完整地保存下来。

我和第一批同学于4月13日被释放出狱。当时我只知道是由学校保释出来，许多年以后在延安同王世英同志谈起，才知道他当时在北平地下做地方军政当局上层人士的工作，我们那么快就出狱，实际上是因为北平地下党暗中派人向不久前换防至北平的宋哲元（非蒋嫡系部队军长）做了许多工作！

我出了陆军监狱后，顺路走到一个绰号"小老虎"的学运积极分子家中探望。她是华光女中的学生，南下扩大宣传时，被编在燕京同学的队伍里。因为她积极勇敢，大家给她取了一个"小老虎"的绰号。这时她不在家，她姐姐说小妹妹在抬棺游行被打散后，奔跑回家，发现有人盯梢，于是家人就把她送到上海亲友处避风去了。我又在路上碰见孙敬文同学（新中国成立后曾任化工部部长），怕有人盯梢，彼此只是交换了一下眼色，没有交谈。接着我又走到盔甲厂13号埃德加·斯诺家中，给他们夫妇谈了陆军监狱的情况。这时已是夜晚，没有回燕京的班车了，但听斯诺说，燕大美国教授夏仁德还在外国人的国际俱乐部里，可以搭他的车回学校。我和夏仁德教授一家人很熟，决定去找他。斯诺不放心，就陪着我到了俱乐部。夏仁德教授开车送我到燕大南校门。下车后，同学们告诉我，西校门正有许多同学在等着迎接我呢，我立刻又跑到西校门，和同学们热烈拥抱，叙述狱中的情况。

一二·九运动在全国各大中城市和香港产生了巨大的连锁反应，全中国掀起了抗日的怒潮。一二·九运动爆发的第二天，杭州、广州、武汉、南京、上海、长沙、太原、桂林、重庆、西安、开封、南昌和香港等许多大中城市的广大师生纷纷上街游行集会，通电支持北平、天津的学生抗日救亡运动，要求国民党政府停止内战，一致抗日。

由燕大和清华大学学生组成的南下宣传第三团发起的民族解放先锋队在1936年2月正式成立，发表对时局宣言，同时，中国学生救国联合会发表成立宣言。民先和学救联发展很快，一年后，在日本发动全面侵华战争的七七事变爆发后，民先和学救联协助大量会员投笔从戎，民先总部积极组织和介绍大批学生奔赴延安和各抗日根据地，他们成为同工农兵结合，献身抗战和革命的一代知识分子，是八路军、新四军的富有活力的新鲜血液。

毛泽东同志对一二·九运动多次给予高度评价。他在1939年12月9日纪念一二·九运动四周年大会上说："一二·九运动是动员全民族抗战的运动。它准备了抗战的思想，准备了抗战的人心，准备了抗战的干部。""一二·九运动发生在红军北上抗日到达了陕北之时。红军二万五千里长征的胜利帮助了一二·九运动，同时，一二·九运动也帮助了红军，这两件事的结合，就帮助了全民抗战的发动，帮助了中华民族，增进了全民族的利益。"一二·九运动是中国现代历史上的一个非常重要和伟大的事件。

第二章　陪同斯诺在陕北宁夏采访
随红军进入延安

接受斯诺邀请去陕北苏区

1936 年 6 月中旬，我正在准备毕业考试。一天，看到天津《大公报》刊登的范长江通讯，报道中央红军长征到达陕北后的情况。我想手无寸铁的学生运动如果不和群众运动以及武装斗争结合起来，作用是有限的。我很自然地萌生了到陕北去的想法，想去参加红军。恰巧此时埃德加·斯诺秘密地告诉我，中共中央已同意他的请求，去陕北苏维埃地区参观采访。他虽然会说一些中国话，但还不怎么行，问我愿不愿意陪他去陕北采访，帮助他做翻译。真是喜从天降，我不假思索，立即高兴地一口答应了。四年的大学生活，几年同进步同学的共事使我受益匪浅，当时，我临近毕业，去陕北就不能参加考试，就拿不到文凭了。但是有机会去陕北参加革命队伍，那张文凭对我来说已经无所谓了。

富有朝气的埃德加·斯诺，在美国密苏里州立大学新闻系毕业后，抱着到世界各地闯一闯的想法，登上开往远东的轮船并找了一份当锅炉工的差事，于 1928 年经过日本到了中国。他在上海的英文刊物《密勒氏评论报》任助理编辑，并以记者身份进行采访。1929 年 6 月，他应当时中国交通部长孙科的邀请到绥远参观旅游。他信奉眼见为实的原则，作为记者，更要实地调查。他到归绥（现呼和浩特）后，自己决定到附近的镇子看看。在小镇萨拉齐，他看到的是一幅令人毛骨悚然的悲惨景象。华北连续四年大旱灾，大量饥民涌入萨拉齐，每天有几百人倒毙在街头。人贩子把妇女、儿童一车车地运到大城市卖掉。政府却见死不救，毫无作为；奸商囤积粮食，高价出售；官僚、富商们花天酒地。这种强烈的对比使斯诺十分震惊。他写了题为"拯救二十五万生灵"的报道，为饥民呼唤同情和救助。他向自己和周围的人提出了成千上万个问题，坚信这个社会必须变革。萨拉齐是斯诺一生中的一个觉醒点。他从同情中国人民的苦难出发，决心用手中的笔为中国人民的解放作出贡献。在上海，他同宋庆龄、鲁迅和一些进步的外国人交往，研究中国的现代史和政治、社会状况。他在九一八事变和一·二八事变爆发后，都赶赴现场，据实报道。一二·九学生运动时，他在北平，站在抗日救亡的学生一边，奋力向世界传播这个标志中国人民伟大觉醒的信息。他密切注意中国红军长征到达陕北的消息，并于1936年春通过宋庆龄向中共中央提出他恳切希望去陕北采访苏区的意愿。他的要求很快得到满足。

斯诺由宋庆龄介绍到陕北采访。图为斯诺和宋庆龄交谈

斯诺同我简单地计划了旅程，他先去西安，办好有关我去那边的手续后，即按约定的密语电告他在北平的妻子海伦，我就可以动身，到西安西京招待所同他见面。他很快坐火车离开北平。

我不露声色，应付了一堂燕京大学的考试，照了戴着学士帽的照片，还请大学的秘书蔡一谔先生写了一封介绍信给张学良将军，证明我是燕大毕业生，来西北考察银行事业，希望予以关照。这时我发现手里的钱不足以保证西北之行的需要，便找海伦借了30块银元。为避免走漏风声，我直接向中共北平市委的黄敬同志汇报了同斯诺作了上述约定的情况。他同意不必经过支部上报。

斯诺离开北平几天后，海伦通知我说，收到斯诺的电报，我可以动身了。

我提了一个皮箱悄悄离开学校，宿舍内的一切原封未动，也未告诉任何同学和亲友。

我上了平汉路火车，到郑州转陇海路到达西安，住进鼓楼大街西北大旅社，这是一家中等水平的旅馆。逛书店时，我买到一本刚出版的进步杂志，其中刊登着鲁迅先生 1936 年 6 月 9 日写的《答托洛茨基派的信》。鲁迅赞扬毛泽东的"各派联合一致抗日"的主张，并说："那切切实实，足踏在地上，为着现在中国人的生存而流血奋斗者，我得引为同志，是自以为光荣的。"

我如约找到斯诺下榻的旅馆——西京招待所，这是当时西安唯一的一家较现代

1936 年 6 月初，黄华依靠吴雷川奖学金读完燕京大学经济系二、三、四年级课程。图为毕业前夕的留影

化的高级饭店。我敲门后走进房间一看，除了斯诺外还有一位外国人。经斯诺介绍，得知他是美国人乔治·海德姆医生，也是和斯诺一样，经宋庆龄推荐去陕北的。海德姆就是后来献身苏区和新中国卫生事业而举世闻名的马海德大夫，也是我的终身挚友。斯诺、海德姆和我都是第一次到西安，在等待出发去陕北的通知之际，我们利用短暂停留的几天时间一同去开元寺、碑林、大雁塔等地游览。之后，斯诺和海德姆就由一位东北军上校军官和中共驻东北军的联络军官陪同，乘坐东北军军车向延安出发。我留下来等待下一批交通员一起北上。

当时陕西和西安的政治情况很复杂。这里有张学良统领的东北军和杨虎城领导的西北军部队，也有国民党中央军的特务系统和康泽的别动队。张学良是国民党"剿匪"总司令部的副总司令，并代行总司令的职权。1935 年 10 月，红军主力到达陕北后同东北军进行过两次交战，东北军损失惨重。经过同中共代表周恩来、李克农的深入交谈，张学良和东北军将领深感中共和红军关于抗日的主张和相关政策十分正确，中共态度真诚，光明磊落，从他们身上张学良等看到中国的希望，因而佩服之至。从 1935 年底起，双方前线部队已约定，两军实际停火，互不侵犯。共产党派了叶剑英、邓发等高级军官秘密驻在西安的东北军司令部，穿东北军军服和佩带军衔领章，负责沟通联络工作，以便往来于西安和保安之间。

斯诺一行出发北上后，我一个人留在西安等候。这时遇到一次政治麻烦。

我在西北大旅社住的房间在二层。一天，有两名自称是国民党省党部的人上楼，要强行进入我的房间，看来是要盘问或搜查我。我站在房门口不让他们进来，引用《六法全书》的有关章节说，未经本人同意或不出示官方授权的执行公务的正式文书，他们无权进入我的临时住所，无权搜查。他们问我是干什么的，我说我是燕京大学毕业生，此行任务是来考察西北的银行事业。他们问我要见什么人，我说首先要拜见张学良副总司令。谈话中我听口音知道他们都是陕西人，就提到陕西省的有名将军高桂滋，说他的千金是我燕京大学的同学，她这个暑假就要同南京军校的某某先生结婚等，问他们知道么？他们中一人忙说："啊！知道知道，原来是自己人，误会，误会，有所冒犯，请原谅。"这时我说，既然是朋友，现在我请你们进来坐，我的箱子就放在床底下，你们如要搜，请便吧。他们很不好意思地说，不必了，真对不起，请原谅。然后就急忙告辞下楼，同守在旅馆门口的两个便衣一起走了。

刚到西安时，我曾到我认识的一位东北著名的爱国教育家车向忱老先生家拜访，不巧他不在，我给他夫人留下了旅馆的地址。国民党特务来找我的第二天下午，车老来旅馆看我，我把前一天发生的事告诉了他。他说："这里很复杂，你不便在西安久留。"他说他会及时把发生的情况转告刘鼎。此后两天，刘鼎和刘向三同志先后到旅馆来看我，说北上的安排业已就绪。我当晚同旅馆的老板结了账，佯称约了朋友第二天去临潼游逛。

次日清晨，刘向三和东北军一位上校开了一部军车来到旅馆，接我上车。在车上我看到已有王林、徐行和另一位较年长的同志，都穿着东北军军装。我也在出城门之前，在车上换上东北军制服。从西安到延安有300多公里路，我们的车走了两天多。过三原、宜君和洛川时，有军事检查人员问话，由护送我们的东北军上校出面应付。在旅馆里住宿时，上校有时找卖唱的歌女进屋来点唱歌曲，付费也不寒酸。第三天中午，军车开到肤施城内的东北军办事处。前面没有公路了，我们向上校握手告别，走出延安北门。刘向三担任向导和指挥。我当时又渴又饿，问他是否可以停下来吃点东西。他说，不行，这里是三不管地段，常有土匪、民团出没袭击。我们沿城外土路北行，赤脚蹚过延河，直奔杨家岭坡上。这时，我们侧后河边有东北军的哨兵喊话："谁？口令！我要开枪啦！"接着就听见哨兵拉枪栓的响声，但没有射击。刘向三叮嘱我们："别理他，走我们的，快走。"我们在茂盛的草丛中弯下腰快速爬过山梁。这天下午和夜里，我们走了约20公里路，奔向安塞方向。在进入一条比较开阔的平川后，步伐可以放慢了，我们已到达红军的防守地区。此时我们的心情是多么舒畅啊！我们可以自由地呼吸和大声说话了！

大概是 7 月 20 日晚上，我们一行到达陕甘宁苏区东部的前沿指挥中心——安塞县的白家坪。当晚，李克农和边章五同志在灯光下询问了我的个人经历和党的组织关系。我很高兴地把一切告诉了他们。第二天，我见到了自己早就心怀崇敬的周恩来同志，当时他是中共中央军事委员会副主席，红军和苏区人民都称呼他周副主席。他蓄着黑里透亮的浓密的络腮胡子，穿着灰布军服，笑着伸手欢迎我们，问我们北平的情况。我简单介绍了平津学生一二·九运动和斯诺的情况，把那本紧紧揣在怀里的杂志交给他，说里面有鲁迅先生最近发表的那封充满激情和正气的信，请他阅转毛主席。

在保安拜见毛泽东

经过一天的行程，我到了保安县（今志丹县）。我急切要找斯诺，但他已经离开保安去宁夏的苏区了。

我于第二天即去拜见毛主席。他告诉我，斯诺已经采访了他，是由中共中央宣传部副部长吴亮平同志担任翻译的，他侧重谈了当前中国形势和共产党关于努力促成抗日统一战线、准备对日作战等方针政策，还谈了他个人的历史。但斯诺已经根据吴亮平的建议到宁夏苏区豫旺堡彭德怀司令员那里去采访了。主席要我赶紧追上斯诺一行，并请斯诺把谈话打字下来，要我翻译成中文，托交通员代交他阅核，因为他担心是否对一些重大的政策问题和人名、地名记录得准确。我当时答应照主席的吩咐去办。

毛主席还对我说，他已收到周恩来转给他的那本杂志，表示很高兴鲁迅先生如此高度评价红军的斗争。他又说，一二·九运动是五四运动以来最伟大的学生运动。你们北京的年轻人干得好哇。请你在陪斯诺到前线采访的时候，作为白区学生代表，向战士们和群众宣传国民党地区的学生抗日救亡运动。我欣然接受毛主席的这个任务，在访问红十五军团的一次晚会上，我讲了北平和全国各界人民群众要求停止内战、团结抗日和反对出卖华北五省的斗争情况，鼓舞了战士们的斗志。

斯诺告诉我，他在保安采访毛泽东后，还访谈了近百位中共领导人和红军指战员。在采访中共中央书记洛甫（张闻天）和宣传部长陆定一时，往往直接用英语交谈。洛甫用了四个多小时向斯诺介绍中共的理论、政治路线和当时的政策。

斯诺还说，他几乎天天同中共中央联络局局长即苏区政府外交部部长李克农见面，还收到红一方面军政治部主任杨尚昆提供的有关红军的各种重要数据，增加了他采访的说服力。他从耿飚、林彪、蔡树藩、罗炳辉、张爱萍、黄镇、伍修权和许多红军干部、战士和红小鬼的口中了解了红军在长征中创下的大量不可思议的人间奇迹。在吴起镇，他对苏区的工业区和兵工厂以及河连湾的后勤基地的访问使他了解红军的后勤保障情况。

7月24日，斯诺一行根据周恩来的建议动身去宁夏采访之前，向毛主席告别，斯诺建议为毛主席照张相片。在窑洞外，阳光明媚，毛主席穿的衣服还挺整齐，只是头发较乱，斯诺就把自己头上缀有红星的崭新的八角帽摘下请主席戴上。这张照片是斯诺最得意的作品，后来成为全国人民家家户户最喜欢摆放的毛泽东像。1971年冬，斯诺病重，他的好友玛丽·戴蒙德女士到他瑞士家里探望，拍下了他凝视这张照片的镜头。透过他的表情可以看出，他深深地沉浸在那段往事的回忆之中。

约在7月25日，我离开保安，快马加鞭追上了由吴亮平、斯诺、马海德、李长林和胡金魁等组成的小分队，担任起翻译工作。我传达了毛主席的愿望，于是斯诺在行军路上，利用休息的时间，在打字机上把毛主席的谈话打成英文，我即迅速把英文翻译成中文，卷起封好后托交通员带给毛主席阅。这个工作在我们到达豫旺堡前即已完成。

我们的这个小分队在去宁夏苏区时，一直由一个班的红军部队护送着。红一军团政委聂荣臻同志分配给我代步的是一匹六岁口的温顺的母骡子。它很机警，不喜欢队里的公骡子骚扰它，总是紧紧地跟着前面的马队走。一次我骑在这匹骡子上，正悠闲地观看四周的风景，忽然前面的马队看见一大群黄羊，骑士们急忙纵马飞奔，追捕黄羊。我的骡子也紧跟着蹿上去，一下子肚带给崩断了，我没有提防，还未来得及拉紧缰绳和踏紧马镫，早就连人带鞍子摔了下来，顺着草坡滑了几米远，制服胸前五个扣子全都蹦飞了。马海德连忙下马给我检查，发现很侥幸我没有受伤。由于红军非常吝惜为数很少的子弹，没有人开枪打黄羊，追了一阵子都遗憾地归队了。

在宁夏前线的豫旺堡，斯诺访问了一方面军和前敌指挥部。他用敏锐、客观、深刻和探索的眼光观察和采访了红一方面军总指挥彭德怀司令员参谋长左权、政委聂荣臻、红十五军团军团长徐海东、红一师师长陈赓、政治部主任朱瑞、红军骑兵一团团长张爱萍、第一师政委杨成武、第二师师长杨得志和红二师政委萧华等同志和许多干部战士，参观了部队训练和防空演习，看到了红军骑兵上千匹体健膘肥的马队阅兵式和表演。最壮观的是伪装表演，指挥员一声令下，人、马都披上预先用绿叶树枝做成的伪装，一下子人、马都变成一片绿色的田野。斯诺用他的摄影机把这些场面照了下来，详细了解了中共的抗日救国纲领、军事战略策略、统一战线方针和措施、俘虏政策、少数民族政策、宗教政策、土地革命、婚姻制度、工商业政策和给养情况，等等。他在访问苏区前拟定的 90 个问题都找到了解答。他直接了解和面对面采访了近百位红军高中级干部，他们给他留下了非常深刻的感受和生动活泼的印象。他看到中国红军的领导人是知识丰富、举止文明、懂得革命理论和政策，善于组织领导和爱护人民群众的英才，完全不是蒋介石所咒骂的"土匪"。红军战士个个都是坚强、团结、守纪律和好学的工农子弟，是满怀革命抗日斗志和乐观精神的年轻人。而最重要的是，他从多方面证实了红军士兵的高昂士气和人民群众对共产党和红军真心实意地拥护。

为斯诺做翻译，使我有机会接触他采访过的领导干部和战士，了解他们苦难的身世，艰险的战斗经历……由于红军使用近战、夜战和灵活机动的战略战术，他们经常能以少胜多、以弱胜强、转危为安。红军指战员都是身经百战，经验丰富，对战胜蒋介石反动集团充满信心；他们胸襟广阔，不只关心当前的斗争，还关心国际反法西斯统一战线，如西班牙共和派反对弗朗哥的战争和埃塞俄比亚塞拉西皇帝反对意大利侵略的斗争等；他们有勇有谋，无难不克，他们对中国会打败日本充满信心；他们把人民视同亲人，纪律严明，秋毫无犯，从而得到人民的热爱拥护。真是军民鱼水情啊！在苏区人民中、在红军战士身上，我的确发现了另一个中国，看到了中国人民的希望和力量！我太幸福太高兴了！

在采访中，斯诺十分注重眼见为实和实事求是的原则，拍摄了大量照片。他原想把我和海德姆也纳入镜头，但我和海德姆一到苏区即下决心不再离去，所以向斯诺提出，请他在报道中不要提及我们的名字，也不要给我们照相。因为海德姆还有亲属在美国，我也考虑，如果组织上派我到国民党地区做秘密工作，斯诺任何照片和文字报道对我以后的工作都是不利的。所以我叮嘱斯诺写文章、写书都不要用我的名字和照片。斯诺遵从了我的要求，我也注意在他照相时总是回避。直到抗战初期国共关系有所变化，我才改变上述做法。斯诺是一位十分重友情和诚实的人，他答应了我们的要求，并且忠实履行自己的诺言。他的书在新中国成立后再版时才提到我的参与。顺便提一下，这时，经组织批准，我已不再使用原来王汝梅的名字，而改称黄华。乔治·海德姆也按宁夏人的大姓改姓马名海德了。

9月初，在豫旺堡地区，斯诺用了近一周的时间随彭德怀和其他首长到前线各地采访，访问了许多战士、农民。

一天晚上，我被安排同红一军团参谋长左权同志挤住在一个炕上休息。左权参谋长是红一方面军非常优秀的指挥员。他的枕旁总是放着一部电话，随时同彭德怀司令员或陈赓师长联系，报告敌情和下达命令。一说完话，放下听筒又能马上入睡。这种随时能醒来又能入睡的本领必然是身经百战才能锻炼出来的。

我从心眼里佩服徐海东同志那样的革命者。他出生在赤贫农民家庭，长期当烧窑工人，参加红军后表现突出，他忠诚、勇猛和有超人的机敏。他参加过上百次战斗，负伤九次，有一次是子弹从脸的一边进入从另一边出来。他和程子华政委带领红二十五军，离开鄂豫皖苏区长征到陕北同刘志丹会合，他们的部队是北上长征的红军中最早到达陕北苏区的队伍。在改编为一方面军第十五军团后，他任军团长，配合中央红军彻底粉碎了敌人对苏区的第三次"围剿"。1935年秋，在得知一方面军几千战士长征到达陕北而冬衣无着时，他慷慨地拿出了二十五军绝大部分现洋，为他们购置冬衣。

我也很敬重阅历十分丰富的红一师师长、红军的猛将陈赓。他是黄埔军校第一期毕业生，参加过讨伐陈炯明的东征和南昌起义。1932年10月，他任四方面军十二师师长，在鄂豫皖苏区第四次反"围剿"战斗中腿部受伤，带伤穿越白区的军警特务网到达上海，进入宋庆龄的亲戚牛惠霖先生开设的骨科医院治疗。伤愈后拜见了鲁迅先生，向鲁迅先生生动地讲述了红军苏区的情况。他被国民党特务逮捕入狱后，宋庆龄亲自到南京监狱探望他，并极力营救，他最终被释放出狱，回到中央苏区。长征时他在红一方面军，多次承担最艰苦最危险的战斗任务，在陕北直罗镇和山城堡战役，以后在百团大战、淮海战役、渡江战役、广州解放战役、抗美援朝战争中，也功勋卓著。他身先士卒，爱兵如子，受人爱戴；性格活泼开朗，谈笑风生。新中国成立后，他担任国防部副部长，被授予大将军衔。

1936年9月初，前敌指挥部根据中央军委关于红军行动方针的通报，指示一方面军第一军团和第十五军团开赴甘肃南部,打下一两个城镇,以便迎接朱德总司令带领的四方面军和贺龙、任弼时带领的二方面军。此时又得知蒋军嫡系胡宗南部队已经从河南郑州向西安、兰州开拔,企图同国民党其他部队共30万之众从南、西、北方面出击,"剿灭"即将会师和立足未稳的红军。斯诺必须及时离开前线和陕北苏区,不然通往西安的公路可能被切断,那么他就不能回到北平,也不能用他独家采访得来的极宝贵资料写他的《红星照耀中国》了。

得知二、四方面军即将到达甘肃南部同一方面军会合,我和马海德当然很想跟随部队去亲眼观看红军三个方面军胜利会师的伟大场面。9月7日,在豫旺堡,斯诺要动身回保安了。他同前敌委的同志们一一道谢握别。现在一起度过十分不寻常的马背生活的三个"赤匪"——斯诺、马海德和我就要分手了。马已备好,随行人员都在等候着。我们三个人相互热烈拥抱,六只手紧紧地叠在一起,庄严地宣誓:为了新的中国,我们将坚定地奋斗不懈!

我和马海德到甘南目击红军三个方面军大会师后即随二方面军一个小分队回到保安,这时还在保安的斯诺仍抓紧采访。最让他高兴的是采访了毛主席,我还为斯诺采访老革命徐特立担任翻译。

斯诺回到北平后做的第一件事是发报道给英美各大报刊,宣传红军的事迹和主张,让全世界知道中国有这样一支思想先进、作风朴实、朝气蓬勃、坚决反对法西斯抗日救国的力量。这些报道是当时最轰动的新闻。接着他全身心地投入写书,废寝忘食,对照着笔记、照片和电影片,把在苏区的新鲜见闻整理、构思并打字成书。他感到遗憾的是没能见到还在长征路上率领四方面军北上的红军总司令朱德。这个任务交给了他的妻子海伦·斯诺——那位才华出众的同情中国人民革命事业的作家——在1937年春到延安采访完成了。

在北平,欣喜若狂的海伦帮助从陕北归来的丈夫把几十个胶卷交照相馆冲印出来,进行分类,注上日期、地点和人物。斯诺的陕甘宁之行的介绍会和图片展览吸引了许多燕大师生,他们多么想早一点知道关于红军、苏区、毛泽东等的情况啊!他们认真地听斯诺的介绍,争着看他拍的照片,兴高采烈地展开讨论。这时有人提议组织北平学生陕北访问团,去实地亲眼看看。不久,这个访问团真的组成了,共有12个人参加,其中有后来担任新中国驻外大使的柯华同志,访问团在1937年5月到达延安。他们在那里看到了生活艰苦但朝气蓬勃的红军和群众,所见所闻完全证实了斯诺的采访,他们的革命决心更加坚定了。他们也很意外地在延安看到了一年前在燕京大学失踪的老同学王汝梅,大家十分高兴。

斯诺的书《红星照耀中国》在 1938 年被几位留在上海外国租界的地下党员胡愈之、梅益等同志译成中文，以《复社》的名义出版了。如大家所知，为规避国民党政府的新闻检查，书名改为游记式的《西行漫记》。此书在进步知识分子中广泛地秘密传阅，成为一本打破国民党新闻封锁和反击对中共诬蔑的书，它也是为读者开阔视野，认识革命，引导人们追求光明的书。成千上万名爱国青年读了它以后投笔从戎，不远千里奔赴延安，投身革命。在国外，《红星照耀中国》是第一本外国记者根据现场采访和照片，以第一手材料写就的关于毛泽东、周恩来等中共领导人和中国红军以及苏区人民真实情况的书。这本书在英国出版后一个月内就再版了五次。它震惊了世界。

目击红军三个方面军大会师

1936 年 9 月同斯诺分手后，我和马海德大夫骑着骡马跟着红一师陈赓师长的部队向甘肃南部行军。一路上战士们士气高昂，一天就走了近 50 公里。北国的深秋将至，陕北吴起镇的被服厂加班加点为艰苦征战而衣衫单薄的二、四方面军战士赶制棉衣裤和鞋帽。受命出迎二、四方面军的战士个个兴奋喜悦，利用休息时间把褪色和打了补丁的军服洗得干干净净，压得平平展展。他们说："朱总司令要检阅我们了，我们要让他看到我们人人都是那么整洁，那么精神。"

红军战士都是 20 岁左右年轻的小伙子，他们平常除了作战、军训以外，就是学习革命理论和上文化课。晚饭后或打球、学唱革命歌曲，或下棋、洗衣服等。个别战士也喜欢养个小猴子、小白鼠之类的宠物。一天，一个战士送给我一只小松鼠，说他要上前线打仗，顾不上照料它了，真舍不得它呀。常言道，人心是肉长的，那位战士的善良和爱心使我很受感动。

我们向甘肃南部行军时，一路沿着黄河的一条支流清水河走，它的浅水河沟特别多，往往不到二三百米便是一道小河，我们刚脱鞋蹚水过河，没走多远，又得再脱鞋过河。后来我们干脆不穿鞋了。真像当地人所说的，"60 里路脚不干"。

我们走过甘肃最贫穷的固原地区，有些地方根本没有适合人生存的条件，人烟稀少。那一带河沟里的水是苦涩不堪入口的。我们正渴得难忍的时候，一位红军参谋早已体察我们这些外来人的苦处，掏出一小块糖，我们才勉强喝下了一杯水。

10月3日，前方传来捷报。原本驻扎在宁夏同心城的一方面军第十五军团骑兵团用两夜的时间疾驰150公里到达甘肃东南部，胜利奇袭会宁城，全歼县城守敌，卓越地完成为迎接四方面军同一方面军会师创造条件的光荣任务。

1936年10月9日，朱德总司令率领的四方面军同一方面军第一师师长陈赓率领的部队会师了。陪伴他的有张国焘、徐向前和陈昌浩等领导人。朱德骑在马上，带领几千名指战员，穿过红一方面军为欢迎他们搭起的彩门。此时的会宁城红旗招展，一、四方面军的同志们高声呼喊口号和热烈地鼓掌，军号声和人们的欢笑声响彻天空。首长进入住所后，一、四方面军的同志们热情握手拥抱，互相交换小礼物——自己织的毛衣、袜子、毛手套等。我和马海德大夫无比兴奋地看着这个热烈、伟大、震撼人心的场面。我们也注意到有些战士大声呼唤某某人的名字，在人群中焦急地寻找老战友。但是可能他的战友已经牺牲了。红一方面军在离开瑞金出发时有八万多人，到陕北时只有6000多人。我是在这里第一次见到第四军军长陈再道、参谋长耿飚和三十一军军长萧克的。

一方面军送给四方面军大量粮食、牛羊、皮张、冬衣……送礼和大会餐又是众人十分欢乐的场面。

当晚，我们被一方面军的参谋带着去见朱总司令。被胜利会师的喜悦环绕的朱总司令，心情开朗舒畅，目光炯炯有神。看见我们，微笑着同我们握手，饶有兴趣地听我们俩简单介绍自己的经历和革命志愿。总司令说话和蔼，表示很欢迎我们参加革命。

第二天傍晚在会宁城的文庙前举行的庆祝大会上，陈赓师长代表一方面军致欢迎词，然后朱德总司令讲话。他的话铿锵有力，掷地有声。他的讲话大意是：红军的胜利会师有力地说明红军是不可战胜的。红军是人民的军队，是工人农民组成的军队，是不怕吃苦、不怕困难、坚持革命到底的部队。红军的长征不仅沉重地打击了敌人，锻炼了自己，而且扩大了党的影响，沿途撒下了革命的种子。他特别强调了团结的重要性，指出只有加强全体红军的团结，才能克服一切困难，争取革命的胜利。每个红军战士要顾全大局，要讲革命，要讲团结。一、二、四方面军的同志都是一家人，都是共产党的军队，都是党中央和军委统一领导下的工农红军，都要在党中央和毛泽东同志的领导下相互学习，亲密团结，完成革命给我们的一切任务。他的讲话获得热烈的掌声。在同张国焘分裂中央的错误路线斗争中取得胜利的朱德同志极精彩地总结了这场斗争胜利的要领。毛主席高度评价朱总司令，说他"度量大如海，意志坚如钢"。这是对朱德同志革命品德最恰当的概括。

张国焘也在庆祝大会上讲了话，可是他的表情很不自然，说的什么我一点也不记得了。他讲完之后，没有几个掌声。因为四方面军的同志深受张国焘错误的军事指挥之苦，对他另立中央，分裂红军的行径很反感，一方面军的同志们对张国焘的错误早有所闻，自然对他的态度比较冷淡。只是因为有毛主席和朱总司令关于坚持原则和团结同志的教导，红军指战员才勉强地称呼张国焘总政治委员。正如大家知道的，张国焘最终在1938年4月单枪匹马地离开革命队伍，成了一名可耻的逃兵。

会宁是一个很小的回民聚居的县城，城内没有多少间房。红军一向重视民族团结，严格尊重民族风俗习惯，如不借回民的锅煮猪肉等，有严格的纪律，官兵都认真执行。会师后，一、四方面军的几千指战员到会宁城外的旷野里露宿。我注意到有不少四方面军的战士衣衫单薄，因为在陕北赶制的棉衣还不够分配，战士们就背靠背取暖。第二天早上，他们的头发和胡须上都结了一层白霜。可是听他们说，这比在雪山草地时好过多了。

红一、四方面军会师大会后，朱总司令即向陕北方向进发。我们都明白，红军还有许多严峻的任务需要完成，而总司令更是急于要见到毛主席。我和马海德跟着红一师的部队离开会宁城向东行进，准备到另一个刚被红军攻占的城镇迎接二方面军。

一天，我和马海德骑着马，跟在红军队伍后面行军，那时天色已晚，我们忽然发现自己掉队了，原来一起奔跑的人马不见了踪影。前面是三岔路口，我们下马察看，三条岔路的人马脚印都差不多。我们想，糟了，找不着队伍怎么办呢？又觉得肚子很饿，见到路旁的一个大宅院就敲门进去，里面一个人也没有。我们进到厨房，看见缸里有一点面粉，我即取水和面，请马海德生火烧水。但他是个洋博士，哪会生中国西北的土灶啊。我很快把灶生着，煮了面疙瘩汤。我们吃罢，骑上马也不知朝哪里走才好。正发愁时，前面传来急速的马蹄声，原来是走在前面的红军参谋发现我们没有跟上，生怕马海德这个洋人出事，赶忙回来找。他严肃地说，你们千万要跟上队伍，不要出危险，周围都是敌人马鸿逵等的部队！

10月22日，一方面军一军团第二师的部队在师长杨得志和政委萧华的指挥下，在会宁以东约80公里的甘肃隆德县（今属宁夏）胜利攻占将台堡镇，迎接以贺龙为总指挥、任弼时为政委率领的红二方面军。至此，红军的三个方面军全部胜利会合。根据解放军历史资料丛书所载，此时红军的总兵力达七万六千多人。红一军团代军团长左权、政委聂荣臻、政治部主任邓小平、一师师长陈赓、二师师长杨得志和政委萧华同红二方面军的贺龙、任弼时、刘伯承、副总指挥萧克和副政委关向应以及第六军团政委王震热烈握手，两个方面军的指战员尽情欢呼，高声谈笑，召开了盛大的联欢会，宣读了党中央和中央革命军事委员会为庆祝一、二、四方面军大会师的通电。一方面军赠送二方面军以十分丰厚的礼物：大量的粮食、牛羊、冬衣和皮张，还有几架缝纫机。将台堡这个小镇沉浸在无比欢乐的海洋之中。根据红军领导的指示，我和马海德随二方面军司令部向陕北的保安方向行进。

三个方面军的大会师，意味着红军二万五千里长征的胜利结束；意味着红军的力量因会合统一而极大地增强；意味着红军为挽救中华民族的危亡，进入了抗日的前沿阵地；意味着中国共产党为争取国民党改变内战和不抗日的政策有了更强的实力基础。大会师的伟大场面，对我心灵的震撼是如此强烈和巨大，使我始终怀念，永生不忘。

在陕甘宁苏区陪同斯诺采访的几个月是令我非常振奋、大开眼界和极受教育的时期。中央领导同志坚毅的革命精神和非凡的远见卓识，战士们坚忍耐苦的意志和深刻的革命信念，红军官兵上下一致和革命乐观主义精神深深地感染了我，更加坚定了我在中国革命的道路上义无反顾地走下去的决心！

红军三大主力会师使蒋介石大为恐慌。他下令集中五个军共十几个师的兵力由西、南方向向红军进击。红军三个方面军的部队也在中央的统一指挥下向陕北苏区靠拢，准备寻找战机，打击来势汹汹的胡宗南军队。

蒋介石每天派许多架次飞机到红军部队上空侦察、投弹和扫射。离开将台堡后，我们跟随二方面军第二军团的部队向东行进，晚上在一个村子里休息。行军一天的战士们已很疲劳，在吃粥后，躺下就睡了。可是刚睡下还不到一小时，一名东北军的侦察员跨过警戒线给二方面军司令部送来情报说，胡部集结五六个师，拂晓要来进攻。参谋长李达考虑让战士们多休息一会儿，舍不得立刻叫醒他们。几分钟后，总指挥贺龙得知此报告，大发雷霆，命令部队紧急集合，立即出发。

我们走出一个多小时，天刚拂晓，几架敌机对我军狂轰滥炸。后面枪声大作，听得出来是我方已大规模地阻击进攻的敌军主力了。由于我们有了准备，进行了隐蔽，只损失了少数人员和马匹。

敌机走后，我和马海德沿着一条浅沟快步行进。在一个较隐蔽的拐弯处看见任弼时政委坐在沟边一块石头上，他的马受了伤，肚皮上渗出一滴滴的鲜血。我们再向前走了一段路，看到一名受伤的炊事员，背上背着一口铁锅，嘴里一阵阵吐出黄水，还在挣扎着吃力地行走。我们赶忙帮他把锅卸下，发现铁锅上被炸弹片打穿了一个小洞，弹片穿过铁锅，击到了他的胃部，他受了伤。他说，他不能没有锅，到宿营地还要给一班人做饭哩。我们劝他先坐下来休息，一会儿有收容队来带他回队。老炊事员那股忠于职责的崇高精神使我肃然起敬，心里一阵酸楚。这就是我们的红军战士啊！这时又遇到一个年轻军人，他是个连长，膝部受了重伤，血流如注，走不了路，我马上把牲口牵来，让勤务兵帮他上马，带他去医疗站。那天晚上到宿营地时，我发现马褡子里的被子染上了不少鲜血，还没有干掉。马海德的马也让给了伤员骑坐。

在行军途中，二方面军的领导在忙着研究敌情，部署兵力，准备打一个硬仗，重创胡宗南部。我们同廖承志、刘绍文、朱光和一位由国民党军队起义过来的电报译电员组成一个小组，随部队行动，那位译电员的名字我忘了，因为他非常熟悉新闻和商务电报密码，译电报时根本不用核查，因此大家喊他"本子"，从来不叫他的名字。

有一天大清早，我到屋外的空旷地锻炼，看到约十里地以外红军辎重部队遭到敌人飞机空袭的情况。我站了一会儿，正要回屋，忽然注意到一架敌机向我这边飞来。当时我的头上戴着一顶航空员的风镜帽，是不久前聂荣臻政委给我的。可能是帽上那对玻璃眼镜在清晨阳光下发出强烈反光，使敌机认为这是红军的重要人物，便俯冲下来向我扫射。我早已卧倒在一堵两尺高的矮土墙后面，没有受伤。不料，敌机飞过去后立刻又掉头飞了回来，我急忙跳到矮墙的另一面躺下，敌机又打了一梭子弹。这样周旋两次后，我趁敌机刚飞过去，飞快地跑到十来米远的住宅院子的门洞里，紧靠厚厚的砖墙同敌机玩起了捉迷藏。敌机来回扫射好几趟，没有投炸弹，可能因刚才轰炸运输队用光了子弹。现在找不到目标，敌机没趣地飞走了。我回到屋子里，廖承志同志抓住我的手臂说："好险呀！吓得够呛吧？"我说："不，要是我有杆步枪，准能把它打下来。它飞得太低了，那个王八蛋飞得那么低，我连他的脸孔都看得清清楚楚，真欺负人呐！"

为粉碎胡宗南部队企图消灭红军的阴谋，11 月 18 日，三个方面军的领导人毛泽东、朱德、周恩来、彭德怀、贺龙、任弼时联名发出动员令，号召红军指战员粉碎蒋介石的进攻，作为三方面军会师和西北苏区向全苏区人民的献礼。周恩来已由保安赶到环县的山城堡前线，代表中央热烈欢迎二、四方面军，并同彭德怀共同制定山城堡战役的部署。

11 月 17 日至 22 日，前敌总指挥部司令员彭德怀在周恩来的协助下，组织一方面军红一军团、第十五军团，二方面军第二军团、第六军团和红四方面军第四军、第三十一军团等部队，在距离保安以西 300 公里的甘肃环县山城堡打了一个漂亮的歼灭战，消灭了胡宗南部一个旅和两个精锐团。胡部溃退，陕甘宁苏区得以巩固下来。

山城堡战役的胜利在中共历史上占有重要地位。它是国内第二次革命战争的最后一仗，显示了红军的力量，配合了中共关于建立抗日统一战线的斗争，促使西安事变的发生和国共第二次合作新形势的到来。

1936 年 10 月 19 日，鲁迅先生在上海逝世，我是一个月以后才知道的。一听到噩耗，我不禁痛哭失声。伟大的鲁迅走了！我爱读他的文章，他是我走上革命道路的引路人，我真诚地尊敬他、爱他。他顶天立地，铁骨铮铮，对敌人敢骂敢批，不怕杀头；对志同道合者热情洋溢。在红军长征到达陕北时，他在致中共中央的贺电中说："在你们身上，寄托着人类和中国的未来。"多么有远见，说得多么好啊！鲁迅先生的话永远激励我在革命道路上前进。

大约在 10 月下旬，我和马海德随一部分部队到达了党中央和红军总部所在地保安县（志丹县）。马海德被任命为中央军委卫生部顾问，我被分配到中共中央军委红军总部下属的后方司令部，任英文翻译。这时斯诺仍在保安，还采访了一些同志，我心里十分欣慰，期待着他的书早日问世。

要离别了，我对斯诺说，我非常感激他使我有别人无法得到的机会，参与了这次对红军和苏区的采访。我亲自听到中共许多革命领导人、红军干部和战士讲述他们在长征中的英雄事迹，体会他们那种同甘共苦，殊死搏斗的伟大精神。这一切使我看到中华民族的精髓，受到巨大的震动，得到最深刻的教育。斯诺说他很幸运应邀采访红军，他的许多问题得到了解释和答复，他看到了中国的希望。他感谢我给他的帮助，希望我在红军中快速成长，不要太久再见面。这时，我们都十分激动，眼眶都湿了。终于，斯诺骑上了马。马队出发了，不久就消失在飞扬的尘土中。

1936 年 8 月，埃德加·斯诺（右一）在保安采访老革命徐特立（左一），左二为黄华

关于西安事变

红军有一个很好的传统，就是不论官级高低，人人关心国际、国内时事，非常注意收听广播，并向各个单位和连队传递信息。各部门和连队俱乐部经常组织讲解会，讨论国内外大事。

1936 年 12 月 12 日晚，西安事变的消息传到保安，得知张学良和杨虎城扣留了蒋介石，人们兴奋至极。大家在黑暗中聚拢在窑洞前议论纷纷。中央政治局也因事出意外，连续几天开会研究对策，决定应张学良和杨虎城的邀请，派周恩来和叶剑英去西安参加解决事变问题，争取逼蒋介石抗日。

我们众多干部也热烈地讨论西安事变，特别是如何处置蒋介石的问题。许多同志怀着对蒋介石的深仇大恨，主张杀了他再说。他们说：他杀了我们几十万同志，杀了我全家几十口人，蒋介石该死。有的同志说，应该把蒋光头押到保安来受审，我们开个群众大会，审判他，要他低头认罪。有的同志则觉得我们的力量还小，张学良、杨虎城两将军的军队力量也有限，难以马上拉起来同日本打仗，对蒋介石的处置恐怕要从大局考虑。逼蒋统领他的几百万部队参加抗日，这是当前最重要的事。当时我在后方司令部工作，可以看到电报，对事态的发展有些了解。

这时，我们的电台收到消息说，苏联报纸的文章认为西安事变是中国的亲日派搞的，要中共不要上当，应该立即释放蒋介石。我们周围的同志，包括战士都说，苏联共产党和共产国际怎么这样糊涂可笑，连张学良是个抗日派都不明白，真差劲。

西安事变发生后，南京政府内以何应钦为首的亲日派主张讨伐张、杨，并开始轰炸西安周围的城市，企图置蒋介石于死地，并篡夺蒋的统治权。宋子文、宋美龄等则极力反对讨伐。

西安事变有其深刻的政治原因。九一八事变后，东北军被调至陕、甘一带"剿共"。1935年在日本步步进逼侵略华北的危急形势下，蒋介石仍坚持不抗日政策，逼迫张学良和统领西北军的杨虎城将军"剿共"，目的是一石二鸟，要使东北军、西北军同红军相互抵消力量，两败俱伤。1935年10月，毛泽东率领的红一方面军到达陕北后，同红二十五军和刘志丹部会合，在直罗镇重创来犯的东北军。在中共多次呼吁和工作的感召下，张学良亟感中共关于停止内战、联合抗日的主张是真诚的，极为赞同。他于1936年4月亲赴延安同周恩来会谈，达成停止内战和联合抗日的协议。12月4日，蒋介石到西安要挟张学良、杨虎城称，如他们不加紧"剿共"，即将张、杨的部队分别调到安徽、福建，由中央军进驻陕甘。张、杨二将军向蒋介石痛切陈词，力劝蒋停止内战，联共抗日，二人感情激动，声泪俱下。蒋介石对两位将军的劝谏断然拒绝。两位爱国将领走投无路，决心联手发动兵谏，于12日拘留了蒋介石及其随从人员。

事发后不久，中共中央负总责的书记处书记洛甫（张闻天）召开干部大会，我们几百人坐在保安的周河边的平滩上听他讲话。他传达中央关于和平解决西安事变的方针，并说目前中国处在一个危急的关头，是逼蒋介石走上抗日的前方，还是重开内战，让日本侵华的野心得逞。他说明我们应以全局为重，批评了那些审蒋除蒋的主张。

事后我才知道，我认识的美国进步作家艾格尼斯·史沫特莱当时正在西安，我燕大的同宿舍好友新西兰人詹姆士·贝特兰在事件发生后根据斯诺的建议，也迅速赶到了西安，他们同张学良手下做事的东北大学和燕京大学的同学宋黎、张兆麟等取得联系，将西安事变的真相用英语通过广播电台向世界广播，打破了南京政府的新闻封锁，澄清和反驳了白崇禧之流的造谣污蔑。原先世人根据国民党中央社的消息，以为张学良、杨虎城的兵变是共产党策动的，其实中共在事变之前对此毫无所知。据我的一些外国朋友后来告诉我，英国BBC广播公司发现，那时的西安电台的男播音员是用纯正的牛津英语广播的。

中共代表周恩来于12月17日到达西安后，立即同张学良长谈，他支持张学良关于争取蒋介石抗日的主张，同意在蒋介石承诺停止内战、一致抗日等条件下释放蒋并拥护蒋做全国抗日领袖的考虑。张、杨二将军也完全支持周恩来关于同日前赶到西安来的宋子文、宋美龄的谈判条件。12月24日，在会见蒋介石时，周恩来表示，只要蒋先生能够改变"攘外必先安内"的政策，停止内战，一致抗日，红军可以听蒋的指挥。蒋当即口头表示要停止"剿共"，联红抗日。种种因素促使蒋介石接受了中共关于停止内战、团结抗日、释放政治犯、允许中共公开活动等六项条件。由此，可以认为，西安事变得以和平解决。

12月25日，张学良和杨虎城在没有告知周恩来的情况下，释放了蒋介石，并陪同他飞往南京。张学良此举是从大局出发，束身归罪，主动接受军法审判入狱，承担起全部兵谏的"罪责"，意在保护他人。他为中华民族的团结抗日作出了极伟大的贡献。但是，他万万没有想到，阴险毒辣的蒋介石在假意对他宣布特赦后，又软禁张学良，使他失去自由达56年。杨虎城将军和几个家人被长年囚禁后惨遭杀害。正像周恩来总理在1956年纪念西安事变二十周年时所说的，张学良、杨虎城两位将军是我国的千古功臣，他们的爱国主义思想和自我牺牲精神，他们的悲壮事迹，将永远被世人赞颂和纪念。

西安事变的和平解决为国共的第二次合作、全国团结抗日奠定了基础。1937年7月7日卢沟桥事件后，日军大举侵华，全民族抗日战争开始。中国共产党于同月15日将《中共中央为公布国共合作宣言》交给国民党中央，宣言重申中共关于取消苏维埃政府，取消红军番号和停止没收地主土地的政策。9月23日蒋介石声明予以同意。

随红军进入延安

西安事变后不久，东北军集中到西安一带，准备抵抗胡宗南部队的进攻，红军也南下到西安附近准备支援东北军。根据12月17日周恩来和张学良的协议，东北军撤出陕北地区，由红军接防。中共中央各机关和军委总部于 1937 年 1 月 13 日从保安移至延安，我随中央机关到了延安，住在城东门内教堂对面传教士住过的房子里。

1944 年摄于延安

延安在两千年前的秦朝即已设制，是陕北屏蔽关中、防御北方游牧民族侵扰的军事重镇，交通较发达，东邻晋西，西连宁甘。矗立在城东南的唐代九级古塔是延安的标志性建筑。毛泽东和朱德为首的中共中央和红军司令部的进驻，使延安成为中国革命力量的中央所在地，陕甘宁革命根据地的首府。延安是中国人民争取自由和解放的大本营，它像一座灯塔，引导千千万万爱国青年奔向抗日前线，走上革命道路。

延安一带的土壤除表层是黄土外，属于 3000 万年前形成的三趾马红土，是竖纹黏土。这里的人民多住在窑洞里。开挖的窑洞一般高三米、宽四米，深十多米，30 年至 50 年不会垮塌。红军机关干部和部队在半山坡开出一个 70 米至 100 米长的剖面，挖出十几个一排的窑洞，内部用石灰或泥浆抹平，在洞口安上门框和窗口，冬暖夏凉，既可住人，为延安几万干部和部队提供很好的工作、学习和生活空间，还可做战备的防空洞。

1937 年初，全国的政治气氛比较缓和，我认识的几位进步外国记者都实现了到延安访问的愿望，我参加了对他们的接待。首先来到延安的是美国记者、作家艾格尼斯·史沫特莱。她刚刚在西安对西安事变做了大量据实的文字报道和电台广播。在延安，她采访了毛泽东，并长时间采访了朱德和许多红军将士。抗日战争爆发后，她还到了太行山和大别山抗日前线，采访彭德怀司令员和许多八路军、新四军指战员。

1937 年 5 月，我的好友海伦·斯诺从西安闯过种种险境到达延安，我们的见面是特别愉快的。她同埃德加·斯诺一样，崇尚真理，不持偏见，热情地站在爱国学生一边，为他们提供信息，提供秘密会议的场所和掩护爱国学生。

1937 年春，史沫特莱（右）在延安采访毛泽东（左）和朱德（中）

她聪明过人，知识丰富，常提出一些有创见的建议，成立工业合作社便是她的创意。也是在她的坚持下，斯诺同意把毛主席关于自己生平的叙述不是节录而是全部作为单独一章披露出来。她在西安附近的云阳和延安采访了彭德怀、朱德、罗炳辉、张闻天等红军干部。中央同意她去刚开辟的晋东南抗日根据地采访，毛主席还写了一封介绍信，请她交给时任红军政治部副主任的邓小平。因战争爆发，她当时未能去太行见到邓小平，直到 1979 年邓小平访美，他们在华盛顿见面时，海伦才把这封信交给邓小平，已晚了 42 年。这一情节被传为佳话。1937 年 7 月 7 日，日本帝国主义发动全面侵华战争，大片国土沦丧，难民如潮，交通混乱。海伦抱着非常遗憾的心情离开了延安，显然她不能把丈夫一个人留在北平，而且他的书还需要她补充许多刚从延安采访得来的宝贵资料呢。

　　詹姆士·贝特兰是 1937 年 9 月作为英国《泰晤士报》记者到延安的。他采访了毛泽东，提出了当时国内外都很想知道答案的问题。这次采访的谈话被收入了《毛选》。他在离开延安前送给我一件鲜红色的衬衣，是英国费边派社会主义者俱乐部成员的制服。我穿着这件衬衣，在当时普遍都穿灰布制服的延安干部群众中显得很突出。

1937 年 5 月，詹姆士·贝特兰在延安同原红三十一军军长萧克合影

延 安 生 活

抗日战争爆发后，红军于 8 月改编为国民革命军第八路军，不久后又称为第十八集团军，但一般人习惯称之为八路军。改番号时，很多红军战士，尤其是长征过来的老红军十分勉强地摘下帽上的红星。但是为了打击日本侵略者，为了执行抗日民族统一战线政策，他们勉强地换上了青天白日的国民党帽徽。

1937 年 3 月，我望眼欲穿的黄敬（俞启威）同志到延安开会，证明了我的党员身份，我的组织生活得以恢复。1937 年 8 月，组织上调我到中央党校五班学习。校长是李维汉（罗迈），成仿吾任教务主任，当时常来授课的有中央负责干部教育和宣传的几位同志如邓发、张闻天、博古（秦邦宪）、陆定一等。我们班有学员 40 多人，多数是长征过来的干部，也有些是白区来的同志。我们五班的同学有张启龙、陈少敏、李培之等同志。在校时间一般为半年，我们学习的内容是：马列主义的基本理论即哲学、政治经济学和社会主义，政治工作、宣传工作和游击战术，等等。我们没有课本，只有油印的讲义。中央领导同志常来作报告，深入浅出地讲授中国革命的理论、历史和时事，这种系统的学习对我极其宝贵，使我的革命理论水平和实际工作能力有所提高。

记得为了学习军事和游击战术，有时我们进行军训和演习，每个学员都发给一支步枪。这些步枪是各式各样的，给我的那枝很长很重，竖起来有160厘米，枪口差六厘米就同我一样高了，我仔细看了看，是19世纪沙俄生产的普辛式，可能是红军在同马鸿逵部队作战时缴获的。不管怎样，我很珍惜它，把它擦得亮亮的。

10月间，还没有从党校毕业，我便被调到中央组织部任干事，在中组部部长陈云同志领导下工作，负责与来延安的青年谈话和分配他们到延安各校学习。两个月后，陈云同志要我到西安和武汉从事青年工作。我担任中共长江局青委委员和全国学联党团书记。后来还担任中央青委委员。

为适应抗战开始后大批热血青年投身抗日斗争的形势，1938年初，我到武汉开始筹备全国青年抗日救国联合会。武汉失守后，我党在离西安不远的国民党管辖的泾阳县云阳镇（后搬至安吴堡）创办了青年干部训练班，从全国各地招生，为那些要求去陕北和华北前线抗日的青年进行短期培训。中共中央青年部部长、西北青救会主任冯文彬同志担任班主任兼教员。青训班的课程包括抗战和革命理论、正规战和游击战等军事知识、共产党的各项政策、青少年、妇女工作和群众组织工作等。我当时是西北青年救国会的组织部长，常驻西安八路军办事处，负责安吴堡青训班的招生和分配工作，也兼一些课。

1938年春，有更多青年从四面八方涌向延安，有些华侨学生还来自更远的东南亚新加坡、马来西亚、菲律宾、泰国、印尼和缅甸。他们先被安排在云阳青训班接受培训。朱德总司令曾来云阳视察，并同意担任青训班的名誉校务主任。周恩来、林伯渠、董必武、博古、谢觉哉、彭德怀、贺龙都给予青训班亲切的关怀。学生中绝大部分是男的，也有女青年。这些青年怀抱一腔热血，在北平、上海和许多城市陷落后，逃离战区，来到西安，想参加共产党、八路军打日本鬼子。有些人则是读了斯诺的《西行漫记》想经西安到陕北去参加革命的。

在青训班，生活是艰苦的，教员和学员都吃一样的伙食，发一样的津贴。但师生们不怕艰苦，因为大家都有共同的爱国精神和革命理想，能努力学习，团结奋斗。青训班的上万名毕业生有些直接参加了八路军上抗日前线，有些被派到敌人后方的游击区，这是一支有文化有知识的勇猛抗日的生力军。

从1939年初起，国民党经常制造反共磨擦，后来发展成三次反共高潮。大批特务军警在西安和陕甘宁边区周围，阻拦和捕杀去边区的进步青年，青训班的学员大量减少，这个班于1940年4月结束。此时，我调回延安，任泽东青年干部学校的教务长。

20 世纪 40 年代初的延安约有两万多干部和学员。这里政治空气宽松，人们朝气蓬勃，满怀抗战胜利的信念，同警特密布、莫谈政治的西安相比，真是有天壤之别。延安是抗日干部培训学校集中的地方，有抗日军政大学、陕北公学、中国女子大学、延安大学、鲁迅艺术学院、马列学院、中央党校、泽东青年干部学校、自然科学院、边区师范、卫生学校、俄文学校、通讯学校、对敌工作干部学校、日本工农学校等。经常有学员毕业，调到华北、华中各抗日根据地去战斗。敌后的干部，也不断调回这里学习。

延安人是乐观主义者。著名的作曲家聂耳的《义勇军进行曲》（现在是我国国歌）、冼星海的《黄河大合唱》、贺绿汀的《游击队歌》和郑律成的《延安颂》《八路军进行曲》（现是解放军军歌）等等，都是年轻人最爱唱的歌曲。

延安所有的机关学校过着军队式的生活。青干校的学员每天早上 6 时随军号声起床，跑步。早饭后工作或学习。午饭后午睡，工作，学习。晚饭后自由活动，工作或学习。晚 10 时，熄灯号响了，大家休息。

星期天放假。人们或去看朋友，或到新华书店买书。延安的主街才七华里长，1938 年秋，这座古城被日本飞机轰炸得瓦砾一片，没有一间完好的房子。边区政府在延安南门外建了新市场，商业活动又开始了。

在延安，人们都穿着制服。冬天发一套棉衣裤和棉鞋帽，夏天发一套单衣，被褥也由公家发给。伙食很简单：小米饭和七八个人共吃一小盆水煮萝卜，偶然有一两片土豆。学员每人每月发一元边区纸币为津贴，干部多两块钱。当时毛主席等几位首长每月领五块钱边币。一块边币可以买一条半肥皂，或一条牙膏，或一斤肉包子，或十个鸡蛋。我喜欢买二两豆瓣酱用猪肉丁炒熟，每顿饭吃一小勺，很开胃。

有些女同志吃了小米，长得胖胖的，脸色红润。多数人则很瘦。一次，一个同志无意地碰了我的胯骨说，呀，怎么带着盒子（即驳壳枪）? 我说没有啊。原来是我太瘦了，骨架凸显，他误把我的胯骨当成了驳壳枪了。一天，我忽然觉得脚底板凉凉的，走路时感到特不舒服，才发现我的布鞋底磨穿了一大块。用报纸垫上也没有用，只得花两个月的津贴去买了一双新的。

延安的文化生活是挺丰富的。延安鲁迅艺术学院音乐系合唱团曾演出冼星海创作的《黄河大合唱》，其中几首歌脍炙人口，人们连走路时也哼唱。戏剧系演了《白毛女》等新创作的歌剧和《兄妹开荒》等民俗秧歌剧。延安京剧团常演戏，还创作了现代京剧《三打祝家庄》，青年艺术剧院演过《雷雨》《日出》《抓壮丁》和苏联话剧《前线》，甚至还演过莫里哀的《悭吝人》。每周六在各个礼堂、俱乐部和空场上举行交谊舞会，中央领导同志有时也来参加。乐队往往是几把胡琴，一把口琴和鼓的组合，王家坪和杨家岭乐队还有扬琴。马灯和油灯是主要照明工具。逢年过节，各单位组织秧歌队、旱船队，活报剧到大路上和各单位表演，宣传党的政策，吸引许多干部和老乡来观看。

看电影在延安是稀罕事。苏联塔斯社在延安有一个十几人的联络组，约半年有一架小运输机来延安，往往带来一些电影片，如《夏伯阳》《列宁在十月》等。为了看电影，全延安的干部学员都到杨家岭山坡下的广场集合，有的单位甚至要跑三四十里路。大家坐在土地上，等待天黑。发电机发动了，人们立刻非常安静。但往往在开映后几分钟片子就断了。在等待接片的片刻，各学校相互拉歌，歌声在延河边回荡，很热闹。片子接好了，大家又聚精会神地看电影。一会儿，片子又断了，再接，再放。电影往往看不到结尾就宣告结束。几个小时过去，兴致未尽，但大家也疲劳了，于是散场，各单位排队摸黑回去。

自从1939年初国民党颁布《防治异党活动办法》，国军对各个边区的军事磨擦加剧。1941年，蒋介石制造了震惊世界的皖南事变。之后，国民党对我军各边区实行封锁禁运，延安军民的生活更艰苦了。冬衣改成两年发一套，学员、干部、毛主席、朱总司令都穿打补丁的衣服，有一阵连津贴也不发了。

任朱德总司令的秘书

1941年7月，我被调至军委任朱德总司令的政治秘书。朱德同志是人人敬爱的老一辈革命领导人，杰出的军事家，无畏的英雄，红军和十八集团军的总司令。他在征讨北洋军阀时战功卓著，在德国留学期间由周恩来和张申府介绍加入中国共产党，1927年8月1日参加南昌起义，率部上井冈山同毛泽东会师，创建红军，同毛主席指挥中央苏区的反"围剿"战争。他在长征中坚决同分裂党的张国焘作斗争，怀着对以毛泽东为首的党中央的无限忠诚和对革命事业的坚定信心，机敏地把四方面军两万指战员带领到陕北，实现三个方面军的大会师。为此，毛主席赞扬朱德，称他"肚量大如海，意志坚如钢"。抗战开始后，他亲自到前线，仵马太行，开辟敌后抗日根据地，指挥对日作战，领导百团大战，功勋显赫。1940年5月回到延安后，他协助毛主席处理党政军的重大问题。他十分重视和致力于国内和国际反法西斯统一战线的工作。在国民党克扣和停发八路军的粮饷后，他卓有成效地推行军垦屯田政策，亲自抓南泥湾的开发和边区的经济发展。他对下属和士兵非常和蔼，像慈祥的父亲。在他身边工作，我受到丰富的教益和温暖的关怀，他在我心中烙下的印象是永远不会磨灭的。

王家坪是中央军委各部门，如总参谋部、作战室的所在地。许多军委领导就住在这里。朱总司令和夫人康克清同志（军委总参政治处主任）住在有五个窑洞的院子里，朝南的三个是他们的书房、会客室和卧室。我和总司令的机要秘书潘开文各住在西侧的窑洞里。王家坪和这条山沟里还住着彭德怀副总司令、叶剑英总参谋长、杨尚昆秘书长、养病时的林彪，还有伍修权、边章五、张经武等许多同志。胡耀邦同志是军委总政治部的组织部部长，我和何理良的结婚报告是他批准的。军委所属的对敌工作部和海外工作委员会也设在王家坪。敌工部由李初梨同志负责日常工作，我常见日共领导冈野进（野坂参三）和朝鲜党的同志进出他的办公室。我作为海外工作委员会秘书长，协助朱总司令这方面的工作，常同卜一（现名庄焰，曾任常驻联合国大使）、何英（曾任外交部副部长）联系，讨论关于培训回国抗战的南洋华侨学员等问题。

军委常在王家坪的桃园举行报告会。周恩来、叶剑英、林伯渠等从重庆同国民党谈判回到延安时，都被邀请来讲国际国内形势和国共谈判的情况。王家坪和军委下属单位，如俄文学校的师生都来听报告，每人坐在一个板凳上，在延安土造的马兰纸上快速地记笔记。

当时何理良是王家坪南边山沟里的军委俄文学校的学员，每逢报告会就可以看到她。她是老一辈革命知识分子何思敬教授的爱女。何思敬早年在日本留学，毕业于东京帝国大学，1927年初受广州革命政府邀请到广州国立中山大学教书。1932年加入中国共产党。1938年到延安后在抗大任教，后遵照毛主席指示，在编译局翻译马克思著作和德国军事理论家克劳塞维茨的《战争论》。1939年冬，何理良的母亲王艾英带着她和她的弟弟、妹妹从香港来到延安。何理良是朱总司令姨侄女贺高洁的同学，常一块儿到总司令的院子里来玩，因此我常同她见面。她当时是延安抗大俄文大队的学员，我很关心和鼓励她学习，曾送给她一本俄文文法，她很高兴。王家坪的桃园在周末晚上常举行舞会，何理良是乐队的指挥和鼓手，我最乐意参加这些舞会。

由于国民党从1939年开始对陕甘宁边区实行反共军事袭击，封锁禁运和停止发粮、发饷，几万军队和干部生活困难，毛主席和朱总司令号召边区军民自己动手，开展大生产运动，减轻老百姓的负担，改善军队和干部的生活。朱总司令更亲自多次到延安东南 50 公里的南泥湾等地踏查，选定南泥湾这条有 200 公里长、土质优良，但几十年来无人居住的山谷，调来了革命虎将王震带领的三五九旅，开始大规模地开垦建设。延安各机关在各山头也展开了轰轰烈烈的大生产运动。到了 1942 年秋，各机关、学校和部队的生活逐渐改善，边区出口的食盐、石油和药材换回了资金，边区又办起了更多的工厂，人民的生活也好转了。

每年春天，各单位的男同志上山开荒种粮，女同志纺毛纱和合股棉线。延安地区种棉花的自然条件很差，植株只能长一尺高，每亩地才产五公斤皮棉，但总比没有好。陕北的羊毛产量大，边区有工厂将毛纱合成毛线或织成呢子。周恩来同志到重庆谈判时就穿了边区制的呢子大衣和制服，虽然粗些，但是保暖，而且很挺括体面。纺毛纱不只是女同志的专利，许多像我这样离不开工作地点的男同志，不能上山种庄稼，就在窑洞里抽空纺毛纱。王家坪司务长给我分配了纺毛纱的任务，在我窑洞里放了一台脚踏纺毛机，说是改良的，好用。上交毛纱，还有报酬，纺一斤毛纱，可给我一合（等于 100 克）或两合小米。可是我怎么也掌握不好这架纺毛机。我的脚踩下去，它的轮子不是转得快了就是慢了，纺出的毛纱粗粗细细，断头也多，任务完成很差。1943 年秋，大生产的效果显示出来了，我们在王家坪可以吃到大米饭、馒头、猪肉、青菜、西红柿和南瓜，高级干部可以发到一套毛料制服。部队的供应也因为南泥湾几年丰产而大幅度改善，而且还有余粮上交边区政府，边区军民关系更加融洽。

朱总司令虽然身居高位，人人尊敬，但他的生活简朴，每天批阅文电、出席会议和各种活动，找人谈话，有空时到他开垦的小菜园去浇水除虫，用自己每月五元边币的津贴买鸡苗和小猪崽儿，送给饲养班。晚饭后，他爱在院子里的石头桌旁坐下打扑克。

1942 年 4 月，毛主席做关于整顿三风的报告，全党开始整风学习，清算了党在土地革命时期以来的三次"左"的路线错误，批判主观主义、宗派主义以及党八股的流毒。这是一次马列主义的教育运动。党的团结加强了，战斗力更提高了。但 1943 年 4 月，康生做了继续开展整风运动报告后，一股"左"的黑风刮了起来，整风审干变成了反特运动，许多干部被逼供成特务。一时人心惶惶，大家对当时的做法很不理解。

王家坪各单位的审干工作由政治部领导。朱总司令对此十分关心，经常过问。他强调对人的处理要慎重严肃，不能错批好人，不要乱给人扣特务帽子。

所以，王家坪的运动开展得很稳妥。

一天，朱总司令对我说，有人揭发我擅自用朱德的印章办事。我立刻说，这是绝对没有的事，总司令的印章也从来不放在我这里。随后我写了一封信给军委领导，要求组织上停止我的工作，对我进行审查。总司令见信后对我说，他不相信那个揭发，我没有必要停止工作，可以继续在他那里工作。

逼供和抢救失足者运动的错误做法伤害了许多真诚的革命同志。毛主席很快发出"一个不杀、大部不抓"的指示。1944 年秋，在抗战和统一战线工作局面迅速开展的形势下，毛主席和刘少奇同志在一些大会上代表党中央向被错审的同志赔礼道歉，使他们免除冤名，轻装前进。

第三章　在美军观察组和国共美军事调处执行部

中国的抗日战争

1931 年九一八事变后，蒋介石执行"攘外必先安内"的政策，命令 20 万东北守军不进行抵抗，撤至关内，但是部分东北军官兵自发奋起抗击日军。不久之后，他们同中共组织的抗日部队联合组成了 11 个军，在极其艰苦的条件下英勇抗击数十万日本关东军，拉开了中国抗日战争的序幕。

1937 年 7 月 7 日，已同德、意签订反共协定的日本法西斯制造卢沟桥事件。日军占领平、津后，其近百万军队继而攻陷上海、南京、广州、武汉。在一年零三个月的时间里占领了华北、华中、华南 400 多座大小城市和中国最富庶的地区。凶恶残忍的日本法西斯在各占领区烧杀抢掠，仅在南京，就在六个星期内以灭绝人性的暴行对 30 万平民进行了惨绝人寰的世界史上罕见的血腥大屠杀。

日本军国主义是世界人民在东半球最凶恶的敌人，它不但要灭亡中国，而且要灭亡东南亚和南太平洋诸国，压服美国，攫取中东和苏联的远东部分，同德、意法西斯共同称霸世界。

日本选择国力虚弱和资源丰富的中国，发动大规模侵略战争，因此，反对东方法西斯日本的任务也就历史地落在中国人民身上。中国军民开辟了世界反法西斯战争的第一个大规模战场。

七七事变后，全国人民要求国民政府团结一切力量抗击日寇。7 月 15 日，中共代表将《中共中央为公布国共合作宣言》交给国民党中央，9 月 22 日国民政府公布了这一在西安事变时商定的国共合作条件。蒋介石于次日发表谈话，承认中共公布的上述关于国共两党合作条件。从此以国共合作为基础的全国抗日民族统一战线正式建立，抗日局面得以开展。

抗日战争开始后，中国军队曾在正面战场组织了几次大型会战，如华北、淞沪、徐州、武汉等会战，每次投入 30 万至 120 万兵力，日军死伤惨重，中国军队也付出了巨大牺牲。由于日军有生力量被大量消耗，日本以半年时间占领中国的梦想彻底破产。在 1938 年 10 月攻陷武汉之后，日本在正面战场不得不基本上停止战略进攻，转而加强向蒋介石的诱降活动。

国民党领导的军队撤至中国西南部山区，蒋介石确定以山城重庆为临时首都。此时，国民党统治区亡国论抬头，国民党的副总裁汪精卫叛国投敌，到日占南京组织汉奸政府。有 58 名国民党军将级军官投敌，约 80 万国军成了日军辖下的伪军。

中共领导下的八路军在七七事变后即开赴华北抗日前线，并在 1937 年 9 月 25 日在山西平型关战斗中取得歼敌千人的胜利。八路军广泛发动群众，开展人民战争。中国军民广泛进行战略性游击战，打击敌人。针对国民党的投降倾向，中共中央及时提出"坚持团结，反对分裂，坚持抗战，反对投降，坚持进步，反对倒退"的口号，鼓舞全国军民全力抗击日本。在 14 年抗战中，八路军和 1938 年成立的新四军以及华南抗日游击队在华北、华中和华南的敌人后方开辟了 19 个抗日根据地，到 1941 年曾拥有近 1 亿人口。使 70 万侵华日军主力被中共领导的军队和各根据地的游击队拖住。他们在千百次大小战斗中使日军遭受重大损失。从 1938 年底起，日本把军事压力指向八路军和新四军，对各抗日根据地进行残酷"扫荡"，实行烧光、抢光、杀光的"三光"政策。1940 年 8 月至 1941 年 1 月，八路军发动了百团大战，投入力量 20 万人，沉重地打击了敌人，鼓舞了全国人民抗战胜利的信心。

美国参加世界反法西斯战争

日本在侵华战争进入第四个年头而无法征服中国之时，决定向南扩张，切断中国的重要对外通道——滇越铁路，以逼蒋介石投降。1940 年 9 月，日本趁德军击败法国之际侵占印度支那。美国开始对日本新的侵略扩张作出反应，并以石油禁运来制约日本。1941 年 12 月 7 日，日本偷袭珍珠港。美国对日本宣战。次年 1 月，中、苏、美、英等 26 个反法西斯国家签署了《联合国宣言》，中国是世界反法西斯阵线的重要成员。

在偷袭珍珠港的同时，日军攻占了中国香港、泰国、缅甸、马来亚、新加坡、菲律宾、荷属东印度和太平洋一些岛屿。这样，整个东南亚和南太平洋落入日本手中。但是由于深陷中国战场大泥潭，日本不得不将其陆军总兵力的70% 约 160 万人包括驻在中国东北的关东军放在中国，无力分兵进一步南下。

为切断国外对重庆物资供应的最后通道——滇缅公路，日本集结重兵，企图完全占领缅甸，控制滇缅公路，这使重庆方面十分惊惶。

应蒋介石的要求，罗斯福于 1942 年 2 月委派约瑟夫·沃伦·史迪威中将为中国、缅甸、印度战区的美军总司令、盟军中国战区总参谋长和美国援华租借法案物资总监督。

史迪威曾长期在中国服役，了解中国社会情况，能流利地说中国话。他接受罗斯福的任命后，到缅甸前线担负十分艰巨的抗击日军以打通滇缅公路的任务。他总揽中日战事全局，任命熟悉中国情况的美国驻华大使馆的外交官约翰·戴维斯、约翰·谢伟思和雷蒙德·卢登等为政治顾问，他们懂汉语且为人正直。史迪威十分注意阅读他们提供的有关中国的情况报告，尤其是有关中共情况的报告和分析。

1943 年是世界反法西斯战争的关键一年。2 月，斯大林格勒战役的伟大胜利揭开了苏军反攻希特勒侵略军的序幕。7 月，扫清了北非敌军的英美联军在西西里登陆，开始了指向轴心国巢穴的战争。同月，墨索里尼政府垮台，意大利向英、美军投降。10 月，由史迪威训练、全部美械装备的中国远征军进入缅甸开始反攻日军，美军在西南太平洋收复所罗门群岛等一些岛屿，日军陷入日益不利的境地。这一年，在中国华北各个敌后根据地，中共领导的部队和群众继续对日军进行反"扫荡"斗争，收复大片失地，重创敌人，牵制住日本对外侵略的陆军主力。但是，总体来说，同盟国要战胜敌人还需要付出极艰巨的努力。

美军观察组派赴延安

由于中共抗日民族统一战线的主张深得人心，中共抗日部队深入敌后作战战绩卓著，同国民党军队的连续退却形成鲜明对比，中共威信在全国人民心中大幅上升。蒋介石一贯仇视中共，自从抗日战争转入相持阶段后，更执行消极抗日、积极反共的政策，收回了抗战初期给予人民的极有限的民主自由，频繁制造反共磨擦，掀起三次反共高潮。他对陕甘宁边区始终用嫡系部队重兵包围，实行经济封锁和新闻封锁，不允许抗日青年去延安，也不允许中外记者到边区采访。

中共多次发表声明，反对国民党的专制和高压政策，呼吁国民党开放民主。当时为了打破国民党的新闻封锁，中共常驻重庆的代表周恩来在外国使团和记者中做了大量宣传工作。他同史迪威、驻华外交官约翰·文森特（中文名范宣德）、戴维斯、谢伟思和美国记者特奥多·怀特（中文名白修德）等多有交往。1943 年 3 月，周恩来在同美国外交官戴维斯谈话时，重申中共欢迎美国派一些军官作为常驻观察员到我华北抗日根据地搜集日军情报。文森特、戴维斯和谢伟思的名字都是约翰，都是主张联共抗日的，被人们称为"约翰三杰"。

对中国国情有深入了解的戴维斯和谢伟思早就认为中共是重要的抗日力量，他们向史迪威建议请美国政府派美军观察组去延安，并深入华北敌后，直接为美空军利用中国基地对日作战和为美军未来在中国沿海地区登陆搜集第一手情报。他们也说明派观察组去延安对美国在政治上十分必要。这些情节在谢伟思的《在中国失去的机会》一书里有详细记载。

宋庆龄在重庆会见史迪威

史迪威很赞赏两位中国通的建议，并于 1943 年 6 月向蒋介石提出此议。不用说，立即遭到蒋介石的拒绝。之后，史迪威直接向罗斯福总统提出这一建议。1944 年 2 月，罗斯福致函蒋介石，建议派美军观察组去陕西、山西等地。罗斯福的考虑是：派遣观察组在军事上有利于对日作战，美军可在华北搜集大量准确的日军情报；一旦美军投入兵力至中国大陆对日作战，可以利用中共部队打击日军，减少美军的伤亡；给予中共援助和合作，还可在政治上影响中共同苏共的关系。但是出于自私和反动，蒋介石毫不迟疑地否定了罗斯福的建议。此后美国总统多次提出这一要求，但都遭到了蒋介石的拒绝。

1944年，世界反法西斯战争的局势对同盟国越来越有利。3月，苏军已解放整个本国领土并全线向西追击法西斯德国的侵略军。6月，美英联军在诺曼底成功登陆，开辟了欧洲第二战场。虽然代价高昂，美军开始在太平洋发动越岛进攻，占领塞班岛和关岛，逼近日本本土。在中国，八路军和新四军在华北和华东战场开始局部反攻，攻击敌占中小城镇，占据日伪军在解放区周围的据点，大量消灭日伪军，扩大解放区并将解放区被分割的地区连接成片，解放区的人民接近一亿。

1944年4月，日本为挽回在太平洋上的颓势，企图进一步逼蒋投降和彻底解决中国战局，在中国大陆发动了"一号战役"，即豫湘桂战役，两个月之内攻陷146个大小城市，打通了平汉路，占领了自河南至广西的大片土地。美国援华飞虎队在长沙、桂林的空军基地和机场被日军占领，撤至昆明，只能依靠从印度飞越喜马拉雅山的驼峰空运队向重庆运输少量物资。国民党军的大溃败引起了国内外对蒋介石强烈的不满和抨击。

1944年5月，由20几名中外记者组成的访问团经过长期斗争，突破蒋介石的封锁，来到延安。他们中有：莫里斯·沃陶（《巴的摩尔太阳报》）、哈里森·福尔曼（伦敦《泰晤士报》和《读者文摘》）、伊斯雷尔·爱泼斯坦（《纽约时报》《时代生活》）和阿特金森（《纽约时报》）。福尔曼和爱泼斯坦在访问后写了生动的报道，使全世界进一步了解到真正抗日的是中共领导的军队，蒋介石不能完全代表中国的抗日力量。毛泽东、周恩来和许多中共领导人会见了他们。此后直到抗

1944年6月黄华（中）陪同毛泽东在延安会见美国《纽约时报》记者阿特金森

日战争结束，蒋介石再也没有允许世界上任何记者访问延安。

1944年6月23日，美国副总统华莱士受罗斯福委派作为特使到重庆同蒋介石会谈，他强调需要采取一切措施来结束战争和拯救美国士兵的生命，指出美国空袭日本的B—29重型轰炸机以及在华北地区进行空战的飞机随时可能被击落，需要中共控制区的军民营救飞行员。美军也亟须得到华北和华中的准确军事情报，而派遣美军观察组去延安是军事需要，同政治问题无关。蒋介石只得勉强同意美方要求，批准观察组的建立，同意该观察组直接受驻华美军司令部领导，也同意包瑞德上校任组长。

在美军观察组组长戴维德·包瑞德上校的回忆录中，记述了美军观察组派出的情况。观察组成员陆军步兵上尉约翰·高林所著的《延安精神》也谈到观察组的组成和活动情况。在史迪威主持下，美军观察组迅速组成。人员来自陆军、海军、战略情报局、驻华美军司令部和美国驻华大使馆。组长戴维德·包瑞德上校曾长期在中国担任武官，熟悉中国情况，汉语水平颇高，当时是中缅印战区的情报官员。因为包瑞德领导美军观察组的工作卓有成效，中缅印战区指挥部授予他勋章。毛泽东、朱德、周恩来都出席了授勋大会。美国驻华大使馆的政治事务官谢伟思和卢登也列入赴延安的观察组成员名单。我认为美军观察组常驻延安的目的至少还有三点：一是观察中共抗击日本军队的实际能力；二是观察国民党和中共的关系；三是观察中共对苏联有无独立性。

1944年8月，毛泽东和包瑞德上校在延安机场

毛泽东、朱德和主管外事的周恩来以及叶剑英同志对美军观察组的工作投入许多精力。中共中央十分重视常驻延安的美军观察组。毛泽东为延安《解放日报》改写社论，把美军观察组热情地称为战友。为接待观察组，中共中央成立了以军委秘书长杨尚昆为组长的延安中央军委外事组，其成员有英文干部柯柏年、陈家康、凌青和我，马海德同志任外事组顾问。我担任翻译科和联络科科长。

中共中央还为此于 8 月 18 日向各解放区发出指示，强调，美军人员来我边区及敌后根据地，便是对我新民主中国有初步认识后的实际接触的开始，我们应当把这看作是我们在国际间统一战线的开展，是我们外交工作的开始……在毛主席请周恩来副主席起草的《中央关于外交工作指示》中说，我们的外交政策是在国际统一战线的思想指导之下，其中心内容是共同抗日与争取民主合作，扩大我们的影响。我们必须站稳民族立场，反对排外和惧外、媚外两种错误观念，既加强民族自尊心、自信心，也要学习人家的长处，善于与人合作。

观察组的第一批九人于 7 月 22 日乘飞机抵达延安。周恩来、张闻天、叶剑英、彭德怀、贺龙和杨尚昆到机场迎接。我们外事组的干部也一起去担任翻译。

1944 年 10 月，中方驻美军观察组工作人员合影。左一谢生，左二凌青，左四黄华，左六何理良，右一柯柏年

延安城东门外有一个简易机场,我们在观察组到达前做了一些平整,夯实了跑道。飞机着陆顺利,乘客们高兴地下了飞机。周恩来等同志忙上前同他们一一握手,表示欢迎。为了转弯,飞机在缓慢滑行时驶入跑道外的草地,一个轮子陷入了原是老坟场的一穴坟坑,机身突然歪斜,仍在转动的螺旋桨击入驾驶舱内,这时飞行员钱皮恩上尉正在躬身向前关闭仪器,螺旋桨片离他后脑和背部仅有两公分。这一险情使得来客和欢迎的主人都惊呆了。周恩来陪着观察组到临时下榻的南门外交际处时,特别慰问钱皮恩上尉,并问他飞机的情况。我听见包瑞德上校引用了一句中国老话:"伤人乎? 不问马。"漂亮而得体,引得大家都赞赏地笑了。

1944 年 7 月,周恩来会见刚到延安的美军观察组人员,关切地问飞行员钱皮恩(左二)关于飞机落地后发生意外的情况。左一为谢伟思,右一为杨尚昆,右三为黄华

第一批人员除包瑞德上校(组长)外,还有:约翰·谢伟思(美国驻重庆大使馆二等秘书、中缅印战区司令部政治顾问),梅尔文·卡斯伯格少校(美陆军医务部队),雷·克罗姆莱少校(美陆军航空兵部队),约翰·高林上尉(美陆军步兵部队),查尔斯·斯特尔上尉(美陆军航空兵部队),保罗·多姆克上尉(美陆军通讯兵部队),亨利·惠特塞中尉(美陆军步兵和空地救援组),安东·雷米尼(美陆军通讯兵部队)。

第二批人员于 8 月 7 日飞抵延安。他们是:雷蒙德·卢登(美国驻重庆大使馆二等秘书，中缅印战区司令部顾问），雷金纳尔德·福斯中校（美陆军航空兵部队），威尔伯·彼得金少校（美陆军步兵部队和战略情报局），查尔斯·多尔少校（美陆军航空兵部队），布鲁克·多兰上尉（美陆军步兵部队），赫伯特·希契上尉（美海军），路易斯·琼斯中尉（美陆军航空兵部队），瓦尔特·格雷斯中尉（美陆军通讯兵部队），乔治·中村军士（四级技师）。毛泽东主席也到机场迎接。美军人员在延安南门外的边区政府交际处下榻。

此外，美方陆续到观察组常驻或执行临时任务的还有约翰·戴维斯、有吉辛治上士和200多名美军军官。

美方给观察组起了一个别号，称为迪克西（DIXIE）。迪克西是指美国南部各州，出自南北战争后一首回忆南部的歌曲。对它的含义各人有不同的解释。

观察组在延安受到中共领导人的亲切会见。毛泽东主席、朱德总司令和周恩来副主席在观察组到达后设宴欢迎。八路军副总司令彭德怀、参谋长叶剑英、新四军代军长陈毅、一二〇师师长贺龙和一一五师师长林彪和副师长聂荣臻向他们系统介绍八路军和新四军英勇抗日的情况，各抗日根据地的形势，军民关系和在敌后开展游击战等情况，也讲了伪军情况。观察组人员都表示，愿为中国抗日战争和世界反法西斯战争的胜利作出贡献。

到达延安几天后，美军观察组的18位成员，从延安南门外的交际处招待所搬进了延安北门外延河西岸的一批窑洞和平房内。他们架起了天线，开动发电机，在院子里升起星条旗，迅速投入通信联络和气象探测工作。延安外事组的成员柯柏年、陈家康、马海德、凌青和我作为中方联络员也搬入院内的宿舍。

美军派观察组常驻延安意味着美国政府事实上给予中共以某种官方的承认。由于战争

1944年8月，黄华（右）同柯柏年、多姆克上尉和马海德合影

的需要，美国不得不同一个有理论指导，有良好组织，有抗日武装部队，治理着广大地域并受人民拥护的中国共产党进行合作。

8月初，中共和美军观察组进入实质性会谈。美方提出了一个他们所需的各种情报的清单。为此，十八集团军总参谋长叶剑英向各根据地下达了详尽指示。毛泽东还起草电报给太行、山东、华中三地区的负责人邓小平、罗荣桓和张云逸，请他们选择适当地点开辟飞机着陆场。中央还致电山东军区和新四军军部，希望他们尽快搜集日本海军在青岛、烟台、连云港的情报，以便向盟军提供。

1944年8月，彭德怀、叶剑英和杨尚昆向包瑞德上校介绍八路军、新四军抗日情况，右一为黄华

为使观察组能更多地了解敌后抗日根据地的情况，搜集日军情报，我们在安全保卫、物资供应和信息等方面，为他们提供了种种保障。

包瑞德向各抗日根据地派出了三个小组。第一组由高林上尉率领。一天，高林上尉向我提出安排他的小组过黄河到山西的事。他是一个受过专业训练的陆军爆破专家，曾在延安向八路军表演过使用美国新型炸药的爆破技术。他和希契、琼斯于9月初出发，过黄河后亲眼看到晋绥军区吕正操司令员指挥的八路军和民兵，用缴获的日军爆破器材摧毁了一个日军碉堡。他们在晋察冀边区，目睹方圆几百平方公里的地区，成为日寇抢光、烧光、杀光后的无人区。这个小组的行程长达2000公里，于11月初返回延安。

1944年秋，黄华与莱蒙德·卢登在南泥湾群众大会上

第二批观察组人员由卢登顾问和彼得金少校率领，成员有多姆克上尉、惠特塞中尉和格雷斯中尉。他们于10月初出发，赴晋察冀敌后根据地，最远到达河北的阜平，见闻十分丰富。他们曾近距离观察我军同日军交战并俘虏日本士兵的情况。四个月后回到延安，他们向美国政府和军方写了详细的报告。

卢登等人也曾访问南泥湾，卢登在欢迎会上发表中美共同抗日的演说。

第三批观察员为军医卡斯伯格少校。同行的还有三个西方记者：沃陶、福尔曼和爱泼斯坦。他们于10月9日出发东渡黄河，访问了晋绥边区，深入敌后直到离日军占领的汾阳城几公里的地方。他们目睹八路军攻入汾阳城和俘虏日军的情况，11月下旬返回延安。

1945年3月，惠特塞中尉决定再次去太行山地区观察飞机紧急着陆点的情况。当时杨尚昆同志通知我，要我陪同他前往，并交代说，假如在黄河西岸的绥德城过夜时在旅馆里找不到那位熟悉情况的英文翻译李建华同志，就由我陪惠特塞过黄河到太行前线去。如果遇到李建华同志，则请他陪同惠特塞。包瑞德上校也想到外地去看看，于是我们三人乘坐吉普车到了绥德，在绥德碰到了李建华同志，我把美军中尉交托给他。我和包瑞德上校在几天后返回延安。惠特塞和李建华在我部队的护送下到了太行山地区，但不幸他们遭到日本军队的伏击牺牲了。他们为抗日战争献出了年轻的生命。为表示我们的沉痛哀悼，我们在延安观察组驻地设了惠特塞纪念堂，纪念这位勇敢的美国军人。朱德总司令为纪念堂题字。李建华同志的遗体被当地人民简单入棺，放进山洞。新中国成立后，李建华烈士的棺木被移葬至邯郸晋冀鲁豫烈士陵园——太行军民进行革命和爱国主义教育的地方。

　　观察组接待过几位被敌后根据地军民搭救和护送到延安的美军飞行员和军人，并将他们转送去重庆。根据统计，中共部队营救的美国飞行员达120多名。1944年9月在河北省获救的美国战斗机飞行员约翰·巴格利奥中尉，八路军护送他走了1000多公里到达延安。柯蒂斯·布什中尉在飞机被击中后跳伞降落在晋冀鲁豫根据地，由八路军救助并护送到延安，转乘飞机回到美国。在山西潞城附近坠落的乔治·瓦洛夫上尉和另外十位机组成员受到我根据地军民的救助和保护，把他们转送到安全的地方。

　　我们还接待过一位美国军官威廉·泰勒。他原是一名建筑工程师，1941年12月日本进攻太平洋岛屿（可能是威克岛）时被俘，被送到上海集中营做了三年多苦役。1945年6月，日本人决定把他和其他一些美军俘虏转移到中国东北构筑工事。在徐州附近，他趁看守的日本兵瞌睡时，悄悄地从行驶中的火车跳下逃跑。他被新四军发现并护送至鲁南转交给八路军。毛主席即指示驻在山东的一一五师护送泰勒至晋冀鲁豫的一二九师，转赴延安。7月，泰勒在延安度过了愉快的两星期。因华盛顿美军总部要召他回国，以了解关于美国战俘的情况，泰勒即飞重庆返美。毛主席和朱总司令热情款待了他，到机场欢送并同他合影留念。1990年他重返中国访问，高兴地同我见面。在宴请席上，他畅谈他的奇特经历，在座的同志都感到太神奇，不可思议，建议他把这些故事写成书或拍成电影。他临别时送给我两张发黄的照片，是1945年7月他在延安机场上分别同毛主席、朱总司令的合影。这两张照片包含着许多温暖友好的回忆。

1945年7月，毛主席在延安机场送美国军官威廉·泰勒去重庆时的合影

在朝夕相处中，我十分敬重观察组的日裔美籍军人有吉辛治上士。他于1943年参军，在中缅印战区司令部搜集日本的军事情报。1944年10月调至观察组，直到1945年冬离去。他的政治观点比较激进明确，赞赏解放区的抗日和民主氛围，同情中共的新民主主义建国主张。他向魏德迈和马歇尔如实汇报在解放区的见闻。在延安他多次访问日共总书记冈野进，同日本工农学校的日籍学员时常交谈，注意搜集和分析关于日军动向的情报。

有吉出生在夏威夷的一个咖啡种植园农业工人家庭，父母原是种甘蔗的贫苦农民。为了积蓄上大学的钱，有几年有吉在旧金山码头上干活，是所谓的明星队队员。明星队是装卸最笨重、最难对付的货物的苦力。珍珠港事件后，美国政府把各地的日裔公民关进了旧金山等地的集中营。有吉写信给罗斯福总统，表示作为美国公民，他有义务到对日作战的前线去打仗，而且他可用日语工作。经总统批准，他和一些日裔美籍人被释放并被派到对日战场。战后，他致力于工会工作，为劳动者争取宪法规定的权利。他在檀香山创办《记事报》，这是一份有很大影响的进步报刊。他是夏威夷—中国友协的发起人，曾任夏威夷大学教授和民族学研究员。他于1951年8月，因被诬阴谋煽动推翻美国政府而被判五年徒刑，虽被保释，但他经过长达五年的司法斗争才推翻了这项判决。有一段时间，有吉辛治在经济上十分困难。宋庆龄得知此情况后，把自己那身真丝绣花的婚衣寄给有吉，请他变卖，补贴家用。有吉为宋庆龄的真情厚意深深感动，哪里舍得把这无价之宝卖掉，挨过艰难岁月之后，有吉把那身婚衣归还了宋庆龄。有吉上了年纪后，在夏威夷开了一家花店谋生。他密切注意中国事态的发展，数度访华。当他知道我担任常驻联合国代表时，连续五年的10月1日前，总是寄给我两大盒最红艳的大号红掌花表示祝贺，使我非常感动。他为人诚恳、朴实，我们的友谊一直保持着。

1944年下半年，蒋介石和史迪威之间早已存在的矛盾上升到不可调和的地步。他们争执的焦点之一是，史迪威要蒋介石将其部署在陕甘宁边区周围的嫡系部队开到西南前线去打日本，而蒋介石坚决予以拒绝。蒋介石要求罗斯福总统派人来华进行协调。罗斯福派来原陆军部长赫尔利，但赫尔利是看蒋介石脸色办事的人，处处站在蒋介石一边，还言听计从地把蒋介石撤销史迪威的要求转告罗斯福。由于罗斯福此时已认为美国可以通过海上和空中的打击来战胜日本，中国战场不再具有决定的重要性，只要蒋介石不投降日本并拖到胜利即可，因此同意调回史迪威。10月19日，史迪威接到马歇尔召回他的电报。

1944年冬，朱德和美军观察组人员合影。左一为有吉辛治，左二为伊顿上校，右一为黄华

两天后，这位四星上将在离重庆回美国前，写了一封短信给朱德总司令，对他未及应邀访问延安表示深切遗憾。

史迪威的被召回，在重庆、延安和华盛顿都引起了巨大震动。人们为这位能仗义执言、一心为打败日寇而尽忠的美国军人的失落而气愤。美国驻华大使高斯也在事情发生后不久辞职。

史迪威将军是一位反法西斯侵略的坚强战士，在抗日战争中功勋卓著，一身正气，受到广大军民的尊敬。他积极向罗斯福总统建议派美军观察组到延安，企望同中共合作打败日本，深得各界赞赏和支持。他崇拜伟大的革命前辈宋庆龄。在重庆，他不但痛快地答应宋庆龄的请求，用美军飞机把 X 光设备运送至延安，而且当得知机舱门太狭小，设备不能进入机舱时，史迪威命令用喷火枪把机舱门扩大，使 X 光设备被顺利地运抵延安。可惜他于 1946 年病逝，过早地离开了人世。

朱德从延安发去了唁电，称将军是中国人民伟大的朋友，周恩来称他为最优秀的战士。

史迪威的被召回，标志着美国政府对华政策逐渐改变到完全依靠蒋介石集团，对一些有头脑的、主张执行现实的对华政策的军政官员开始压制和迫害。

作为罗斯福总统私人代表的赫尔利于 11 月 7 日又飞抵延安，试图调和国共之间的关系，实际上他是为推销蒋介石一党专政的陈货而来的。他带来了蒋介石批准的五条协议，要中共放弃军队和解放区的领导权，把它们置于蒋的领导下，以换取国民党政府的军事委员会的一个官位和部分部队的给养。毛主席当着赫尔利的面痛斥蒋的险恶意图，逐条批驳，并提出中共的五条协议，强调"现在的国民政府应改组，成立包含所有抗日党派和无党派人士的代表的全国联合政府，同时，军事委员会应改组为所有抗日军队的代表所组成的联合军事委员会"。经过一番讨论，于 1944 年 11 月 10 日，赫尔利同意包括上述措辞的五条协议，由毛泽东签署，赫尔利也在其上签了名。

11 月 15 日，当赫尔利将延安五条交给蒋介石时，蒋勃然大怒，说接受这五条意味着国民党的彻底失败。他提出了三点建议。时在重庆的中共谈判代表周恩来看了"蒋三点"后，认为留在重庆已毫无意义，当即飞回延安。12 月 8 日，美军观察组组长包瑞德奉上级命令飞延安见毛主席和周恩来副主席。毛主席表示，如果按国民党的三条行事，共产党的军队完全置于委员长的控制之下，其结果是他们可以随心所欲地裁减我们的武装力量，我们将任其摆布。如果双手被反绑着，那么一只脚跨进国民党的军事委员会的大门也是没有用的。根据我们的五点建议，若是我们在改组后的联合政府中有一定的发言权，我们愿意服从以蒋介石为首的政府的领导。"鉴于蒋介石的历史，如果美国希望继续支持腐朽的蒋介石政权，那是美国的权利。然而我们相信，尽管美国可以做他要做的一切，蒋介石注定要失败"。"由于蒋介石已拒绝成立联合政府，我们决心不再让步"。1945 年 2 月，轻率浅薄而又狂妄无知的时任驻华大使的赫尔利被召去华盛顿述职，只好承认他在中国的使命以失败告终。

在中国的抗战处于黎明前的黑暗之时，为争取抗战的反攻阶段早日到来，中共希望罗斯福直接过问中国问题，促使中国问题得到正确合理的解决。我事后从新中国成立后来中国访问的约翰·高林和赫伯特·希契那里知道，中央曾以朱德名义给美国海军部长欧内斯特·金上将写了一封信，1945 年 2 月 5 日交给希契上尉带到华盛顿。毛主席也曾致函罗斯福，托当时任美军观察组组长的克罗姆莱上校发出，但都没有回音。原因何在？我在 30 多年后曾同谢伟思进行探讨。对此事，我们都认为，当时美国已经可以从太平洋海上基地对日本实行空中打击，原子弹即将试验成功，而且在 1945 年 2 月上旬举行的雅尔塔会议上，美、苏已达成秘密协定，以恢复日、俄战争前俄国在东北的权益为条件，斯大林保证在战胜德国后三个月内出兵对日作战，因此只要支持蒋介石，使他不投降日本，即可望取得对日本的胜利，不再需要同中共合作。罗斯福对中共并不缺乏了解。在 1937 年和 1938 年，曾任他温泉公寓侍卫官、美国驻华武官埃文思·卡尔逊中校到过八路军的抗日前线和游击区，做过三个月的考察，直接给罗斯福写了 17 封信，如实反映他的耳闻目睹，作了详尽的报告。罗斯福也曾读过斯诺的《红星照耀中国》，同斯诺有过几次面谈。他也阅读过戴维斯、谢伟思的大量报告，考虑过同中共合作和向延安提供类似给予南斯拉夫那样的援助问题。但美国政府的既定政策是支持国民党政府，不愿得罪将中共视为其第一敌人而日本为其第二敌人的蒋介石。也不信任那个独立性很强的中国共产党和它领导的军队。

1944 年，毛泽东、朱德、周恩来、林彪、叶剑英在延安王家坪会见美军观察组成员

　　从 1944 年 7 月到 1945 年 4 月，谢伟思在延安同毛主席和周恩来有过几次长谈。1945 年 4 月 1 日，谢伟思应邀同毛主席进行最后一次谈话。谢伟思在此次谈话的记录中写道："毛主席说，美国最终将会意识到，单独支持重庆，对于对日作战、加速中国的民主进程或确保远东的稳定都不是最好的办法。中国共产党对美国的政策是寻求友好的美国支持中国实现民主和在对日作战中进行合作。中共对国民党的政策仍旧是：一方面批评并试图激励其进步，另一方

面提出能够作为实现真正统一、民主和使全国一切力量致力于赢得战争的基础的妥协。这个妥协必须包括承认共产党军队是国家的军队的一部分，解放区政权是合法的地方政府。蒋介石现在计划召开的国民大会一定会带来内战。一旦受到攻击，我们将予以反击。一旦中国发生内战，希望美国对国共双方采取不插手政策。"可惜美国的领导人未听进这些中肯的建议。

一心想早日打败日本和希望本国政府执行现实的对华政策的两位美国外交官谢伟思和卢登，于1945年2月28日写了一份分析时局的报告给美国国务院，建议与中共进行军事合作以击败日本。这个报告得到当时任大使馆代办的乔治·艾奇逊的同意和批发。报告说："目前的局势不利于有效地继续进行战争，也不利于中国将来的和平与统一。在这种局势下，我们不能与共产党领域里人数众多、富有进取精神并处于重要战略地位的军队和有组织的民众合作，从长远的观点来看，如上所述，这种局势对美国的利益也是有危害的。""我们帮助共产党军队将在中国产生深远而良好的政治影响，将受到绝大多数中国人民的欢迎，并将提高美国的威信。"这是美国驻华大使馆外交官最后一次联名向国务院就对华政策提出的恳切建议。

这份报告到了美国国务院亚洲司司长约翰·文森特手里时，他当即表示支持，认为美国应当利用中国一切能同美国合作的力量对日作战。蒋介石既然不能实现军事上的统一，那就应当对他说，他已经无权独自享受美国的援助了。

当回国述职的赫尔利大使在国务院看到这份2月28日电报时，他大为光火。在会见罗斯福时，赫尔利说服总统继续只给蒋介石一方以援助，虽然总统同时也指示赫尔利要努力促进国共两党的和解，并争取在中国政府内进行一些改革。但是赫尔利只愿执行援蒋政策，不想也无能力促进国共的和解，更不要说要蒋介石政府进行改革了。

观察组成员约翰·谢伟思，出生在四川成都一个传教士家庭，青少年时代回美国读了高中和大学，再到中国任外交官。在延安他常与我会心交谈，新中国成立后，我们长期保持友好交往。他为人正直，比较严肃，有敏锐的观察力，对中国的民情和政治有深刻的了解。他憎恨国民党的腐败无能，反对它不顾中华民族利益的消极抗日、积极反共的政策。到延安后，他给上级写了许多有关中共情况的分析报告，认为中国最强大的力量是共产党，而且不要很长时间，它就会统一全中国。他积极建议美国政府同中共合作，认为向中共提供援助有助于早日打败日本。他在报告中盛赞中共领导的地区，他写道："我们全体成员有一个共同的感觉，好像我们进入了一个不同的国度和遇见了不同的人民。在这里，有一种生气勃勃的气象和力量，一种和敌人交战的愿望，这在国民党中是难以见到的。"1945 年 6 月，他被美国联邦调查局以莫须有的通共间谍罪逮捕。两个月后，联邦大陪审团宣布他无罪。20 世纪 50 年代初麦卡锡主义猖獗时，谢伟思又受到迫害，被开除出国务院。但是，他是一个硬汉子，不服控告，不停地抗辩。美国最高法院终于判他无罪，他又回到国务院任职。1963 年，他在 53 岁的时候决定提前退休，去从事他深感兴趣的国际问题研究工作。

1971 年夏，我在驻加拿大使馆工作。谢伟思应周总理邀请访华。当时中美还未建交，他到渥太华中国大使馆来办签证。我们老朋友见面，有说不出的高兴。他给我讲述他衔冤负屈的日子和拨云见日的喜悦，言语中充满胜利的豪情。此后，他几次应邀访华，我也在访美时两次去他那四壁都立满了书籍的公寓拜访。2000 年，他计划应邀访华，不幸被肺炎夺去了生命。我深深地惋惜这位对中美友谊作出可贵贡献的朋友。

1997 年 9 月，黄华（左）在旧金山老年公寓访美国友人约翰·谢伟思

世间万灵，皆为人友。我从小喜欢小动物。1944 年夏，我在为美军观察组工作时，有同志从前方带来一只纯种德国黑背，它是被俘日本军官的军犬。我们的同志给它取名阿乌，交给了朱总司令。但朱总司令不甚喜欢养狗，问我要不要，我当然很高兴。我和阿乌一见面就相互吸引住了，我把它带回了观察

组大院。阿乌很聪明机警，训练有素。我在自己卧室桌子下放了一条小毛毯，作为它的卧具，我还亲自照顾它的伙食。它也热情地对待我，每天早上天一亮，它便到我床边用舌头舔醒我。天冷时，晚上伏在我被子上为我暖被。1946年初，我被调到北平军调部工作，把阿乌交给王家坪作战部的一位参谋。在毛主席转战陕北的几张照片里，我还看到阿乌随军的镜头。

1944年秋，我和何理良决定结婚。她聪明好学，热情善良。在家庭和延安的革命环境影响下，她已树立了坚定的共产主义信念和革命决心。共同的革命理想，使我们同心永结。在那喜庆的一天，朱德总司令和康克清同志为我们祝福。那位总是热情待友的三五九旅旅长王震同志，从南泥湾弄来了一桌美味佳肴，鸡、猪肉和大米。朱总司令和康大姐请了何理良的父母、叶剑英参谋长等军委的几位同事和俄文学校的代表何方同志参加晚餐。俄文学校的俱乐部主任借了王家坪的桃园，请学校的100多位教员和同学来开了个晚会。大伙儿围坐成一个大圆圈，吃着红枣和花生，在马灯下和胡琴声中跳起交际舞……

1944年10月，黄华、何理良夫妇合影

抗战胜利和美军观察组使命的结束

1945年5月初，苏军攻克柏林。8日，纳粹德国无条件投降。两天后，我们在延安举行了庆祝大会，各单位会餐，庆祝反法西斯战争在欧洲的胜利。

7月26日，同盟国三首脑会议发表《波茨坦公告》，要求日本无条件投降。8月6日，美国在日本广岛投掷原子弹。8月8日，苏联对日宣战，出兵中国东北。

8月15日，日本电台广播了日本天皇接受《波茨坦公告》，日本无条件投降的消息。前后长达14年的抗日民族解放战争以中国人民的胜利告终。中国军民在抗战中牺牲了3000多万人的生命，财产的损失无法计算，而抗击日军最多，时间最长。抗日战争的胜利大大地提高了中国的国际地位，全国人民无比欢欣鼓舞。正如罗斯福总统赞誉中国人民所说的，假如没有中国人民的抗战，日本即可能抽出巨大兵力占领澳大利亚、印度和中东，同德国会师。也正如斯大林元帅的肺腑之言：中国人民的英勇抗战使苏联避免了东西两线作战。中国人民为世界反法西斯战争的胜利作出了不可磨灭的贡献。

我记得正式宣布日本无条件投降的消息传到延安是8月15日下午，延安一下子沸腾起来了。清凉山千佛洞里的解放日报社印刷厂拉起了长时间的汽笛，全延安的人都激动地冲出窑洞和平房，一些人飞快地跑下山坡，到南门外、北门外的大路上去游行，一时欢呼声、歌声、锣鼓声响彻天空。在南门外的新市场，卖西瓜的农民兴奋地向人群说："你们吃西瓜吧，不要钱！"人们手举火把游行直到深夜，秧歌队使劲地跳着、扭着，尽情表达人们胜利的喜悦。各单位举行座谈和会餐，以各种形式欢庆。中央大礼堂开了庆祝大会。

毛主席及时分析了抗日战争胜利后的形势，指出现在蒋介石要下山摘抗战胜利的果实了。党中央指示全党全军，立即行动，保卫抗战胜利的果实，命令各解放区部队迅速调集，对付内战。延安数万机关学校人员迅速整装，开赴东北和华北。

军事调处执行部的建立

抗日战争胜利后，全国人民迫切希望实现和平与民主，医治战争创伤。中国共产党主张恢复同国民党的谈判，以求举行政治协商会议和成立民主联合政府。中共明知蒋介石一心想消灭共产党，为掩人耳目，才玩弄和平花招，发了三份电报邀请毛泽东去重庆谈判。为顺应民意，争取国内和平和民主，毛泽东和周恩来在蒋介石代表张治中将军和美国驻华大使赫尔利陪同下，于1945年

8月28日飞抵重庆，同蒋介石谈判。双方于10月10日签订了《政府与中共代表会谈纪要》。这个又被称为"双十协定"的主要内容是：尽快召开由国民党、共产党和民主党派参加的政治协商会议，停止国共两党的军事冲突。

1945年8月27日，张治中将军和美国驻华大使赫尔利专程到延安接毛泽东赴重庆谈判。图为毛主席乘车送客人到美军观察组驻地时的留影。黄华（左一）随行

1945年8月28日，毛泽东离延安赴重庆同蒋介石谈判前与朱德等人合影（约翰·高林摄）

为了领导各解放区接受日军投降，抵抗蒋伪军的进攻，巩固和扩大解放区，正在延安出席中共七届一中全会和中央工作会议的各个军区的军政领导人，急于奔赴前方。8月25日凌晨，毛主席决定，紧急使用美军观察组的一架小型运输机，送这些军政要人去太行根据地。虽说延安和山西黎城的空中距离只有300多公里，但因山岭壁立，河川纵横，地势险恶，就是骑马也得走大半个月。时间成了争取胜利的极重要因素。

8月25日早上8点钟，我到东门外机场照料美国飞机起飞的事。我看见刘伯承、邓小平、陈毅、林彪、萧劲光、滕代远、陈赓、薄一波、江华、宋时轮、陈锡联、杨得志、李天佑、张际春、王近山、邓克明、邓华、陈再道、聂鹤亭、傅秋涛等20位高级军事领导人正忙着穿戴降落伞，他们是要乘坐这架美军观察组又小又旧的C—46运输机去前方。这时杨尚昆的夫人李伯钊大姐提议给大家照张合影留念。陈毅同志诙谐地说："要是我们摔下来了，将来就用这张照片开追悼会吧！"

1945年8月25日，刘伯承、邓小平、陈毅等乘美军运输机离延安赴山西太行抗日根据地。图为在延安机场摄影留念

我看乘客中有通晓俄语的，但没有人懂英语，而驾驶员是美国人，不懂中文，万一遇到什么事，他们在飞机上怎么沟通呢？我当即请示杨尚昆同志，并毛遂自荐，由我陪他们上飞机到太行，把他们送到后立即原机返回。杨尚昆说："你的建议很好，那就请你走一趟吧。可是降落伞只有 20 副，你没有这个，很危险啊。"我说，不至于的。于是我就登机成为第 21 名乘客。大家在机身两侧的条凳上坐好，准备起飞。

飞机腾空后约一个小时，飞机猛一下上升了几百米，大家忽然感到异常，20 名乘客都看着我，想知道是怎么回事。我赶紧问飞行员，他说："下面是同蒲路，有日本人的高射炮阵地。为了避免不测，还是升到他们的射程以外去吧。"

又飞了一个多小时，我们看见山峦环抱中有一大片平地，上面有三大堆篝火，冒着浓烟，知道是到了目的地——山西黎城县的长宁村了。飞机在临时机场顺利降落。当地的军民围上来欢迎，端出红瓤西瓜热情地招待大家。刘伯承、邓小平同志吃了块西瓜，随即骑马去 30 公里外的晋冀鲁豫军区总部驻地——河北省涉县。其他乘客也立即分头出发，去他们各自的目的地——东北、山东、华中，我也要乘原机折回延安，便同正在抓紧休息时间打扑克的陈毅同志道别。他打趣地说："好，再见了，黄华同志。你坐你的洋飞机，我打我的土扑克。"

虽然日本投降后美军驻延安观察组的使命宣告结束，但是还有许多未了事宜和国共之间的联络有待继续，因此观察组仍留在延安，改为美军联络组，执行着美国和中共之间的联络任务。

1947 年 3 月，胡宗南的 25 万大军受蒋介石之命进攻陕甘宁边区，逼近延安。中央决定暂时撤离延安。安排中央各机关、学校疏散到晋绥和晋察冀根据地。毛主席、周副主席仍留在陕北，同彭德怀副总司令一道指挥陕北的作战和全国的解放战争。美军联络组也在此时被撤销，人员飞重庆。

事实上，国民党根本没有停战诚意。蒋介石抢在 1946 年 1 月 13 日停战令生效的前三天，即已密令所属部队迅速抢占战略要点，并借美军军舰和飞机，运送 50 万部队到华北和东北，为扩大内战做准备，企图在半年内消灭解放军。

美国杜鲁门政府战后的对华政策是扶蒋压共，给蒋介石大量美援，并在日本投降后三个月内帮助国民党从西南运了十个军的兵力到东北和华北，但比早已在那里的中共领导的部队要少得多，不足以压倒我方。杜鲁门派五星上将马歇尔为总统代表到中国来，在国共之间进行调停，以便一方面争取时间为蒋介石运输更多的兵员到内战前线；另一方面也希望蒋介石能在政治上改善形象，成为能统领全国的亲美政权。

1945年12月19日，马歇尔来到中国。他知道美国总统在12月15日发表的对华政策声明的要害是要"取消中国自治性军队，如共产党军队"，他理解扶蒋灭共和遏制苏联在远东的影响是美国和蒋介石的共同利益所在。马歇尔到重庆后即去拜会蒋介石。蒋介石当然十分欢迎杜鲁门的上述声明。

从毛泽东8月13日的一篇讲话中，可以清楚看出中共对抗战胜利后的形势估计。他指出："八年来，我们在敌后，他（蒋介石）袖手旁观，等待胜利，保存实力，准备内战。现在，他要来抢夺抗战胜利果实了。蒋介石对于人民是寸权必夺，寸利必得。我们呢？我们的方针是针锋相对，寸土必争。我们是按照蒋介石的办法办事。"

中共驻重庆的谈判代表周恩来、叶剑英在同马歇尔会面时表示，欢迎杜鲁门总统对华政策声明中关于停战和建立联合政府的部分；同时也明确表示，除非共产党在政府中的发言权足以保证它作为一个政党继续存在和活动自由，否则不能交出军队。

为执行"双十协定"，以周恩来为首的中共代表团与国民党代表团就停止国共军事冲突问题进行谈判，达成了《关于停止国内军事冲突的协议》，并决定由国共各派一名代表会同美国特使组成军事三人小组，共商各项军事问题的解决办法。1946年1月10日，国共代表张群和周恩来在《关于停止国内军事冲突的命令和声明》上签字，并连同上述停战协议交由国民政府主席颁布。该协议规定，为监督停战命令的执行，由周恩来和张群签署《建立军事调处执行部的协议》，由国、共、美三方各派一名委员，在北平成立军调部。国民党的代表是政府军委调查统计局局长郑介民，中共代表是中央军委副总参谋长叶剑英，美方代表是美国驻华大使馆经济参赞罗伯逊。

1946年1月13日，叶剑英、郑介民和罗伯逊及各自的随员十余人自重庆飞抵北平。我作为秘书随叶剑英将军同机抵平，住进了北京饭店。叶剑英任命的中共方面的参谋长是罗瑞卿，秘书长是李克农。中共方面在参谋长之下设了几个处：计划执行处，处长宋时轮；交通处，处长耿飚；整军处，处长陈士榘；新闻处，处长黄华；秘书处，处长冯铉；行政处，处长伍云甫。秘书长之下设有秘书、通讯、机要、编译、救济等处。饶漱石、李立三、伍修权、薛子正、张经武、荣高棠、柯柏年、黄镇等同志也先后担任过中共方面一些部门的领导工作。中共方面人员部分住在北京饭店，部分住在翠明庄。长驻人员中还有徐冰、张香山、陈叔亮、董越千等同志。在一年多的时间里，执行部中共方面人员增至600人，但远不及国民党和美方人员各达数千人之多。

在北平，中共方面的主要负责人叶剑英、罗瑞卿和我们几个部门的负责人，每天到执行部总部的办公大楼上班。总部设在协和医院主楼内。协和医院是美国洛克菲勒基金会于20世纪20年代建造的大型综合医院，设备先进，是全中国最著名的医院。其建筑宏大典雅，属中西结合的风格。日本侵华战争期间，该医院被华北日军司令部改为日军总指挥部办公大楼。日本投降后未及改为医院，由军事调处执行部作为总部办公楼。

1946年初，黄华任北平军事调处执行部中共方面新闻处处长。图为黄华在执行部总部办公楼（北平协和医院）前留影

在执行部，我主要负责同国民党和美方的新闻官员联系，向北平中外记者发布新闻和提供有关调处小组的情况，宣传和解释中共对时局的立场和主张，揭露美国帮助国民党大量运送军队到华北、东北准备内战的阴谋。

2月28日至3月6日，军事三人小组周恩来、张治中、马歇尔和执行部三委员叶剑英、郑介民、罗伯逊乘飞机访问张家口、集宁、济南、徐州、新乡、太原、归绥、延安、武汉等城市。我作为叶剑英将军的秘书随行。一路上，周副主席同各根据地的领导同志面谈，传达我党中央的方针和意图。

11 月，我还曾随叶剑英委员赴沈阳，解决执行部长春分部的领导人选等问题。

叶剑英代表在北平的常驻是中共中央在南京以外的第二个对外窗口。有许多中外朋友来访问叶剑英。我常协助"参座"（我们在内部半开玩笑半严肃地学国民党军这样称呼叶帅）在景山东街丁 2 号的叶公馆接待他们。

驻北平执行总部中共方面的同志同我党派驻南京的谈判机构——周恩来同志领导的南方局（设在南京梅园新村 40 号）以及中共代表团驻沪办事处（设在上海马思南路 107 号）也有些事务性联系。记得 1946 年 8 月，中央来电报要我去南京给周恩来同志的办事处带些活动经费，并请马海德顾问一同前往。有个美国人同行，比较方便。我们各穿了一件专门缝制的背心，里面缝入了 100 个小金锭（每个金锭为二盎司）。我们乘坐执行部的班机先到上海。在上海，去看望了廖梦醒和王安娜等老朋友，然后乘火车到南京。进入梅园新村周公馆后，我把背心脱下来交给主管财务工作的赖祖烈同志。他逐个地掂一下金锭，仔细地数数。突然他说，不对呀！我赶忙上前，想弄个明白。这时他说，怎么多出一锭来了？啊！我说，是生了小金锭了吧？在场的宋平同志和大家都会意地哈哈大笑起来。我们随后去拜见周副主席，向他汇报北平的情况。

在北平，我们同联合国救济总署和解放区救济总署的官员有较多交往。在他们的支持下，解放区得到了一些药品、医疗设备和恢复农业生产用的拖拉机。但这些物资只占救总给中国物资的 1%。我同出生在北京协和医院的联合国救济总署驻北平代表美国人詹姆士·格兰特先生很谈得来。他不但能说一口流利的中国话，而且友好热情，认真负责，很重视对解放区的工作。他在 20 世纪 80 年代任联合国儿童基金会的执行主任，对我国有效防止小儿麻痹症等事业，作出了很大贡献。

在叶帅宴请的外国朋友中有一位救济总署的医务官，加拿大籍医学博士铁尔生·哈里逊。他多次将救总和由宋庆龄创立的中国福利基金募集的医药和器械（每批约有 50 吨），在解放区救济总署主任伍云甫、林中等同志陪同下，从上海总部押运至解放区的邯郸市。

但是在 1947 年年初的寒冷季节，哈里逊医学博士在运输一批医药和器材的途中，受到国民党军队重重无理阻挠，受尽饥寒困扰，直至肺炎发作，在将物资运到解放区邯郸的次日，即与世长辞。他的遗体于 1988 年移入开封市的烈士陵园，受人永远怀念。

1946 年 6 月，叶剑英同联合国救济总署和解放区救济总署的朋友合影。后左二为罗比才大夫，后左三为加拿大籍的哈里逊大夫，后左四为詹姆士·格兰特，前右一为黄华

军调部国共美三方的斗争

军调部建立后，三人小组决定巡视各军事冲突地区。1946 年 3 月 4 日，在三人小组视察七城市之行到达延安时，受毛泽东亲自接见并主持会谈。那次我担任翻译。在谈判桌上，马歇尔遵照蒋介石关于切断中共与东北联系重要通道的要求，提出要中共军队撤出赤峰，被毛泽东断然拒绝。

执行部三委员发布的和字第六号命令具有重要意义。其内容为：为彻底停止冲突，政府及中共军队必须停驻于 1946 年 1 月 13 日下午 12 时整所在之位置，任何部队曾越过上述位置者，应立即退回；任何指挥官如不遵令，将以违反停战令论罪。

为调处各地军事冲突，军调部向冲突地区派遣了执行小组。在半年多的调处斗争中，总部先后向各地派出了 29 个执行小组。

第一执行小组被派往绥远（后并入内蒙古自治区）的集宁市。该市在停战令规定的时间之前，即 1 月 13 日晚 12 时前就已经在解放区军队手里。国民党军队在停战令生效后强占了该城，后又被中共部队夺回。当 3 月 2 日马歇尔、周恩来和张治中三人小组乘坐的飞机降落集宁时，郑介民向马歇尔告状，提出集宁调处的是非问题。叶剑英当然毫不让步，据理反驳。马歇尔见国民党军大势已去，只好无奈地说："过去的事情就让它过去吧。"

日本投降后，八路军和国民党军之间立即展开了受降之争，常发生军事冲突。1945 年 9 月，美军除帮助蒋介石从海陆空运送大量军队到华北、东北和抢占战略要地外，还出动海军占领华北各沿海港口：天津、青岛、秦皇岛，还把军舰开到烟台，企图登陆。我胶东部队于 1945 年 8 月解放烟台，扩大了山东解放区，并控制了经海上去东北的重要通道。根据中央提出向南防御、向北发展的重要战略方针，控制烟台对我主力部队经海上迅速开赴东北战场创造了极有利的条件。

同年 9 月 29 日，美军第七舰队派军舰驶抵烟台市外海面，企图登陆。10 月 1 日美舰的海军少校等几人乘快艇上岸，要见我烟台市负责人。我副市长兼外事特派员于谷莺同志出面接见。按上级指示，他对美方提出的几点要求答复称，烟台已于 8 月 24 日被八路军解放，烟台军民自己能很好清除港口水域的任何危险物，没有什么可请美军担任的任务。几天后，美军送来一份通牒，内称美海军陆战队将在烟台登陆，要求八路军撤离烟台市，交美方接管。美方的无理要求立即遭我代表怒斥驳回。

奉上级命令，我驻烟台部队政委仲曦东担任代表，与他们进行谈判。他严厉拒绝美军的侵略性要求。烟台市民也举行集会和示威游行，高喊口号："美国人敢登陆就把他们揍回去！"

1945 年 10 月 6 日，叶剑英参谋长在延安给美军联络组组长伊顿上校一项备忘录称，朱德总司令前已向美军总部声明："烟台已无日军，而在八路军控制之下。如果美军在烟台登陆，将引起中外人士怀疑美军在干涉中国内政。"10 月 9 日，美军代表巴贝中将发表公报称"美军将不在中共占领的烟台登陆"，美军舰随后驶离了烟台。

此后，美方陆续把海军陆战队从秦皇岛和塘沽撤走。至于战略地位十分重要的青岛，则迟至 1949 年 6 月 2 日才撤。当时我在南京军管会外事处任处长，奉中央命令通知美国驻华大使司徒雷登：解放军已包围青岛，不日将进攻该市，请美军撤走。他答应转报有关当局。在我军解放青岛前数小时，美军被迫撤离。

在执行部成立后一年的时间里，国共之间发生的军事冲突引起执行小组介入的事例不胜枚举。安平事件值得一叙。

1946 年 7 月 29 日，北平某报称，美军 31 人乘 11 辆卡车自天津出发沿平津公路至北平途中，在河北香河县安平镇突遭中共军队袭击，美军有若干人伤亡。美方代表即给执行部叶剑英代表发出备忘录。与此同时，叶剑英分别收到晋察冀军区聂荣臻司令员和冀东军区司令员詹才芳的电报。他们都报告说，7 月 29 日，驻天津美军配合国民党军，出动飞机向我香河地区大举进犯，占领我安平镇，违犯美国不干涉中国内政和昌黎会议关于美军不得自驻守防地外出的决定，是非法的侵略行为。叶剑英当即致函执行部美方代表罗伯逊和国民党方面代表郑介民，就安平事件提出抗议。叶剑英看到，虽然美军和国民党早已勾结一气，但现在是美方进一步直接卷入中国的内战，美方已失去调停人身份，变成当事人，谈判因此也由三方变为两方之间的事。

美国驻华大使司徒雷登和马歇尔对此事件感到十分尴尬，不断求见蒋介石，商量对策。

叶剑英向罗伯逊建议马上派调查小组前往安平地区，得到国民党和美方同意。派往安平的第 25 特别执行小组的三方代表，在北平总部就开始唇枪舌剑，展开激烈的辩论。国民党方面一味寻找借口，拖延小组出发日期，直至国民党军第一期进攻香河的军事行动暂告结束，才答应执行小组去实地调查。由于美方卷入争执，不宜担任当然主席，经过中共方面提出，另两方只得同意由三方人员轮流担任主席。

从 8 月 5 日第 25 小组成立至 9 月 4 日，由于中共、国民党和美方各执己见，调查陷于僵局，中共方面即根据调查材料公布安平事件真相。9 月 9 日，中共代表团举行记者招待会，叶剑英代表发表了关于事件调查结果的声明，公布第 25 特别小组中共代表关于安平事件的调查报告。安平事件不但在中国，而且在美国国内引起一片批评声。人们注意到，美国人在中国内战中已陷得很深，主张美军撤退。杜鲁门政府也觉得脸上无光。马歇尔于是下令撤走秦皇岛和天津塘沽的美军陆战队。

1946 年 7 月，国民党认定，依赖美国海空军运至华北、东北的军事力量大体部署完毕，便向解放区展开全面进攻，发动全面内战。蒋介石的军队开始进攻中原、华东、晋冀鲁豫、晋绥、东北和海南岛等解放区，人民军队被迫进行自卫作战。中共中央指示，我解放军，必须打败蒋介石的进攻。军调部三方的斗争，也就更加激烈。

1947年1月6日，马歇尔接到杜鲁门的命令，召他回国任国务卿。不可否认，军调部的使命是彻底失败了。10日，周恩来在南京一个大会上据实揭露国民党破坏停战协定，破坏政协的路线，同时批评美国政府蓄意帮助蒋介石打内战的政策。

由于蒋介石军队从1946年夏至1947年2月在同解放军的较量中损失了70多万兵力，因而丧失了全面进攻的能力，转而对解放区进行重点进攻，企图首先消灭陕北和山东两个解放区。1947年3月，蒋介石扬言要进攻我陕甘宁解放区。执行部中共方面奉中央命令撤退驻北平的最后一批人员。2月7日晚，叶剑英代表在北京饭店举行招待会，向北平各界400余人告别。他在讲话时说："此次调处破裂实是反动派一手造成，我们的离去是不得已之举。但离去是暂时的，在不久的将来我们一定会回来的。"平时同我们交往较多的中外记者和各方朋友纷纷同我们握别，大家都相信后会有期。

2月21日，叶剑英率领最后一批军调部中共方面人员乘两架执行部的飞机离开北平，飞返延安。正如我所预期的并向中外记者宣布的，估计两年后可再见面，果然在两年之后，1949年3月，叶剑英作为胜利之师的将领回到北平，担任北平市军事管制委员会主任和市长，中共方面的谈判代表之一薛子正将军任北平市副市长。

回顾往事，我常常想，由于蒋介石一味反共的政策，马歇尔将军的调停成为一场徒劳的使命。史迪威将军是马歇尔的好友，两人观点虽不完全一致，但都想为美国总统效劳。对蒋介石和中国情况有较深了解的史迪威在马歇尔担任中国内战调停人时即预言，他的好友注定要失败。这是美国实行扶蒋反共政策不可避免的结局。

第四章　同司徒雷登在南京的接触

从延安到西柏坡

　　1946 年 11 月，蒋介石认为，同中共决战的部署已大体完成，于是完全背叛了国共签署的关于和平问题的会谈纪要以及各党派关于召开政治协商会议的协议，独断专行，举行了由国民党一党包办的国民大会，彻底关闭了同中共和谈以及同各民主党派协商的大门。中共和民盟都拒绝出席该会。周恩来对此严正指出，一党国大破坏了双十协定和关于政治协商会议的各项协议，中共决不承认一党国大。他率领中共代表团飞返延安，以示抗议。1947 年 1 月，美国宣布退出调停国共关系的活动。美方的行动向世人宣布，它已彻底地抛弃了斡旋停战这块遮羞布。此后中共中央通报各军区党政机关称，美方已决定结束与三人小组和军调部的关系，故命令我方驻北平执行部人员撤回延安和东北解放区。至此，全国人民渴望的和平与民主因美蒋的破坏已没有实现的可能。中共中央决心同国民党决战，打倒人民公敌蒋介石。

　　叶剑英于 2 月 21 日率领我们驻北平军调部的最后一批干部飞返延安，朱总司令和彭副总司令热情地来机场迎接叶剑英一行。

　　此时延安和边区的军队、干部、民众都投入紧张的备战工作，准备抵抗胡宗南 25 万大军的进攻。周恩来、刘少奇、朱德、彭德怀等都集中到枣园后沟较隐蔽的地方，以防国民党飞机空袭。各机关、学校和部队根据中央的号召，把文件销毁或深埋，群众则坚壁清野，把粮食、煤炭等藏匿起来，让胡宗南部队无法从当地取得任何补给。

　　3 月 8 日，延安举行了军民保卫陕甘宁边区和保卫延安的战斗动员大会，会上朱总司令讲话，慷慨激昂，号召边区全体军民以必胜的信心，战胜胡宗南反动派的进攻。群众义愤填膺，誓死保卫党中央，保卫毛主席。当天，不久前成立的中央外事组的领导人周恩来和叶剑英在王家坪召集从南京、重庆和北平撤回的外事干部开会，安排行军队列的撤离事宜。我们全队约40人，由薛子正任队长，我任副队长，准备东渡黄河到晋绥军区。

周恩来同志还特别关心我们的准备情况，了解各种细节安排。关于每天的行军里程，有人主张60华里即30公里，我觉得这些从南京、上海、北平和美国等地撤回延安的同志多数没有走过山路，头两天只能安排50华里的行程。恩来同志听了，觉得有道理，赞成此议，并嘱咐要一起走，注意三岔路口，不要走散了！

事后我听说，前一天从延安撤退的一批干部队伍，因带队的同志没有经验，上路不久碰到岔路，有人就走散了，只得请边区的乡村干部帮助四处寻找走散的同志归队。周恩来同志在局势如此紧张的时候，还那样关心我们这支临时的外事干部队伍，每当想起这些来总使我无限敬佩和感动。

薛子正同志是20世纪20年代参加革命的老同志，长期在红军中担任领导工作，也有白区工作的丰富经验，曾任北平军事调处执行部中共方面交通处处长，多次参与同国民党、美国方面进行谈判。北平解放后薛子正先后担任北京市副市长和统战部副部长等职务。他博学多才，待人诚恳，周围的同志十分敬重他。

我们延安人虽说没有什么个人财产，但书总有几本的，搞外事的还有外文书、字典和打字机。但现在是撤退转移，要完全轻装，不能不做些舍弃。我们在王家坪的山坡上挖了几个土坑，按党中央坚壁清野的号召，把带不走的文件和书报都埋掉，不留给敌人片纸只字。我们把被子和几件衣服，打成背包背在背上或塞到马褡子里让牲口驮着，把钢笔、记事本、牙刷、小饭勺子插装在上衣的四个口袋里，把吃饭用的搪瓷缸子和洗脸毛巾拴在皮带上，针线别在帽檐里，就迈步出发了。我舍不得丢掉收音机、英文打字机和字典，那也是工作必需的，就交给行李队带着。

3月9日，我们这个外事干部队伍离开延安向东行进。王家坪的总务处给我们雇了几头毛驴。刚从重庆回来的徐永煐同志的孩子才一岁，被放在毛驴驮子一边的箩筐里驮着走。个别上了年纪的同志或者是身体弱的女同志也安排了骑驴代步。老同志柯柏年虽然身体单薄些，但坚持走路。陈家康、章文晋、凌青、林展、王光美和我也决心一路步行到晋西北。我们尽量抄近路，在沟壑纵横、岗峦起伏的陕北黄土丘陵上，沿着山坡小道向东北方向进发。有时，山路狭窄，只能容下一头驮东西的毛驴，幸好没有对面来的驮子，否则得找能够错牲口的口子。小道的外侧是深谷，毛驴偏偏喜欢顺着外沿走，看到它外侧的箩筐高悬在深谷之上，一歪一扭的，真让人心惊胆战。

这是一次有组织的大转移。在指定的路线上，每隔20里路即有机关事先派出的人员安排我们的食宿。陕北各地的老乡也十分亲热地接待我们，并慷慨地为我们提供毛驴和马夫。国民党军队就要打过来了，但群众没有慌乱，而是做了一切迎击敌人的准备。我们一行人饿了吃干粮和咸菜，晚上在老乡的窑洞里和衣而睡。在路上我们也遇到刚从重庆和南京办事处回到解放区的同志，他们还未来得及改穿制服就上了路，仍然穿着长衫，戴着呢帽，旁边有解放军战士带路，别有一番景致。在路边观看的老乡和孩子还以为他们是汉奸，因为在陕北出演的活报剧通常把汉奸打扮成这样。

在离开延安的第10天，即1947年3月19日，我们的队伍到达黄河西岸的绥德县一个码头，乘坐约12米长的大木船渡过波涛汹涌的黄河，到山西省的碛口镇上岸。那天一大早，刮起了狂风，黄沙漫天，太阳被沙尘遮挡，真是天昏地暗。傍晚，听说延安当天被胡宗南占领了。延安是我战斗和生活了10年的地方，是中国人民的革命圣地，它的名字同中国革命的进程相联。尽管短期放弃延安是中央早已预定的策略，它的陷落仍然使我黯然伤怀。好吧，这样倒可以使解放军和人民甩开膀子同敌军周旋，打歼灭战，消灭胡部的有生力量。我们中间没有人感到悲观，因为我们正在开赴中国命运决战的前方。这时，我们最挂心的是留在陕北的毛主席和周副主席等中央领导同志的安危。他们决心不离开陕北，同敌人周旋。听说他们在延安被占前几小时已主动转移。我们都坚信，依靠彭德怀这支兵力虽小但能打硬仗的野战军和陕北人民，不要多久，我们一定会战胜敌人，收复延安。在上船前，我们热情地感谢和酬劳了从延安赶着牲口送我们撤退的几位马夫，其中有一位14岁的少年。现在他就要回到被胡宗南占领的家乡了，我们怎能不为他担心呢。可是他很沉着坚定，有决心应对一切困难。

中央于3月26日的清涧政治局扩大会议决定，毛主席、周副主席、任弼时同志留在陕北主持中央和军委工作，以刘少奇为书记、朱德为常委组成的中央工作委员会前往晋察冀进行中央委托的工作。我于4月中旬接到命令任朱总司令秘书，随他和刘少奇同志组成的中央工作委员会，从晋西北军区的兴县出发去晋察冀军区。我们告别了联防司令部贺龙司令员和外事组的同志马上上路。我们这一行人由刘少奇（中共中央政治局委员、书记处书记）、朱德（中共中央政治局委员、书记处书记、中央军委副主席、解放军总司令）率领，有康克清、徐冰（原名邢西萍，少奇同志秘书）、张晓梅（徐冰同志夫人）、潘开文（朱总司令的机要秘书）、何理良（俄文翻译）、米里尼科夫大夫（苏联内科医生）、朱总司令的卫士长齐明臣同志和我。因为刘少奇和朱德是中共中央五人书记处的书记，他们的行动和安全是要绝对万无一失的。晋绥军区和晋察冀军区派有成连的部队接力护送。朱总司令和刘少奇同志骑着马，边走边思索，考虑如何实施中央交代的任务。其他同志也配有牲口，驮着内装被子衣物的马褡子。我们有时坐在马褡子上，有时步行。

我们沿着山西北部山区向东行进，走过吕梁山、五台山、太行山这些高山峻岭，经过岢岚、五寨、宁武、崞县、五台，到达河北省西部的阜平县城南庄镇，即晋察冀解放区的首府，前后共走了 20 天。虽然兴县至阜平的直线距离才 300 多公里，但国民党阎锡山的部队还把持着山西的大中城市和交通线，为了安全，我们选的路线绕来绕去，上山下坡，行程倍增。一天，我们走到贯穿山西省南北的同蒲铁路西侧一看，前面一片几十公里是开阔的平原，同蒲路是我们去河北必须跨越的危险地带，当时它被阎锡山的部队重兵设防，如同日寇占领时那样建有封锁线。经领导决定，我们的队伍在岚县（今原平县）地区穿过同蒲路。军分区经过紧张周密的部署，派精锐部队把守一段铁路的南北两端，设了不许任何人进入的安全区。我们全队人马在凌晨 4 时以急行军的速度迅速越过铁路，并向前走了 10 公里才停下来休息。由于安排周到，全部人马安全通过封锁线。

我们走过的这一带真是中国最贫穷的地方。我本以为陕北是中国的首穷，但晋北有些地方比陕北还穷。我们过了铁路之后，到了崞县，有一天晚上，我们住在一个山上的小村子里过夜。老百姓都好奇地挤上前来看我们，问这问那。早春的山区还相当冷，冰雪还未融化，我们看到村民中有一个不怕生，看上去聪明伶俐的小姑娘，十岁左右。她只穿着半截土布单裤，披着一块破碎的羊皮，脚下是破旧的鞋片，脸、手和脚又脏又黑。她对我们说，她难活哩，希望我们带她走。我对她说，你能不能洗洗脸？等了一会儿，一个脸蛋干净漂亮的小姑娘在我们窗口外出现了。她长着一对乌黑明亮的大眼睛，双颊红润，真是可爱。她想要跟我们说许多话，我们就到她家里坐了一会儿，了解到她的父亲是煤矿工人，是从内蒙古那边到这里来落户的。我看到她家除了几个存粮食和腌菜的大缸和炕上两条发黑的被子外，什么都没有。因为战争，也因为地主和煤厂老板的剥削，这些赤贫人民的生活实在太苦了，我感慨万千，泫然欲涕。何理良手头没有什么可给她的，只找到了一块约三尺长的包衣服兼做枕头的白布给了她，她高兴地拿走了。第二天早上，她穿着那块布做成的裙子来看我们，说是她姐姐连夜给她缝好的。

过五台山时，我们了解到农民有偷盗五台山名刹文物的行为，也看到农民在集市上卖小铜佛像。少奇同志立即作出指示应保护寺庙，让当地干部把五台山名刹的大佛用木料和布遮挡起来。

我们在去河北的路上，少奇同志利用晚上的时间召集当地的党政干部开会，调查研究农民的土地占有情况和存在的问题，我们也参加了会议。他在会后写报告给中央，有时写到深夜。何理良帮他誊清，好让当地的领导机关发电报给中央。到了晋察冀，这里的土地改革已经展开，每个村子都成立了贫农会，斗地主、分土地、挖浮财。但当时对划阶级成分等政策问题还不明确，发生了不少伤害上中农的情况，对地主、富农和工商业者也有过左行为，许多村子很不安宁。

我们在到达阜平县城南庄之前，已经看到一些土改的情况。有一次，康克清同志和我们正在吃饭，一个约六七岁的男孩子靠在门口，用期待的眼神望着我们，等待给他一点剩饭。警卫员要他走开，他不走。原来他是被斗地主的孩子，家里的大人跑光了，没有饭吃了，所以来要饭。康克清是农民的女儿，从井冈山长征过来的老革命，她相信小孩子没有罪，不应该因为成分而挨饿，当时就给了她米饭和菜。我看到康克清同志既是一位革命者，又是一位人道主义者。

我们随少奇同志和朱德总司令到达河北阜平后住在城南庄。他们两位中央领导同志同聂荣臻司令员、萧克副司令员和罗瑞卿政委等军区的同志们进行了工作会议。会议结束后，少奇同志移驻建屏县（后改为平山县）的西柏坡村。6月间，急于要到冀中军分区解放战争前线去视察备战情况的朱德同志到河间、白洋淀等地，同军分区的孙毅等同志策划和组织保定以北的战役和青县、沧县战役，这两次战役在朱德同志的指导下，取得了打歼灭战的胜利和经验。

7月上旬，我随朱总司令移驻西柏坡村。

为解决中国革命主要问题之一的土地问题，总结解放区土改的经验，以指导全中国解放后的土地改革工作，中央决定于7月间在西柏坡召开全国土地会议。7月17日，土地会议开幕，会场是露天的，刘少奇和朱德在主席台上就座并讲话，与会者是来自晋察冀、山东、陕甘宁和晋绥等地区的负责人。我在参加全国土地会议和晋察冀军区土地工作会议后，随邓颖超同志到早已进行过土改的阜平县细沟村，参加土改复查和填平补齐的工作。1948 年春，工作告一段落后，我被调回西柏坡待命，并在任弼时和冯文彬同志领导下研究如何开展全国的青年工作问题。

1946 年到 1949 年这三年多，在中国历史上是一个天翻地覆的时期，是中国革命同反革命进行大决战并取得全面胜利的时期。每当我回忆这个时期的一幕幕历史，心里总是那样激动。我目睹了中国历史列车的伟大调度者毛泽东、朱德、刘少奇和周恩来此时的工作和生活。

从 1946 年 7 月国民党以号称 500 万军队开始向各个人民解放区大肆进攻之日起，到 1948 年秋仅两年多的时间里，人民解放军已经在东北和华北消灭了大量美式装备的蒋军，其作战方式已从游击战升为正规战，并准备打更大规模的歼灭战。胡宗南占领延安仅一年零一个月就被彭德怀指挥的解放军打得狼狈逃窜，损失惨重，逃出延安和陕北。1948 年 4 月 22 日，延安又回到人民手中。一直留在陕北同胡宗南大军周旋的毛泽东、周恩来、任弼时同志，镇定自若地指挥着全国各解放区战事，在陕北战役胜局已定之际，于 1948 年 3 月东渡黄河。5 月 27 日，毛主席来到西柏坡，同中央工委会合，继续领导全国的解放战争、土地改革和筹备全国政治协商会议等各方面工作。西柏坡成为中共中央的临时总部。

1948 年 9 月，中共中央召开政治局扩大会议，决定从 1946 年 7 月起，五年内从根本上推翻国民党的反动统治。为此，要求各个战略区的野战军在解放战争的第三年度，在东北、华北和长江以北地区歼灭国民党军的重兵集团。全党全军斗志高昂，根本改变敌我力量对比的辽沈、淮海和平津三大战役进入决战阶段。后来事态的发展证明，原定五年彻底打倒国民党反动政府的解放战争，时间比预期大大缩短，三年多时间就胜利结束了。

1948 年 9 月 12 日，东北野战军发动辽沈战役。经过 52 天激战，歼敌47 万，东北全境解放。同年 11 月 6 日，以刘伯承、邓小平、陈毅、粟裕、谭震林为总前委所指挥的华东和中原两大野战军开始在以徐州为中心包括淮河和海州三万多平方公里的地区进行了中国战争史上规模最大的淮海会战。国民党投入了 80 万兵力，解放军投入 60 万，到前线支援我军的民兵也达 60 万人。1949年 1 月 10 日战役结束，我军全歼蒋介石嫡系精锐部队黄维兵团和杜聿明集团军，生俘黄、杜。至此，国民党的主力精锐师团丧失殆尽，人民解放军直逼长江北岸。

1949 年 1 月 15 日，天津守敌 13 万人被歼，1 月 31 日北平古城和平解放。此后，华北全部解放。

1949 年 4 月 21 日，毛主席、朱总司令发布向全国进军令。由中原和华东野战军改称的第二、第三野战军共 100 万部队在长江 500 多公里的战线上胜利强渡天堑。4 月 23 日，刘伯承、邓小平率领的第二野战军和陈毅、粟裕指挥的第三野战军渡江胜利后占领南京，宣告蒋家王朝 22 年的反动统治覆灭。毛主席当即写下了《七律·人民解放军占领南京》："钟山风雨起苍黄，百万雄师过大江，虎踞龙盘今胜昔，天翻地覆慨而慷。宜将剩勇追穷寇，不可沽名学霸王，天若有情天亦老，人间正道是沧桑。"充分表现了全国人民振奋之情和坚强斗志。

陈、粟大军自南京挥师南进，解放杭州后于 5 月 27 日解放我国第一大城市上海。其后几个月各野战军所向披靡，势如破竹，解放华中、华南和西北各省大小城市和大片土地。至 1949 年年底，除西藏外，中国大陆全部解放。蒋介石和他的一些残兵败将逃往台湾，苟延残喘。

在解放军所到城市，都建立了军事管制委员会，迅速恢复当地的社会经济秩序，取消外国在中国的一切特权，维护国家的主权和独立。根据中国人民解放军总部发言人李涛将军 4 月 30 日的声明，中国人民政府愿意考虑同各外国建立外交关系，这种关系必须建立在平等、互利、互相尊重主权和领土完整的基础上，并且必须断绝同国民党残余力量的关系。外国在长江、黄浦江和其他各处的军舰、军用飞机、陆战队必须迅速撤离中国的领水、领海、领土、领空。中国政府保护外国侨民的生命和财产的安全，一切外国侨民必须遵守人民解放军和人民政府的法令……

1949 年 1 月 17 日，即天津市解放后两天，我和章文晋奉中央命令离开西柏坡乘车经石家庄进入天津市，分别任军管会外侨事务处处长和副处长。

在南京同司徒雷登的接触

1949 年 4 月中旬，中国新民主主义青年团在北京召开成立大会。党中央书记任弼时同志要我到团中央工作，调我来北京参加成立大会。在会上，周恩来副主席见到了我，说："这几天南京就要解放了。美国驻华大使司徒雷登和

许多国家的使节留在南京未走，你
去南京外事处工作吧。除负责接管
国民党政府外交部和处理有关对外
事务外，你还可以作为燕京大学校
友同司徒雷登进行私人接触，看看
他有什么要求和愿望。"我表示服从
组织分配。周恩来与任弼时商量后，
令我立即参加南下工作队赶赴南京。
我动身前，周副主席找我谈话，要
我特别注意了解美国政府的对华政
策和态度，并嘱咐我要事事谨慎，
多请示报告。对此，我的理解是，
当时中央十分关注美国是否会对新
中国政权进行武装干涉，因此在苏、
浙、皖一带集中了刘、邓指挥的第
二野战军近百万的强大兵力。

1949 年 4 月，毛泽东在北京香山接见出席
中国新民主主义青年团第一次会议的与会者，左
一黄华

　　我于 4 月 20 日由北平乘火车出发，先在天津东站下车，乘外事处的轿车
回我的宿舍匆匆取了行李，再赶到天津西站，上了同一趟火车南下。在火车
上，我看见许多熟人，其中胡定一、崔烈等英语很好的同志和他们的夫人是准
备到南京外事处工作的。车上还有我很敬重的《大公报》的名记者范长江。因
铁路被战争破坏，火车到了蚌埠，不能再向南行驶了。我们换乘解放军的大卡
车沿着铁路线到浦口，过江进城，这时南京已经解放两天了。

　　刚解放的南京，情况复杂，市面冷落。由刘伯承、邓小平领导的南京军管
会的工作万分繁忙。我作为中共南京市委委员，参加了邓小平同志主持的市委
会会议，汇报了北平的情况和周恩来同志关于外事方面的指示，市委对南京的
外事工作进行了研究。

　　南京外事处设在原国民党政府外交部内，我根据周恩来副主席交代的任
务，组建外事处，开始工作。一面接管旧政府外交部，安置其留下的人员，将
大量档案运往北京；一面着手打理留在南京的外国使馆人员和侨民的工作。

　　我一到南京就听说有几名解放军战士进入了司徒雷登的住处，引起一些外
国使节的不安。在外国人的心目中，中共可能比法国大革命时的雅各宾派还要

厉害，所以他们很紧张。后来他们逐渐明白了，中共领导的人民解放军既是革命之师，又是文明之师。根据中央的指示，我们宣布不承认国民党时期的任何外国驻华人员的外交身份和特权，对留在南京的外国原外交人员均按一般外侨看待，同时宣布保护外侨的一切合法利益及人身安全。关于建交问题，我们声明按照平等、互相尊重主权和领土完整的原则同一切国家建立外交关系。在实际工作中我们执行经过谈判建立外交关系的政策。为了贯彻执行中央的方针政策，我召集南京军管会各单位的干部开了一次会，传达中央的对外政策，宣布了几项外事纪律和注意事项。

司徒雷登于 1949 年 5 月 6 日派他的私人秘书傅泾波（中国人）要求见我。7 日，我接见了傅泾波。他首先为司徒雷登辩解一番，说司徒一年来渐渐了解过去对国民党的认识是错误的，美国已经停止援助蒋介石。这次国民党撤退前，何应钦希望他去广州，而他决定留在南京不走，就是希望同中国共产党接触，这点已获得国务卿迪安·艾奇逊同意。傅泾波表示，司徒雷登甚盼与我会见，并说现在是"美国对华政策改变的时期，能在'老校长'手中完成这一转变，比换另一个人好些"。我告诉他，会见的事待考虑后再说，并表示，美国援助蒋介石的政策给中国人民留下了极深的创痛，美国现在尚未放下屠刀，怎能期望中国人民恢复好感。空言无用，需要美国首先做些实事，才能逐步取得中国人民的谅解。

我是 1932 年到 1936 年在北平燕京大学上学时认识司徒雷登的。司徒雷登 1876 年出生于中国杭州一个美国传教士家庭，11 岁时被送回美国上学，主修神学，1905 年又被美国教会派到中国传教。1919 年到北京创办燕京大学，担任校务长长达 27 年，治校颇有方略和成就。1941 年 12 月珍珠港事变后，他在日军占领的北平被秘密软禁。日本投降后，因他在中国有相当广泛的社会联系，经美国总统特使马歇尔的推荐，1946 年 7 月他被任命

司徒雷登

为美国驻国民党南京政府的大使。根据他的日记和回忆录可以看到，他出任大使后，尽管也劝蒋介石停止内战，但他的着眼点是加强援蒋压共，维护国民党的统治。至 1948 年 10 月，辽沈战役开始，国民党在东北的处境万分危急，他还频频致电美国国务院推动援蒋。国务卿马歇尔不愿美国更深卷入中国内战，未同意他的要求。看到解放军南进，所向披靡，国民党大势已去，司徒雷登便改变为美国效劳的做法。他于 1949 年 3 月致电美国国务院请求留在南京，以便同新政权接触，建立美中新的关系。国务卿迪安·艾奇逊于 4 月 6 日复电，授权他与我党领导进行会谈，要他不要把话说得太肯定，并注意保密，免得走漏风声，引起国会中反对派的反对。因而在国民党政府要求外国使馆同他们南迁广州时，司徒雷登却留在南京不走。4 月 21 日，我军渡过长江，23 日南京解放。当时除苏联大使随同国民党政府去了广州外，其余国家的使节，包括梵蒂冈的代表仍留在南京。但苏联在南京还留有一秘 A.M. 列多夫斯基等许多外交官，同南京外事处时常保持联系。我们就有些国际法和外交惯例的问题时常向他们请教。

经批准，我以私人身份于 5 月 13 日前往司徒雷登住处，同他会晤。我先问他解放军进入他住宅的情况。他对此事表现平静，只说有几个年轻士兵进来了，他见到了他们，问他们要干什么，他们说看一看，态度还好。我对司徒雷登说，在军管期间，解放军有权进入一切可疑的中外居民住宅检查。在未同新中国建交前，原外国使节不再享有外交特权，但作为外侨，安全自会得到保护，请他放心。司徒雷登表示，愿同新中国建立新关系，希望中国政府能广泛吸收民主人士参加。并说，美国已停止援助蒋介石，不愿参与中国内战。他已建议将美国在上海的经济合作分署所存的援助蒋介石的面粉、棉花等物资，待上海解放后统统移交我方，以支援上海恢复生产。我当即表示，关于中国政府的组成，我国人民有权自己决定，不需要外人干涉。粮食、棉花等我不接受（因为我们即将解放上海，可从国民党手中接收）。美国既然表示不干涉中国内政，就应该将美国驻青岛等地的海军舰只和陆战队撤走，以免发生冲突。司徒答应转告有关方面。

这次会见以后，司徒雷登又派傅泾波来见过我两次。傅泾波除谈了有关上海解放和司徒雷登申请去沪外，还说司徒雷登对上次所谈军事问题采取负责任态度，美国舰队已于 5 月 21 日撤离青岛，一部分驶往日本，一部分驶往其他地方。在解放军进入上海之前，美国舰队即行撤走。你们打到别的地方，美国舰队也将自该处撤走。他还说，麦克阿瑟主张青岛美舰不撤，国务院后来决定撤。现在美国舰队的中心已不在中国。我说，美国如愿同中国人民重新交好，打开双方的外交关系，首先必须撤退美国在华的一切武装力量，断绝与国民党政府的关系，放弃一切有损中国独立主权和领土完整的政策。

我与司徒雷登会晤后，南京原外交界人士中传说，司徒雷登已与我取得联系，要求其他外国使馆同美国使馆一致行动；还传说我带来了周恩来的信。这引起其他使节疑问，纷纷要求与我见面。10月3日，我以南京市军管会委员兼外事处处长名义把留在南京的所有前外国外交官召集到外事处会客厅，宣布我党关于建立外交关系的原则，以及对待在南京原各国使馆和外交人员的具体政策，回答了他们提出的问题。一些外国人是第一次同中共军管会官员接触，颇感紧张。当时，我只用普通话宣布我方政策，有些外国人不懂中国话。这时在中国樊城出生的加拿大大使馆临时代办切斯特·朗宁（穰杰德）用普通话问我，是否允许他把我的话译成英文，我点头同意，会场气氛立刻变得轻松些。

经请示中央，我于6月6日又约司徒雷登和傅泾波，请他们到外事处第二次会晤。司徒雷登首先提出去上海和回美国问题。我告诉他可按侨民身份来外事处申请。司徒雷登又说，在开罗会议上，罗斯福曾允许将台湾交中国托管，待对日和约签订后归还中国，但对日和约因种种原因，特别是因美苏间存在误解，迟迟未召开，何时召开无法肯定。我说，台湾历来是中国的领土，被日本侵占后，中国政府从未予以承认，人民也从未停止过斗争，而且二战后台湾已经归还中国，决不容许国民党政府出卖台湾或外国政府借口和约另生枝节。谈到中美关系问题时，我表示，中美要建立新关系，美国首先应停止援助并断绝同国民党逃亡政府的一切关系。司徒雷登说，各国使节留在南京，这就表示了对国民党的态度。如今后国民党政府再由广州他迁，则可肯定美国代表也不拟随往。但因目前尚无一个新政府成立，没有承认对象，国共两党各占一部分地区，美国对许多地区的情况很不了解，按照国际法，美国尚不能断绝与旧政府的关系。如果过去对美国有所谓干涉内政的评论，今天美国更宜慎重从事，不能表明拥护或反对哪一方面。故美国采取被动态度，等待产生了为中国人民所拥护的民主政府，而这个政府也证明了愿意并有力量担负起国际义务时，问题自然解决。至于美援问题，现在所运来的，已所剩无几，今后再无援助。我对他说，根据我个人观察，中国的新政治协商会议可能不久就要召开，联合政府将由新政治协商会议产生。最后司徒雷登表示，中国问题不只是一个美中关系问题，而且也是关系到世界大局的大事。他希望努力使中美关系完善解决，对苏美关系及世界和平均是一大贡献。

周恩来同意司徒雷登赴燕京大学

6月8日，傅泾波再次来见我说，经与司徒雷登研究，他们认为美国现在就美国对同新中国的关系上很难作出正式表示，需要司徒雷登返美后作出努力。但他需要知道中共更高级方面的意见，回去讲话才有力量。他并问我同周恩来有无联系，能否转达意见。我告诉他有什么话都可以谈，不必顾虑。傅泾波说，马歇尔、艾奇逊和司徒雷登同属一派，对周恩来先生甚为敬重。司徒雷登近期接到副国务卿魏伯来电，希望他在返美前能赴北平与周恩来先生会见一次，了解中共方面的意见，返美活动更有力量，请我代为转达。我问有何具体考虑，傅泾波说，今年华北旱灾，粮食、棉花供应将有困难，司徒雷登希望美国经济合作总署的物资能运回中国。此外，如提供大批借款和进行贸易，对中国工业化会有帮助。我告诉他，美国在断绝与国民党的关系上至今没有正式表示，我个人认为他去北平并非易事，铁路在战争中被损坏严重，目前交通尚未恢复，旅途不便。他说，司徒雷登在明孝陵机场有一小型飞机可用。我表示这事恐不可行。

会见后，我将司徒雷登的要求向中央作了汇报。中央考虑通过非官方渠道同他接触较方便，于是通过燕京大学校长陆志韦去信邀请司徒雷登访问燕京大学（据说每年6月24日司徒雷登都要回燕大过生日）。

6月27日，傅泾波再次来访，携来燕京大学校长陆志韦6月16日给司徒雷登的英文信一封。信中说陆志韦已见过周恩来先生，周恩来感谢司徒雷登的问候，并说司徒雷登如要来北平，可获当局同意。司徒雷登不知是何用意，望我去电问明北平意见。经报告周恩来并获得指示后，6月28日我告诉司徒雷登，已获北平来电，同意他去燕大一行。他希望与当局会晤一事亦有可能。他可在我人员护送下乘汽车和火车北上，不可乘坐他的飞机。司徒雷登表示，获此消息极为高兴。但国会于7月底即将休会，时间恐怕来不及，同时国会内部派别复杂，此时去北平很易引起一些抨击，于事不利。他决定将此事再报艾奇逊，由艾奇逊决定。

估计美国政府的主流派因怕司徒雷登北平之行可能提高新中国的威信和造

成美国即将承认新中国政权的错觉，指示司徒雷登"在任何情况下都不得访问北平"。

7月2日，傅泾波来访，告诉我，艾奇逊来电指示司徒雷登于7月25日以前赶回华盛顿，中途不要停留，并决定司徒雷登现在不去北平，以免引起各方评论。

7月25日，司徒雷登为办出境手续，又找我谈了一次，他问我对美国今后对华政策有何希望。我告诉他，现在首先需要美国放弃错误的政策，证明它具有对中国人民堪称友好的诚意。司徒雷登说，他认为美国政府最近也不能做什么，过一个时期看发展情形再谈。他并说，中国内战原非美国政府所愿，但是它对形势的看法有错误。司徒雷登还提出上海美侨问题。我回答说，我们对一切外国侨民同等看待，凡愿意留在中国并遵守法律的，我们都保护其生命及财产安全。

最终，1949年8月2日，司徒雷登偕傅泾波一行八人，乘美国运输机按我南京军管会指定的出境航线，从南京登机返美。司徒雷登一回到华盛顿，美国国务院立即向他下令三个不许：不许演讲，不许谈美中关系，不许接受记者采访。20世纪50年代，"麦卡锡主义"在美国猖獗期间，司徒雷登又遭到监控和盘查。

司徒雷登担任美国驻华大使的三年，正值国共关系破裂，内战激烈，革命力量全线向蒋介石的反动统治进行大规模解放战争并取得胜利之时。国际上，美苏冷战日益加剧。司徒雷登忠实地执行了美国政府扶蒋反共、力图阻止中国完全为共产党所控制的政策。从司徒雷登托人向中共传话说，只要中共不完全亲苏，美国愿向中共提供巨额货款这一点即可看出，美国政府中一部分人妄想阻止中共加入社会主义阵营，进而影响新中国成为亲美政权。

自从1948年秋辽沈战役打响之时起，解放军进入全面反攻阶段，美国当权派意识到国民党大势已去，再用几十亿美元和庞大的军事顾问团给腐败透顶的国民党政府撑腰打气已无济于事，于是酝酿脱身政策。1949年8月，美国国务院公布了《美中关系白皮书》，在退却中为美国的对华政策辩护，实际上宣布了美国对华政策的大失败，司徒雷登则被限期于8月召回，并被严禁公开发表言论，以免妨碍美国政府的反共反华的政策。毛泽东写了尽人皆知的五篇评论白皮书的文章，尖锐地批评美国政府反动愚蠢的对华政策，其说理之透辟，令人折服。

白皮书的主旨是讨论谁失去了中国。更确切地应该说是谁失去了在中国的机会。在 1944 年，美国在同中共的关系中，曾有过难得的历史机会。毛泽东原是很看重美国的，他欣赏美国人在独立战争中表现的革命精神，高度评价美国发达的经济和先进的技术，曾表示愿在战后同美国合作，促进中国的工业化。但是美国的当权者根本不听美国一批十分有远见的年轻外交官和记者的分析和建议，无视中共和中国人民的力量，一味支持国民党，并直接参与了中国的内战。在蒋介石逃到台湾后，美国仍支持蒋介石政权，军方把台湾看作是不沉的航空母舰，不惜与新中国为敌。1949 年 10 月，美国政府发表声明，正式宣布继续承认蒋台政府。

长期以来，美国政府推行反共和培植蒋介石亲美政权而与中国人民为敌的极端错误的对华政策。在美国，对历史的反思长达 22 年，直到 1971 年基辛格博士秘密来访，冰雪才开始融化。在新中国成立之后将近 30 年之时，中美才建立了外交关系。

如何评价司徒雷登？他在中国这个大舞台上扮演过多种角色，影响达数十年之久。他把燕京大学这所教会大学办成一所出色的世俗大学，使它不愧为名校之一，声誉甚佳。他对中国了解甚深，社会联系宽广，1946 年 7 月 11 日，司徒雷登被马歇尔推荐出任驻华大使，颇有人望。但他是美国利益至上主义者，执行美国政府政策，扶蒋灭共。南京、上海解放之后，蒋介石率残部逃至台湾，国民党政府迁往广州。司徒雷登转退一步，伫守南京，观察动静，企望与中共领导层接触，摸清底细。但美国国务院中得势的艾奇逊等是为在美苏争夺中打中国牌，意在把新中国拉到美国方面。毛泽东同志对美国帮助蒋介石打内战的政策极端不满，在盛怒之下，写了《别了，司徒雷登》一文，狠批美国政府的反华政策。

见证英舰"紫石英"号事件

1949 年 4 月 20 日，以李宗仁为首的国民党政府答复中共中央、拒绝接受国内和平协定最后修正案。21 日，军委主席毛泽东和中国人民解放军总司令朱德联名向中国人民解放军全体官兵发出《向全国进军的命令》，当日子夜，我第二、第三野战军强渡长江。在我军进行解放战争的严峻时刻，英国军舰"紫石英"号竟然于 20 日侵入我国内水长江，深入 200 公里。该舰不顾我军鸣炮警告，反而向北岸我军阵地开炮射击，致使我军约200名指战员伤亡。我江岸炮台当即还击，该舰舰首受创歪斜，也有数十人伤亡，搁浅在镇江以东江面，升起白旗示降。英国另派三艘军舰企图拖救"紫石英"号，被我军炮击后仓皇逃至公海上。

4月23日南京解放后，军管会对于英舰无视我国主权，对我解放军采取敌对行动立即向英方提出交涉。4月30日，由毛主席起草的解放军总部发言人的声明，严厉驳斥英国前首相丘吉尔要求派遣航空母舰来远东实行武力报复以及英国首相艾德礼关于英国有权进入长江的谬论，要求英政府承认错误并道歉、赔偿。中央军委指示南京军管会，指定解放军镇江前线司令员袁仲贤为代表，同英方谈判解决"紫石英"号问题。为此，我和几位同志乘吉普车开往镇江，见到袁司令员，同他讨论谈判的具体方案。在中英代表谈判中，英方代表极力狡辩，口头认错，后又反悔改口，百般拒绝书面承认错误和道歉，袁仲贤代表予以严辞驳斥。"紫石英"号于7月30日晚，乘夜色雾浓和江水上涨之际溜出长江口。当时，我野战军一方面因忙于攻打上海和进一步南下作战，另一方面集中注意力防范威胁性更大的主要对手美国，豺狼当道，焉问狐狸，无暇同英国纠缠，而是记下了英帝国主义的一笔账。

英帝国主义自1840年以来多次侵略欺侮中国。旧中国历届政府在洋人面前都是卑躬屈膝，割地赔款。如今，在1949年4月，英国政府万万没有想到，代表中国人民利益和尊严的人民解放军以强硬的姿态出现在他们面前，英舰只好自认倒霉，狼狈逃窜，受到国际舆论的一片咒骂。

调 任 上 海

1949年10月1日，毛泽东主席在北京天安门城楼上宣布中华人民共和国中央政府成立。五亿人民欢欣鼓舞，庆贺摆脱了"三座大山"，获得解放。中国的志士仁人100多年来英勇奋斗，前仆后继，不就是为了推翻反人民的旧政府，建立一个独立、民主和繁荣的新中国吗？我在南京，心潮澎湃，回想往事，觉得自己生逢其时，在波涛汹涌的年月中参加革命斗争，得到了锻炼，而且亲眼看到新中国的诞生。当然，我也明白，取得政权只是万里长征迈出的第一步，今后革命和建设的道路将很漫长，但这毕竟是非常非常重要的一步。

10月下旬，我接到中央的命令调上海军管会外侨事务处任处长，接替调往北京任外交部副部长的章汉夫同志。章汉夫是我党很老的革命同志，他于

1927 年入党。为党的事业出生入死，在敌人严刑面前坚贞不屈。他才华出众，政策思想明快，英语纯熟，是我国杰出的外交家，受到党中央的器重和同志们的敬爱。可惜他在"文化大革命"中被诬陷为叛徒，于 1972 年 1 月含冤去世。我党的外交战线失去了一位杰出的外交家，使人万分痛心。1979 年他的冤案被平反昭雪，对他的一切不实之词被统统推倒。

上海是中国最大的城市，工业发达，工人数量大，有光荣的革命斗争历史。上海也曾是外国冒险家的乐园，各种社会势力争斗，环境十分复杂。我到上海后，继续处理一批敌产问题，为解决外国工商业的劳资纠纷十分忙碌。1950 年 6 月，朝鲜内战爆发，美军侵入朝鲜，轰炸我东北边境，严重威胁我国安全。10 月 8 日，中国人民志愿军应朝鲜政府请求并根据中央命令开赴朝鲜，全国掀起强大的抗美援朝浪潮。上海市因几次受到国民党的美援飞机轰炸，遭美国军舰封锁禁运，市民反美情绪高涨，青年们踊跃报名参军，工商界捐钱捐物，争先恐后为支援抗美援朝出力。

1950 年 10 月，在上海举行的全国基督教协会年会通过三自革新宣言，号召全国教徒割断同外国教会的关系，实行中国教会的自治、自养、自传。我国的天主教人士早就提出自传、自主、自办的倡议。他们主张中国人要独立进行宗教活动，不受外国势力的指挥和干涉，使中国成为信教自由和独立传教的国家。

1953 年 10 月，我接到中央命令，调离上海外事处，赴朝鲜开城参加中、朝方面同美、韩方面关于朝鲜和平问题的政治谈判。

朝鲜停战和中朝美有关朝鲜和平问题的政治会谈

1950 年 6 月 25 日朝鲜爆发内战，世界瞩目。9 月 15 日美军在仁川登陆，攻占平壤，大举北进，并轰炸我东北边境。应金日成主席的要求，10 月 19 日中国人民志愿军在"抗美援朝、保家卫国"的口号声和"雄赳赳，气昂昂，跨过鸭绿江"的歌声中，入朝参战。11 月 25 日，中国人民志愿军对美军发动反击。美军被歼两万四千余人，迅速全线后撤，退至北纬 38 度线以南。新年前夕，志愿军发动第三次战役，迫敌退至北纬 37 度沿线。杜鲁门此时指示国务院呼吁同中共进行停战谈判，并下令免去打着"联合国军总司令"招牌的侵朝美军总司令麦克阿瑟的职务。1951 年 4 月至 5 月，在第四、第五次战役中，中朝人民军队大量歼敌，粉碎了敌人的一切进攻，把战线稳定在北纬 38 度线附近。

1951年6月23日，苏联驻联合国代表马立克在纽约发表演说，建议朝鲜战场上的交战双方谈判停火与休战，双方把军队撤离北纬38度线。6月30日美政府命令联合国军总司令李奇微同朝中军队司令联系有关谈判停战事宜。7月1日，金日成和彭德怀同意交战双方派代表为停战谈判事进行会晤。7月10日，双方在开城中立区开始了持续两年的停战谈判，10月份以后谈判地点改至板门店中立区。

经过许多曲折和多次战场上的较量，停战谈判终于达成协定。1953年7月27日在板门店，朝方首席代表南日大将和所谓的"联合国军"首席代表哈里森中将在协定文本上签字。然后送交朝鲜人民军最高司令官金日成元帅、中国人民志愿军司令员彭德怀将军和联合国军总司令克拉克上将分别签字，《朝鲜停战协定》生效。从7月27日下午10时起，双方停止一切敌对行为，各从军事分界线后撤两公里作为非军事区。此后，负责监督停战协定的实施与协商处理任何违反停战协定事件的军事停战委员会宣告成立，9月9日中立国遣返委员会成立。

停战协定第四条第六十款规定："为保证朝鲜问题的和平解决，双方军事司令官兹向双方有关各国政府建议在停战协定签字并生效后的三个月内，分派代表召开高一级的政治会议，协商从朝鲜撤退一切外国军队及和平解决朝鲜问题……"美国通过瑞典驻华大使向我们转交了关于举行会议的时间、地点等一些直接相关问题的建议，我们也通过瑞典大使答复美方。

中央对各方参加的政治会议非常重视，专门对此进行了研究并形成《关于政治会议问题的意见》。中央提出的方针是：坚持和平政策，坚持通过谈判和平解决朝鲜问题，并进一步争取和平解决远东其他问题，以缓和国际紧张局势。主张从朝鲜撤退一切外国军队，由北朝鲜和南朝鲜协商和平统一问题。

8月下旬，周恩来总理兼外交部长发表声明指出，为使政治会议能够和谐地进行，给和平解决国际争端树立一个典范，建议采取圆桌会议的形式，即朝鲜停战双方在其他有关国家的参与之下共同协商的形式，而不采取朝鲜停战谈判时采用的双方单独谈判的形式，但会议的任何决议必须得到朝鲜停战双方的一致同意才能成立。

美国通过瑞典向我们提出，要求中、朝两国政府与美国政府就政治会议的时间与地点进行磋商，并主张对参加政治会议的成员国问题在会议召开后由交战双方代表讨论。美方的这一建议是要在政治会议前举行预备性会议。尽管这是美方作出的一种姿态，我方还是予以认真的考虑。

也就在这个时候，周总理问外交部的章汉夫和伍修权两位副部长，能不能请我在一个月内把上海的外资房地产问题作个了结，然后调离上海，北上参加有关政治会议的工作。总理还强调说，开城的班子需要生力军。10月中旬，中央电告华东局和上海市委，调我赴京，并要我接到电报后马上动身，于19日离沪赴京。

10月21日上午，周总理约了章汉夫和我一起讨论了关于参加政治会议的有关问题，并让我们根据所谈的内容起草一份关于政治会议问题的会谈计划。当天深夜，总理将这个计划报送毛主席，并在致主席和中央主要领导人的信中提到，参加政治会议的"朝方代表为外务省参事奇石福，我方黄华亦以外交部参事名义出现"，"我今日已与他面谈一切，并规定了七条注意事项"，"李克农同志久病需回来休养，彭总已许其下月初回来，克农回来后，开城领导提议由杜平、丁国钰、乔冠华、黄华、柴成文五人组成中方领导小组"。毛主席批示："照办。请周再约章、黄一谈。"22日，总理亲笔签发了委派我为中华人民共和国出席关于政治会议问题会谈的全权代表的证书。当天，瑞典驻华大使向章汉夫转达了美国委派阿瑟·迪安大使为美方代表的通知，并建议于10月26日上午在板门店举行中、朝、美代表会晤。10月25日，我方请瑞典方面转告美方关于中、朝政府代表的任命并同意在上述时间与美方会晤。

23日早晨7时多，我离开北京，大概飞了三个多小时到达安东（今辽宁省丹东市），在那里换了一次飞机，下午1时30分到达开城。

刚刚被任命为外务省参事的朝鲜方面的代表奇石福此前担任文化宣传省副部长。

从10月26日开始，我同奇石福一起同美方代表迪安在板门店就召开政治会议问题进行会晤。浦寿昌、王楚良、张企程和李肇基等同志以秘书身份参加。

在第一次会晤时，奇石福首先发言，提出朝、中方面关于邀请中立国与会的建议，强调为使政治会谈顺利进行，首先要解决政治会议的参加国问题，并提出了关于会议议程的建议。迪安接着发言，说美方认为此次会晤的目的是解决政治会议的行政问题，主要讨论召开政治会议的时间、地点、程序及费用等问题。

1953年10月26日，黄华以中国人民志愿军代表团出席政治会议的中国政府代表身份同朝鲜政府代表奇石福和美国政府代表迪安在朝鲜板门店开始进行关于解决朝鲜和平问题的政治谈判。正面一排左一为浦寿昌、左二为黄华、左三为奇石福

1953年10月，黄华与朝鲜军事停战委员会中国人民志愿军代表团团长李克农合影

我在发言中指出，为使政治会议完成其重大的历史使命，必须确定合理与健全的会议组成方式。因此，关于邀请哪些国家为参加政治会议的成员问题是这次会晤的主要任务。同时，朝、中方面所提出的政治会谈议程已包含美方所

提各点，建议即行通过这一议程。

从那天起共举行了 23 次会议，12 月 12 日美方单方面中断了会晤。

双方会晤的主要症结是政治会议的成员问题及有关的会议形式和表决问题。关于与会成员，美方虽同意邀请交战双方以外的中立国参加，但在请哪些中立国参加、苏联是否以中立国身份参加、中立国是否自由参加讨论等问题上与我方分歧较大，特别是关于苏联参加问题。关于表决程序，美方虽同意一致协议的原则，但主张双方各作为一个单位投票，反对与会国按国别投票。仅在政治会议的形式问题上双方没有太多的分歧。

实际上，美国当时的政策是在朝鲜半岛保持紧张局势，并无召开关于朝鲜和平问题的政治会议的意愿，但迫于国内外压力又不能不同朝、中方面就这一问题进行会晤。所以在会晤中采取敷衍的策略，不想达成协议，阻挠政治会议的召开。

我方本着争取开成政治会议的原则，在会晤中耐心协商，努力寻求共同点，争取达成协议。同时我们揭露对方对会晤采取的拖延和破坏。美方一开始就想避开确定议程和成员问题，力图转入关于时间和地点问题的讨论。我们则坚持把讨论范围限于确定议程，迫使对方表态，在议程中列入成员问题和其他有关项目。11 月中旬，我们提出集中讨论会议成员问题，对方甚感被动，寻找种种借口加以回避。我方则在有关会议形式、一致协议原则等问题上肯定双方共同点，然后再度突出成员问题，使对方无法逃避。我在讨论成员与地点问题的小组委员会上说，我方一贯认为政治会议应有双方以外的有关中立国家参加，应采取圆桌会议的形式，因为这种形式最便于使中立国家起和谐作用。我们同时主张在圆桌会议的形式下，政治会议的一切决定必须取得交战双方的一致同意才能成立。由于对方反对圆桌会议的形式，所以我方建议采取双方对等参加会议的形式。但是，这种形式决不排斥有关中立国家参加政治会议。相反，正因为采取了这种形式，就更应该有第三者参加，以便起协调作用。我还强调，有关中立国家为促成朝鲜停战作了重大努力，有它们参加政治会议，对朝鲜问题的解决必能发挥积极的作用。

美方则以各种不成理由的说法反对，主张在政治会议召开之后，在讨论发展到某种阶段时再邀请中立国参加。当时正值七届联合国大会开会，美国顾忌国际舆论，不得不勉强应付，实际上同意了中立国参加的原则。联大休会后，美已无意继续举行会谈，只是拖延时间，找借口中断会谈。

1953 年 10 月，黄华同参加朝鲜板门店谈判的中国人民志愿军代表团干部在朝鲜开城合影。自左至右为：田进、朱青、黄华、王楚良、张企程

11 月底，朝、中方面就召开会议的时间、地点、出席人员、会议议程乃至经费等方面，提出了一项全面建议。

12 月 8 日，美方提出了一个 17 点建议草案，其中的主要内容还是已被我方多次反驳过的那些主张，如对中立国参加政治会议提出各种无理限制，以使其难以发挥作用。12 月 12 日进行会晤时，我们对美方的 17 点建议中关于表决程序的内容进行了批驳。但迪安竟用威胁的口吻要求我们在他的建议草案上签字，否则就休会。我们当即表示，不同意他关于休会的建议，要求他回到 11 月 20 日我方提出的全面建议上进行认真讨论，寻求合理解决的途径。迪安气急败坏，表现得十分暴躁，先是攻击我们的建议，继而说我方批评美方强迫扣留中朝被俘人员是对美国政府的侮辱。我们立即指出，强迫扣留战俘是破坏刚刚于 7 月 27 日签字的朝鲜停战协定及其附件第 51 款丑项关于中立国遣返委员会职权范围的背信弃义的行为，当然应予以指责。对方如果决心使会谈无限期休会，应负破坏本次会谈的全部责任。我方建议只休会到下星期。但迪安坚持无限期休会，并匆匆离开会场。

在美国片面中止会晤之后，经朝、中方面努力，双方于 1950 年 1 月中旬举行了联络秘书会议，但美方对朝、中方面提出的复会日期仍一味拒绝，并提出种种无理的复会条件，会晤没能继续举行。48 天的讨论仅肯定了我方建议的邀请中立国参加政治会议的原则。我即飞返北京。

第五章　日内瓦会议

中国参加讨论朝鲜和印支问题的日内瓦会议

1953 年，亚洲的两个热点引起国际社会的关注。一个是朝鲜问题。朝鲜虽达成停战协定，但交战双方司令官建议的政治会议未能召开，朝鲜问题并没有得到和平解决。另一个是印度支那问题。当时印支人民的抗法战争不断取得进展，各方要求印支停战的呼声越来越高。1954 年 1 月 9 日，周恩来以外长名义发表声明，支持苏联政府的建议，召开五大国会议以审查缓和国际紧张局势的措施。认为从朝鲜问题可以看到，亚洲的一些迫切的国际问题目前已经发展到了必须由各有关大国进行协商来加以审查和解决的阶段。由将在柏林召开的法、英、美、苏四国外长会议导向有中华人民共和国参加的五大国会议，将会有利于缓和国际紧张局势及保障国际的和平与安全。

1954 年 2 月，苏联、美国、英国和法国的外交部长在柏林会议上达成协议，建议由苏联、美国、法国、英国、中华人民共和国、大韩民国、朝鲜民主主义人民共和国及其他有武装部队参加朝鲜战争并愿意出席讨论朝鲜问题的国家，派代表于 1954 年 4 月 26 日在日内瓦举行会议，寻求朝鲜问题的和平解决，并讨论恢复印度支那和平的问题。2 月 4 日，苏联驻华大使尤金向周恩来总理兼外长面交了苏联关于柏林会议的材料，并郑重邀请中国代表出席日内瓦会议。3 月初，中国政府正式通知苏联政府，同意派代表参加日内瓦会议。

日内瓦会议是新中国成立后参加的第一个高层大型国际会议，讨论亚洲地区的和平与安全问题，对缓和当时的国际紧张局势有着重要作用。党中央和国务院十分重视出席日内瓦会议的工作，决定请周恩来总理兼外长率代表团赴会。中国代表团为出席这次会议，从 2 月下旬起，用了近两个月的时间做了大量的准备工作。2 月底，周总理召集有关同志开会。他说，日内瓦会议的召开对缓和国际紧张局势有重要作用，我国应积极参加。虽然朝鲜问题由于美国的阻挠不会很容易解决，但我们还是要力争能解决一些问题。至于越南问题，法国同美国之间有矛盾，法国想和，美国不想和，法国不愿美国插足越南，美国还想夺取法国在越南的军事指挥权与训练权，被法国拒绝。所以我们应当争取法国。

在周总理亲自起草的《关于日内瓦会议的估计及其准备工作的初步意见》中，他的这些看法进一步具体化。关于与会方针，他写道，我们应该采取积极参加日内瓦会议的方针，加强外交和国际活动，以打破美国的封锁禁运和扩军备战的政策，促进国际紧张局势的缓和。他以高超的战略眼光结合充分的策略考虑提出，在日内瓦会议上，即使美国将用一切力量来破坏各种有利于和平事业的协议的达成，我们仍应尽一切努力，务期达成某些可以获得一致意见和解决办法的协议，甚至是临时性的或个别的协议，以利于打开经过大国协商解决国际争端的道路。同时要通过这次会议打开我国的外交局面，使更多的国家了解新中国，并争取同它们建立外交关系。他详细地提出了中国解决朝鲜问题和印度支那问题的基本对策，同时建议，除朝鲜问题和越南问题外，还必须准备其他有关中国、远东及亚洲的和平与安全等问题的材料和意见。尤其是发展各国间的经济关系和贸易交通往来，更是缓和国际紧张关系、打破美国封锁禁运的有效步骤。他指出，在会议外，中英、中法、中国和加拿大的相互关系也会触及，我们亦应有所准备。

关于中国代表团的组成，周总理考虑得非常具体，其中提到，中国代表团拟由周恩来、张闻天、王稼祥、李克农及一位对外贸易部副部长五人组成。准备工作正由李克农、章汉夫、李初梨三同志成立领导小组进行，并已调乔冠华、黄华回京参加准备工作。

代表团成员除外交部各有关司的负责同志外，还有外贸部、新华社等相关单位的干部、志愿军开城代表团成员和天津外事处等各方面调来的干部，汇集了各方面的人才。不少同志是周总理亲自确定下来的。

在李克农同志的领导下，代表团的准备工作侧重在研究出席会议方案、准备会议文件及参考资料和配备出席会议的工作人员。具体工作分七个组进行，其中四个组专门研究我国的与会方针及解决会上所涉及的具体问题的方案和对策。代表团制定了详细的保密制度和纪律。3月中旬，代表团的工作人员开始集中。

我参加了李克农副部长召集的讨论新闻宣传组的工作计划和人员配备的会议。总理还请吴冷西同志参加新闻组，吴文焘、李庄同志负责记者团的工作。

周恩来总理与代表团人员在会议期间。左起：陈家康、李克农、周恩来、乔冠华、张闻天、黄华、王稼祥、雷英夫、吴冷西、师哲

朝鲜问题由乔冠华任组长，组员有天津外事处的科长马牧鸣等八位同志。越南问题组由陈家康任组长，组内有中共中央联络部的常化知等九位同志。综合问题组由柯柏年任组长，宦乡任副组长，外贸部的李强和陈明等同志也在这个组。我是新闻宣传的组长，龚澎和新华社社长吴冷西是这个组的副组长，组内有熊向晖、朱烈、李肇基等近20位同志。代表团的翻译阵营强大。俄文翻译李越然、马列，英文翻译章文晋、浦寿昌等，法文翻译陈定民、董宁川等，还有从开城代表团调回担任英文速记的冀朝铸、邱应觉等都在这个组。交际组由王倬如、韩叙等同志负责。机要文件组由陈浩负责。

各组除积极进行各种准备工作外，还特别注意抓紧学习，了解与会议有关的各种背景情况。新闻组曾组织全组人员和记者团的同志一起听乔冠华、宦乡、陈家康等做关于朝鲜、越南等问题的情况介绍。在翻译工作方面，还请徐永瑛同志对初选的十几位参加口译和笔译的同志进行测验，对翻译的准确性和速度逐一评定，确定谁做口译，谁做笔译，谁做中译外，谁做外译中，谁定稿，等等。外交部情报司会同部内各地区业务司及外贸部等有关单位，编辑了1700多万字、10多种涉及朝鲜问题和印支问题以及与之相关的我国重要对外关系和其他国际焦点问题的参考资料，不仅供中国代表团参考，还提供给兄弟国家的代表团。

这期间，我国还就日内瓦会议的有关问题与苏联、朝鲜、越南方面进行了磋商。3月中旬同朝方共同商定了和平解决朝鲜问题的方案。当月下旬又同越方共同研究解决印度支那问题的基本方案。4月上旬同苏、越两国就和平解决印支问题进行磋商，确定了争取达成的印支停战协议，商讨了在军事停战和政治解决方面相互配合以及在"不干政、不打仗、做生意"三原则下推动和平局面的形成。

因了解到美国国务卿杜勒斯在会前专门给美国代表团规定了不能同新中国的代表握手的纪律。中国代表团在行前对这个问题也做了相应的规定，即如果对方主动来握手，我们应不失礼节，不拒绝握手。

4月19日，毛泽东主席正式任命周恩来为出席日内瓦会议的中国代表团首席代表，张闻天、王稼祥、李克农为代表。王炳南为代表团秘书长。雷任民、师哲、乔冠华、陈家康、黄华、柯柏年、宦乡、龚澎、吴冷西、王倬如和雷英夫为顾问。代表团由代表、代表团秘书长、顾问、随员和工作人员组成，共有120人。

1954年4月，周恩来总理兼外交部长率中国代表团出席日内瓦会议。李克农（右二）、张闻天（右四）、王稼祥（左二）为代表团成员。图为代表团在日内瓦花山别墅。右三为黄华

总理和代表团的其他主要成员在 4 月 20 日乘飞机离开北京飞抵莫斯科。在莫斯科，周恩来和其他代表同赫鲁晓夫、莫洛托夫、马林科夫等苏联领导人和胡志明主席研究了日内瓦会议和印度支那问题。24 日，中国代表团飞抵日内瓦，在机场受到瑞士政府官员的迎接，周总理在机场发表了书面声明，强调亚洲这两个迫切的问题如果能够获得解决，将有利于保障亚洲的和平并进一步缓和国际紧张局势。代表团的主要成员下榻于日内瓦市郊莱蒙湖附近的花山别墅，此处环境幽静，周围绿植青翠悦目，十分利于集中精力工作。

日内瓦会议关于朝鲜问题的讨论

4 月 26 日下午，日内瓦会议在国联大厦开幕。五大国的总理、外长、专家、助手齐聚一堂。周总理、苏联外长莫洛托夫、英国外交大臣艾登、法国外长皮杜尔和美国国务卿杜勒斯破天荒第一次同坐在一个大厅里开会，举世瞩目。会场内几百名记者忙碌着抢拍镜头，尤其注意的中心是新中国总理兼外长周恩来。出席讨论朝鲜问题会议的除五大国和南、北朝鲜的代表外，还有澳大利亚、比利时、加拿大、哥伦比亚、埃塞俄比亚、希腊、卢森堡、荷兰、新西兰、菲律宾、泰国、土耳其 12 国，即"联合国军"的派出国。泰国代表团团

日内瓦会议的会场。中国代表团坐在会议席的正中第二排左侧

长蓬巴攀主持开幕式，这次会议就一些程序性问题达成协议：由泰国、英国、苏联三国的首席代表蓬巴攀、艾登和莫洛托夫轮流担任会议主席，以法、英、俄、中、朝五种语言为会议正式语言。

新中国的总理兼外长周恩来第一次在国际会议中露面，端庄而潇洒，他的一言一行引起与会代表和记者的高度注意，是新闻界争相报道的中心人物。莫洛托夫很注意为中国增加外交接触出力，在会场上及时把周总理介绍给英国外交大臣艾登。

第二天，会议进入正式讨论。朝鲜代表外交部长南日首先发言，阐述和平解决朝鲜问题的方案，主张举行全朝鲜自由选举，选出统一的国民议会；在六个月内撤出一切外国武装力量。南日呼吁关注朝鲜问题的国家共同保证朝鲜通过和平方式成为统一、独立和民主的国家，维护远东和平。

4 月 28 日，周总理在日内瓦会议上首次发言。他指出，苏、美、英、法和中华人民共和国和其他有关国家的外长们坐在一起，为解决最迫切的亚洲问题而举行这个会议，本身就意味着经过和平协商解决国际争端的可能性的增长。他在全面阐述亚洲的形势和新中国的外交政策之后说，中国人民对朝鲜问题极为重视，中国代表团完全支持南日 27 日提出的"关于恢复朝鲜的国家统一和举行全朝鲜的自由选举"的三项建议。他表示希望会议的参加者郑重考虑这个公平合理的建议，使之成为和平解决朝鲜问题协议的基础。

此后，周总理就解决朝鲜问题作了多次大会发言，主要谈及下列问题：一、关于战俘问题。他建议，必须采取措施，保证 1953 年 6 月和 1954 年 1 月被劫走并编入李承晚、蒋介石军队的四万八千多名朝、中战俘得以返回祖国；由美、英、法、中、苏、朝、韩等国代表组成委员会，以协助实现遣返上述被俘人员的措施；在战俘问题未处理前，由停战缔约双方有关国家的红十字会代表组成联合小组，前往战俘现在所在地进行视察。二、关于朝鲜和平统一和自由选举问题。周总理强调，朝鲜的和平统一只有在朝鲜民主主义人民共和国和大韩民国双方协议的基础上才有可能实现。但有些国家的代表要利用比例代表制来反对双方一致协议的原则，以图将一方的意志强加于另一方，这种办法即使凭借外国军队的力量也是不可能实现统一的。为保证全朝鲜选举的民主性，有必要设立一个由本会议协议的未参加朝鲜战争的中立国家的代表组成的中立机构，对负责实施全朝鲜选举的朝鲜机构给予协助。据此，中国代表团建议在南日外务相 4 月 27 日的方案中补充一项，即为了协助全朝鲜委员会根据全朝鲜选举法在排除外国干涉的自由条件下举行全朝鲜选举，成立中立国监察委员会，对全朝鲜选举进行监察。

周总理还指出，作为交战一方的联合国，早已失去公平处理朝鲜问题的资格和道义力量，同日内瓦会议毫无关系；而一切外国武装力量撤出朝鲜，是全朝鲜进行自由选举的先决条件。他说，经过一个多月的讨论，会议在和平解决朝鲜问题上已经有了许多共同基础，人们应在已有的共同基础上努力达成协议。

对中、朝两国提出的关于解决朝鲜问题的几项建议，杜勒斯采取断然拒绝的态度。支持蒋介石集团并入侵台湾海峡的美国政府在朝鲜战场上失利后，进一步加深了对中国的敌视。当莫洛托夫在柏林会议上建议召开五大国会议时，杜勒斯当即表示，美国将不参加有新中国参加的五大国会议。后来因英、法急于解决印度支那问题，要求召开这样的会议，美国才不得不表示，虽不赞成同中国商谈有关世界安全或缓和东亚和其他地区的紧张局势的一般问题，但同意在其他有关方面也参加的情况下，讨论特殊或特定的问题。在柏林会议公报上，美国还坚持写明同意中国与会并不意味着给新中国以外交承认。

3月初，美国宣布将进行一系列原子弹爆炸试验。月底，杜勒斯在美国海外记者俱乐部讲演时，提出要在东南亚采取联合行动。他赶在日内瓦会议前于4月中旬赴西欧与英、法等协调立场，并分别同艾登和皮杜尔发表了内容近似的会谈公报，声称准备与其他国家一起研究在东南亚和西南太平洋建立集体防务的可能性。但出于自身利益的考虑，英国实际上拒绝了美国在印度支那采取联合行动的要求，并拒绝在日内瓦会议之前发表警告中国的联合声明。而杜勒斯作为美国代表动身参加日内瓦会议之前还在华盛顿发表声明，说日内瓦会议并不是五大国会议。他还给美国代表团的成员规定了一条纪律，不能同中国代表团成员握手。在会场上，杜勒斯更是傲慢自大，根本就不想在朝鲜问题上达成协议，自始至终反对朝鲜、中国和苏联提出的各种有利于和平解决朝鲜问题的建议，如反对成立全朝鲜的机构来筹备和进行全朝鲜的自由选举，反对成立国际委员会去监督选举。

6月15日，举行了最后一次讨论朝鲜问题的会议。会上，朝鲜代表南日提出了保障朝鲜半岛和平的六项建议。周总理即建议以南日的建议为基础，召开有五大国和南北朝鲜参加的限制性会议，讨论巩固朝鲜和平的有效措施。接着苏联代表莫洛托夫提出关于维护朝鲜和平的共同宣言草案。美国代表对朝、中、苏的建议断然拒绝之后，泰国代表宣读了美国等十六国宣言，声称由"本会议进一步考虑与研究朝鲜问题是不能产生有用的结果的"，实际上是想立即中止会议对朝鲜问题的讨论，以此关闭在国际上讨论朝鲜问题的大门。周总理立即表示，十六国宣言是要停止我们的会议，这不能不使我们感到极大的遗憾。情况虽然如此，我们仍然有义务对和平解决朝鲜问题达成某种协议。他建议与会国通过下列决议："日内瓦会议与会国家达成协议，它们将继续努力以期在建立统一、独立和民主的朝鲜国家的基础上达成和平解决朝鲜问题的协议。关于恢复适当谈判的时间和地点问题，将由有关国家另行商定。"他接着指出，如果这样一个建议都被联合国军有关国家所拒绝，那么这种拒绝协商和解的精神，将为国际会议留下一个极其不良的影响。比利时代表发言称，中国代表刚才的建议的精神已包括在十六国宣言中，因而不同意会议通过中国的建议。周总理即席发言说，"如果十六国宣言与中国代表团的建议有着共同的愿望，那么十六国宣言只是一方面的宣言，而日内瓦会议有 19 个国家参加，我们为什么不可以用共同协议的形式来表达这一共同愿望？难道我们来参加这个会议却连这一点和解的精神都没有吗？"周总理以雄辩的口才和无懈可击的逻辑，赢得了许多与会国代表的赞赏。那位年迈的比利时代表站起来，以诚实的态度表示接受中国代表团的建议。但当会议主席艾登宣布，如果大家同意，我们可否认为这个声明已为会议普遍接受，美国代表史密斯急忙出来阻挠，声称"不懂得中国建议的范围与实质何在"，在请示政府之前，不准备表示意见。当艾登表示会议已不能在任何一个文件上达成协议时，周总理再次发言，首先对比利时代表表现的和解精神表示满意，随即指出，美国代表的态度使大家都了解到，美国是如何阻挠会议并阻止达成即使是最低限度的、最具和解性的建议的。美国要在韩国长期驻军，阻挠朝鲜和平、自由和统一的丑恶意图在国际社会中被暴露无遗。

会议对朝鲜问题历时 51 天的讨论，由于美国的僵硬和顽固，没有达成任何协议。

日内瓦会议关于印度支那问题的讨论

会议从 5 月 8 日下午起讨论印度支那问题。而就在前一天，越南人民军在越西北部重镇奠边府取得重大胜利，歼灭法国和南越保大政权的军队一万六千多人。

参加日内瓦会议讨论印度支那问题的国家，除五大国之外，还有越南民主共和国、保大政权（打着"越南国"的招牌）、老挝和柬埔寨。代表法国出席会议的先是外长皮杜尔，在奠边府大捷后是新上台的总理兼外长孟戴斯—弗朗斯。

关于印支问题的讨论，前后进行了75天。

围绕着解决印支问题的方案，法方提出，在越南停战后，正规军在指定地区集中，解除非正规部队的武装，释放战俘与被拘平民，实行国际监察，与会国对此予以保证。从老挝和柬埔寨撤出越盟的军队。越方则提出全面解决该地区政治、军事问题的八点方案：承认印支三国独立；撤出一切外国军队；三国各自举行自由选举；在印支全境实行停火，进行区划调整，停止输入武器，成立混合委员会监督停战等。

从5月17日起，开始举行限制性会议，主要讨论解决印支问题的程序和国际监察问题，确定由法、越两国军事代表就停火和划分集结区问题在日内瓦进行协商。关于国际监察问题，由于美国提出"共产主义国家不能成为中立国"、"国际委员会必须有最高权力"等论调进行干扰，未能在成员国和委员会职权问题上取得任何进展。此后，越方提出解决政治问题的五点建议。中方则强调法国应采取切实步骤加速政治问题的解决。

6月16日，经中、苏、越三方商定，周总理在限制性会议上提出，印支三国的问题既有联系，又有区别；老、柬境内的敌对行动应与越南境内的敌对行动同时停止；交战双方的代表应就老、柬境内停火问题在日内瓦和印支当地进行直接谈判；国际监察委员会的权力应扩展到老挝和柬埔寨，但要照顾到这些国家的特殊情况。这样从先解决老、柬问题入手，印支问题的讨论有了一个决定性的突破。除美国外，许多国家都表示可以以这个建议作为会议讨论的基础。

就在此时，法国政局发生了重大变化，国民议会否决了对拉尼埃内阁的信任，6月18日以绝对多数票授权孟戴斯—弗朗斯组成新内阁。孟戴斯—弗朗斯发誓，要在7月20日以前解决印度支那和平问题，否则他将辞职。

6月19日，日内瓦会议就老挝、柬埔寨问题达成协议：双方司令部代表立即在日内瓦或当地会晤，讨论停战问题，并在21天内将有关情况提交大会审议。为便于各国间的磋商和研究，6月20日起会议休会。周总理抓紧这段时间向各有关方面进行疏通说服。6 月 22 日晚，他宴请范文同和柬埔寨、老挝代表狄普芬、冯·萨纳尼空，热情地介绍三国代表相识。这三国客人一见面，马上就用流利的法语交谈起来，原来他们有的以前就认识，有的甚至是同学。气氛顿时热烈起来，相互谈起各自国家的情况及对会议进程的看法。三国代表都认为，印支三邻国之间的直接接触有利于会议的进展，还约定今后直接联系见面。第二天，周总理前往伯尔尼，在法国驻瑞士使馆同孟戴斯—弗朗斯会晤。周总理强调，解决印支问题首先要停战。印支三国的情况各不相同，所以我们承认解决三国问题的办法有所不同。要把军事集结区划好，不能把这解释为分治，因停战后经过一定时期总是要自由选举的，这要由印支三国有关方面协商。当然这是他们自己的事，我们不能干涉，但要推动。孟戴斯—弗朗斯认为越南双方的军队要有两个大的集结区，可以根据范文同 5 月 25 日提出的原则来划。

当天，在我国驻瑞士公使馆举行记者招待会，我用英文宣读了中法两国总理兼外长的会谈公报。记者问，这次会谈是谁采取的主动？我回答说，正如孟戴斯—弗朗斯先生所说，是中国周总理采取的主动。孟戴斯—弗朗斯先生主张实现恢复印度支那的和平，他因此而出任总理。我们认为有必要安排双方之间的直接接触，以便就恢复印度支那和平问题自由地交换意见，于是采取主动安排了这次中法总理会谈。记者还问了其他一些问题，如这次会晤是不是法国承认中国的第一步，对解决印支问题的讨论有何影响。第二天，西欧的不少报纸都在头版用特大标题报道了中法两国总理会晤的消息并发表了不少评论，有的报纸称此举是法国"承认毛泽东政府的先声"。

周总理同孟戴斯—弗朗斯会晤后，即离开瑞士前往印度和缅甸访问。我们代表团的大部分同志包括我则留在日内瓦。

周总理在访问印度和缅甸之后，回到广西柳州同在那里访问的胡志明主席进行了八次会谈。他介绍了日内瓦会议的情况，说总的趋势是印度支那的战争在适当的条件下应该停下来，停火条件可以北纬 16 度为界，万一不行，可考虑以九号公路为界，土伦港和顺化可有特殊规定。胡志明表示在 11 月份以前必须同法国达成协议，取得和平。

周总理回到日内瓦后，频繁地同莫洛托夫、范文同、孟戴斯—弗朗斯、艾登等进行会晤，就越南停战的划线问题交换意见。7 月 20 日，各方在会外达成协议，确定在北纬 17 度线略南、九号公路以北划定军事分界线并签署《停止敌对行动协定》。

7月21日下午，历时近三个月的日内瓦会议闭幕。周总理发表讲话说，印度支那敌对行动的停止就要实现了，举世渴望的印度支那的和平就要恢复了。正如朝鲜一样，和平又一次战胜了战争。让我们更加坚定信心，继续为维护和巩固世界和平而努力。

印度支那停战协定的签署受到国际社会的高度评价。印度、锡兰、巴基斯坦、印度尼西亚等国总理纷纷致电周总理，祝贺协定的签订。孟戴斯—弗朗斯在向法国国民议会报告日内瓦会议的成果时，受到议员们的热烈欢迎。艾登在向英国下院介绍会议情况时表示，希望日内瓦协定的成果能对其他国际关系的改善产生积极作用。澳大利亚、新西兰领导人也分别发表声明，欢迎印支停战协定，甚至连美国代表史密斯在从日内瓦回到华盛顿时也不得不表示，日内瓦协定是"当今情况下所能获得的最好的东西"。

日内瓦会议闭幕前后，西方舆论还发表了不少对中国代表团特别是周恩来总理个人对日内瓦会议所起作用的评论。日本外务省发言人指出，印支停战将使中国在世界事务中的地位提高。美国《商业周刊》的评论称，美国企图把中国"无限期排斥在世界外交舞台之外"的幻想已被日内瓦会议所粉碎。有些报刊称周总理作为"第一流的外交艺术家成功地开辟了光荣解决问题的道路，把相互敌视的老、柬和越盟拉在一起欢宴。孟戴斯—弗朗斯的拜访，尼赫鲁的邀请给中国带来了与传统的大国无差别的地位，今天没有人能否认周恩来是外交天体中升起的一颗新星，此星不仅对亚洲，而且对整个地球有不可估量的意义"，"已有不少人将周恩来喻为印度支那会议的挽救者，已赢得了外交舞台第一流人物的地位"。

中国代表团的新闻工作

我负责的中国代表团的新闻组，紧紧围绕会议进程开展对外宣传和对国内报道的工作。在每次重要会议或中国代表团的重要外交活动之后，我们都举行记者招待会，向记者通报有关情况，向新华社提供相关新闻稿。我们还接待了不少记者的来访，同他们保持联系。新闻组还花费大量时间整理和编辑外国通讯社的电讯稿和外国报纸上与会议有关的消息评论等，供代表团领导和有关同志参考。到日内瓦采访的各国记者有1000多人。所以新闻组的工作量很大。

　　中国代表团的第一次记者招待会是 4 月 28 日下午在记者中心举行的，时间在英国和苏联的记者招待会之前。到会的各国记者有 300 多人，可以看出他们对新中国代表团出席日内瓦会议十分重视。会上主要由龚澎同志介绍周总理当天下午在会议上的发言内容。在当晚 8 时举行的第二次记者招待会上，我对杜勒斯的发言进行了评论。本来没有安排正式提问，但我刚讲完，记者们便纷纷拥上来提问。我有选择地做了回答。在这次招待会上我们还向记者们散发了周总理发言稿全文，带到会场去的 50 多份发言稿被一抢而光，于是我们又向日内瓦的媒体中心"记者之家"咨询处补送去了几十份，后来听说还是不够，我们又送去了一批。

　　由于会议讨论时不允许记者在场，各代表团的记者招待会实际上是向外界公布会议进程和各自主张的重要渠道。有时会场上出现的针锋相对情况，在记者招待会上也要马上反映出来，所以重要活动一结束，各代表团很快就要举行记者招待会。我们的记者招待会在及时通报会议进展的同时，除侧重介绍我方的主张与立场外，还特别强调我们努力争取通过协商使会议达成协议的态度，并对会上不合理的主张和言论进行批驳，特别是揭露美方阻挠会议达成协议的蛮横态度。

1954 年 6 月，黄华（中间者）接见到日内瓦呼吁恢复印度支那和平的法国巴黎近郊维特里各界代表团

1954 年 6 月 9 日，黄华（右二）在日内瓦国联大厦举行的记者招待会上

除五大国都派有阵容强大的记者团外，不少亚洲国家的新闻媒体也派来了记者。我记得有一次印度、巴基斯坦、印度尼西亚、缅甸、伊朗等八个国家的记者共同向我们提出，想见见周总理或者是同中国代表团的发言人谈点知心话。后来由我跟他们见了一次面。他们对我说，同那些随与会代表团前来的记者相比，他们这些非会议参加国的记者是没娘的孩子，希望中国代表团能照顾他们。后来，周总理在去印度访问前，专门回答了《印度教徒报》记者雪尔凡伽的提问，对已经开了八个星期的会议作了一个简要的评价。周总理说，会议是取得了一些进展的，虽然由于美国代表团拒绝考虑一切合理建议，使关于朝鲜问题的讨论未达成任何协议，但朝鲜问题并没有从日程上抹掉。在印度支那问题上，虽然进展迟缓，但最近达成的两项协议已为恢复印支和平开辟了道路。他还强调，为了维护亚洲各国人民的民族独立和自主权利，亚洲各国彼此间应进行协商，互相承担义务，共同努力维护亚洲的和平与安全。他指出，最近中印两国基于互相尊重领土主权、互不侵犯、互不干涉内政、平等互惠、和平共处的原则，经过充分的协商签订了关于中国西藏地方和印度之间的通商和交通协定。这个协定不仅加强了两国之间的关系，而且还给亚洲各国之间的合作提供了良好的范例。

为了利用日内瓦会议记者云集的机会，增加外国人士对新中国的了解，我团开始举行电影招待会，第一次放映的是彩色的《1952 年国庆节》，到场的300 多位记者无一提前退席。20 世纪 50 年代初，人们对新中国的了解甚少，记者们对反映中国真实情况的纪录片很感兴趣。第二次电影招待会放的是被周总理称为中国的罗密欧与朱丽叶的《梁山伯与祝英台》。由于场地不大，只发了 250 张请柬，结果剧场的座位全都坐满，晚来的只好站着，连未被邀请的美国记者也前来观看。放映过程中，有的记者竟感动得频频拭泪。电影放完以后，记者们对故事情节、拍摄技巧和丰富的色彩反应热烈，有的说简直忘了是在看电影，仿佛置身画中。更有人作进一步理解，如希腊记者说，这个电影是革命性的，是反封建的，现在中国大概不会有这种情况了。在看完我们的两场电影后，一个美国记者悟出一个道理说，中国现在不要战争，要工业化。各国记者们要求今后多举行类似活动。后来，我们驻瑞士使馆在日内瓦圣彼得广场剧院又放映了一场《梁祝》，招待日内瓦州的官员、名流和与我建交国的使馆人员，400 多个座位的剧场仍然爆满。

这部影片广受欢迎的消息，也传到了移居瑞士的著名美国电影艺术家查理·卓别林那里。卓别林当时住在洛桑，我们同他的首次交往是中国代表团的几位记者前去采访他。卓别林对新中国记者的到来感到非常高兴，他的房间中陈设着不少中国艺术品。他说，他到过中国，看到过旧中国的贫穷和腐败。现在新中国已经成立好几年了，希望有机会再到中国去。他说自己对中国文化很感兴趣，希望能看到《梁祝》这部影片。他还对记者们说，他真诚地希望世界和平，坚决反对战争。

日内瓦会议期间，我们共举行了 20 多次记者招待会，接待外国记者来访 400 多次，发布新闻公报、发言人声明、有关消息稿近 40 件，卓有成效地配合代表团在会议内外的斗争。我们介绍并评论会议的进展，阐明我方立场，宣传我们的外交政策和对当前重要问题的主张，揭露美国阻挠解决朝鲜问题和印支问题的政策和言行。我们还介绍了新中国的情况，给西方记者以深刻的印象，使不少人对新中国有了新的认识，扩大了新中国的影响。

在日内瓦，我们的新闻工作始终是在周总理亲自关心和指导下进行的，他认真严肃、一丝不苟的工作作风给我留下了深刻印象，至今难忘。有一次，会议临近尾声，日内瓦协定全文翻译成中文后立即发给国内新华社。由于有关同志的疏忽，译稿漏发了一段，而且是很重要的一段。问题很快被发现，情况相当紧急，第二天协议全文就会在《人民日报》上刊登，在中央人民广播电台播出。这个差错将在国内外造成不良影响。周总理不能容忍由于疏忽、马虎大意造成外交上的工作失误，带来任何损失，向我们布置立即向中央报告，要新华社扣发原稿件,《人民日报》推迟出版。他让我们马上查明原因,狠狠地批评了我们。最后,让我们将译文全部重新校对,保证绝对准确无误,重新发出。大家对此很内疚,总感觉做了对不起总理的事情。可是,在离开日内瓦前夕,代表团聚餐时,周总理擎着酒杯,走到我们面前,深情地说:"那天,我批评了你们是应该的,但你们的工作是有成绩的,我敬你们一杯酒。"周总理的话像一股暖流,淌过了我们每个人的全身,大家忍不住流下了热泪。周总理就是这样,他丝毫不留情地批评你的缺点错误,但却使你时时体会到他的恳切和火热的革命热情。

中美在日内瓦会议期间的接触

5月下旬,时任英国驻华代办的英国代表团成员杜维廉问中国代表团副秘书长宦乡,中国是否愿同美国直接接触,谈判解决在中国的被拘美军人员和美国犯罪人员问题,他愿意充当中美接触的中间人。得知这消息,周总理连夜召集代表团的几位同志进行研究,认为可以通过美国急于要解决美在华人员问题而进行接触,打开两国进行交往的渠道。5月27日,我作为代表团发言人,奉周总理指示,向新闻界发表关于美国政府无理扣留我侨民和留学生的谈话,并表示中国愿就被押美国人员问题同美国举行直接谈判。

在记者招待会上也有人提出,了解到美国代表准备和中国代表会晤,问我们将采取什么步骤。我回答他们说:"据我所知,美国代表团曾对英国代表团表示,美方准备就大量被扣在美国的中国侨民和留学生及少数在中国因违法而被拘禁的美国人的问题与中国代表团接触。中国方面已明白表示,从来不拒绝这种接触。"记者马上追问,中、美代表团之间是否已建立直接联系。我告诉他们双方尚未会面,之后,他们又问有无即将会面的计划,我说就看美国的了,尚看不出美国方面有什么具体步骤。可见这件事情已引起国际上的广泛关注。

6月初,杜维廉告诉宦乡,美方已表示愿同中国方面就两国侨民问题进行会谈,并派美国驻捷克斯洛伐克大使约翰逊为代表,希望中方也能派同等身份的人参加会谈。当天下午,宦乡约见杜维廉,确定第二天上午举行会谈。周总理指定,外交部办公厅主任王炳南担任中方会谈代表。

6月5日上午,王炳南在柯柏年和宦乡的陪同下同 A.约翰逊在国联大厦见了面,中、美双方的代表据了手,双方都对杜维廉表示了感谢。这次见面时间很短，双方只是提出了要谈的问题，并约定了下次见面的时间。从 10 日起到 21 日，双方进行了四次商谈。

中方强调，中国政府对在华的守法外侨一贯给予保护，那没有未了的民事和刑事案件的美侨随时都可以离开中国，对于侵犯中国领空的美国军人和违反中国法律的美侨，在判刑之后，如表现良好，中国政府可以考虑为他们减刑或提前释放。中方还表示允许这些人同他们的家属通信，他们的家属也可以给他们寄送小包裹。

中方向美方指出，在美国的 5000 多名中国留学生，有许多人要求回国，但遭到美方的百般刁难和阻挠。中方要求美国政府恢复中国留学生随时回国的权利，由双方起草一个联合公报，宣布住在一方的对方守法侨民和留学生具有返回祖国的完全自由，并建议在相互平等的基础上由第三国代管双方侨民和留学生的利益。

美方态度十分僵硬，没有接受中国的建议。这几次接触除了交换双方侨民的名单以外，没有取得任何成果。但由此为发端，开始了新中国成立后中、美间的官方性秘密接触。

中印、中缅关于和平共处五项原则的联合声明

在日内瓦会议期间，周总理应印度总理尼赫鲁和缅甸总理吴努的邀请，访问了两国，并分别在 6 月 28 日和 29 日两天发表中印、中缅两国总理有关和平共处五项原则的联合声明。

写入上述两项联合声明的和平共处五项原则是互相尊重主权和领土完整、互不侵犯、互不干涉内政、平等互利、和平共处。五项原则不仅是中印、中缅处理它们之间双边关系的指导性原则，也应是各国在国际关系中共同遵守的原则，既适用于发展中国家，也适用于发达国家；和平共处五项原则是贯穿我国外交政策的一条红线，其精神实质是维护国家主权和维护国际和平；五项原则既是讲国家的权利，也是讲国家的义务，因而世界上所有国家，不论是强国、弱国、大国、小国，尤其是强国、大国都应遵守上述原则。和平共处五项原则是我党从 100 年来中国外交经验中得出的重要总结，是对联合国宪章的重要补充，也是对国际法的重要贡献和发展。和平共处五项原则已写入我国同 100 多个国家的建交协定中，是国际法的重要渊源，它被许多国家领导人、法律学家和学者广泛引用。

第六章　出席亚洲和非洲国家（万隆）会议

亚非（万隆）会议的召开

亚非国家会议是印度尼西亚首先倡议召开的。曾遭受300年葡萄牙、荷兰殖民统治的印尼人民，在二战期间又受到凶残的日军的屠杀和劫掠。印尼民族领袖苏加诺在日本无条件投降后立即宣布印尼独立，成立印尼共和国。但是，荷兰殖民军又开进印尼，大肆镇压屠杀印尼人民，受到印尼军队和人民英勇顽强的抵抗。在印尼人民抗荷斗争极困难的1949年初，20个亚非国家在印度开会，支持印尼人民的正义斗争，荷兰不得不于1949年8月同意退出印尼。印尼人民深感亚、非国家的团结和相互支持，可以帮助为民族解放而斗争的人民赢得自由、独立与和平。1954年4月，印度、印尼、缅甸、巴基斯坦、锡兰五国总理在科伦坡开会决定于1955年4月18日在印尼的万隆召开亚非会议。被邀请的29个独立国除日本外，都受过殖民统治的压迫和剥削，他们谋求和平、独立与友好合作，并希望其他未独立国尽快摆脱殖民主义的枷锁。万隆会议的发起国有意突出会议反帝、反殖和亚、非国家团结战斗的主题，故没有邀请苏联和西方发达国家。

新中国在1954年日内瓦会议上解决越、老、柬问题的公正态度和同印度、缅甸共同倡议和平共处五项原则中表现的诚意在东南亚国家中产生了积极的影响，受到许多亚非国家的赞扬。1954年12月，上述五国总理在茂物开会决定正式邀请中华人民共和国出席万隆会议。1955年2月10日，中国决定应邀参加亚非会议，并发电通知印尼总理沙斯特罗阿米佐约。当时美国政府对我国实行敌对和孤立政策，我国与会是对美国的重大反击。

鉴于亚非会议是29个亚、非独立国举行的重要会议，中央决定由周恩来总理率团与会。成员为陈毅、叶季壮、章汉夫和黄镇，顾问为廖承志、杨奇清、乔冠华、陈家康、我和达蒲生大阿訇。浦寿昌、石志昂、李肇基等同志担任助手，随团的还有新华社负责人和各报记者沈建图、黄作梅、杜宏、李平和郝风格等同志。

毛主席十分重视万隆会议，4月5日亲自召集政治局会议，研究我代表团参加亚非会议的方案。我团的与会方针为：争取扩大国际和平统一战线，促进民族独立运动，力求建立和加强中国同亚、非国家的关系。

美国和蒋介石集团极其害怕亚非会议开成一个团结反帝、反殖的大会。美国政府召集其驻亚非国家使节密谋，布置破坏会议的计划，要使会议只谈文化和经济问题，不谈政治和裁军问题，成为午后茶式的清谈。它派遣70名记者企图以造谣、歪曲来破坏会议。蒋帮特务更受命密谋杀害周总理。

我国向印度航空公司租了两架飞机——"克什米尔公主"号和"空中霸王"号。我被安排同记者们乘坐"克什米尔公主"号经停香港加油赴雅加达。

在进行赴会准备工作时，周总理突然于3月12日患急性盲肠炎住院。国务院副总理邓小平同志根据中央的指示，请陈毅同志在不得已时担任团长一职。幸而周总理术后恢复较顺利。

大概在4月3日，周总理答复缅甸驻华大使，表示感谢并接受吴努总理邀请他在万隆会议之前访问仰光，并同印度、埃及、缅甸、巴基斯坦、锡兰、越南总理会晤，为万隆会议做些准备。可能是周总理考虑宜由代表团全体成员和顾问一起去仰光访问，我于"克什米尔公主"号启程前夕，被通知改乘"空中霸王"号赴仰光。

4月7日，周总理率团离京飞抵昆明，打算花几天时间为出席亚非会议做进一步准备，也好巩固术后的健康。11日，一个震惊世界的消息传来，"克什米尔公主"号在印尼纳土纳群岛上空爆炸，那是蒋帮特务在这架飞机经停香港启德机场加油时秘密安置了定时炸弹。我的好战友沈建图、黄作梅、李肇基和奥地利记者严裴德全部遇难！大家对蒋特的卑鄙行径极为愤慨，更感到保证周总理的安全问题特别严重。

代表团在昆明沉痛地为牺牲的战友进行默哀。周总理对我们大家说，蒋介石的阴谋破坏太卑鄙恶劣。敌人搞破坏，恰恰说明他们害怕我们召开亚非会议。但是这种破坏吓不倒我们，搞外交也会有牺牲。我们应该振作精神，遇事要更加镇静，对一切工作安排要更加周密细致。陈毅副总理要求代表团全体同志都要注意周总理的安全保卫工作。他说，我们每一个人都是周总理的警卫员。当时周总理给邓大姐写信说，文仗如武仗，不能没有危险。有这一次教训，我当更加谨慎，一切当从多方面考虑，经过集体讨论而行。

4月14日，周总理率代表团自昆明飞抵仰光，同六国总理会晤。在会晤中，周总理建议在亚非会议上不提意识形态和政府体制等问题，以免引起不必要的争论。其他国家总理都同意这个建议。

4月16日，周总理率团乘"空中霸王"号从仰光起飞，准备直接飞雅加达。尼赫鲁、纳赛尔和吴努等乘另一架飞机离开仰光。我们的飞机起飞后不久，遇到热带雷电。尼赫鲁的飞机性能较好，越过雷区直驱雅加达。"空中霸王"号爬高能力低一些，不得已临时降落在新加坡机场加油。英国驻新加坡总督麦克唐纳闻讯赶到候机室，同周总理和代表团寒暄谈笑，招待喝冷饮。从新加坡起飞后不久，我们在雅加达机场着陆。从机场到宾馆的一路上，受到印尼人民和华侨的热情欢迎。华侨学生穿着整齐的校服，列队站立在马路两侧，挥动着中国、印尼国旗，热烈地欢呼。黄镇大使和我国驻印尼大使馆的全体同志，为周总理的安全和代表团顺利完成和开好会议的任务竭尽全力地工作。17日，周总理率团飞抵万隆市。这是一座美丽清洁的山城。夹道欢迎的群众向代表团高呼欢迎口号，举着花束，向我代表团团长的车队致意。

亚非会议是历史上第一次由有色人种参加的大型国际盛会，与会的29个亚、非独立国家代表着世界上的16亿人口。这些国家绝大多数受过殖民主义、帝国主义的压迫、屠杀和剥削，现在还在受着贫穷落后和侵略战争的折磨。

4月18日，亚非会议在万隆独立大厦的大厅里开幕。主席台两边竖立着29国的国旗。数千与会者个个精神饱满，神采奕奕。东道国印尼总统苏加诺的开幕词热情洋溢，对新亚洲和新非洲的崛起充满信心。他回忆起1949年新德里20个亚、非国家的会议，如何鼓舞了印尼人民反对殖民者和争取独立的斗争，并取得了胜利。他的讲话鞭笞了罪恶的殖民主义和侵略战争，号召亚洲和非洲的领袖们团结起来，争取繁荣、和平和安全。他的讲话激起了与会者的强烈共鸣。与会各国代表纷纷慷慨陈词。埃及总统纳赛尔指出殖民主义是世界不稳定的根源，必须予以铲除。柬埔寨西哈努克亲王表示，他的国家决心把和平共处五项原则作为国家对外政策的指导方针。万隆会议开幕式成了一场对帝国主义、殖民主义的审判。

万隆会议期间，周恩来总理、陈毅副总理与亚非诸国首脑会谈

周恩来总理在亚非会议上表现的卓越外交才华

由于当时与会各国代表的政治背景很不相同，他们的社会制度、意识形态和宗教文化各异，各国间又多缺乏交往和了解，对新中国更是知之甚微，加上帝国主义的蓄意诬蔑和挑唆，有些国家代表的发言近乎鹦鹉学舌，重复帝国主义反共的陈词滥调。在 18 日、19 日的全体大会上，伊拉克代表在发言中胡说什么亚、非人民目前的任务不是去铲除殖民主义，而是要反对共产主义，因为共产主义就是殖民主义。泰国代表指责中国利用侨民向邻国进行渗透和颠覆。土耳其代表除吹捧北大西洋公约组织外，还把各地动乱的根源归咎于社会主义国家。这种情况如继续下去，将使亚、非会议的主导方向受到挑战，会议有走入歧途、分裂或无果而终的可能。面对这一严峻形势，周总理神态自若，端庄自持，表现出一个伟大政治家、战略家和外交家的风度。中国代表团在 19 日上午大会后紧急开会，讨论对策，决定将原来准备的大会发言稿作为团长的书面发言在大会上散发，并在下午由团长作补充发言。在下午的大会上周总理说："中

国代表团是来求同而不是来立异的。在我们中间有无求同的基础呢？有的。那就是：亚非绝大多数国家和人民近代以来都曾受过、并且现在仍在受着殖民主义造成的灾难和痛苦。这是我们大家都承认的。从解除殖民主义痛苦和灾难中找共同基础，我们就很容易互相了解和尊重、互相同情和支持，而不是互相疑虑和恐惧、互相排斥和对立。""我们的会议应求同存异。同时，会议应将这些共同的愿望和要求肯定下来。""第二次大战后，亚非两洲兴起了许多独立国家，一类是共产党领导的国家，一类是民族主义者领导的国家。""我们这两类国家都是从殖民主义的统治下独立起来的，并且还在继续为完全独立而奋斗。我们有什么理由不可以互相了解和尊重、互相同情和支持呢？五项原则完全可以成为在我们中间建立友好合作和亲善睦邻关系的基础。"周总理还针对所谓华侨和颠覆活动问题指出："现在倒是有人在中国的周围建立进行颠覆中国政府的据点。""我们没有竹幕，大家如果不信，可亲自或派人到中国去看。"为了使与会代表能够更好地听取他的发言，周总理决定改变历来采用的逐段在中文发言之后译成外文的办法，他这次只念发言稿的头尾，主要部分由浦寿昌同志不间断地用英语宣读，取得了极好的效果。总理话音刚落，全场发出了长时间的热烈掌声，代表们纷纷过来祝贺周总理雄辩而说理的讲话。

1955 年 4 月，周恩来总理兼外交部长出席在印度尼西亚万隆举行的亚非会议。图为周恩来在亚非会议上讲话

　　周总理铿锵有力的讲话，平和的语调和充分体谅他人处境的态度博得与会各国代表的尊敬、赞赏和好感，加上周总理不知疲倦地在会上会下同各国代表谈话，介绍我国政策和说明事实真相，使会议避免了互相指责而导致分裂。这是中国代表团的重要贡献。之后，会议分成政治、经济、文化三个委员会，进行秘密会议。由于会议的这种进行方式，万隆会议的新闻发布不如日内瓦会议那样频繁。我主要参加政治委员会会议。

　　当与会各国在各委员会热烈讨论亚非会议的最后文件时，锡兰总理科特拉瓦拉决定于 21 日在自己下榻的别墅举行记者招待会。会上，他无根据地说台湾人从种族上、语言上都不同于中国，主张台湾交国际托管后取得独立国家的地位。他又要中国公开地和正式地提出亚、非各地的共产主义团体解散。他在政治委员会上也重复台湾问题的谬论，还提出要政治委员会讨论反对苏联殖民主义问题。科特拉瓦拉总理这种荒谬言论和干涉中国内政的主张显然是受到会外某种力量的影响。

　　面对这种易于导致会议破裂的局面，周总理一方面在会下同锡兰总理长谈，一方面在政治委员会上再次提出求同存异的问题。他表示不同意锡兰总理关于台湾问题的讲话，并说明台湾问题的历史现状和我国的主张。他也不同意锡兰总理关于苏联殖民主义的提法，并表示各国应以合作的态度使这次会议和谐地达成协议。最后锡兰总理自我解嘲地表示他没有意思要引起一场争论，更无意要把这个会议引向失败。周总理坚持原则又十分和解的态度和锡兰总理的表态使会议的紧张气氛得以缓和，周总理又一次成功地消除分歧，使会议走上取得成果的轨道。

　　一些与会代表，如黎巴嫩外长，对和平共处一词提出异议，认为这是斯大林和共产党情报局的用语。和平共处五项原则是 1954 年 6 月中印、中缅两国总理共同声明的核心，印度总理尼赫鲁把它看作是国际关系的宝贵原则。在会上，他听到一些代表如此恶意地批评和平共处时不觉火冒三丈，气愤地退出会场。印度代表团成员、尼赫鲁聪明大度的女儿英迪拉·甘地立即追出去劝他返回。当他听说周总理要发言了，才回到座位上来。

　　此后，黎巴嫩、菲律宾等国在政治委员会上抛出的反对和平共处的主张确有使会议引起大争论和陷入困境的危险。周总理即时在委员会作第二次重要发言。此时会场鸦雀无声，大家聚精会神，生怕漏听周总理的一句话、一个字。周总理说："我们应该根据促进和平和合作的初衷，撇开不同的思想意识形态和各国承担的义务等问题，解决现在正在讨论的问题。关于殖民主义，这是各人的理解的问题。至于有代表说和平共处是共产党用的名词，那么我们可以换一个名词。联合国宪章的前言中有和平相处的词，这是我们应该能够同意的。"对军事集团问题，周总理说，中国不赞成在世界上有造成对立的军事同盟，增加战争的危险。但今天在讨论维护和平的问题时，应该先团结起来才是。对五项原则的措辞和数目他表示也可增减。周总理随即在会上提出七点和平宣言。周总理的上述发言和对和平宣言的阐述是一次十分精辟和重要的讲话，是策略和原则巧妙结合的范例。尼赫鲁极为推崇地说，周恩来总理的发言应受到最大的重视，他的话具有权威性。事实上周总理的发言结束了政治委员会关于共处问题的争论，把整个会议再次向成功的方向推进了一大步。

4月24日，由于中国和各方的努力，政治委员会一致通过了"关于促进世界和平和合作的宣言"，其中体现和发展了和平共处五项原则的基本内容，成为十项原则。这是亚非会议全体大会一致欢呼通过的亚非会议联合公报的七个文件中最重要的一个文件。

亚非会议是第二次世界大战后反帝、反殖斗争和民族独立运动进入高潮时由第三世界国家举行的一个推动历史前进的会议。此后，即自1955年至1969年，亚、非地区的独立国家由29个增至73个。在亚非会议的鼓舞下，非洲的安哥拉、几内亚（比绍）、莫桑比克和津巴布韦等九国也于20世纪70年代、80年代独立。90年代纳米比亚和南非也获得独立和自由。维护民族独立和主权以及维护国际和平和合作是此次万隆会议的基调和主题。周总理在会上会下通过大量的说理工作，以平等待人的态度，机智巧妙地排除了一次又一次的险情，显示了他高超的外交艺术和新中国政治家的独特风格，几度打破僵局，拨正航向，使亚非会议一致通过包含和平共处五项原则的万隆十项原则。毛主席赞赏地说，万隆会议的宣言实际上是周恩来写的。

在万隆会议期间，周总理和新中国的外交官们以平等待人、自尊、自信而又谦虚自若的风度赢得了亚、非各国人士的好感和尊敬，结交了许多朋友，在国际上产生重大影响。新中国成立后到万隆会议前，同我国建立外交关系的国家为21个，在亚、非会议后至1971年10月期间，我国先后又同41个国家建交。从我国在联合国合法席位恢复之日到20世纪末，我国再同98个国家建交，从而使建交国家总数达到160个。

缓和台湾地区紧张局势一直是亚洲与会国特别关切的问题。4月23日，周总理利用午餐的机会同印、缅、锡、巴、菲、泰、印尼代表团团长就缓和远东紧张局势，特别是和缓台湾紧张局势问题进行会谈。周总理在会上发表声明称："中国人民同美国人民是友好的。中国人民不要同美国打仗。中国政府愿意同美国政府坐下来谈判，讨论和缓远东紧张局势的问题，特别是和缓台湾地区的紧张局势问题。"我也很快在新闻发布会上向众多记者发布了周总理有关中、美谈判问题的上述声明。

周总理的声明得到了与会者极为强烈的反应，他们一致认为周总理的声明对缓和国际紧张局势非常有利，在国际上也形成了巨大的冲击。据报道，美国总统艾森豪威尔和国务卿杜勒斯为此紧急会晤商讨对策。

7月11日，英国驻北京代办杜维廉向中国政府转达美国政府的建议：中、美两国举行大使级会谈。自1955年8月1日起，中、美大使在日内瓦开始会晤。我方代表是我驻波兰大使王炳南，美方为曾参加过朝鲜停战谈判的驻捷克大使A.约翰逊。王炳南大使率李汇川、林平等外交官出席，会谈在1958年9月移至波兰首都华沙举行。中方代表仍是王炳南大使，美方代表为美国驻波兰大使雅各布·比姆，我以中方代表顾问的身份参加了半年的大使级会谈工作。

中、美大使级会谈从1955年8月到1970年1月共谈了136次。在这期间，我方释放了11名美国间谍，美方放回几名中国科学家和留美学生，除此以外，会谈没有达成任何协议。我们曾同意让美国记者来华访问，并提出邀请友好记者如埃德加·斯诺等访华，但美方拒绝给予他们以赴敌性国家的特别许可。后来斯诺不断提出访华申请，经过种种周折，美国政府发给他访问新中国的护照，斯诺作为在京长住的新西兰友人路易·艾黎的客人于1960年实现访华。尽管中美大使级谈判没有达成任何协议，但周总理对它给予了积极的评价，他说，仅仅是争取到被美国人比喻为值五个师的钱学森博士返回中国这一件事，我们为中美谈判花费的时间和精力都是很值得的。

第七章　出任驻加纳共和国特命全权大使

刚独立即同中国建交

1954年春，我从中国人民志愿军谈判代表团调回外交部，8月被任命为欧非司司长，从此更关注国际局势尤其是民族独立运动风起云涌的非洲形势。

第二次世界大战后，尤其是20世纪60年代，非洲民族独立运动出现高潮，仅1960年一年，非洲就有17个原殖民地国家赢得独立。这一年被称为"非洲独立年"。

1960年7月1日，加纳举行成立共和国庆典。我国政府代表、中国驻几内亚大使柯华出席。次日，加纳总统恩克鲁玛接见柯华大使时表示，加方已决定同中国建立外交关系，请他同加纳外长具体商谈。柯华大使随即会见加纳外长，双方就两国建交问题达成协议并签署了联合公报。7月5日，双方在各自首都发表了两国建立外交关系的联合公报。加纳是原英属非洲殖民地第一个同中国建交的国家。

一天，外交部两位副部长耿飚和罗贵波找我，说了几个新建交国的名字，问我愿意去哪个国家任大使？我表示，我的首选是非洲新兴国家加纳，当时就这么定了。

两国建交后一个月，即1960年8月5日，我被任命为中国驻加纳首任特命全权大使。我即抓紧做赴任准备，把能找到的资料系统地仔细阅读，逐一拜访各个有关行政主管部门，研究须办事宜。

1960年8月25日，我和何理良抵达位于赤道以北北纬五度的加纳首都阿克拉。当天我们是从伦敦起飞的。飞机越过欧洲大陆、地中海和干旱的撒哈拉大沙漠，在临近加纳南部的热带雨林区时，从空中向下望，大地是一片葱绿，许多高约七八十米的桃花心树木，昂首耸立，似乎在向来者致意。在阿克拉机场，使馆的先遣同志王一木参赞和胡定一秘书等和加纳的礼宾官员到机场迎接。我们两人暂时住进"大使"旅馆。

加纳是非洲西部的一个重要的国家。4世纪建立的古加纳王国曾是西非大陆幅员广大的强盛王国。15世纪葡萄牙入侵，开始在加纳沿海掠夺黄金，故它被称为"黄金海岸"。19世纪以后逐步沦为英国殖民地。1957年它从英国手中取得独立，是第二次世界大战后非洲最早独立的国家。独立时改定国名为加纳，显然含有振兴非洲的雄心壮志。

黄金海岸人民在长期的殖民统治时期，曾进行多次起义和抗英战争。中部地区的人民在一次抗击英国殖民军的战斗中，打死了英国驻黄金海岸的总督，使殖民军遭到惨败。第二次世界大战后，黄金海岸的民族独立运动掀起新的高潮。1949年，恩克鲁玛组建了人民大会党，宣布采取非暴力积极行动，为实行完全的自治而斗争。英国殖民当局被迫于1954年同意人民大会党的要求，颁布新宪法，由恩克鲁玛组成全由非洲人任部长的自治政府。1957年3月6日，黄金海岸在英联邦内宣布独立。恩克鲁玛出任总理。1960年7月1日，加纳宣布成立共和国，取消英国女王为国家元首的制度。经过选举，恩克鲁玛出任共和国的首任总统。

经同加纳方面商量，安排我于9月15日上午向恩克鲁玛总统递交国书。我们的车队进入总统府大院后，发生了意想不到的一个小插曲，使递交国书延误了20分钟。

事情是这样的，按照约定，9月15日上午8时30分，我率使馆外交官的车队，在加纳礼宾车引导下开进总统府楼前的广场，准备检阅仪仗队。我注意到广场周围有一排旗杆悬挂着各国国旗，用目光搜寻了一遍，没有看到我国的五星红旗，却看到蒋帮的伪旗高悬上空。我当即要求停车，向在场陪同的加纳外长阿科·阿杰指出这一错误，并说三天前已把中华人民共和国国旗交给礼宾司长，嘱勿错挂了。外长表示歉意，立即派官员撤下伪旗，找出我国国旗换上。随后我检阅仪仗队，引礼如仪。由于挂旗这一错误，我向总统递交国书的时间推迟了20分钟。

我带着近十位使馆外交官走进总统府大厅，恩克鲁玛总统和十几位加纳内阁部长以及许多议员一同站立起来，表示欢迎。我递交国书、读完颂词后，总统向我举起香槟酒杯，表示庆贺，并问及推迟递交国书的原因，我简单说明了刚才挂错国旗的事，耽误了时间。他对此表示了歉意。为庆祝中加两国建立正

1960年8月，黄华出任中国首任驻加纳共和国大使。图为黄华在递交国书前，在加纳首都阿克拉总统府广场检阅仪仗队

1960年9月15日，递交国书后，加纳总统克瓦米·恩克鲁玛与黄华互相祝酒

式友好关系，宾主在总统府大厅内举杯互相致贺，亲切交谈。递交国书的仪式在隆重、热烈、友好、愉快的气氛中结束。

新兴国家加纳的总统恩克鲁玛

恩克鲁玛是一位具有强烈反殖民主义意识的非洲民族主义政治家和加纳人民的杰出领袖。他早年曾留学美国和英国。在美期间开始进行政治活动，参加组织非洲学生联合会。后来又担任黄金海岸工会主席。在英国，他担任西非学生联合会的领导工作，参加泛非大会，起草宣言号召人民组织起来结束殖民统治。1947年回国后，因领导反殖民主义斗争，被英国殖民当局两次逮捕和监禁。1951年人民大会党在大选中获胜。次年，他出任黄金海岸总理。1957年3月6日黄金海岸宣布独立，他继续担任总理。1960年7月1日，加纳共和国成立，他当选为共和国的第一届总统。

恩克鲁玛是个泛非主义者。他提倡非洲团结统一，主张建立非洲合众国，并为此进行了积极的努力和探索。他说："非洲是一个紧密的整体，为了反对殖民主义，非洲在政治上必须统一。"为了促进泛非洲主义主张，加纳同1958年取得独立的原法属殖民地几内亚结成联盟。在几内亚独立后经济十分困难时，恩克鲁玛慷慨地向几内亚提供300万英镑的财政赠款。1960年12月，"加纳—几内亚—马里联盟"成立，定名为"非洲联盟"，着力推进全非洲的解放和统一事业。

恩克鲁玛在黄金海岸争取自治和独立的长期斗争中，一直主张非暴力。他对印度的甘地极为钦佩和崇拜。在由他建立的人民大会党的纲领中宣布采取"非暴力的积极行动""以一切合乎宪法的手段"为"立即实行完全自治"而斗争。但是，到20世纪60年代中期，随着非洲反帝、反殖斗争的深入发展，一些仍在殖民统治下的非洲国家的民族主义政党为争取民族独立，有的展开了武装斗争。恩克鲁玛顺应非洲革命形势，对非洲民族主义政党的武装斗争给予了有力支持。他在1964年10月在开罗召开的第二次不结盟国家首脑会议上指出："武装革命和游击战是反对和消除非洲殖民主义的唯一道路。"

加纳刚刚获得完全政治独立，朝气蓬勃，群众集会繁多。每逢群众大会，市民、学生、工人和首都附近的农民以及一贯热情支持人民大会党革命活动的非洲特有的女商贩们，拥至阿克拉集会游行，摇动各色旗帜，高呼口号，击鼓造势，跳着扭腰舞，放声歌唱，充满激情和欢乐。他们期盼自由和美好的生活。

加纳独立后即成为联合国成员国，与其建交的不只是非洲和亚洲国家，英联邦成员、西方国家和社会主义国家也纷纷与其建交。驻阿克拉的大使馆很多，每逢外国首脑和政要来访，大使们都应加方要求到机场迎接。使节们穿着毛料西服或民族礼服，顶着赤道骄阳，虽然都彬彬有礼，一个个却大汗淋漓。奇怪的是，我看加纳人穿着毛料制服或厚厚的织花长袍，丝毫不在乎这高温，仍怡然自得。

我在加纳任职的五年，正是恩克鲁玛总统大力推行民族化和进行经济建设的时期。他深知刚取得的政治独立是脆弱的，必须采取有力措施，巩固共和国的独立。

恩克鲁玛在独立后较短时间内，就在议会、政府和军队中完全用加纳人取代了英国人。他在改造殖民地经济体制和发展民族经济方面也投入了巨大的精力、财力和物力，取得了相当显著的成就。加纳是世界可可生产最多和质地最好的国家，但是可可的收购和出口长期以来都由外资控制。独立后不久，加纳即成立了国家可可销售局，垄断了全国的可可收购和出口。新成立的国营贸易公司和由政府以收购的方式成立的国营企业，控制了加纳的部分黄金和钻石市场。加纳从旧政府手中接收了三亿英镑的国库资金，恩克鲁玛使用这笔资金修建沃尔特大型水库和水电工程，扩建了深水良港特马港，为经济的长远发展创造了重要条件。

从 1963 年 10 月起，加纳开始执行国民经济发展的第一个七年计划。该计划不仅具体规定了七年内经济发展的指标要求，同时还明确提出了加纳的长远目标是建设社会主义社会。加纳欢迎外国直接投资，最大的项目是意大利投资建造的炼油厂，其他有亚洲国家中小工业企业的投资项目。由于加纳在西非国家中比较富裕，外国工商企业接踵而至。共和国成立后的最初几年经济发展较快。

加纳政府十分重视国民教育和高等教育。小学校的建筑在当时的非洲属于一流。大学的建筑宏大标致，吸引了其他国家的留学生前来就读和深造。

恩克鲁玛实行的巩固政治独立和发展民族经济的政策和措施对非洲其他国家颇有影响，也使帝国主义势力感到不安和嫉恨。

加纳人民普遍对中国友好。我国来访的党政、文教、青年、妇女代表团，学者和援建项目的专家，受到加方热情友好的接待。我国热带植物学的知名教授蔡希陶访问加纳时，加纳同行将珍稀植物如神奇果等种子相赠。加纳人很喜欢阅读我国的英文版《人民画报》，常把一些精美的画片剪下贴在家里或汽车的驾驶室内。

有数百名来自香港的华侨定居加纳，从事中、小型工业，很受当地人民欢迎。使馆同他们关系密切，为他们排忧解难，他们则热情地向加纳人民介绍和宣传新中国，是中加人民友谊的桥梁。

恩克鲁玛是一位博学多才的人，酷爱读书，家里有不少藏书，我还从他那里借过一本《大河彼岸》，这是斯诺系统地介绍新中国的著作。恩克鲁玛总统对中国始终友好。他一直对社会主义中国表现出浓厚的兴趣。早在他留学国外期间，就阅读了斯诺的《红星照耀中国》。我在他办公室的书架上看到过这本书。他在 1957 年担任黄金海岸总理时，就表示要访华。1960 年 9 月我向他递交国书时，转交了刘少奇主席邀请他访华的信。他当即表示接受邀请。

1961 年 8 月 14 日至 19 日，恩克鲁玛总统对中国进行了正式访问。这是继几内亚总统塞古·杜尔之后第二个访问中国的非洲国家元首。毛泽东主席、刘少奇主席和周恩来总理对他的来访十分重视，给予隆重、热烈和友好的接待。在机场和北京市内有几万群众冒雨夹道欢迎。刘少奇主席、周恩来总理到机场迎接。我也回国参加了接待工作。

宋庆龄在北京会见恩克鲁玛

访问期间，刘少奇主席和周恩来总理同恩克鲁玛总统在十分友好、互相尊重和互相谅解的气氛中进行了会谈。双方就国际形势，特别是非洲和加纳的反帝、反殖斗争以及进一步发展中、加两国友好合作关系等问题交换了意见。访问结束时，双方发表了《联合公报》，缔结了《中、加友好条约》，签订了《中、加经济技术合作协定》《中、加贸易支付协定》和《中、加文化合作协定》。8月17日，我陪同恩克鲁玛飞抵杭州。在那里，毛主席亲切会见并宴请了恩克鲁玛总统。他们之间的谈话内容广泛有趣，还尽兴地打了乒乓球。恩克鲁玛说："这次到中国的访问真是好极了，访问使我们获得很多经验。"这次访问的成功为中、加两国友好合作关系的发展奠定了良好的基础。

我在新中国成立后一直没有见到过毛主席。这次陪恩克鲁玛到杭州，看见他老人家身体健康，我心里很高兴。听说他对人民公社的劳动分配制度进行了大量调查研究，准备改变农村人民公社为基本核算单位，以队为基础，以克服生产队之间的平均主义。毛主席有空闲时，常写作诗词，我在陪同恩克鲁玛杭州之行结束后，专门向主席告辞并向主席请求希望他给我写几个字，他欣然同意。

1961年8月，毛泽东在杭州同恩克鲁玛总统会见，中间者为陈辉

回到北京后，有一天在外交部见到黄镇副部长。他脸带笑容，手里拿着一个信封走过来对我说，这封信你要不要，若要就要请吃饭。我说让我看看是什么信吧。我接过一看，是毛主席用他苍劲挺秀的笔锋为我书写的《登庐山》一诗。我马上对黄镇同志说，好！我一定请客。毛主席在诗后以我的原名王汝梅相称，这名字是 1936 年夏我刚到陕北保安时延用的。主席记忆力好，还十分念旧，他在书《登庐山》一诗后面特别写了对我和何理良几句鼓励和祝愿的话："右诗一首，为王汝梅、何理良二同志书，并祝你们两位身心健康，工作顺利。毛泽东一九六一年八月二十八日。"这些话令我感到无比亲切。我急忙把墨宝拿到琉璃厂荣宝斋请老师傅用图案最好的绫子精心装裱，连信封也一并裱上，这是我家珍藏的无价之宝。

从 1960 年 7 月中、加两国建交，到 1966 年 2 月加纳发生军事政变推翻恩克鲁玛政府的五年多时间里，中、加两国友好合作关系一直在持续深入发展。

两国领导人的高层来往，除恩克鲁玛总统 1961 年访华和周恩来总理和陈毅副总理兼外交部长率团于 1964 年访问加纳外，他们还通过交换信件和互派代表团就重大国际问题交换意见。1962 年，中、印边境发生严重武装冲突后，恩克鲁玛总统对此十分关注，呼吁中、印双方停止冲突，和平解决边界问题。周恩来总理和恩克鲁玛总统多次互相通过信函就此问题交换意见。中方还派外交部副部长黄镇访问加纳，就中、印边界问题同恩克鲁玛进行了友好的交谈。加方曾派司法部长访华，了解中方对 1962 年 12 月关于中、印边界问题的科伦坡会议的反应。1961 年至 1964 年间，恩克鲁玛总统和周恩来总理还就莫斯科部分核禁试条约、中国爆炸原子弹和中国政府的有关倡议等问题通过多次信函，交换意见和看法。

1965 年 4 月，由刘宁一率领的中国全国人民代表大会代表团访问了加纳，同恩克鲁玛总统就加强双边合作和越南问题、非洲统一问题、中苏分歧问题和召开第二次亚非会议等问题交换了意见。同年 4 月下旬，加纳外交部长科齐约·博奇约率政府代表团访华，带来恩克鲁玛总统给周总理的信，主要就建立非洲联盟政府问题听取中国政府的意见。周恩来总理同代表团进行了多次会谈。代表团对这次访华非常满意。

我在加纳任职期间，两国的经济贸易关系有了良好的开展。五年内，我国向加纳提供两笔无息贷款共 1500 万加纳镑；上马的三个经援项目为：棉纺织厂、棉针织厂和铅笔厂，另有五个小型技术合作项目。1961 年 8 月恩克鲁玛访华时，两国签订了第一个长期贸易协定，规定两国贸易以进出口商品总值平衡为原则，双方每年各出口 400 万加纳镑，互相给予最惠国待遇。我方出口以轻工业品和纺织品为主，加方出口以可可豆、工业钻石和木材为主。

为促进双方贸易，1961 年 8 月至 9 月，中国在阿克拉举办了经济建设成就展览会。恩克鲁玛总统和加纳政府高级官员都参观了展览会。展览会结束时，我国政府将这个面积为 2000 多平方米、用进口钢管建造的展览馆无偿地赠送给加纳政府。

1961 年 8 月，两国政府签订了文化合作协定，使两国在科学、教育、文化艺术、新闻广播、医药卫生以及体育等方面的合作和交流，得到了有序的加强和广泛的开展。工会、青年和妇女各界的民间交流和往来也日益频繁。20 世纪 60 年代初，尽管我国国内财政相当困难，但出于先独立者应帮助后独立者的良好信念，我国政府向加纳提供了低息长期贷款项目。在我任期内，我国援建项目已经启动，国内派了高级工程师帮助加纳建设颇具规模的棉纺织厂、铅笔厂和一些有利于带动当地人民就业的养鱼、编织等项目。

谋刺恩克鲁玛总统未遂事件

恩克鲁玛激进的民族化政策和泛非主义政治倾向限制了原宗主国和西方国家的权益。他主张泛非主义，鼓励同社会主义国家友好来往，邀请著名美国黑人历史学家、泛非主义倡导人、美国共产党员 W. E. B. 杜波依斯到加纳定居和编纂泛阿非利加大百科全书等，引起了西方势力的仇恨。加纳的敌人时刻窥伺机会推翻恩克鲁玛政府，尽力遏止这股激进的非洲民族主义思潮扩散至其他非洲国家。

1964 年 1 月 2 日，加纳发生了谋刺恩克鲁玛总统未遂事件。当日中午，恩克鲁玛从总统府办公大楼出来，准备乘汽车回官邸，一名在院内值勤的警卫突然举枪向他射击，连发四枪，除有一枪击中总统的卫士长之外，其余均未击中任何人。在场的其他警卫听到枪声都惊呆了，不知所措。此时，凶手正欲乘机逃跑，而恩克鲁玛总统本人却不顾安危，向凶手追去，凶手发现总统在向他追来，又反身向他打了一枪，也未击中。恩克鲁玛迅速抓住了凶手。在扭打中，恩克鲁玛总统的右颊和手背被凶手抓破。凶手最终未能逃脱而被擒获。

案发后，加纳的局势变得十分紧张。首都阿克拉的各要害地点和部门都由军队把守。为避免再有不测，恩克鲁玛总统一家人和助手搬进海边的一座城堡，暂时取消一切外出活动。据说，凶手是一名警察，并不是总统府的卫士。原来，在总统府院内负责安全值勤的一直都是警察，而不是总统的卫队。此事发生后，总统府院内值勤的警察全部被撤换，改由军队接手。据说，警察和军队为此几乎发生冲突。

加纳警察的名声本来就不佳，老百姓深受其害。这次谋杀总统的事件发生后，群众纷纷走上街头游行示威，表示支持恩克鲁玛总统，谴责警察，有的群众甚至当众谩骂警察。据分析，这次行刺是恩克鲁玛的政敌反对党（联合党）策划的，他们于1962年底在加纳北部库姆本古市就曾谋杀恩克鲁玛未遂，这是他们策划的又一次谋杀行动。事件发生后的一两天内，警察副总监和反对党头目已被政府逮捕。

当天，我把暗杀恩克鲁玛总统未遂一事紧急电报国内。1月6日，刘少奇主席自北京，周总理自正在访问的阿尔巴尼亚发来致恩克鲁玛总统的慰问电，我即转告。1月8日上午，我就周总理访问加纳一事，前往克里斯兴城堡拜会恩克鲁玛总统，首先转交了刘少奇主席和周恩来总理给他的慰问电。恩克鲁玛对此非常感谢并表示希望毛主席也给他发慰问电。他说，因为毛主席的来电的影响不仅限于加纳，还将传到整个非洲，这对他是一个支持。谈到谋刺事件时，恩克鲁玛说，过去我们对敌人太宽大了，现在得到了教训，非采取行动不可。他还说：一切罪恶都起源于资本帝国主义，都有英、美在背后作怪。

谋刺恩克鲁玛总统事件在国际上引起震惊。对我国来说，更是提出了一个迫切而尖锐的问题：因为应加纳政府的邀请，周恩来总理和陈毅副总理兼外交部长率领的中国代表团，正在来加纳的途中。原定1月11日周总理和陈毅副总理对加纳的国事访问是否还能照常进行？这一事件直接牵连中、加关系。我在迅速向北京报告情况的同时，也提出我馆党委对加纳形势的分析，报外交部请转周总理和陈副总理，根据我馆所了解的情况，反复研究，我们得出看法，认为恩克鲁玛仍可控制局面，周总理和陈副总理按原计划如期来加纳访问，肯定是对恩克鲁玛政府强有力的政治支持。

周总理和陈毅副总理在地拉那经过仔细研究，毅然决定维持原定对加纳的访问，并派代表团秘书长黄镇同志立即飞至加纳，同我一道拜见恩克鲁玛总统，商讨关于周总理一行如期访问的问题。见到恩克鲁玛总统时，黄镇大使向他转达了周总理的慰问，还就周总理将如期来访，但在礼宾安排方面做些改变的想法征求恩克鲁玛的意见。我方的具体想法是：考虑到总统的安全，礼宾安排方面可以从简，在周总理抵离加纳时请总统不必赴机场迎送，也不必来中国代表团下榻的宾馆，国宴、会谈都可以安排在总统的住处进行。

可以想象，恩克鲁玛总统当时的心情多么矛盾，既希望周总理如期来访，又担心安全保障问题，他自己也不便去机场迎送。在听了我们的意见后，恩克鲁玛甚为感动，连连道谢。中国总理在恩克鲁玛总统困难的时刻，冒着危险来支持他，并且还替他考虑得如此周到，这在国际关系史上是不多见的，也只有胆识过人、胸怀博大的周总理才能做到。

周总理对加纳的成功访问

1964 年 1 月 11 日，在谋刺恩克鲁玛总统未遂事件后的第九天，周恩来总理和陈毅副总理一行如期来到加纳首都阿克拉，开始对加纳的正式访问。中国贵宾在机场和去宾馆途中，受到加纳群众的热烈欢迎，特别是妇女和学生，载歌载舞，欢欣若狂。当晚，周总理和陈毅副总理前往恩克鲁玛的临时住地克里斯兴堡拜望了主人。恩克鲁玛见到周总理时的第一句话说："欢迎您，很感激您能来。"周总理带去了毛主席致恩克鲁玛的慰问信。恩克鲁玛对此十分感激，当着周总理的面交给新闻官，指示立即全文发表。第二天加纳电台还连续几次重播了慰问信。毛主席在信中对敌人谋刺的罪恶行为表示了极大愤慨，对恩克鲁玛总统表示最亲切的慰问。毛主席指出："帝国主义和反动派对非洲各国的人民领袖和著名政治家，一次又一次地进行暗害阴谋活动表明：他们是不甘心于自己在非洲的失败的。""帝国主义和反动派的疯狂挣扎只会使非洲各国人民更加提高警惕，更加坚定地为反对帝国主义和新老殖民主义、为维护民族独立和争取国家的繁荣进步而奋斗。"毛主席的慰问信对恩克鲁玛和加纳人民是有力的支持，表明中国人民对加纳的友谊无比真诚，中国是加纳反帝、反殖、维护民族独立最可靠的朋友。

访问期间，周总理同恩克鲁玛总统举行了三次正式会谈，两次单独会谈，就广泛的问题交换了意见。双方就反对帝国主义和新老殖民主义，普遍裁军、全面禁止核武器、通过和平谈判解决国际争端以及亚非人民加强团结反对帝国主义等问题取得了一致意见。访问结束时发表了《中国和加纳联合公报》。1 月 15 日，周总理在答《加纳通讯社》记者问时首次公开宣布了中国在对外提供经济援助时严格遵守的八项原则。此次访问取得了圆满的成功。

1964年1月12日，周恩来、陈毅在总统官邸奥苏城堡与恩克鲁玛总统举行会谈

在会谈桌边，一位加纳官员问，中国是用什么把美国的U—2飞机打下来的？陈毅副总理回答说，我们用竹竿子一撩，它就掉下来了。陈副总理这样机智和诙谐的回答使全会议厅的人放声大笑，连声称赞。

恩克鲁玛总统在会谈中表示，周总理的这次访问，是历来外国领导人对加纳的访问中最重要的一次。加纳报纸评论说：周总理的访问是加纳独立以来最重大的历史事件之一，中、加关系完全建立在互相尊重和绝对平等的基础上，中国是加纳在反帝、反殖斗争中最可靠的朋友。《加纳晚报》在周总理访问结束之日出版了专刊，阐述中国社会主义建设的伟大成就，驳斥了西方国家对中国的种种诬蔑。

访问期间，周总理在宾馆一直和全体代表同桌用餐，吃同样的饭菜。对加纳的服务人员态度和蔼，平易近人，没有任何重要人物的架子。加纳的接待人员真诚地对我使馆同志说：从来没有见过来访的大人物这样平等待人，和蔼可亲，只有真正伟大的人才能如此平和自然，令人敬爱。我们使馆的同志，对周总理的感触更深，大家亲眼看到他那种折冲樽俎的英姿风采，应对裕如的外交艺术，庄重洒脱的政治家风度，都从心里由衷地佩服。

与坦噶尼喀、刚果（布）、达荷美谈判建交

地处非洲东部的赤道国家坦噶尼喀（现坦桑尼亚）决定1961年12月9日宣布独立并举行庆典。我国政府于1961年10月16日收到坦政府发来的请柬，邀请中国政府派代表参加。1961年11月4日，我接到国内指示，任命我为中国政府特使前往出席。我和驻加纳使馆二等秘书胡定一从阿克拉乘飞机起程，途经开罗，于12月6日抵达坦噶尼喀首都达累斯萨拉姆。坦噶尼喀的总理尼

雷尔和多名部长在机场迎接各国贵宾。尼雷尔对我特别友好，约定第二天下午在总理府会见。

尼雷尔总理 1961 年 7 月在伦敦访问时，曾同我驻英国代办处有过接触。当时他就表示坦噶尼喀 12 月独立后将同中国建立非常友好的关系。他还说，前不久台湾蒋帮曾两次派人去坦噶尼喀，提出建立外交关系的问题。他们拒绝了台湾方面的要求，明确表示，坦噶尼喀不准备同台湾建立任何关系，而要与人民中国建立关系。尼雷尔还说，他们知道谁是真正的中国政府。这次独立庆

1961 年 12 月 7 日，黄华作为中国政府特使拜会坦噶尼喀共和国（1964 年改名为坦桑尼亚联合共和国）总理朱利叶斯·尼雷尔，祝贺坦噶尼喀独立

典前，12 月 5 日，尼雷尔在接见中国新华社记者高粱时，也就与中国建交问题谈了相同的意见。

12 月 7 日会见时，我首先向尼雷尔总理转达我国领导人毛泽东、刘少奇、周恩来的问候和祝贺，并面交了周恩来总理和陈毅副总理兼外长的贺电。之后，我把以政府代表名义写的关于建议两国建立外交关系的信交给他。尼雷尔读过信后即表示同意两国建交，说坦噶尼喀独立后，中国可随时在达累斯萨拉姆设立大使馆。但他的政府因经费和人员问题，目前尚不能在中国设馆，以后再派大使去北京。我对坦噶尼喀政府拒绝承认台湾蒋帮、只承认中华人民共和国政府为中国唯一合法政府、支持恢复中国在联合国的合法席位等正义立场表示感谢。尼雷尔听后说，坦噶尼喀政府当然拒绝承认台湾蒋帮。联合国不接受一个代表六亿人口的中国简直是笑话。对两国建交问题，尼雷尔还表示将向我方复函确认和发表公报。

为表示对我国承认其独立和对中、坦两国建交的重视，坦方决定在 12 月 9 日零时，即宣布独立之时，公布两国建交的决定并发表一个简要的新闻公报。公报称，中华人民共和国政府参加坦噶尼喀独立庆典的代表黄华大使在同尼雷尔总理会见时，转达了中国政府的最良好的祝愿和中国政府对坦政府的承

认以及中国同坦噶尼喀建立外交、文化和贸易关系的愿望。尼雷尔总理对中方关于建立和发展两国关系的建议表示十分欢迎，同意中华人民共和国在达累斯萨拉姆设立中国大使馆。

在坦方发表关于两国建交的新闻公报后，为确认双方口头上达成的建交协议和建交原则，我方也在当天发表了新闻公报。公报称："黄华大使在 12 月 7 日下午拜会了尼雷尔总理，双方进行了极为亲切友好的谈话。在就发展两国友好关系包括两国建立外交关系的问题交换了意见之后，尼雷尔总理说：坦噶尼喀政府十分欢迎中国政府提出的两国建立外交关系的建议并同意在坦噶尼喀独立后的任何时候在达累斯萨拉姆设立中国大使馆。"公报继续写道："在代表中国政府感谢坦噶尼喀政府支持恢复中华人民共和国在联合国的合法席位，拒绝承认台湾蒋介石集团并反对在世界事务中制造'两个中国'的公正立场之后，黄华大使和尼雷尔总理一致认为两国之间的关系应以下列原则为指导：互相尊重领土主权、互不侵犯、互不干涉内政、平等互利和和平共处。他们相信，随着两国之间外交关系的建立，中坦之间的传统友谊将获得进一步的增进。这将有利于两国、有利于亚非团结和世界和平。"

12 月 11 日，我收到尼雷尔总理致我国中央政府主席的信，确认两国外交关系的建立。此信是对我在 12 月 7 日以政府代表的名义就两国建交问题写给他的那封信的答复。他在信中首先感谢我国对坦噶尼喀独立的祝贺和承认，之后他说："我欢迎同贵国建立外交、文化和贸易关系的步骤以及你们在达累斯萨拉姆设立中华人民共和国大使馆的建议……我国政府同意阁下对和平共处、国家领土主权、互不侵犯、互不干涉内政的关怀并乐于支持贵国进入联合国组织。"

由于尼雷尔总理对一个中国的原则的态度明确，而且坦方两次拒绝了台湾当局提出的建交要求，因此，这次同坦方的建交谈判进行得很顺利。这为今后两国关系的良好发展打下了基础，也为我们在非洲东部同其他非洲国家的交往创造了有利的条件。

12 月 7 日，我和胡定一去总理府拜会尼雷尔总理时，他的秘书，一位年轻的英国人，紧紧跟着我们，寸步不离。我即让胡定一与他交谈，把他引开，以便我同总理无拘束地交谈。这次会见是完全按照我们的计划进行的。我们随行的新华社摄影记者在这几天拍摄了许多照片，有同尼雷尔总理合影的珍贵镜头。他将胶卷交给一位貌似愿意帮忙而心怀叵测的英国秘书。第二天，该秘书把一个胶卷还给我记者，说你的胶卷根本没有上镜头。我们的记者仔细一看，胶卷被换了，他的全部心血化为乌有，这时我们才醒悟上了那个英国人的当。但我们马上要登机离去了，来不及进行交涉。

刚果（布）在 1960 年独立后，同台湾当局建立了所谓"外交关系"。1963 年 8 月刚果（布）发生八月革命，组成新政府。新政府在内外政策上都做了积极的调整。为寻求我国在政治上的支持和经济上的援助，在 1964 年初周恩来总理访问非洲十国和中国同法国建交的影响下，刚果（布）领导人多次公开表示愿意同我国发展外交关系。1964 年 2 月中旬，刚果（布）外长夏尔·加纳奥访问加纳期间主动同我们接触，要求商谈建交事宜。我根据国内指示，代表我国政府同他进行了建交谈判。从谈判的情况看，刚果（布）对同我建交是有诚意的，在反对"两个中国"问题上的态度也是明确的，但是在商谈建交公报时，对方对写明同台湾当局断绝外交关系和承认我国政府是代表全体中国人民的唯一合法政府的文字有所顾虑，建议这一内容可在公报发表后由其总统或总理以发表声明的形式来表述。考虑到对方的这一意见并未损害我原则立场，经请示国内同意，我采取灵活的做法建议除联合公报外，双方政府代表互换函件，把原来可以由一个公报写明的内容拆分成公报和双方换函两个文件来表达，公报和换函同时发表，对方接受这一建议，双方当即达成协议。随后，我方起草公报和换函的初稿，经对方审查确认后于 2 月 18 日正式签字。同时，双方决定建交联合公报和换函于 2 月 22 日在各自首都同时发表。

同黄华特使会见时，尼雷尔总理决定马上同中国建交。中间者为外交官胡定一

我刚到外交部时，周总理曾教导我们，外交工作必须要有原则性，同时也要掌握灵活性，这是一种艺术。同刚果（布）建交谈判的成功，是既坚持原则又采取灵活做法的一次运用。从后来的情况看，这一做法的效果是好的。同刚果（布）的建交也是我们对非洲法语国家发展外交关系的一次突破。非洲共有十多个法语国家，都是1960年宣布独立的前法国殖民地。由于历史原因，他们都同台湾当局建立了关系。经过近四年的时间，到1964年初，虽然法国的控制很紧，但这些国家内外情况都有了变化，有的国家已在试探同我国发展外交关系。正在此时，周恩来总理对非洲十个国家进行了访问，法国又决定同我国建交，这种形势对这些国家起了某种推动作用。刚果（布）就是在此形势下率先同我国建立外交关系的，为这些非洲法语国家同我发展外交关系起了带头的作用。

达荷美共和国（现名贝宁共和国）是非洲西部的一个原法属殖民地，1960年独立。1962年1月同台湾当局"建交"。随着我国国际威望的提高和我国同非洲国家友好关系的发展，法语区非洲国家日益倾向同我国建交。

1964年10月下旬，我们从友好人士那里获悉，达荷美政府已决定同中国建交，正在寻找机会同我接触。据此，经请示国内同意，我于11月9日从阿克拉乘汽车赴达荷美访问，拜会了总统阿皮蒂和外长洛译斯。谈话中，对方确认要同我国建交并同意在建交联合公报中写明："承认中华人民共和国政府是代表全中国人民的唯一合法政府。"这样，双方于1964年11月12日签署了两国建交的联合公报，决定11月13日双方同时发表这一公报。同年12月19日，我国驻达荷美大使馆临时代办李方平抵达达荷美，建立中国驻达荷美大使馆。

但是，出人意料的是，台蒋驻达荷美的"使馆"此时仍然未撤，还参加当地外交使团的活动。台湾当局的所谓"外交次长"还去达荷美活动，企图制造"两个中国"，破坏中达刚刚建立的外交关系。这一迹象反映出，台湾当局为阻挡非洲国家同我国建立外交关系，在做法上有了改变。为敦促达荷美认真履行建交联合公报，揭露台湾当局制造"两个中国"的阴谋，我根据国内指示，再次赴达荷美，同达荷美领导人广泛接触，向他们讲清道理，并表示，我国将向达荷美提供一定的经济援助。经过工作，达方在迫使台湾当局"使馆"撤离方面采取了一定的措施。然而，由于达荷美统治集团内部在对我态度上有明显分歧，仍有相当强的势力企图破坏建交公报的执行。这时，建交公报已发表四个多月，台湾当局的"使馆"依然在达荷美存在，如果这种情况继续下去，势必客观上形成"两个中国"的局面。经过反复研究，国内决定由李方平临时代办再次向达荷美方面交涉，同时命我第三次赴达荷美，向其总统和外交部长明确表示：如果达荷美在执行建交公报方面确有困难，我方可以谅解，但我将重新考虑两国的关系（意即我将撤馆）。这次交涉对达荷美领导人震动较大。据说，达方专门召开了内阁会议，明确决定，执行建交公报，采取措施迫使台湾当局撤走"使馆"，如其不撤，将予以驱逐。在此情况下，台湾当局不得不宣布断绝同达荷美的"外交关系"，并撤走了其"使馆"的全部人员。这样，发生在达荷美的一场驱蒋斗争，以我方的胜利而结束。

恩克鲁玛总统第二次访华和加纳政变

1966年2月，恩克鲁玛总统要求第二次来华访问。这次访问距他第一次访华四年半，距周恩来总理1964年1月访问加纳两年。这期间，中国和加纳之间的友好关系发展很正常，没有特别的问题需要两国首脑会商解决。此时正值美国扩大侵越战争，恩克鲁玛总统表示要去河内调解，希望在去越南途中顺访中国。

事情的背景是，1963年3月美国直接派地面部队入侵南越，并加紧对越南北方的海空袭击。为掩盖其侵略面目及解脱其困境，美国约翰逊政府提出愿意就越南问题进行无条件讨论，以求得和平解决。

1965年6月，英国为配合美国的和谈骗局，决定组织英联邦和平使团，成员除英国外，有加纳、尼日利亚、特立尼达和多巴哥和锡兰。使团拟前往中国、美国、苏联、河内、西贡等地，了解和平解决的条件和可能性。

中国政府对美、英和谈阴谋进行了公开揭露和抨击。同时，中国和越南都拒绝了和平使团的访问。在英联邦和平使团实际上已胎死腹中的时候，加纳总统恩克鲁玛却仍坚信和谈能够成功。当时，加纳单独派了代表团去河内，劝说越南方面接受和谈，并提出恩克鲁玛将以加纳总统的身份访问越南。越方婉拒了加纳的要求。

1966年1月，美国直接向加纳兜售解决越南问题的14点计划。此时，恩克鲁玛总统对美国的和谈阴谋仍抱有幻想，再次提出访问越南。越方这次同意了恩克鲁玛的访问要求。恩克鲁玛为此向我方提出在访越途中顺道访华。鉴于越方已同意恩克鲁玛的访问，我国政府未再婉拒恩克鲁玛对中国的顺访。

我于 1965 年 11 月奉调回国，正在北京为到阿拉伯联合共和国（埃及）任大使做准备工作。我国驻加纳大使馆由黄世燮参赞任临时代办。根据周总理的命令，我参加接待来京访问的恩克鲁玛的工作。1966 年 2 月 24 日恩克鲁玛总统到达北京的当天，加纳国内发生了安科拉和阿弗里法等军警头目推翻恩克鲁玛政府的军事政变。2 月 24 日下午恩克鲁玛的座机在北京降落前，我们已获悉加纳国内发生军事政变的消息。周总理同到机场迎接的刘少奇主席商量，决定暂不发表此消息，仍按总统身份接待恩克鲁玛，有关的一切礼宾安排按原计划进行。刘少奇主席、周恩来总理到机场迎接，刘少奇主席为恩克鲁玛举行欢迎宴会。当各项日程结束恩克鲁玛返抵钓鱼台国宾馆后，根据总理的嘱咐，我到他的房间，把政变消息告诉他，并把外电的有关报道交给他阅读。恩克鲁玛阅后说："这是不可能的，是不真实的，可能是他们（指政变当局）进行的宣传。"我随即告诉他，已收到我大使馆电报，证实关于政变的消息。他说，假如政变是真的，那是帝国主义搞的，是要破坏他这次的访问。

第二天，恩克鲁玛指示随行的加纳外交部长奎森·萨基在加纳驻华大使馆举行记者招待会，宣读恩克鲁玛的声明，号召加纳人民保持镇静，坚定信心，对政变当局进行坚决抵抗。后来恩克鲁玛在会见周恩来总理时表示，他要回到几内亚去，在几内亚和马里等友好国家支持下反击加纳政变当局。

我们当时即认为，加纳这次发生的推翻恩克鲁玛总统的军事政变是图谋已久的帝国主义对非洲民族独立运动的反扑。恩克鲁玛对非洲反帝、反殖斗争作出了巨大贡献，同中国友好，我们当然支持他反击帝国主义和政变当局的斗争。恩克鲁玛在华期间，中国对加纳政变未作公开报道和评论。恩克鲁玛 2 月 28 日离京时，刘少奇主席和周总理到机场送行。恩克鲁玛取道莫斯科直飞几内亚首都科纳克里。几内亚总统塞古·杜尔热情欢迎恩克鲁玛并请恩克鲁玛同他一道成为几内亚的双总统。

加纳反动政变当局从其对内对外政策的需要出发，很快走上了恶化同中国关系的道路。1966 年 2 月 27 日，政变后的第三天，他们制造了殴打我经援专家和使馆人员的事件。当日中午，我援加棉纺厂建筑工程组组长和技术人员等三人及我驻加纳大使馆工作人员一人，由使馆返回工地途中，被加纳军警以检查身份证为由，带到警察局殴打致伤。我使馆对此暴行当即提出强烈抗议，要求加方惩办肇事人和采取有效措施保护我使馆人员和中国专家的安全。但是，加纳政变当局不仅无视中方的抗议和要求，进而于2月28日无理要求援助加纳的所有中国技术人员100余人立即撤离加纳，并要求中国大使馆的40多名官职人员立即减少为18人。在我方就此同加方交涉期间，加纳政变当局恶化两国关系的步骤又进一步升级，于3月14日无理宣布中国驻加纳大使馆外交官胡定一、田长松等三人为不受欢迎的人，限他们在48小时内离开加纳。与此同时，加方还诬蔑我方帮助训练破坏分子，诋毁我国蓄意干涉加纳内政，帮助恩克鲁玛进行反革命活动等。加纳政变当局还通过其新闻部、加纳电台和报刊发表新闻公报、消息和报道，捏造材料对我国进行攻击。1966年10月20日，加纳政变当局终于决定中断同我国的外交关系，撤回加纳驻华大使馆人员。我方当然采取对应措施，撤回中国驻加纳大使馆人员。

值得一提的是，在我奉调回国离开加纳之前，即1965年11月，我馆对加纳国内形势进行了调查研究，已经得到一些信息，显示加纳政局不稳。因此，我决定请在加纳中部地区工作的以严冷同志为首的军事专家组的五位同志回到阿克拉，暂住大使馆，不得返回训练营地，以防万一。

我国在加纳的军事专家组是根据恩克鲁玛总统提出的要求，按照两国政府正式签订的有关协议在1964年9月派出的，任务是帮助加纳训练非洲未独立地区的民族主义自由战士。西方某些国家获悉这一情况后，多次攻击恩克鲁玛，谴责他在中国支持下培养破坏分子，颠覆非洲国家。恩克鲁玛为减少西方国家和一些右派非洲国家对他的压力，使第二次非洲统一组织首脑会议1965年9月能在加纳首都阿克拉召开，决定暂时停止训练工作。当时加纳国内的政治局势不很稳定，恩克鲁玛又固执地忙于斡旋美国对越南的侵略战争，他不顾家人和一些战友的劝告，执意出国进行斡旋。我在离任之前，中国军事专家组已从军事训练营回到阿克拉。1966年2月24日，加纳发生了推翻恩克鲁玛政府的反革命军事政变。我在接到使馆的密电后立即要外交部办公厅急电驻加纳使馆，立即要军事小组五人紧急乘飞机离开加纳首都阿克拉。两天后，即2月26日，军事专家组全体五人乘政变后第一架离境的法航飞机顺利离开了加纳。27日，政变当局在一架待起飞的飞机舷梯前拿着我军事专家的照片查对每位要登机的乘客时，五位军事专家已经安全抵达阿尔及尔了。其后，在我国经援专家撤离加纳时，加纳政变当局如临大敌，在机场派全副武装的军人监视一切登机人员，逐个点名核对护照，检查行李，少数人还被搜身，上飞机时加纳军人还紧跟在后面。

　　这些情况表明，抓住中国军事专家组在非洲煽起一场大规模反华叫嚣是加纳政变当局的预定目标。但是他们的反华预谋彻底落空了。

　　政变期间，我使馆人员受到一些流氓投掷石头和辱骂攻击，但他们横眉冷对，沉着应付，时刻为保卫使馆而战斗。事后我看到美国的《时代》杂志封面还登有我馆随员顾品锷双手叉胸、怒目正视骚扰者的特写照片。

　　加纳政变当局执行反华仇华的政策，破坏了中、加人民的友谊。但那只是两国人民友谊长河中的一个漩涡。1972年，加纳的阿昌庞中校推翻了加纳反动当局，拨正了这个国家的发展方向，同年，加纳恢复了和中国的外交关系。我于1981年12月作为外交部长重返加纳共和国访问，见到了许多老朋友，拜谒了"泛非主义之父"杜波伊斯博士的墓，访问是十分愉快的。我永远珍惜同恩克鲁玛和加纳人民的友谊。

第八章　出任驻阿拉伯联合共和国（埃及）大使

初 到 埃 及

阿联是在中东地区有重要影响的阿拉伯大国，其战略地位十分重要。它地处非洲东北部，濒临红海和地中海，连通亚欧的重要国际海道苏伊士运河流经其领土，也是欧、亚、非三大洲海陆空交通枢纽。埃及的东部国界同以色列接壤，是西亚北非在军事上极敏感的地区。

埃及总统纳赛尔年轻时在军队中服役，他具有强烈的正义感和爱国心，不满封建君主的专横统治，秘密建立"自由军官组织"，于1952年7月发动政变，推翻了法鲁克王朝，1953年建立埃及共和国，1954年出任总统。他在国内进行一系列政治、经济、社会改革，受到广大人民的拥护。为发展经济、改善农业状况，他急欲兴修阿斯旺水坝。1956年7月，纳赛尔宣布将苏伊士运河的权利收为国有，以便将运河的丰厚收入用于建设水坝。这引起美、英、法三国的震惊和强烈反对。

同年10月，英、法联合出兵埃及，入侵运河区，并同以色列一起攻打埃及，占领了西奈部分地区。由于埃及军民奋勇抵抗和国际包括中国强烈的抗议声援，英、法只好同意停战撤军，以色列也随后撤兵回国。第二次中东战争以埃及的胜利告终。

在1955年的亚非（万隆）会议上，纳赛尔总统同周恩来总理多次交谈，对新中国的反帝、反殖、促进亚非人民团结、维护世界和平和促进共同发展的主张甚为赞赏。一年后，阿联撤销了对台湾当局的承认，同我国建立大使级外交关系。周总理于1963年至1965年三次访问埃及，受到纳赛尔总统和埃及人民热烈的欢迎和接待。在埃及遇到帝国主义压力或侵略而感受经济困难时，尽管新中国的经济发展水平较低，我国仍向埃及提供了力所能及的粮食和财政援

1966 年 3 月 28 日，黄华向阿拉伯联合共和国
（埃及）总统贾迈尔·纳赛尔递交国书

助。中、埃关系的发展比较顺利。

我于 1966 年初接到中央命令，调驻阿拉伯联合共和国（埃及）任大使。埃及于 1958 年同叙利亚合并成立阿拉伯联合共和国，1961 年叙利亚退出"阿联"，埃及仍称为阿联。它于 1971 年改名为阿拉伯埃及共和国。3 月 28 日，我向纳赛尔总统递交国书，正式开始工作。我国于 1956 年 5 月同阿联建交，第一任大使是陈家康同志。

开罗是一座历史悠久和美丽的城市，尼罗河缓缓流过市中心区，三座大金字塔矗立在距郊区不远的沙漠上。我到开罗时，阿联已从 1956 年的战争恢复过来，经济情况较好，市面繁荣。

我国大使馆坐落在开罗的高级住宅区——扎马力克岛上。政府十年前买下了这块有几幢楼房和大花园的地方，园内有数十棵芒果树和柠檬树，枝繁叶茂，环境很优美。使馆本部、武官处、商参处、文化处和领事部分别设在几幢互相通连的楼里，大使官邸和使馆办公楼之间隔着一条小马路。我们全体馆员都在一起用餐，饭菜都一样。

我到任不久，照例先向阿拉伯联合共和国总统递交国书。拜会各部的政府官员，各国驻埃及使节和埃及文化、教育界的朋友。埃及人民很友好好客，婚嫁喜事，都愿邀请大使馆同志参加，使馆外交官除工作外，交友活动也相当忙碌。在使馆举行的大型招待会，如国庆、八一建军节等，客人的出席率很高，在大门外，群众自发高呼口号：毛泽东万岁！中国埃及友谊万岁！

"文化大革命"对大使馆的影响

1966 年 5 月，中国的"文化大革命"开始了。在我的到任拜会即将结束时，国内来了一个指示，要我们正面学习中共中央政治局会议于 5 月 16 日通过的通知。该通知称：中央决定重新设立文化革命小组，要求"彻底批判混进党里、政府里、军队里和文化领域各界里的资产阶级代表人物，清洗和调动他们的工作"。通知还说，"混进党里的资产阶级代表人物是一批反革命的修正主义分子，一旦时机成熟，他们就会夺权。这些人物有些正在受到我们的信任，被培养为我们的接班人，例如赫鲁晓夫那样的人物，他们现正睡在我们的身旁……"5月23日，中共中央政治局会议决定停止彭真、陆定一、罗瑞卿、杨尚昆中央书记处书记的职务。这个消息使我感到十分吃惊。我们使馆党委开会作了几次讨论，大家对通知感到很不理解，但说不出什么意见，只是提出一些疑问，会议开得很沉闷。

8月上旬，我们从信使带来的《人民日报》上读到6月1日社论"横扫一切牛鬼蛇神"，也了解到毛主席于8月7日写出"炮打司令部"的大字报。此时举行的党的八届十一中全会选出的政治局常委中，林彪居第二位，刘少奇从第二位降至第八位，全会通过的16条决议要求全面发动"文化大革命"。此后极左风暴在全国越刮越烈。8月18日，林彪在天安门广场庆祝无产阶级"文化大革命"的百万人大会上讲话，号召打倒走资派，打倒牛鬼蛇神，打破"四旧"，扫除一切害人虫。八一八大会后，红卫兵开始走上街头，大规模展开破"四旧"活动，出现了种种违反法制和践踏人权的行为，如抄家、体罚、侮辱人格，甚至草菅人命。许多党政机关受到冲击，领导人被揪斗游街，机关处于瘫痪状态。

开罗是个大码头，是亚欧、亚非的重要通道，从国内来的人很多，他们有意无意地把国内情况传给使馆人员，人们开始不安心于正面学习了。有些年轻同志尤其是在埃及大学学习阿拉伯语的20多名中国留学生开始躁动，他们响应毛主席和中央文革关于"造反有理"、破"四旧"的号召，要求到大使馆里来破"四旧"。他们认为大使官邸院子里有20多尊一人多高的白水泥塑造的希腊女神像是"封、资、修"的东西，要砸掉。我和使馆的参赞们都不赞成，因为当时这一群塑像也算是扎马力克岛的一个风景点。尽管是在官邸院内，但过往行人隔着栏杆都能看得见，有人还驻足欣赏。打掉塑像是否使人感到中国人失常可笑？但是学生们和使馆有几位干部坚决不能容忍之，在一天夜里把塑像砸了，挖土深埋。院内的女神塑像就这样在一夜之间消失，开罗报纸还就此发表了几条消息。

那时候使馆同志随国内的做法，背诵《毛主席语录》，每个人都手拿小红书翻看和引用。有时，一些年轻同志吵吵嚷嚷，引用"造反有理"等语录，我也引用小红书的有关段落说："我们需要热烈而镇静的情绪，紧张而有秩序的工作"等。总之，各取所需。

不久之后，我馆接到国内电报称："文化大革命"是一场伟大的思想革命，驻外使领馆的每个同志都要在这场革命中得到锻炼，中央认为，不宜在国外使馆进行"文化大革命"，使馆党委应安排馆员分期分批回国参加"文化大革命"运动。根据这一指示，使馆党委经研究决定由何功楷、徐仲夫等参赞带领20几位同志第一批回国，我作为第二批人员回国参加革命。使馆约一半人员在何功楷参赞带领下回国参加"文革"后，使馆较平静，干部情绪也略为稳定一些。

在使馆，我想应该怎样把留馆同志的情绪引向积极实际的方面去呢？我提议大家用劳动来抒发我们的革命热情，得到一致赞成。于是我们决定扩建使馆内过小的电影放映室和使馆大门口的收发室，这样，放映新的电影片时，可以多请一些外国朋友来观看。正好这时有自索马里回国的援建施工队的几名技术人员在开罗滞留，便请他们带领使馆人员施工，他们满怀热情投入扩建工作。使馆全体人员也很高兴抽时间参加劳动。不巧的是才干了几天，我在向天花板上抹水泥时，腰痛病犯了，疼痛难忍。我休息了几天后又加入施工队的行列。在短短的一个月时间内，电影厅和收发室扩建工程完成了，室内陈设也焕然一新。全馆同志都赞赏这个宽敞美观的电影厅，收发室也由一大间扩展为两大间，有了回旋余地。

1967年初，我国各驻外使领馆回国参加"文化大革命"的同志已有一两千人。他们以使馆为单位组织了战斗队，把大使、参赞和他们的夫人当作当权派来揭批斗，要他们检讨并"触及灵魂"。一些大使遭到责骂、个别被罚跪甚至殴打。据说6月间，驻埃及大使馆战斗队也要求把我揪回国内。他们的要求被周总理拒绝了。周总理表示，我们至少要留一个大使在外面嘛，否则一些重要的交涉和外交活动都没有特使代表中国政府出面，这样行吗？外交是讲究身份的嘛！况且，埃及和以色列刚刚发生了六五战争，有许多事情需要联系交涉。两年后即1969年夏，在周总理的催促下，驻各国大使、参赞被"解放"，陆续返回原岗位。我于1969年夏末奉调回国。

1967年初，国内"文化大革命"进入一个新的阶段——全国各省市党政大权被造反派夺取。上海的造反派头头王洪文制造安亭事件后，在张春桥的指挥下，工总司在人民广场上开了批判上海市委领导人的大会，并宣布由造反派掌握上海党政部门的职能，领导权实际落入张春桥、王洪文手中。之后许多省市相继被夺权，只有广东省的书记主动交权，这名书记在众多干部出席的会议上受到周总理的严厉批评。

这一年的2月份，在政治局生活会上，江青对陈毅、谭震林、徐向前、李富春、李先念、叶剑英、聂荣臻等进行猛烈的攻击。外事口的造反派闻风而动，酝酿要打倒副总理兼外交部长陈毅。7月，在人民大会堂举行了数千人的批判陈毅的大会。据说，当时造反派还要揪斗陈毅，被周总理严辞驳回。他说，假如你们要揪斗他，我就会躺在人民大会堂门口，让你们从我的胸膛上踏过去！我深感周总理有着卫护战友的赤诚之心和主持正义的大无畏精神。

打倒陈毅之风传到驻埃及使馆，一些年轻人主要是工勤人员也来劲了。一天晚饭后，党支部书记召集全馆开大会。一个工勤同志领头喊口号：打倒陈毅，大家举手跟着喊。我没有举手，也没有开口。领头喊口号的同志质问我说："黄华，你为什么不喊口号不举手？"我沉下脸说，我不知道陈毅同志有什么错误。领头人很生气，继续喊了几次，向我施压。我还是不为所动。在这次支部大会后，我同武官和驻亚历山大总领事一道约定，决不举手打倒陈毅。

陈毅同志是1923年的党员，是党和红军的老一辈领导人之一。他于20世纪30年代在江西苏区坚持三年极其艰苦的游击战，抗战开始后组建和担任新四军军长，解放战争时任解放军第三野战军司令员兼政治委员，淮海战役中战功显赫，他随后挥师南下，解放中国最大的城市——上海并任市长。从1954年起，他先后任国务院副总理、中共中央政治局委员兼外交部长，1955年被授予元帅军衔。20世纪40年代在延安，我在美军观察组工作时，他曾到王家坪来介绍新四军的情况，深得包瑞德上校的尊敬和赞赏。日本投降后，我陪同他们乘飞机到黎城，看到他总是那样乐观和幽默，谈笑风生。新中国成立后，他是上海市委书记和市长，我们常在市委开会，讨论问题，聆听他的教诲。1964年他陪总理来加纳访问，他的大度和机智使加纳人折服。我一直敬爱他。他是忠心耿耿的革命领导人，我对他深信不疑。

1967年8月，外交方面发生了几件大事。一是中央文革大员王力到外交部讲话，煽动造反派夺权。外交部的政治部被夺权，领导瘫痪一个多月。8月22日，外交部造反派和北京一些红卫兵组织冲击并焚烧了英国驻华代办处，制造了一起极严重的违法涉外事件。这些事件影响极坏，中央决定对王力、关锋、戚本禹实行隔离审查。

这时，从国内又传来消息，说造反派对外交部领导实行了业务监督，驻埃及使馆的有些馆员也要仿效。有一个人说："黄华，我们要对你实行业务监督！"我说，今天晚上我要会见华侨代表，欢迎你们监督。又有一次，他们要监督我同一个外国朋友的会见，被我拒绝了。

因为我几次不合作的表现，一些人火了。有一次，他们跑过来怒气冲冲地对我说："黄华，你表现不好，我们要撤你的职！"我回答说："我是毛主席任命的呀，要撤不归你们来撤我。"他们一听是毛主席任命的，便不作声了。

阿以战争爆发

自从联合国大会 1947 年 11 月通过的有美、英、法、苏赞成的阿拉伯人和犹太人在巴勒斯坦分治的决议后，阿拉伯国家同以色列长期处于对立状态，多次发生冲突。1956 年的埃、以第二次战争后，以色列在美、英大力支持下，军事力量日益强大，扩张野心膨胀。1966 年和 1967 年上半年，以军袭击叙利亚和约旦的事件频繁发生。1966 年 9 月，以色列又一次袭击叙利亚，11 月把约旦的萨木村夷为平地，1967 年 4 月以色列的喷气机击落了叙利亚数架"米格"飞机，并在叙利亚边境大量集结军队，扬言要全面进攻叙利亚，推翻大马士革政权。

面对以色列对阿拉伯国家的挑衅和进攻，纳赛尔作为阿拉伯世界的反帝、反以扩张的先锋，决心同以色列进行一场军事较量。纳赛尔因从苏联取得军事援助，后又从苏联领导人那里得到坚决支持阿联到底的承诺，并深信"米格"和"索科尔"式飞机比以色列拥有的"堪培拉"和"海市蜃楼"式飞机要强，于 5 月 1 日宣布，埃及将根据同叙利亚的防御协定派兵开赴叙利亚。5 月 30 日，埃及宣布同约旦结成军事同盟。5 月 16 日，纳赛尔要求联合国秘书长下令联合国紧急部队尽快撤离西奈和加沙地区。22 日，阿联军队重新进驻沙姆沙伊赫，随后，阿联宣布禁止以色列船只和开往以色列的其他船只通过亚喀巴湾。对此，以色列政府立即作出反应，声明这是阿联的挑衅行动，并决定采取军事行动。当时美国在红海的航空母舰和英国在地中海的舰队加紧巡逻，为以色列撑腰打气，准备随时介入冲突。事态十分紧张，战争一触即发。

5 月 21 日，我应邀会见阿联副外长费基。他向我通报说，阿联已向联合国提出，要求联合国军撤离阿、以边境地带。27 日，我拜会外长里雅得，他向我谈及埃以对峙的情况和美、英的动向。他表示，阿联决心同以色列斗争到底，封锁亚喀巴湾就是决心的表示。阿联已同叙利亚、阿尔及利亚、伊拉克、也门和约旦协调力量，共同对付以色列。我把会见情况立即报回国内。27日我国政府发表声明，坚决支持阿联和阿拉伯人民反对美、以的斗争。

在以色列和美、英战争准备紧锣密鼓地开展之际，埃及也调集军队，严阵以待，空气十分紧张。

6月初，我应巴勒斯坦解放组织主席舒凯里的邀请，专程到加沙市出席该组织的群众大会，表示支持他们反对以色列侵略扩张的正义斗争。我和胡昌林秘书一起乘车从开罗出发向东行驶，经过北边是地中海海岸、南边是一望无际的沙漠的西奈，渡过苏伊士运河，进入加沙。之前我看到在铁路轨道两侧有一些坦克已经半埋在地面之下，上百架飞机密集地停在西奈机场，准备迎击敌机，沿公路还看到运送辎重的军用大卡车和自行火炮车队在向东方行驶，一片备战景象。

下午，在加沙，我们参观了那里的巴勒斯坦难民营。自从1947年11月巴以划界分治后，尤其在1948年以色列发动侵略战争后，数百万巴勒斯坦人被迫逃离世代居住的家园，在阿拉伯地区的若干地点蛰居在狭小的帆布帐篷里。在加沙地区，深受以色列军队侵略扩张和残暴驱逐之苦的上百万难民失去土地和家园，失去工作，生活无着落，靠救济生活已达20年之久。我们所遇见的男女老少，尤其是年轻人，他们对以色列怀着刻骨的仇恨，向我们愤怒地诉说流亡无助的痛苦，表示要举起武器坚决抗击以色列的占领和屠戮。

1965年，巴解设组织成立了武装部队，有三个旅编入埃及军队服役，有一个旅编入叙利亚军队。

我们在一个旅馆住了一夜，第二天上午出席巴解的群众大会。巴解领导人舒凯里在大会上慷慨陈词，揭露以色列反阿拉伯和巴勒斯坦人民的侵略罪行和发动新一轮战争的图谋，要求联合国和国际社会谴责和制止以色列的侵略、扩张和战争叫嚣，并号召全体巴勒斯坦人民团结奋战，打击以色列侵略者。

6月5日，以色列先发制人，对埃、叙、约发动突然袭击。当天早上7时许，以色列出动400架飞机，从海上低空飞行，避开雷达的侦察，在埃及飞机不及起飞前轰炸了埃及十个主要空军基地，约300架阿联飞机被当即炸毁。其后两天，以色列摧毁了阿联没有空军掩护的在西奈和加沙沙漠地区的200辆坦克。6月8日，以军控制了从加沙到苏伊士运河直至沙姆沙伊赫一带的大片地方。至6月10日，以军已占领了原由约旦控制的耶路撒冷阿拉伯区、纳布卢斯、杰里科和约旦河西岸的其余部分，攻占了战略要地叙利亚领土戈兰高地。以色列的侵略又使近50万阿拉伯人沦为难民。

周恩来致纳赛尔的支持信

6月6日，周恩来总理发表致纳赛尔总统的支持电称："6月5日，以色列在美帝的策动和支持下对贵国首都开罗、苏伊士运河和加沙等地区发动卑劣的突然袭击，对整个阿拉伯国家和人民挑起一场侵略战争。具有反对帝国主义传统的阿联和全体阿拉伯人民，不畏强暴，同仇敌忾，沉重地打击了侵略者的凶焰，赢得了亚非和全世界一切反对帝国主义的革命人民的同情和赞扬。"

中国人民和中国政府完全同意纳赛尔总统5月2日所说的，美帝国主义是世界反革命势力的头子这个正确的论断。正如毛泽东主席所说的"全世界各国人民的正义斗争都是互相支持的，在反击美帝国主义及其工具以色列的侵略斗争中，中国永远是阿拉伯人民忠实可靠的战友"。为表示中国政府和人民支持埃、叙、约等阿拉伯国家和巴勒斯坦人民的正义斗争，在北京有一百万群众连续三天举行浩浩荡荡的游行示威。

我于6日按国内指示紧急约见并拜会了萨布里总理。7日，我拜会纳赛尔总统，向他转交了周总理的支持信。纳赛尔对我说，他很感谢周总理的支持，并介绍两天的情况说：阿联的飞机只剩下62架，坦克损失了200辆，人员伤亡很重，军队已撤至离运河60公里的第二线。6日，联合国安理会关于停火的呼吁发出后，以色列未停止军事行动，美、英、以的飞机还袭击了叙利亚和约旦前线。约翰逊曾写信来说，如果阿联采取行动，美将采取严厉措施。柯西金也来信要阿联不要采取任何行动，于是我们就等待。现在我们知道上当了。

周总理的支持信在阿联人民中产生了巨大反响，阿联各报突出报道我国支持阿联和阿拉伯人民反对美、以侵略的斗争。《金字塔报》在头版报道纳赛尔总统接见我的消息，这是少见的，在第三版还全文刊登周总理的信，其他各报也作详细报道。开罗电台用阿语和英语多次广播周总理的信和在北京大规模游行示威支持阿拉伯人民反美、以斗争的消息。

纳赛尔给周总理的复信说："我对伟大的中国人民对阿拉伯人民反对美英和以色列的侵略的斗争所采取的光荣立场和对我们的物质和道义支持表示感

谢。"8 日，在拜会萨布里时，我说，作为中国人民支持阿联人民反对美以斗争所尽的义务，中国交通部已指示即日用船装运粮食和商品给阿联。萨布里表示非常感谢，并说，他是奉纳赛尔总统的指示约见我的，他表示，战争爆发后，苏联的公开声明非常软弱。在内部商榷中，苏联仅答应海运援助六架米格17 型飞机，但阿联已经予以拒绝了。苏联的立场本来很强硬，现在非常软弱。

9 日，我再次拜会纳赛尔总统，通报关于周总理对总统 7 日所提要求的答复，总统感谢周总理的答复，感谢中国给予的慷慨援助。他说：在阿联最困难的时候，阿尔及利亚派来了飞机和陆军，但从苏联方面却什么也没有得到。尽管多次向苏大使提出紧急要求，请苏联给予 100 架飞机，但他们避不答复。后来说可用船运给六架，但事情已经结束了。6 月 5 日前，约翰逊警告阿联不要主动打以色列，柯西金也写信说，如果埃及先打，会使苏联处于困难境地，于是阿联采取了克制态度。5 日，以色列突然进攻，美苏都不说话，结果阿联全军覆没，除接受停火，没有别的办法。纳赛尔表示他已下令炸船，封闭运河，以此加强对美、英的压力，迫使以军撤退。以色列的军事胜利不可能削弱阿拉伯人民的战斗意志。

我表示理解阿拉伯人民所遇到的困难，斗争的挫败是暂时的。挫败可使人民从中得到教训，觉悟会进一步提高，大家更看清楚了美帝是世界人民也是阿拉伯人民最凶恶的敌人。同时苏联的面目也大暴露，人民认识了谁是真朋友，谁是假朋友。在反美、英、以的斗争中，中国人民永远坚定地站在阿拉伯人民一边。目前国际形势对亚、非人民很有利。最重要的是更好地把阿拉伯人民动员和团结起来，准备把反美、以的斗争长期坚持下去。纳赛尔又说：苏联在美国面前发抖了。我们并不要苏联参战，只要他们给我们需要的东西。美帝国主义向我们施加压力，不给我们粮食。中国的援助对我们是很好的支持。阿联人民永远不会忘记，中国在我们困难时所给予的支援。我们赞赏中国在这次阿、以战争中的立场。纳赛尔最后还说：苏联最近又答应提供轰炸机了。原来他们说是因为铁托不同意苏联的飞机过境，故要用船运。铁托闻讯后即找苏联和阿联驻南斯拉夫大使当面对质，并说明，南斯拉夫从来没有拒绝苏联的援埃飞机飞越南境。纳赛尔说这些话时，态度激动，面带愠色。

战争爆发后第二天，安理会通过了苏联提出的一项停火协议，呼吁阿、以双方停止战斗。6 月 7 日，以色列接受停火。8 日，联合国秘书长宣布埃及接受停火。但以色列实际上并未停火。9 日，以色列发动对叙利亚的战争，攻占戈兰高地，并轰炸了大马士革。10 日，在以色列占领六万多平方公里阿拉伯领土的情况下，阿拉伯国家被迫接受无条件停火。阿、以双方停止军事冲突，持续六天的战争宣告结束。

7 日晚，我约见里雅得外长，面交我政府 6 日声明时，里雅得表示：安理会本应要求以色列停火后撤，但安理会却呼吁双方同时停火，不提以撤退问题，这是错误的。他已指示阿联大使要求苏联驻联合国代表谴责以色列的侵略，要求以色列停止进攻并后撤。我们并不要苏联为我们作战。苏联曾警告我们不要采取行动。我们同意了，等待着没有动手。以色列突然发动进攻，使我们措手不及。我们被出卖了。现在人们都问我，苏联为我们到底做了什么？

6 月 9 日晨，我约见萨布里总理转达周总理 8 日的复电。萨布里表示：人民对苏联的不满更甚于美帝。大家一直把苏联当朋友，5 月下旬埃及国防部长巴特朗访问苏联时，苏领导人表示绝对不允许以色列侵略阿联。一旦发生战争，苏将立即进行军事干预。之后，阿联同南斯拉夫商妥，南同意苏空军为援助阿联飞经南斯拉夫领空。但是 6 月 5 日以色列突然袭击后，我们等了两天，苏联的援助没有来。于是问南斯拉夫，铁托把他的参谋长和苏、阿驻南大使找到一起，当面对质，证明南斯拉夫在冲突前一周就已经安排开放所有基地，让苏联空军过境援埃，并早已把这些措施通知了苏联方面。事实上是苏联没有履行诺言。

萨布里说，我们真实感到，美苏在总的方面相互存在一种谅解。最近美国甚至通过苏联同我们联系，要求派军舰来阿联领海打捞沉船。阿联是在三个地方即苏伊士、伊斯美利亚和费尔丹将运河封住的。

8 月 15 日，萨布里在会见我时，仍是生气地谈论苏联，表示对苏联极不满意。他说：苏联波得戈尔尼主席在 5 月 21 日访阿联时答应给防空武器和设备，但美、苏在 6 月 23 日葛拉斯堡会谈后，苏联对阿联的态度明显发生了变化。原来答应的野战炮、反坦克火箭等都不给了。波得戈尔尼访埃后派来谈军援的军事代表团什么也不肯给。苏联外长葛罗米柯在纽约逼阿联接受美苏提案。苏联向阿联卖的小麦价钱高于国际价格 20%，而且还要求阿联两年内即还清麦款。很明显，苏联想削弱阿联，压制阿联反帝、反以的斗争锐气。我表示，看来，苏联已不像一个执行反帝政策的社会主义国家了。

经过几个月的磋商和谈判，安理会于 1967 年 11 月通过了关于解决阿以冲突的 242 号决议。该决议要求以色列军队从 6 月 5 日冲突中所占领土撤退，保证国际海道航行自由，难民问题予以公正解决。这个决议成为日后阿拉伯和反帝国家同美、英以长期争执的文件。

以色列突然袭击阿联取得胜利时，苏联因害怕与美国迎头相撞，导致世界大战而无所作为，只是在六天战争结束后才开始考虑向阿联重新供应军火问题。事实反映出了苏、美在为世界霸权的角逐中既争夺又勾结的这一特点。至于美、苏是否会因阿、以战争而迎头相撞并导致一次世界大战爆发的可能性很值得质疑。其实，当时美国在侵越战争中已深陷泥潭而不能自拔，怎能在中东挑起大战呢？

作为特使访问毛里求斯

1968 年 3 月，我接到中央命令，作为中华人民共和国政府特使赴南印度洋的岛国毛里求斯出席独立庆典，我是中国第一个访问毛里求斯的大使。

自 16 世纪葡萄牙人发现毛里求斯，这个被誉为印度洋上的"星星和钥匙"的富饶岛屿，几百年来相继被荷兰人、德国人和英国人占领成为他们的殖民地。毛里求斯各族人民经过长期的斗争，终于在 1968 年摆脱英国殖民统治，取得独立，由工党、社会民主党和穆斯林行动委员会联合执政。毛里求斯有 2020 平方公里的土地，独立的时候人口为 80 万，主要是印度、巴基斯坦人后裔，华裔、华侨有 3 万多人。

我国政府和人民热烈支持毛里求斯独立。国内通知我作为中国政府特使前往参加庆典，带去中国政府和人民的祝贺和友谊。我决定请驻埃及使馆文化处英文流利的外交官舒暲同志一道前往。同去的还有当时新华社驻坦桑尼亚的记者刘光治同志。我们是 3 月 10 日从达累斯萨拉姆乘英国海外航空公司的飞机去毛里求斯的。

同机前往毛里求斯参加庆典的还有许多国家的代表。那天到达毛里求斯普勒桑斯机场时，整个机场是一片欢乐的海洋，从机场广场的通道到机场大楼的屋顶上都是华侨、华裔，他们高举五星红旗、中文书写的欢迎横幅、毛主席像和语录牌，还不断喊口号，好像就只是在欢迎中国特使。同机抵达的一些国家参加庆典的代表团可能感到尴尬。我们从前舱的舷梯走下飞机，拉姆古兰总理已在舷梯旁等候。我同他亲切地握手，表示热烈祝贺。记者们抓拍了镜头，登在各报上。侨领也上来欢迎，陪同我们到下榻的宾馆。

　　我惊奇地注意到，这么一个小国，举办这么大的活动，接待这么多贵宾，一切却安排得井井有条。拉姆古兰总理在机场欢迎各国代表团之后，礼宾官员带我们到专车里，交给我们每人一个皮革公文包，包上非常精致地印着毛里求斯的国徽图案——多多鸟、山羊和象征当地特点的甘蔗、帆船和钥匙。我们的名字也已印在上面。包里放着介绍毛里求斯的全套材料、一周独立庆典的活动日程、各种活动的请柬，甚至有专车司机的住址和电话号码，以便代表们用车时随时能找到他。

　　拉姆古兰总理除一些正式场合会见我外，还两次单独同我会见，商谈发展两国关系的问题。我向他介绍了我国情况和外交政策及主张。我们的友好交谈促使 1972 年拉姆古兰总理访华并与我国正式建立外交关系。我还到总督府去拜见过英国总督。总督府在一座小山上，周围都是花草树木，从窗户中远眺路易港，景色特别优美。

1968 年 3 月 10 日，黄华访问毛里求斯，参加独立庆典。西乌萨加·拉姆古兰总理与其亲切会谈

　　我必须承认，在我去毛里求斯之前，仅在开罗看了大英百科全书和两本关于毛里求斯的书，对这个将去访问的国家很缺乏了解，所以我们的一举一动都比较谨慎，以免出现政治性错误。记得有一次拉姆古兰先生在总理府大厅会见前来祝贺的代表，各国代表按照国家英文名字的第一个字母顺序排列站着等候，中国的位置在比较前面。在后面 T 字位置上，我看到一个亚洲人的面孔。T 是否代表台湾？这使我产生了怀疑。当时台湾在非洲是比较活跃的，莫不是

台湾也派人来了？我请舒暲同志去打听，他立即向礼宾官询问，了解到那是泰国代表，这才解除了疑虑。后来我向泰国代表握手问好。

1968年3月12日这天，毛里求斯在国家广场举行了盛大的独立庆典仪式。在庄严的音乐声中，广场上第一次升起了独立的毛里求斯国旗，总督代表英国女王宣布了毛里求斯的独立，这时广场上一片欢腾，接着是阅兵式及各种表演，空中还有飞机飞行表演助兴。

表演中最精彩的是华人的狮子舞及龙舞，锣鼓喧天，龙腾虎跃，增添了节日的欢乐，赢得了上万观众的喝彩。

毛里求斯华人基本上是广东梅县去的，他们许多人家在那里已经生活了三四代了。华人主要从事商业、餐饮业，也有从事农业的。首都路易港的街道两边，许多店铺都是华人开的，中文招牌到处可见。华人在海外谋生，克勤克俭，起早贪黑，辛苦敬业，很不容易地创下一点产业。他们的勤奋与谦和赢得当地人民的友好和尊敬。毛里求斯的独立给华人带来新的希望，他们欢乐的心情真是难以形容，加上第一次看到祖国派来的亲人，兴奋得不得了。那几天，我们基本上就是被华人呵护和包围着，他们纷纷请我们出席这活动，参观那项目，使我们忙得不可开交，一直到深更半夜被送回旅馆才能休息。

我应邀去侨领黎子达先生家做客，黎先生家保持着中国的文化传统，客厅里是中国式的家具和摆设，古色古香。我们喝着功夫茶，谈起了"文革"破"四旧"中我国多少文物珍品遭到破坏，大家无不忧心忡忡，都希望这场浩劫赶快结束，因为祖国需要安定，需要建设，需要进步，而祖国的强大是海外华人华侨的精神和生活支柱。和他们在一起，我才更能感到祖国、亲人这两个词的深刻含义。

华侨除了举行大会欢迎会外，还在路易港一家中餐馆欢宴我们一行，楼上楼下摆了100多桌，上千人出席。十万人左右的一个小城市，有这么大的餐馆，真没有想到，可见中国饮食文化在外国的传播和影响。这也是一场盛大的华人聚会，许多人买不到餐券而被拒之门外，只能在门口瞄一瞄来自祖国的亲人。那顿饭我和舒暲和刘光治被热情的华侨包围、敬酒。他们那种热情，那种殷切，那种要抓住难逢机会的心情压倒了一切，都顾不上吃东西。

中国著名的放射科和肿瘤专家、全国人大原常委吴恒兴博士就是毛里求斯归侨。在毛里求斯我们拜访了吴恒兴同志的哥哥吴桃兴先生和他的其他亲戚，他们的感情就更是不一般了。吴隆祥先生是《华侨日报》的负责人，我们一踏上毛里求斯的土地，他就一直陪同我们。一天，他带我们参观了华侨日报报社，它于1953年创刊，发行量3000份，只有几名工作人员，都是凭爱国热情在干，不计报酬，不辞辛苦，一切因陋就简，真是艰苦奋斗。他们每天靠听收音机把中央人民广播电台的对外华语广播录下来，然后誊清，由检字工一个字一个字地检出来排印，铅字又不全，设备条件极差，使我想起抗战时期在敌后根据地斗争的情况，他们现在的工作条件也跟那时差不多，他们的工作精神真是可敬可佩。

侨领吴名光先生与吴恒兴同志是一家人，在他的带领下，我们参观了路易港的学生书店，这是传播古代中国和现代中国文化以及毛泽东思想的场所，大陆出版的许多书籍这里都可以买到。到书店时，我们又被成百的青年学生包围住了，书店里、街上都挤满了人，使毛里求斯政府派给的安全保卫人员和维持秩序的警察伤透了脑筋。青年学生自己组织了毛泽东思想学习小组，我们还应邀和他们一起照相留念。

在毛里求斯那几天，我们还参观了许多名胜古迹。据了解，毛里求斯华人更多的还是信奉佛教。我记得我们去看过华人修建的一座庙宇，那是一个三层塔楼式建筑，看上去更像一座唐代的佛塔，上书"上帝天坛"，对联是"天坛无极，祖国有志"。我们还登上了途经毛里求斯加水的我国远洋轮"临潼"号参观。而最使我难忘的一次经历是，有一天司机开车带我们去海边参观，需要经过绵延几十公里的甘蔗田，甘蔗长得比人高，我们的车在田间运送甘蔗的道路上转了两个小时，就是找不到出口，也遇不到人可以问路。这一迷途经历使我更意识到毛里求斯与甘蔗的关系。甘蔗是毛里求斯的主要经济作物，种植面积近十万公顷，制糖业发达，产值占全国总产值20%以上，难怪我们在当地司机的带领下也会迷失在甘蔗地里。

回到开罗后，我们很快地写了关于参加毛里求斯独立庆典的报告给国内。之后，奉国内指示，我还作为中国政府特使去访问刚果（布）。

1969年7月，我奉调回国。我向纳赛尔总统、阿联总理、外交部长和埃及友好人士辞行，也向一些驻埃及大使道别。使团长埃塞俄比亚大使是一位颇受大家尊敬的人，我们之间也建立了良好的友谊，他提议给我一个惊喜，送给我有51个国家大使签名的直径为40公分的刻花大银盘，其中有些国家还没有同我国建交。我深受感动，十分珍爱这个纪念盘，它铭刻着我的外交生涯中一段有意义的历史。

第九章　斯诺访华和基辛格的秘密访问

接待斯诺对新中国的第三次访问

　　1969 年 7 月，我自开罗回国后即参加使馆的回国同志编组的"文革"学习班，不久，驻阿联使馆战斗队通过了我的自我批评，我获得了"解放"。此时因为有情报说苏联要进攻中国，林彪发出第一个号令，要中央各机关大批人员疏散到其他省份。外交部军代表命令我家的老人孩子离开北京。军代表认为我们这些大使和夫人们长期养尊处优，令我去湖北钟祥的干校——一个劳改农场去劳动锻炼，何理良在半年前即已去江西干校。我的岳母在捆扎行李时腰病发作，不能行动，经请准，由我一人下放到干校，家属留在北京。我于 11 月份到达沙洋，作为列兵，在半年里，干过不少工种，如种棉花、花生和插秧，还曾站在一头搭在高大的船舷上，另一头搭在码头上摇摇晃晃的木板条上，向岸上传递红砖等。有一次，我的腰椎间盘错位急性发作，疼痛难忍，躺了几天。腰病稍好后，干校领导让我去干点轻活。我白天劳动，每隔几天，晚上要轮流到校部值夜班。没想到，湖北冬天夜里的气温也会下降到摄氏零下几度。我从北京带来的布面貉绒皮猴很受班里夜间站岗战友的欢迎。作为一名老外交干部多年工作在国外，很难得有这样的机会到农村，到五七干校与同志们一起劳动锻炼，接触基层社会。

　　1970 年 6 月，中央决定以毛泽东主席的名义邀请埃德加·斯诺及夫人洛易斯访华。周总理通知调我回北京参加接待工作，我是第一个从干校调回北京的干部。钟祥的战友们由此预感到他们也会被陆续调回北京工作，都非常高兴。我们班里的同志为我举行"百鸡（田鸡）宴"饯行。这时何理良也被从江西上高五七干校调回北京，参加对斯诺夫妇的接待工作。我们和老岳母王艾英以及子女黄玫、黄宾和黄峥在北京团聚，很是开心。几天后，何理良也被从江西上高干校调回北京。

　　新中国成立后，斯诺曾于1960年和1964年两度访华。1960年的那一次，我正要去加纳任大使，同斯诺的一些老朋友到机场去接他，但没有时间同他多接触。1964年，我在非洲，更没有机会同他见面。现在好了，我可以好好地陪陪我这位有近40年交情的老友。当然，这还不是我个人感情的事。斯诺是中国人民的老朋友，是毛主席、周总理这些中国领导人的老朋友。他的每一次访华，都有着非同一般的意义。1960年他来中国，花了五个月的时间访问了14个省、16个主要城市，寻访他旧时留下的足迹，观察新中国发生的变化，写出了他的第一本介绍新中国的书《大河彼岸》。他在此书开篇引用了17世纪法国哲学家巴斯卡尔的一段话："法律正义竟以河为界，多么可笑！……还有什么事情能比这更加可笑呢，一个人居然有权杀死我，仅仅因为他住在河的彼岸……"斯诺的这段引语明显的是讽刺美国敌视中国的政策，要求撤掉横在中美人民之间的人为障碍。在他这次访华期间，毛主席、周总理分别同他长谈了两次。毛主席同他推心置腹地长谈，还说想到美国的密西西比河和波多马克河游泳。周总理对他谈了中美大使级会谈的情况，解释了中国对中美关系的原则，实际上提出了十年后他同尼克松总统谈判中美关系的框架。1964年斯诺到中国的前几天，苏联的赫鲁晓夫下台，第二天，中国爆炸了第一颗原子弹。周总理在斯诺抵达北京后很快见了他，给他看中国原子弹爆炸的12幅照片。斯诺说他可以立即回日内瓦，在瑞士报纸上发表这些照片。斯诺高兴地开玩笑说，你们真是拿了一手好牌，一个K（指当时阿富汗国王来访），两个Q（指来访的阿富汗王后和布隆迪王后），一个J（指来华访问的怡和洋行董事长凯瑟克），现在又打出一张A（原子弹）。之后，他把这些照片在瑞士报纸上发表了，立即轰动了全世界。

　　现在，1970年8月，斯诺要作为第一个西方记者来看"文革"中的中国。他对中国怀着深厚的友情，一直关心中国发生的一切。西方传媒关于中国"文革"的报道使他迷惑、忧虑，他想亲自到中国来看一看。他写信给在中国的老朋友，甚至写信给毛主席，询问访华的可能性。外交部有个高官，不想让他来。但毛主席认为应当请他来，不仅让他来看看，还有些想法要让他传播出去。于是，中国驻法国大使黄镇受命把斯诺从瑞士请到了巴黎，同他谈了访华的事，问题迎刃而解，斯诺夫人洛伊斯也被邀同行。1970年7月31日，斯诺夫妇从瑞士乘飞机到香港。斯诺这时的身体太虚，又有高烧，一直休养到8月14日才坐火车抵广州，再换飞机到北京。《华盛顿邮报》的观察家说，斯诺的这次访华是中国人有兴趣发展与美国关系的信号；美国驻香港总领事也发电至华盛顿说，这次访华有利于创造中美关系的奇迹。

我和何理良到北京机场迎接斯诺夫妇。去接他们的还有斯诺的老朋友路易·艾黎和马海德大夫等人。斯诺一下飞机，就同我热烈拥抱，我们正好有十年没见面了。回到中国访问使斯诺兴奋不已。他对看见的一切都感到亲切和新鲜，连机场路两旁的整齐的杨树也令他赞叹不已。"啊，看哪！"他说，"这些树都长得那么高了。"斯诺告诉我，他和现在的夫人洛伊斯结婚也有20年了。说她原来是纽约市的一位话剧演员，对中国的舞台艺术很感兴趣，早想来中国，但是以前一直没有机会。还说，他们有两个孩子，男的叫克里斯多弗，女的叫西安，现在都在瑞士。斯诺性子很急，也很坦率，一开口就要我们这些老朋友向他介绍最近五年中国的情况，并说说这次邀请他访华的原因。这两个问题，他后来都得到了权威的和有说服力的解答。

两天以后，斯诺夫妇在颐和园同朋友吃晚饭，突然接到周总理的邀请，去观看一场中国乒乓球队与朝鲜队的表演赛，并同他交谈。周总理在落成不久的首都体育馆会见斯诺，自然给在场的各国外交官留下非同一般的印象。总理先同斯诺谈了当时中国党和人民关心的防骄破满问题，未点名地批评林彪。从表情上来看，斯诺一点都不明白防骄破满的含意。总理还建议他先到外地参观或去北戴河休养一段时间。斯诺急着要去采访毛泽东、周恩来和了解中国情况，哪里舍得花时间去休养，他婉谢了总理的好意，同意先去各地参观访问。会见中，总理对美国情况问得很仔细，斯诺则询问中美关系是否有机会创造新的开始，总理说邀请他访华就是希望对此问题找到一个答案。

当时总理劝斯诺先去参观或去北戴河休养的建议背后确有重要原因。那时的副统帅、毛泽东的接班人林彪野心膨胀，在党的高层会议上三番五次提出要修改宪法和设立国家主席的主张，要年迈有病的毛泽东担任国家主席，其实是想自己在毛主席百年后当国家主席。他的主张几次被毛主席否定，但他仍坚持己见。周总理这时的工作非常繁忙，因8月下旬即要召开十分重要的党的九届二中全会，讨论的议题之一是修改宪法，即是否要设国家主席问题，而当时有不少人在跟着林彪摇旗呐喊，因此有许多说服工作要做；第二个议题是讨论国民经济计划方案问题，这事也因"四人帮"蓄意阻挠，要通过并不容易；其他议题有毛主席极关心的备战问题，需要大量投入，也须研究如何解决等。由于这些问题都很棘手，毛主席和周总理尚无暇顾及斯诺的采访问题。

1970 年 8 月，美国友好人士埃德加·斯诺及夫人应邀访问中国，受到毛主席的接见。图为周恩来在北京首都体育馆会见斯诺及夫人。右二为黄华

　　根据总理的指示，从 8 月下旬起，我和何理良及外交部的两位英文翻译徐尔维和姚伟同志，陪同斯诺夫妇在北京和外地参观。我们参观了清华和北大，包括斯诺 30 年代任教燕京大学新闻系时的燕园。在林巧稚大夫的陪同下，我们参观了反帝医院（即协和医院）。然后参观有光荣革命历史的二七机车厂和河北省遵化县那个三条驴腿起家的生产大队。接着飞西安，去访问延安和保安。1936 年斯诺和马海德骑着牲口到保安去的那条峡谷小路，现在是宽阔的黄土公路。我们的汽车快到保安时，路旁突然钻出许多欢笑的孩子，向我们欢呼。斯诺像回到故乡一样，充满怀旧的深情。他寻找毛主席当年住过的窑洞、红军大学旧址和他当年住过的招待所，还同我在毛主席旧居前照了张相。斯诺夫人告诉斯诺，她看见许多人穿着旧的、打补丁的衣服。斯诺说，当年保安的老百姓一人只有一条裤子和一件上衣，上衣在夜里还要当被子盖。还说：1936 年这里只住着100 人，现在有 3000 人；过去这里完全没有工业，只有一家小铺子，红军是在小祠堂里开群众大会的，现在这里有 13 个手工工厂、一个机修厂、一个发电厂，主要街道两旁全是小商店，还有一家小百货公司、一个有 1000 个座位的戏院。老百姓的住房、穿着和饮食虽然很简单，同过去那种赤贫的状况相比还是有很大的差别。保安的领导人在新建的政府办公楼热烈欢迎我们，欢迎宴会则在露天举

行。干部和农民同我们一起吃新鲜的玉米、烤红薯、陕西式的大米捞饭、辣子鸡和红烧猪肉。老区的干部和群众对斯诺这位美国老朋友是有真情的。

34年后，黄华陪伴埃德加·斯诺重访保安，在毛主席旧居前留影

我们回到北京，很快又乘飞机去沈阳和鞍山参观，到广州参加广交会，到杭州、上海、南京和武汉访问。斯诺对我国自行设计和建造的南京长江大桥和从电影上看到的成昆铁路的建成赞赏有加，他没有想到在完全没有外援的条件下中国完成了这些伟大的工程。他的身体并不好，却坚持一步步走完两公里长的长江大桥。在上海，出面接待他的革委会主任徐景贤，津津乐道地叙述"文化大革命"在上海发动的经过，长时间介绍造反派夺权的安亭事件，然后讲批斗老干部的情况，说那些老家伙根本就不触及灵魂。斯诺对徐景贤说，没有老干部就没有你们今天。你们要老革命触及灵魂，可他们的灵魂是干净的，弄得徐景贤很尴尬。自1936年就打从心眼里敬佩红军的斯诺是生气了。我还从来没见过斯诺这样生气。

再次回到北京后，10月1日，我陪斯诺夫妇上天安门城楼，观看国庆游行。毛主席在城楼上同西哈努克亲王和各国驻华使节握手致意后，请周总理来邀斯诺夫妇去主席那里，主席同斯诺作了一些交谈，他们站在天安门城楼中间，大约有40分钟。事后毛主席说，这是放个试探气球，触动触动美国的感觉神经。

斯诺是个十分认真和勤奋的记者，看重实地调查，爱同各种人接触交谈，他这次访华也是如此。他也喜欢一个人到街上走走，用他那半通不通的普通话同人聊天。有一天晚上，他走出北京饭店到后面的小街散步，看见一些人在排队买烤白薯，那是他最喜欢吃的，于是也排在人群中。轮到他买的时候，老头儿向他要粮票，他才明白在中国那时买粮食包括买白薯不仅要付钱，还要付粮票！他赶忙回北京饭店向我要了粮票，才吃得上那香甜的烤白薯。

12 月 7 日，周总理给我写了封信，要我向他报告斯诺夫妇访问了什么地方、工厂、学校，接触了什么人，还有多长时间留在北京，以便主席考虑何时见斯诺并同他谈些什么问题。总理提醒我，在我的报告中不要建议林彪、江青见斯诺；更不要提请总理见斯诺。总理要我报告斯诺的访华情况，是理所当然；对我的那些提醒，倒出乎我的意料。实际情况是，自从"文化大革命"开始不久后，尤其是以林彪和江青为首的两个反革命集团又勾结又争夺最高领导权力的险恶图谋已有明显表露，对此周总理和许多老革命同志看得十分清楚。1970 年八九月间在庐山举行的九届二中全会上，林彪发言又提出设国家主席的主张，其打手陈伯达鼓吹天才论，这个集团的篡权意图被毛主席迅速识破，他指示收回林彪的发言文件，写了《我的一点意见》，严厉批评陈伯达，并对之发起了批陈整风运动。1970 年下半年，林彪窥测形势，策划下一步阴谋。江青一伙则利用手中权力阻挠国民经济计划的通过和执行，不惜使中国的

1970 年 12 月 7 日，周恩来总理就斯诺访华问题写给黄华、何理良的信

经济走向崩溃。这个集团抛出极左口号蛊惑人心，不断攻击周总理，妄图攫取党和国家的最高权力。在国家处于逆境之时，周总理心急如焚，忍辱负重，又要应付"文革"的局面，又要冲破种种障碍推动生产，但他无论如何都不能让林、江之流从人民手中篡夺最高权力。

斯诺在中国访问已经四个月了，安排他采访毛主席的事不能再拖了。周总理知道斯诺的报道具有巨大的影响力，因而不能让斯诺被林、江利用，但其深层原因又不好对我明说，因此只好在12月7日夜里写了一封短信提醒我。至于他本人，虽然斯诺几次要求采访，可是他从来是克己奉公，严于律己，那时更不能招致非议，嘱咐我不要提到他。回想起来，深深感受到周总理对党和人民事业的一片丹心，对同志的关怀备至。总理提醒我是怕我不了解这些当时限制在中央很小范围的内情而提出不适当的建议。在林彪叛国外逃和"四人帮"的野心败露后，我才逐步领悟到周总理给我的信函的蕴意，深深感激总理对我的关心和爱护。

1970年12月18日晚，毛主席请斯诺去中南海谈话和吃早饭，由王海容和唐闻生二人参加担任记录和翻译，一直谈到中午。首先他说，外交部有人反对你来，说你是美国特务……然后他谈到"文化大革命"，"文革"中的讲假话和武斗，也谈到个人崇拜。他问斯诺，如果没有人崇拜，你会高兴吗？当斯诺谈到绝对的权力使人绝对地腐败的时候，毛主席未作出反应。关于中美关系，毛主席表示：尼克松早就说要派代表来，他对华沙那个会谈不感兴趣，要当面谈。他是代表垄断资本家的，解决两国关系问题就得同他谈。如果尼克松愿意来，我愿意和他谈。谈得成也行，谈不成也行；吵架也行，不吵架也行；当作旅行者来谈也行，当作总统来谈也行。总而言之，都行……

我没有参加这次会见，但根据周总理的指示，由我负责初审斯诺关于主席这次谈话的纪要，以便作为正式文件印发到全党和全国各基层单位。12月25日毛主席77岁诞辰前夕，《人民日报》在头版通栏位置报道了毛主席12月18日会见斯诺，"同他进行了亲切、友好的谈话"的消息，并且刊出10月1日毛主席和斯诺在天安门城楼上检阅群众游行队伍时的合影照片，再一次用含蓄的方式向美国发出信息。尼克松后来回忆说，毛主席同斯诺所谈欢迎他访华的内容，他在几天后就知道了。

在斯诺这次访华期间，周总理曾几次同他谈中美关系和中国的国内形势，在毛主席12月会见斯诺之后，总理还同斯诺长谈了一次国内经济情况，给他提供了 1960—1970 年我国工农业生产的主要数字。为了在圣诞节时同儿女们团聚，洛伊斯·斯诺决定先离华回国，斯诺则留在中国等待毛主席审定谈话稿。这时，天气寒冷，斯诺只穿一件毛衣和单裤，又是细致周到的周总理建议给斯诺做一件呢子大衣和买一件丝棉袄，以我的名义送给他。我们知道斯诺手头并不宽裕，原先要全程免费招待斯诺夫妇，但斯诺为了避免国外有人说他受中共贿赂，在离京回瑞士前，硬是把几个月的旅馆房费交给了北京饭店。

1971 年 2 月，斯诺结束这次长达半年的对中国的访问，回到瑞士。他的访华报道，最重要的是毛主席和周总理同他的谈话，先后在意大利的《时代》杂志、美国的《生活》杂志等报刊上发表。《生活》杂志的文章和毛主席同斯诺在天安门城楼上的照片，已放在尼克松办公室的案头。4 月间，美国白宫发言人在新闻发布会上表示，尼克松总统已经注意到斯诺文章传达的信息，他希望有一天能访问中国。斯诺对 7 月基辛格的秘密访华，中美发表公告，尼克松总统要访问中国等这些消息感到十分兴奋。他在瑞士家中，忙着撰写他这次访华的新书《漫长的革命》，准备在次年尼克松访华前先抵达北京，采访这一震撼世界的大事。但这时斯诺的身体很不好，经常感到疲倦。后来经过医院检查，发现他的肝肿大，得了胰腺癌，斯诺住进了医院。在医院他接到一封来自尼克松的信，问候斯诺的健康，对斯诺"长期杰出的生涯"表示敬佩，还说他将访问中国，如果斯诺能先期作为他的访华特使，他将感到极大的荣幸。斯诺认为，尼克松的信是一杯苦酒，美国同新中国的关系早就该建立了。他没有回复尼克松的信。

斯诺夫人为丈夫的病写信求援，写给在美国和英国的亲友，也给在中国的马海德写了一封。马海德复信给她，请斯诺考虑到北京接受治疗。她还收到周恩来总理的信，其中附有毛主席和邓颖超的问候，不久又收到宋庆龄的信。在毛主席和周总理的亲自关怀下，北京日坛医院为斯诺准备好了病房，布置得很有家庭气氛，等候斯诺一家人的到来。我们还包租了法航班机的一等舱，供斯诺一家乘坐。去瑞士迎接斯诺的六人医疗小组，由马海德率领，于 1972 年 1 月抵达日内瓦，立即由中国驻瑞士大使陈志方陪同他们去斯诺家。医疗小组为斯诺作了检查，认为他的胰腺癌在手术后有广泛转移，肝功能衰竭，只好改变计划，把病房设在斯诺家中，就地治疗。

2 月初，我作为中国常驻联合国代表正在亚的斯亚贝巴出席安全理事会会议，接到北京的特急电报，说斯诺病危，周总理要我赶往瑞士去看望斯诺，代毛主席和周总理本人向斯诺问候。我赶到斯诺家，他刚从前几天的昏迷中清醒过来，马海德对他说："你看谁来了？是黄华！"斯诺立即睁大眼睛，脸上现出极兴奋的笑容。他伸出瘦骨嶙峋的双手紧抓住我和马海德的手，用尽全身的气力说："啊！咱们三个赤匪又凑到一起来了。"1936年，我们三人一起在保安时，斯诺常把反动派咒骂红军为"赤匪"当作笑料。现在听他这样说，我既感动，又心酸！我在斯诺家看望他两天，同斯诺的儿女谈了很久。我讲述他们的父亲如何同情中国人民在旧社会遭受的苦难，如何不畏艰险去偏远的中国西北，探访和了解中国的革命道路，他是报春的燕子，向全世界传播了中国的革命伟业。我问斯诺的女儿，知不知道她为什么叫西安。她回答："中国有座古城叫西安，爸爸年轻时就是从那里出发去寻找毛泽东，寻找东方的魅力的。"儿子克里斯多弗说："妹妹的名字多好，那么我的名字就叫延安吧！爸爸也去过延安。"望着两个即将失去慈父的孩子，我心里很难过，对他们说："你们一定要到中国去看看，那儿是你们父亲的第二故乡，那里的人民热爱你们的父亲，也热爱你们。"

1972年2月15日，尼克松访华的前六天，中国的春节，斯诺与世长辞。四天以后，在日内瓦的追悼会上，中国驻瑞士大使宣读了毛主席、周总理和宋庆龄的唁电。与此同时，周总理在北京人民大会堂主持了几千人的追悼会，悼念斯诺。我出席了一个月后在纽约举行的追悼会，并讲了话。

斯诺在遗言中写道："我热爱中国，希望死后我的一部分仍像生前一样能留在中国。美国抚育我成长，希望死后我也有一部分安置在哈德逊河畔。"1973年5月，北京大学举行了非常正式的斯诺骨灰安放仪式，洛伊斯·斯诺带着女儿和妹妹参加了骨灰安放仪式，大理石墓碑上的碑文是叶剑英元帅书写的。一年后，斯诺的另一部分骨灰埋葬在纽约市哈德逊河东岸的林间空地。他的朋友戴蒙德大夫和夫人玛丽以及罗申大夫和夫人海伦在岸上的一块暗红色大石上刻着 E.S. 两个字母作为墓碑。

中国人民的挚友斯诺走了，我们永远怀念他！

基辛格秘密访华

在斯诺1970年访华前和访华期间，中美关系正在酝酿着变化。这与当时国际局势的发展和变化有关。斯诺的访华，则为中美关系的变化起了有益的作用。

当时，美国深陷侵越战争，在与苏联争霸中处于被动。中苏关系恶化，中苏边境多次发生苏方挑衅行动，1969 年 3 月在珍宝岛发生了较为严重的一次军事冲突。准备参加总统竞选的尼克松，在 1967 年 10 月美国《外交季刊》发表《越南后的亚洲》一文，第一次提出不能永远与中共隔离的看法；在第二年的竞选中又对记者说：我们绝不能忘记中国，必须经常寻求机会与之谈判，如同与苏联谈判一样。这年冬天，毛主席很有兴趣地看了美国总统竞选的材料和专家认为尼克松可能当选的分析，还看了尼克松写的《六次危机》一书。1969 年 1 月，尼克松就任总统，他认为在内政方面可做的事情不多，准备在对外政策上大显身手。他在总统就职演说中说："让所有国家知道，在本政府任期内，我们的沟通路线将是敞开的。"根据毛主席的意见，《人民日报》全文刊登了这篇演说。十天以后，尼克松指示他的国家安全事务助理基辛格，鼓励与中共改善关系。3 月，尼克松访问法国时对戴高乐表示，寻求与中国改善关系是美国政府的主要课题之一。7 月，美国放宽美国人来华旅行的限制。8 月，尼克松对巴基斯坦总统叶海亚·汗和罗马尼亚总统齐奥塞斯库表示，美国无视中国的政策是错误的，并通过两国建立了两条通向中国的传话渠道。美国国务卿罗杰斯也在澳大利亚说，竭诚欢迎与中共重开谈判。9 月，苏联部长会议主席柯西金与周恩来总理在北京首都机场会晤。尼克松马上命令基辛格给刚刚上任的美国驻波兰大使斯托塞尔接连发去三封电报，督促他赶快建立与中国大使的接触。这就有了 12 月美国大使在华沙一个时装展览会上追逐中国使馆翻译的趣事，促成美国大使到中国大使馆与中国代办会晤，然后恢复中断了两年多的中美大使级会谈。

就在珍宝岛事件发生的时候，毛主席指示，由陈毅、徐向前、聂荣臻、叶剑英四位元帅研究一下国际问题。他们先后提出了两份研究报告《对战争形势的初步估计》和《对目前局势的看法》，认为在中、美、苏大三角关系中，中苏矛盾大于中美矛盾，美苏矛盾大于中苏矛盾；在目前美、苏两国都急于打中国牌的情况下，中国处于战略主动地位。他们建议，恢复中美会谈，争取打开中美关系的僵持局面。11 月，周总理写信给毛主席说，尼克松的动向值得注意。在恢复了的中美大使级会谈上，美方表示：美国无意参加反对中国的联盟，也不支持勃列日涅夫主义；愿意同中国讨论台湾问题、中美间的所有双边问题，并讨论一项联合宣言，肯定两国政府遵守和平共处五项原则；准备派代表到北京直接商谈，也愿在华盛顿接待中国代表。中方表示：台湾是中国领土，必须商定从台湾和台湾海峡撤走美国的一切武装力量，才能从根本上改善中美关系，并推动其他问题的解决。如果美方愿意派部长级代表或总统特使到北京商谈，中国政府愿予接待。1970年3月，美国支持朗诺在柬埔寨发动政变，推翻西哈努克政府；5月美军侵入柬埔寨，扩大在印度支那的侵略战争。中国政府谴责美军入侵柬埔寨，毛主席发表《全世界人民团结起来，打败美国侵略者及其一切走狗》的"五·二〇"声明，中断中美大使级会谈。这是支持印支人民和全世界人民反对美国侵略的斗争，也是告诫尼克松政府，中国不会拿原则作交易。在此情况下，尼克松否定了内部的反对意见，坚持认为：改善中美关系不仅不会引起美苏对抗，反而会使苏联急谋与美国妥协，同时也是美国调整亚太政策能否成功的关键。华沙会谈已不能适应当前需要，应采取高层会谈方式，绕过具体问题，先谋求美中和解。

1970年6月30日，美国政府宣布自柬埔寨撤出最后一批军队。7月，中国提前释放因间谍罪在华服刑的美国主教华理柱。美国批准向中国出售柴油机。10月，斯诺上了天安门，尼克松对《时代》杂志记者说："如果我在死以前有什么事情要做的话，那就是到中国去。如果我去不了，我要我的孩子们去。"此前，在6月底，美方已从中国方面得到信息，表示中方愿意同美方重新开始接触。10月，尼克松通过巴基斯坦总统叶海亚·汗告诉中国，他准备派高级人员，甚至是基辛格秘密访问北京，与中国对话。而中方传回给美方的答复是，如果尼克松总统真有解决台湾问题的愿望和办法，中国欢迎美国总统特使来北京商谈。美方传回给中方的答复是，在北京举行高级会谈是有益的，不应限于台湾问题，应包括解决其他问题。罗马尼亚总统齐奥塞斯库也在为中美传话，尼克松在10月16日欢迎齐奥塞斯库的宴会讲话中第一次有意和完整地使用了中华人民共和国的国名。12月18日，毛泽东同斯诺谈话时，明确表示愿同尼克松谈，欢迎尼克松作为总统或作为旅游者访华。1971年1月，白宫收到周恩来的信件，欢迎美国派特使来北京，并首次提出欢迎尼克松总统访华。

过了年，斯诺于1971年2月离开中国，在意大利刊物上发表了毛主席的谈话。这一谈话在美国和世界上引起了巨大的反响。我只是对斯诺文章的最后一段话感到纳闷，而且有许多外国朋友也不断就此询问我。斯诺在文章里写道：毛泽东说"我是一个孤独的和尚，在雨中打着伞走来走去"。这一段文字确实使人感到十分奇怪，不知斯诺怎么会如此悲观地理解毛泽东1970年12月18日的谈话。原来斯诺把毛主席的一句话误解了。毛主席说，我是"和尚打伞，无发（法）无天"，意即中国不是联合国和国际条约的成员，在世界上很自由，不受约束。这么一想，我不觉哈哈大笑。

1971 年，第三十一届世界乒乓球锦标赛在日本名古屋举行，中国和美国都派乒乓球队参加了。毛主席十分关注赛场内外事态的发展，要护士长给他细读《参考消息》的有关报道，要我乒乓球代表团增加每天向国内电话汇报的次数。恰好半个月前美国政府取消了持美国护照来华的限制，美国队员向中国队员表示了访华的愿望。毛主席明智地作出了邀请美国队访华的决断。

4 月，美国乒乓球队被邀访华，先于基辛格于 7 月 9 日的秘密来访。周总理对民间先于官方的情况很感满意，他还几次向美乒乓球队员和美国记者强调说：中国的大门是永远向美国人民敞开的。

又经过中美双方几次特别信使的传话，尼克松总统决定委派其国家安全事务助理亨利·基辛格秘密访华。基辛格知识渊博，通晓东西方外交方略，对诸多国际战略问题特具远见，有十多部重要著作，在世界上享有高度声誉。他曾担任几届美国政府的外交或军事顾问。尼克松当选为美国总统后，任命基辛格为国家安全事务助理，使他成为尼克松打破中美关系僵局的军师和特使。

1971 年 7 月 9 日至 11 日，基辛格对中国的访问，是在高度保密的情况下进行的。虽然中美最高层已有重大的信息交流，尼克松和基辛格本人对这次访问还不是很有信心，是把它当作一次必需的冒险来进行的，此行以"波罗行动"为代号，意即像 700 年前意大利的马可·波罗那样冒险。6 月 30 日，白宫发言人齐格勒在新闻发布会上宣布，尼克松总统将派基辛格博士前往南越、泰国、印度、巴基斯坦进行为期十天的访问。7 月 1 日，基辛格启程，两天后到达西贡，同南越总统和美国大使晤谈，众多记者紧盯着基辛格的一举一动，《纽约时报》、哥伦比亚广播公司报道了他的活动。第二天到了曼谷，记者不多，渲染也少些。6 日抵新德里，反战示威者迫使他从边门溜出飞机场。8 日抵巴基斯坦新首都伊斯兰堡，只有三个记者跟着，他很高兴。按既定日程，他需要在巴基斯坦停留 48 小时。他先去总统府拜会叶海亚·汗总统，在美国大使馆同大使共进午餐，然后出席叶海亚·汗总统特意为他举行的便宴。在宴会达到高潮时，基辛格突然手捧腹部，连叫难受。南亚地区那时流行德里痢疾，基辛格突然肚子疼是不会令人奇怪的。叶海亚·汗总统大声说，伊斯兰堡天气太热，会影响基辛格恢复健康，要他到伊斯兰堡北边群山中叶海亚·汗的别墅去修养。基辛格正在迟疑不决，巴基斯坦总统坚决而且恳切地说，在一个伊斯兰国家，要依主人而不是客人的意志作决定。基辛格手下的一位特工，马上派他的一个同事到山口别墅那里去打前站，了解情况。宴会结束，基辛格正在宾馆休息，打前站的特工打电话回来说，那里的别墅不宜于居住。基辛格只好请巴方把那位倒霉的特工扣留在山中，因为这只是一出戏，基辛格并不是要去那里，而是要去中国！

第二天，7月9日，伊斯兰堡的凌晨3：30时，基辛格在宾馆起床，吃早饭，4时，同他的随行人员乘坐巴基斯坦外交秘书苏尔坦·汗驾驶的军用汽车去机场，戴上一顶大檐帽和一副墨镜，以免偶然路过的行人把他认出来。在机场，一登上巴基斯坦航空公司的波音飞机，就看到从中国来迎接他的外交部美大司司长章文晋和其他中国官员。没想到的是，也在机场的一位巴基斯坦籍的伦敦《每日电讯报》记者认出了基辛格，问巴基斯坦官员基辛格要去哪里。回答是要去中国。这位记者连忙回到办公室，向伦敦报社发了一条报告这条重要消息的急电，幸好伦敦的值班编辑"枪毙了"这条消息，骂这位记者准是喝醉了，基辛格怎么会去中国？真荒唐！

在四千公里以外的北京，我们认真地准备基辛格博士的秘密来访，也已经有些日子了。我在1971年年初即已接到中央通知，到加拿大任大使。以徐中夫参赞为首的前站人员已于2月份出发去渥太华。4月间周总理通知我另有任务，暂推迟赴任时间，并向加方打招呼，取得谅解。1971年5月下旬，在周总理主持下，中央政治局研究了中美会谈的方针，会后总理就此向毛主席写了报告，得到主席的批准。中央决定为此项任务成立由周总理、叶剑英元帅和我组成的中央外事小组。有一天晚上，周总理带我去向毛主席汇报，在说到基辛格博士将在巴基斯坦山区失踪时，毛主席说："黄华同志，你也失踪嘛！"就这样，我这个已被北欧四国驻华大使设宴饯行的人就把自己关在钓鱼台国宾馆四号楼里一个多月，潜心为基辛格访华做准备。当时周总理为谈判成立了专门的班子：叶帅、我、美大司司长章文晋、周总理特别助理熊向晖、外交部礼宾司副司长王海容，冀朝铸和唐闻生等同志也参加。这个班子仔细分析了国际形势和美国的情况，反复讨论了会谈方案，对尼克松、基辛格的政治观点、个人历史、个性和特点都作了研究，周总理经常亲自主持讨论。他也看了尼克松的著作《六次危机》、尼克松在堪萨斯城刚发表的演说、尼克松喜欢的电影《巴顿将军》以及基辛格的主要著作。外交部根据不卑不亢、以礼相待的精神，上报了接待基辛格来访的具体方案，并与有关单位配合做好一切安排。至于住所问题，叶帅本想在钓鱼台国宾馆的 18 幢楼里物色一幢较大的楼给基辛格一行，但是那些大楼被江青一伙以及陈永贵、吴桂贤占用了，可供美国客人和我方工作班子使用的只有四号和五号两幢小楼。为此叶帅很不满意。

巴基斯坦总统对基辛格的秘密访华事宜高度重视，对各个环节包括用专机送接均作了充分准备。7 月 6 日中午，试航的巴基斯坦波音飞机抵达北京南苑军用机场，章文晋、熊向晖和王海容等人去机场迎接。8 日清晨，巴基斯坦专机返航，章文晋、王海容、唐闻生、唐龙彬随机去巴基斯坦迎接基辛格一行。7 月 9 日北京时间正午 12 时，基辛格等六人在章文晋一行的陪同下乘巴基斯坦专机抵达南苑机场，叶帅、我、熊向晖、外交部礼宾司司长韩叙到机场迎接。基辛格一行下榻于钓鱼台国宾馆五号楼。

1971 年 7 月 9 日，美国总统国家安全事务助理亨利·基辛格应邀秘密访华，叶剑英等到南苑军用机场迎接。左起：冀朝铸、叶剑英、黄华、基辛格、章文晋、唐闻生

当时尚在"文化大革命"高潮中的北京，处处都悬挂着革命和反帝标语。为了保证基辛格秘密访问的成功，经请示毛主席，对各种标语不做任何改动。基辛格抵达机场后，由叶帅陪车，我则陪同美国负责东南亚事务的助理国务卿霍尔德里奇进城。在从机场到钓鱼台的公路两边不时出现大幅标语：打倒美帝国主义和一切反动派等，霍尔德里奇问我，标语写的是什么内容，我如实给他

翻译，他感到很不自在。直到与周总理会见，美国人的紧张感才得以消失。

从 7 月 9 日下午至 11 日下午 1 时，周总理同基辛格进行了六次会谈，地点在钓鱼台国宾馆五号楼或人民大会堂福建厅。我方参加的人员有：周总理、叶剑英、黄华、章文晋、熊向晖和王海容。美方参加的人员有：基辛格、霍尔德里奇、斯迈塞（负责印支事务的官员）和洛德（基辛格特别助理）。在场的还有中方的翻译、记录员。周总理按照中国尊重客人的习惯请基辛格先谈。基辛格拿出了一本足有七公分厚的文件夹，读起他同尼克松一起起草的一篇很长的讲稿。我们都耐心地听着。基辛格读完后，周总理说：交谈嘛，何必照着稿子念呢？基辛格说：我在哈佛教了那么多年书，还从未用过讲稿，最多拟个提纲，可这次不同，对周恩来总理我念稿子都跟不上，不念稿子就更跟不上了。基辛格的幽默把大家都逗笑了，会谈的气氛也轻松了许多。

基辛格一开头就说：尼克松总统仔细阅读了美国《生活》杂志刊载的毛主席与斯诺的谈话。尼克松总统有一个信念，强大的发展中的中华人民共和国对美国的任何根本利益都不构成威胁。在没有同你们讨论和没有考虑你们意见的情况下，美国不会采取涉及你们利益的任何重大步骤。周总理表示：欢迎尼克松总统来中国。中美两国人民是愿意友好的，邀请你们的乒乓球队访华就是证明。总理谈起台湾问题，说：台湾属于中国有 1000 年以上的历史，是中国领土不可分割的一部分。1949 年，美国国务卿艾奇逊发表的中美关系白皮书承认，台湾问题是中国的内政，美国不干涉中国的内政。朝鲜战争爆发，美国把台湾包围起来，宣布台湾地位未定，这是关键。美国的一切武装力量和军事设施应当限期从台湾撤走。美蒋条约是非法的，无效的。又说，尼克松总统给我们的口信是"要走向同中国和好"，这就应当使中美关系正常化，包括承认中华人民共和国是代表中国人民的唯一合法政府，台湾是属于中国不可分割的一部分，而且在第二次世界大战后已归还了中国。基辛格说：美国不支持"两个中国"和"一中一台"，也不支持"台独"。如果没有朝鲜战争，台湾也许早已会是中华人民共和国的一部分。目前美国在台湾的军事力量，2/3 与印支战争有关，美国已决定尽速结束印支战争，在本届政府任期内撤出 2/3 驻台美军，随着中美关系的改善，再撤出其他部分。关于台湾的政治前途，美国保证不主张"两个中国"或"一中一台"，不鼓励、不支持"台独运动"，不再重复"台湾地位未定论"。关于正式承认中华人民共和国为唯一合法政府这一政治问题，预计在尼克松政府下届任期的前半段可以解决。基辛格谈到恢复中国在联合国席位问题，表示将放弃需要 2/3 多数票的重要问题提案，同意以简单多数票接纳中国，并同意中国取得安理会席位，但驱逐台湾问题美国仍坚持需经 2/3 多数通过。周总理发言反对此议，表示进联合国的问题中国并不急，问题是美国将陷于矛盾和困难之中。基辛格提出，希望中方出于仁慈，提前释放仍在中国服刑的几名美国犯人。那时在中国服刑的美国犯人，既有朝鲜战争期间侵入我国领空进行间谍活动的美国中央情报局特工唐尼和费克图，也有在越南战争期间侵入我国领空的美军飞行员史密斯和费林。周总理表示，根据中国的法律，表现好的罪犯可以缩短刑期。越南战争尚未结束，与此战争有关的美国犯人释放问题不予考虑。事后，中国政府于 1971 年释放了费克图，1973 年释放了唐尼。后来到美越停战协定签署和生效后，中方与越南政府采取同步释放美俘行动，才把史密斯和费林押解出境交给美方。

在六次会谈中，中美双方的话题必然涉及了总的国际形势和其他一些重要的国际问题。基辛格表示：在第二次世界大战中欧洲损失惨重，日本彻底失败，因而欧洲和亚洲都出现了真空，美国被迫卷入世界各个地区，给自己造成了预料不到的困难。美国要调整对外政策，今后对外承担义务要有条件，一些国家受苏联威胁而不能抵御时美国才进行干预。周总理说：二战结束以来，世界大战没有打起来，但局部战争从未停过。美国到处伸手，苏联急起直追，进行对外扩张，结果都陷入了困境。两个超级大国的争夺，使世界局势一直处于紧张和动乱之中。尼克松总统在堪萨斯城讲话中说，世界出现了五个力量中心，中国是其中之一，世界要从军事竞争转向经济竞争。但我们认为，经济扩张必然导致军事扩张，只会使世界继续动乱和紧张。中国在经济上比较落后，即使将来强大了，我们也不做超级大国。中国珍视自己的独立，准备好对付同时从几个不同方向来的进攻。在说这段话时，周总理发现，可能由于正在旅途，基辛格还不知道尼克松的这篇堪城演说，便让我们的同志会谈后复制多份，送给基辛格等。基辛格很感谢，也有些尴尬。在其他国际问题中，周总理着重谈了印支问题，说这个问题是当前最紧迫的问题，要求美军和一切外国军队尽快撤出印支三国，让印支人民自己解决自己的问题。说美国现在的方案是拖，走一步，看一步，结果反而增加问题，使问题更加复杂化。

中美双方除了就上述这些问题各自阐述自己的观点和意向，并有所交锋外，还讨论和解决了当前需要解决的两个具体问题。一是确定不再恢复中美大使级会谈，建立新的直达双方最高层的秘密联系渠道——巴黎渠道，中方联系人是驻法大使黄镇，美方联系人是曾任尼克松翻译的驻法武官沃特斯。更重要的是，商定双方将同时（北京时间 7 月 16 日上午 10 时 30 分，华盛顿时间 7 月 15 日晚上 10 时 30 分）发表尼克松将应邀访华的《公告》。

因周总理在 7 月 10 日晚上另有重要活动，根据他的指示，我和章文晋同志先与基辛格就公告草案谈了一轮。双方都提出了一个稿子。我们的稿子比较简单，说基辛格来中国，同我们进行了会谈，尼克松总统准备来中国访问。美方的稿子渲染基辛格同我们这次的会谈，涉及亚洲和世界和平的基本问题，是以诚挚、建设性的方式进行的；而尼克松的来华访问将有助于重建两国人民的联系，并对世界和平作出重大贡献。我方表示，台湾问题都还没有解决，其他问题怎么谈得上？关于尼克松的来访，美方的稿子强调是中国邀请。我说这不大符合事实，我们是同意邀请。基辛格也不同意我们的稿子，说那样就像是尼克松自己邀请自己访华。双方会谈暂停后，我根据周总理事前的指示，直接去见毛主席向他汇报。当主席听我说基辛格认为中方草案的意思是尼克松自己邀请自己访华时，大笑着说，要改要改。当我们告别主席走出他的书房时，我回头再看了一下主席，只见他仍坐在沙发椅上向我们弯腰抱膝。我问王海容，主席在做什么？她说，主席在向你们行大礼呢。我们忙说，真不敢当，希望主席健康长寿。

第二天上午，在周总理提示下，我方对草稿略加修改，我们再与基辛格会谈，即刻取得一致，双方皆大欢喜。最后商定的《公告》全文是：

周恩来总理和尼克松总统的国家安全事务助理基辛格博士，于 1971 年 7 月 9 日至 11 日在北京进行了会谈。获悉，尼克松总统曾表示希望访问中华人民共和国，周恩来总理代表中华人民共和国政府邀请尼克松总统于 1972 年 5 月以前的适当时间访问中国。尼克松总统愉快地接受了这一邀请。

中美两国领导人的会晤，是为了谋求两国关系的正常化，并就双方关心的问题交换意见。

"获悉"（英文为 Knowing of）两字是周总理的杰作，避开了谁主动提出访华的问题，使美国的面子更好看。基辛格因而在尼克松总统"接受了这一邀请"之前加上了"愉快地"这一副词，投桃报李。《公告》不把尼克松的访华说成是将对世界和平作出重大贡献，却点明要谋求两国关系的正常化，不只是像美方初稿所说的重建两国人民的联系。基辛格在这次同周总理的会谈中主动谈美国将逐步从台湾撤军，却不愿谈中美关系正常化，把它推到尼克松的下一总统任期。美方的《公告》稿是与此一致的。关于尼克松访华的具体时间，周总理曾在与基辛格的会谈中问过，是否定在 1972 年 5 月 1 日以后，因听说尼克松要访问苏联。基辛格表示，最好在三四月份，而且是先来中国。当周总理向毛主席汇报《公告》的最后定稿，谈到尼克松 5 月以前来中国时，毛主席说，《公告》一发表，就会引起世界震动，尼克松可能等不到 5 月就要来。此后的事实果然是如此。

中美关于尼克松访华的公告于 7 月 16 日上午 10 时 30 分和 7 月 15 日晚 10 时 30 分同时在北京和华盛顿宣布。公告在中国国内和全世界引起了强烈的震动。周总理主持了政治局会议，研究中美会谈后各方可能出现的情况和可能发生的变化，并对此作出部署。

由于长期以来我国广大干部和群众抱有浓厚的反美情绪，虽有毛主席同斯诺在天安门城楼上的出现，大家也知晓毛主席同斯诺 12 月 18 日的谈话内容，又有美国等五国乒乓球队访华，但一般人都把这些看作是改善中美关系漫长道路的开始，耐心地等待变化。但是公告的发表使中美关系正常化进程一下子拉得很近，许多同志对此思想准备不足，可能一时接受不了，兄弟国家更是这样。于是，周总理紧急安排做国内外同志的工作。

7 月 12 日，周总理在人民大会堂召开了在京 2000 多名中高级干部大会，用了三个多小时讲国际形势、中美关系和我对外政策。周总理又于 13 日至 15 日飞河内、平壤，向越南和朝鲜党的领导人通报基辛格秘密访华和中美会谈的情况。他从平壤返回北京后立即向住在北京的西哈努克亲王作了同样通报。这样，毛主席和周总理的崇高威信，以及周总理不遗余力的说理和通报工作，使我国广大干部和友好邻邦的领导人理解和支持中国党和政府的重大决策。

被称为尼克松"效库"（英文"shock"一词的日本译音）的公告在世界各地激起强烈反应，同美国关系紧密的日本政府也仅是在美国时间 15 日 10 时 30 分之前一小时才被通知此事。日本朝野生怕被再度甩在一边，便开始认真考虑同中国恢复邦交之事。这个公告对各国在联合国关于恢复中国合法席位问题的态度也有重要影响。

基辛格离华后，我作为首任驻加拿大大使于 7 月 23 日抵渥太华履新。三个月后的 10 月 25 日，第 26 届联合国大会经过激烈的辩论，通过了恢复中华人民共和国在联合国的合法席位并把蒋介石集团驱逐出联合国的 2758 号决议。这时基辛格已结束他 10 月 20 日至 26 日（北京时间）的第二次访华，正在去机场回美国的路上。他还不知道联大这个决议的消息，不知道三个月前他对周总理说的主张在联合国大会保留蒋介石集团会员国地位的计划已彻底破产。毛主席亲自点将，组成以乔冠华为团长，我为副团长，熊向晖和其他七人为正、副代表的中国代表团出席第 26 届联合国大会。我向加拿大总理特鲁多辞行时，他十分友好地表示理解并为我祝福。我结束在加拿大的使命，飞往巴黎与中国代表团会合，然后去纽约参加联合国大会。代表团的同志完成任务回国后，我作为中国驻联合国和安全理事会的首任常驻代表和其他 40 位干部留在纽约工作。基辛格的第二次访华以及 1972 年初美国国家安全事务副助理黑格将军的访华，都是为尼克松总统 1972 年 2 月访华做进一步的准备的。基辛格同周总理进行了长时间的政治会谈，同中方多次讨论了在尼克松总统访问后双方将要发表的联合公报的具体条文。

尼克松访华和我与基辛格在纽约的秘密联络

1972 年 2 月 21 日，尼克松偕夫人帕特里夏在国务卿罗杰斯、总统国家安全事务助理基辛格等的陪同下乘美国总统专机抵达北京，对中国进行为期七天的历史性访问，受到周总理的欢迎。当时我在纽约，从电视中看到了全部盛大的场面。尼克松抵京后三小时，毛主席在中南海会见了他和基辛格，从哲学问题讲起，谈笑风生，寓意深刻地讲了许多，肯定了尼克松、基辛格最近两年在中美接触中所起的重要作用，并说我们谈得成也行，谈不成也行，何必那么僵着呢？当晚，周总理在人民大会堂为尼克松举行的欢迎宴会上说：尼克松总统的来访，使中美领导人有机会直接会晤，谋求两国关系正常化，并就共同关心的问题交换意见，是中美关系史上的创举。美国人民是伟大的人民，中国人民是伟大的人民，促使两国关系正常化，争取缓和紧张局势，已成为两国人民强烈的愿望，总有一天要实现。尼克松总统的讲话富有哲理，还引用了毛主席的诗句：一万年太久，只争朝夕。此后几天，周总理同尼克松总统就两国关系和重大国际问题进行了长时间的讨论。乔冠华副外长和基辛格继续商谈访问结束时要发表的联合公报。26 日，周总理陪尼克松一行去杭州，27 日到上海，双方就联合公报最后达成协议，28 日正式发表，称为《上海公报》。在《公报》中，美国表明对"一个中国"的原则不持异议，同意从台湾和台湾海峡撤出美国的军事力量，在和平共处五项原则的基础上与中国和平共处。《公报》既陈述了中美双方的共同点，也用各自分别表述的方式将彼此的分歧讲得明明白白，创造了世界外交文书的新风格。28 日，尼克松满意地离华返美，周总理也从上海飞回北京。毛主席指示，安排五千人到机场迎接周总理。总理从机场直驱中南海，向主席汇报说："尼克松高兴地走了。他说他这一周改变了世界。"毛主席说："哦？！是他改变了世界？哈哈。我看还是世界改变了他。"《上海公报》在世界产生的影响的确很大。3 月中旬，1954 年中英建立的代办级外交关系升格为大使级。接着，中国同荷兰的外交关系也升为大使级，中国同希腊建交。随之而来的是，当年 9 月下旬日本首相田中的访华和中日建交，接着是中国同联邦德国、澳大利亚建交。1972 年，是新中国成立以来同外国建交最多的一年。

　　《上海公报》开始了中美关系走向正常化的进程，但还有许多事要做，许多障碍要克服。由于我常驻纽约，基辛格建议在他和我之间建立一条与巴黎渠道并行的中美间另一条秘密联系渠道——纽约渠道，此提议得到中国政府的同意。当中美双方讨论互设联络处时，基辛格仍要求继续保持纽约渠道，中方的答复是：机密的、紧急的、不便用联络处的事，还是用纽约渠道。于是，1972 年和 1973 年，我和基辛格在纽约有许多次避人耳目的秘密会晤，多次会晤是在约定的时间在纽约曼哈顿 43 街的一所公寓里进行。我和基辛格会面时，我方出席的有过家鼎和施燕华，美方出席的有温斯顿·洛德。美方派一辆陈旧的轿车直接开到我驻联合国代表团的地下车库接我们去 43 街。基辛格和洛德两人准时在二楼的一间客厅里等候我们，并为我们准备了茶点和咖啡。双方各自坐下后，寒暄一番，即进入正题。在寒暄中，基辛格谈笑风生，并享用着茶几上的点心。会晤的内容，主要是基辛格向我通报美苏核会谈、在巴黎的美越会谈、美日关系等情况。我们也就一些国际关系问题互通信息。我还曾就美机入侵广西、投弹、发射导弹、在越南炸沉中国渔船等事向基辛格提出中国对美国的强烈抗议。会晤情况，基辛格直接向尼克松和白宫报告，美国国务院对我们的会晤一无所知。我们向国内的报告也是绝密的，代表团的其他人员一概不过问。这种会晤是中美两国在没有正式建交的情况下进行的特殊形式的外交来往。它避开了媒体，免受外界干扰，又解决了一些实际问题，安排了基辛格的几次访华，推动了中美之间的一些贸易、科技和文化往来，使中美双边关系取得了一些进展。这也是我在纽约工作中的一个重要组成部分。

第十章　中国驻北美洲的第一个大使馆

中国同加拿大建交

1971 年新年刚过，我接到中央通知，要我担任首任驻加拿大大使。众所周知，外派使节是政府重要的涉外行为，须征得派驻对象国的同意。3 月 22 日，欧美司司长章文晋正式通知加拿大驻华使馆临时代办，中国政府提名黄华为中国驻加拿大大使，征求加方同意。4 月 2 日，加拿大外交部长夏普约见我驻加拿大使馆临时代办徐中夫，告知加拿大政府已同意对我的任命。双方还商定，各自的大使将于 4 月底左右到任。

加拿大是白求恩大夫的祖国。毛泽东《纪念白求恩》的文章让数亿中国老百姓知道了白求恩，知道了大洋彼岸的加拿大。中国人民总是带着对白求恩的崇敬心情友好地看待加拿大人，去加拿大访问的中国代表团，总是要到白求恩的故乡格雷文赫斯特参观一下他的故居。1970 年 10 月 13 日，加拿大同我国建交，这是北美洲第一个同我国建交的国家。作为美国的邻居和较有影响的西方国家，加拿大的决定引起国际社会的广泛关注。中、加建交不仅为当时中、美之间增添了一个有效的交往渠道，同时也为后来绝大多数西方国家同我国建交起到了推动作用，迎来我国与外国第三次建交高潮。

当时任加拿大自由党政府总理的皮埃尔·特鲁多，主张在不损及同美国关系的前提下，在外交上采取一些独立的步骤，以凸显加拿大在东西方之间的独特地位和作用，其中承认中华人民共和国被他视为得意之举。

特鲁多在从政前，曾于 1949 年和 1960 年两次访问中国，他和杰克·赫贝尔合著的《红色中国的两位天真汉》一书语言活泼、幽默，对中国充满好感。在 1968 年 5 月大选中，特鲁多就明确表示："加拿大的目标是尽快承认中华人民共和国并使其占有联合国席位。"大选结果，他任党魁的自由党赢得大选胜利。

回首往事，人们不难看出，在当时的国际环境下，特鲁多能提出这样的主张，是需要相当的勇气和魄力的，足见他是一位颇有政治远见的西方政治家。在加拿大出版的《百年政治与外交回顾》杂志上，这一决定被列为该国最重大事件之一。加拿大新闻媒介曾评论说，特鲁多在加拿大历史上的政治伟人地位是不容争辩的。我一直敬重特鲁多先生，我在20世纪80年代出席国际行动理事会年会几乎每年同他见面，他仍然是那样明快和潇洒。特鲁多先生于2000年与世长辞，我和几位曾驻加拿大的大使温业湛和张文朴一道向加拿大政府总理克里斯安发去唁电，悼念这位为中、加建交和友好关系作出历史性贡献的政治家。

在促成中、加建交过程中，还有其他一些加拿大人为此积极奔走呼吁，如外交部长夏普、前资深外交官和对华友好人士切斯特·朗宁先生和文幼章先生，还有旅加华人华侨和其他各界人士。中国人民将永远铭记他们，历史也会记录他们对中、加建交的贡献。在加拿大友好人士中，我最熟悉的是朗宁先生。1949年4月，我在南京外事处时，接触最多的西方人是他，他当时是加拿大驻华大使馆的外交官。他出生在湖北樊城一个路德教传教士家庭。他能说一口流利的湖北音普通话，对中国人民抱有很深的感情。新中国成立后，尤其在20世纪60年代后期，他在给政府的建议书中和在各种辩论会上，不遗余力地宣传和呼吁同中国建交，支持中国进入联合国。1971年5月，他来华访问，我陪同周总理会见他。1983年冬，时年89岁的朗宁老人再度访华时，我在北京人民大会堂设宴招待这位对中、加人民的友谊作出特殊贡献的老朋友。这位耄耋老人还兴致勃勃地访问了北京、西安、敦煌和他的出生之地樊城。一年后他于加拿大的一家养老院仙逝。我希望他在天国遨游之际常常俯瞰中华大地，关心他的第二故乡的发展。

我同加拿大这个国家有点"缘"。1952年7月，我曾随中国红十字会代表团去多伦多市出席国际红十字会大会。加拿大给我的印象是，风景优美，地大物博，粮多草广，经济发达，加拿大人平和、友善、好客。旅加华人和华侨很多，在多伦多、蒙特利尔、温哥华等大城市，闹市区都有相当规模的唐人街，漫步其中，可以感受到中华古老文化的韵味。这是我受命前唯一的一次访加。我无论如何想不到在整整19年后我会作为新中国首任大使，再次踏上这块土地。

中国和加拿大的建交谈判于1969年初由双方驻瑞典大使在斯德哥尔摩进行，1970年10月13日两国同时发表建交公报。中央对我的任命通知下达后，我开始积极地为赴任做准备。以徐中夫参赞为首的先遣组 12 人于 1971 年 2 月初出发赴任。4 月的一天，周总理通知我说，毛主席命我作为周总理、叶帅三人小组成员，参加基辛格秘密访华的接待工作。我即转而抓紧阅读有关中、美关系以及我方同白宫秘密接触的材料，为参与谈判做准备。这样一来，我赴任加拿大的行期只好推迟。为了不引起加方的误解和外界的揣测，我们拟了一个说辞告诉加方，黄华大使手头还有些重要工作没处理完，需推迟赴任行期，中方对此表示歉意，并愿强调，导致这一推迟的原因与中、加关系没有任何联系，希望加方谅解。不久之后，我们得到加拿大外交部的答复，表示理解和欢迎黄华大使手头工作完毕后赴任。

难忘的欢迎场面

7 月 12 日基辛格走后，我急忙办理各种手续，于 7 月 23 日乘法航自巴黎飞往加拿大的蒙特利尔国际机场，然后转乘加拿大的国内航班飞至首都渥太华。加拿大是 1866 年成立的联邦国家，由东部的法语区魁北克省和英语省区组成，因此加拿大的正式文件都用英法两种文字书写。蒙特利尔位于魁北克省，是加拿大的最大城市。在蒙市国际机场，我们受到市长德拉普、加拿大外交部礼宾官和华人华侨代表的热烈欢迎。我永远不会忘记这样一个瞬间：侨领李惠荣先生以充满深情的眼神看着我，紧紧地握着我的手，非常激动地说了几句问候的话，表现出见到来自祖国的亲人的欢欣之情，他有许许多多的话要说呵。可惜的是，我们转飞机的时间只有一小时，太短了，来不及与他们更多地交谈。

2003 年中国机电商会代表团访问蒙市，蒙市前市长布克在祝酒时还提及这件事，他说："中、加两国于 1970 年建交……而中国驻加的第一任大使黄华因当时双方航运未发达而寻道欧洲飞来满市（华人将蒙市译成'满地可'），然后再到渥京履新，所以满市成为第一个迎接中国外交官的城市。"当然这是后话，我也是在网上看到这条消息的。

从蒙特利尔到首都渥太华距离很短，乘飞机大约半个小时就到了。蒙特利尔只是入境转机，到渥太华才算正式抵达，所以渥太华机场欢迎的人更多些。除加拿大外交部礼宾司司长等官员外，还有在联合国坚决支持恢复我国席位的巴基斯坦、阿尔及利亚、阿联、坦桑、古巴等友好国家的使节，以及刚刚访华归来的中国老朋友朗宁，还有华人、华侨和加拿大、美国、欧洲和日本等国的约50名记者，估计总共有一百几十人。侨胞们有的来自加拿大各城市，有些还从美国的东部和西部赶来。不少侨胞把他们的孩子也带来了。他们奋力挥动中、加两国国旗，口里不停地喊着"欢迎，欢迎，中加友谊万岁"等口号。我相信，那是侨胞们在阻隔了20多年后见到祖国亲人时的激动，那是发自内心的热情，当时的情景，至今回想起来仍历历在目。

在从停机坪至贵宾室的路上，记者们涌到我们身边，提出各种各样的问题。欢迎的人也很快围了过来，而且圈子越围越紧，相互拥挤，我们被人群拥着往前走，我的面前是一大堆晃动着的麦克风，有几次，我和何理良差点被挤倒。我赶紧将事先准备好的书面讲话发给记者，同时一边回答记者的提问，一边招手向人群致意。在从机场至使馆的路上，加方还派了警车和摩托车护送。

一位外国使节抵达机场，有那么多的人欢迎和那么多的记者采访，还派警车护送，这样的场景我没遇到过，在当地更是新鲜事。可能这是他们第一次迎接来自新中国的外交使节的缘故吧，从另一个角度看，也足见中、加建交在国际上引起的积极反应。

正 式 开 馆

渥太华是加拿大的行政中心，当时人口大约30万。这是一座整洁、美丽的城市，少有高层建筑。7月的盛夏，天上蓝天白云，地上花团锦簇，绿树成荫，美丽的丽都河悠闲地穿城而过。议会大厦坐落在市中心，它那青铜尖顶，经过岁月的洗礼，早已变成石绿色，与周围的现代建筑相辉映，格外显眼。议会、总督府、总理府、外交部都相距不远，其他政府部门也比较集中，无形中为外交使团提供了很多方便。这里的居民很注重礼貌，谈吐文雅，对人友善。无论居住环境还是工作环境，这都是一个让人感到惬意的城市。

使馆先遣组由12位同志组成，是一支精干的队伍。1971年2月先遣组初到达渥太华时，先在萨沃伊旅馆暂住，开始筹备建馆事宜。徐中夫参赞在对市区作了一番调查后，决定租下渥市新落成的朱丽安娜大楼顶部的两层楼，第12层作为使馆本部、第11层为商务处办公和居住之用。安顿下来后，他们就忙着张罗开馆和大使到任的有关事宜。

递交国书的时间定在我抵加的第四天，即7月27日。加方外交部在我递交国书之前即告诉我，加拿大总督在国外访问，来不及赶回，故按规定由代总督威尔弗莱德·嘉德逊大法官接受我的国书。那天，我乘加方的礼车，在外交部礼宾官的陪同下，前往总督府。抵达总督府后，我在总督副官的引导下，进入灯光辉煌的总督府大厅。我手拿国书站在指定位置，再跨步向前，走到离我约三四米远的代总督嘉德逊大法官面前，将国书双手呈递给他，然后退回原处，拿出事先准备好的颂词，一字一句地宣读。接着，嘉德逊代总督致词，表示欢迎我任中国驻加拿大大使。之后，代总督与我进行了自由交谈。他请我转达对毛泽东主席、董必武副主席和周恩来总理的问候，并表示，加方将会尽力为大使先生履行公务提供便利，相信一定会有良好合作，使两国关系进一步发展。整个仪式气氛十分友好。

递交国书之后，大使馆升起五星红旗，正式开始对外办公。为尽快熟悉人员，打开局面，我开始了一连串的拜会。两院议长、总理、外长和其他有关部长等，都需要与他们建立联系，同时，其他各界要人也要会见叙谈。那段时间，拜会活动就如同走马灯，一场接一场。当外交官不仅要熟悉业务，把握政策，还得身体健康，精力充沛。我馆同志因在北美第一个使馆工作，人人精神振奋，有使不完的劲儿。

在拜会特鲁多总理时，我主动提及恢复中国在联合国席位问题，对加拿大政府不久前有关支持恢复我国席位的立场表示赞赏。之后，我又较详细地介绍了台湾问题的由来，特鲁多总理特别注意听取我关于台湾问题的陈述。他说，在国际方面，在联合国，加拿大承认北京政府是代表全中国人民的。台湾当局说它是代表中国的政府，对这种领土主张，我们拒绝了。但我们不能帮助中国解决领土要求问题。我紧接着他的话问，这是否可以理解为阁下的含义是说，台湾问题是中国的内政问题？特鲁多答，可以这样说。我还与他谈到中、美关系和尼克松总统将访华等问题。特鲁多表示，希望尼克松能去中国访问，希望北京和华盛顿谈判成功，这对世界和平十分重要。

开馆后，来使馆回访和拜会的加拿大人、美国人、驻加各国使节络绎不绝。我和其他外交官在使馆内天天忙于会见，有时设宴招待；外出应酬和演讲活动也很多，各种活动排得满满当当。好在国内派出的干部个个精明强干，工作效率非常高。但要做的事情实在太多，我们还是忙得团团转，一天工作十几个小时是常事。

国内派来的厨师蒋天泉是一位手艺高超、动作快捷的师傅。每天，他不但要想着法子为使馆十几个同志提供可口的一日三餐，而且要负责宴请，几乎天天都有各种招待和宴请活动。当然，馆员们一有时间即去帮厨。外交官帮厨，这在当时也是中国驻外使馆的一大特色。

1971 年 8 月 13 日，黄华于加拿大总理府拜会皮埃尔·特鲁多总理

申请访华签证的百人长龙

在中国同北美洲隔绝 20 多年后，想到中国访问和探亲的人真是太多了。加拿大人、美国人，还有加勒比海沿岸国和拉丁美洲人，再加上各地的华人、华侨，他们一下子涌到使馆来申请签证，让我们应接不暇。那个时候都是手工做签证，加之刚开馆，人手少，面对一摞摞的申请表，压力之大可想而知。因为每天都要不停地誊写，工作一天下来，领事部一些同志都眼花手痛了。

在朱丽安娜大楼的第 12 层长达 30 米的走廊里，每天都可以看到一个上百人组成的长龙，他们多是来中国使馆申请签证的人。好在走廊比较宽，他们可以坐在两边的椅子上等候，每人还能喝上一杯热气腾腾的香片茶。

在他们当中，有不少美国人。我会见了其中的一些人，包括 20 世纪 40 年代在延安美军观察组共事的老朋友约翰·谢伟思、美中关系委员会理事费正清、美国"改变美国对华政策"组织主席 A. 惠廷、哈佛大学法学教授 J. 科恩和对华友好的知名医学博士保罗·怀特、E. 格雷·戴蒙德和塞缪尔·罗森等，还有 1949 年初在淮海战役中采访国民党军和解放军的《纽约时报》记者西摩·托平。

谢伟思受周总理邀请要去中国访问。8 月 17 日，他给我写信，要我转呈他致周总理的一封信。他在给周总理的信中说："赫尔利将军的要求迫使我在延安匆忙而又勉强地同你和毛主席告别，迄今已经 26 年多了。此后，我的工作和命运将我带进了远离中国的领域。但是，作为我的出生地和第二故乡的中国始终在我脑海中占着巨大的地位……有机会重访中国，亲自看看那里发生的伟大变化，并亲自向虽已多年不见但仍记忆犹新的老朋友们致意，没有什么能比这给我更大的愉快和满足。"9 月 17 日，我在使馆会见了他并留他用便餐。他当时已过花甲之年，曾遭受各种磨难，但这位战胜了命运的人看来精神还十分矍铄。他简单地介绍了访华的想法和要求，并谈到他对当时中美关系的一些看法。他说，尼克松过去是反共的，现在终于决定访华，在美国受到好评，因为美国对华政策早该改变，希望尼克松北京之行成功。他还介绍了美国若干大学中国问题研究中心和中国问题研究学者的情况，说新起的一代主张改变对华政策，承认一个中国，但遗憾的是他们几乎无人到过中国。我就台湾问题、联合国中国席位问题等作了简要介绍，允诺转达他对访华的各项具体要求，并表示相信中方定将尽力安排好对他的接待。

因为当时中、美关系大门尚未打开，这些美国人只能绕个大弯子，到驻加拿大的中国使馆来申请签证。我通过这一渠道会见了不少美国人士。这也是中央任命我为驻加大使时交代的一项任务，要我积极配合国内，加强对美调研，利用民间渠道做美国各界人士的联系工作。

寻觅永久馆舍

购买使馆永久性馆舍是国内交办的一项重要任务。徐参赞看了不少房子，但都觉得不甚如意。一天，一位房地产中间商来访，说市内有一座天主教修女院，因修女越来越少，只剩下几人，不宜继续办下去，想予以关闭，房产变卖。

修道院坐落在渥太华市的中央，占地面积 1.7 公顷约 26 华亩，内有一幢五层楼的石结构房屋，它离议会、总理府、外交部仅二三公里，院子四周是高约四米的石墙。附近没有高层建筑，既安全又安静。北面紧靠丽都河，河虽不宽，但对岸建筑物很少，视野开阔。院子里有几十棵成行的高大树木，还有大片草坪和花坛。建筑内有大厅和几十个房间，既可作办公用房，又可供馆员生活居住。要找到一处各方面条件都比较符合我们要求的房产不容易，同志们看了之后，都觉得很值得考虑。我说事不宜迟，随后我们就通过中间商与修道院进行了联系。

据中间商告，修道院的主持嬷嬷听说买主是共产党中国政府，甚感意外，也非常犹豫，因为这处房地产的产权属于罗马教廷，她不知梵蒂冈是否愿意将它转移给信仰无神论的中国政府。她请示了教廷。一个多月后，教廷答复称：只要按价付现金，可以卖给中国政府。1972 年春，国内汇来了 170 万美元，使馆购买了整个房地产。

我到任不久，使馆党委考虑为工作之需，租了一所大使住宅。经研究，觉得一幢离朱丽安娜仅一条街的两层小楼较适用，于是付了定金。房主说需要一周的时间才能腾空房子。我们同意了，同时给国内打招呼，要求派技术专家来做安全检查。他们一查，发现房内有 13 套"臭虫"，即窃听器。电源是可供十年使用的锂电池，足有 70 公分长，直径为八公分。这套玩意儿的分支通达一二层的所有房间和大厅。当然，狐狸斗不过好猎手，"臭虫"被一网打尽。西方国家在这方面的技术和情报大多是互相通联的，背后有一个超级大国指挥。

建交国队伍又"添丁"

20 世纪 70 年代初，也是中国大力发展与拉美国家关系的时期。我在加拿大虽然只待了短短的四个月，却有幸参与了中国与秘鲁的建交谈判。

1949 年新中国成立后，秘鲁继续同台湾保持"外交关系"，同我国来往很少。1968 年，贝拉斯科军政府上台后，执行较为激进的民族主义内外政策，同美国的矛盾有所发展，表现出一定的独立倾向。这个时期，秘鲁政府逐步显露出发展对华关系的愿望，并通过多种渠道与我接触。1971 年 4 月和 6 月，我外贸部副部长周化民和秘鲁外交部负责经济事务的副部长阿尔萨莫拉分别率贸易代表团互访，并签署了一个关于促进贸易交往的会谈纪要。同年 7 月，中、秘双方在对方首都互设商务办事处。这些交往不仅有利于促进中、秘贸易，加深相互了解，更重要的是为日后的建交谈判做了铺垫。

1971 年 8 月 3 日和 6 日，秘鲁外长哈林和总统贝拉斯科先后宣布，秘政府已作出决定，将通过谈判同中华人民共和国建立外交关系；作为对华新政策的一部分，还表示支持中国进入联合国。但秘方未说明在什么时间、什么地点、以什么方式与我就建交问题进行谈判。8 月 24 日，秘鲁驻加拿大大使馆临时代办门多萨突然约见徐中夫参赞，称他奉政府之命，安排秘鲁大使与中国大使会见，有要事相商。我们估计可能是谈建交问题，立即将这一重要情况报告国内，国内很快答复，并交代了谈判的原则。

9 月 1 日，我根据国内授权和指示精神，同秘鲁大使德拉富恩特进行首轮谈判。双方先就建交谈判的程序问题进行了商谈，因为没有大的分歧，所以很快就达成了一致意见，并转入实质性谈判。但接下来的几轮谈判就颇费周折了，不过我对此早有预料，已作了充分准备。

我向德拉富恩特大使阐述了中国对与秘鲁建交的原则立场，并详细介绍了我国与其他国家建交的具体做法和建交公报中必需包括的基本内容。我主要强调三条：一是中国愿在和平共处五项原则基础上同秘鲁建交，并开展友好互利合作；二是秘鲁应承认中华人民共和国政府是中国的唯一合法政府，台湾是中国领土不可分割的一部分；三是秘鲁必须同台湾断交，并关闭台驻秘"大使馆"。

秘方表示：第一，同意将和平共处五项原则作为两国建交的基础，但希望加上"不使用武力而用和平方法解决国际争端"；第二，秘可以明确"承认中华人民共和国政府是中国的唯一合法政府"，但对"台湾是中国领土不可分割的一部分"的表述有困难；第三，秘方不愿在同我建交后立即赶走台驻秘人员，认为那样有失文雅，坚持让他们自动撤离。

在与我国建交问题上，秘鲁对美国的反应颇为顾虑，生怕影响秘、美关系，故希望低调处理秘、中建交，对中方提出的建交公报稿内容有保留。我根据国内指示精神，既坚持原则，又耐心说服，多做工作，并在政策允许的范围内，适当照顾秘方的困难和要求。在当时大的国际背景下，要求秘鲁公开和明确地承认台湾是中国领土不可分割的一部分是难以做到的，如果没有一个变通的办法，谈判就可能搁浅。有鉴于此，我提出采用"中国政府重申，台湾是中国领土不可分割的一部分，秘鲁政府注意到中国政府的这一立场"的表述方法。我们的考虑是，秘方只要不对中方的表述提出异议，就等于以默认的方式予以承认了。这是我们与加拿大建交公报中采用过的方式，也是当时能够争取到的最好的解决办法。

关于秘方提出"不使用武力而用和平方法解决国际争端"的问题，我反复说明，和平共处原则即包含了互不使用武力之意，但如遭到侵略，中国不能放弃武装自卫的权利，因此，还是不要写入这样的内容。经我耐心做工作，秘方最终同意放弃其要求。关于驱蒋人员问题，秘大使表示，拉美人的本性是不能对已倒在地上的人再踩上一脚。我说，台湾当局的做法就是，尽可能地赖着不走，大使馆不行就留领事馆，领事馆不行就留商务机构，再不行就留中央社记者。如果让这些台湾人员留在那里，就等于世界上同时存在两个中国。因此，秘方需要采取有效办法，拒绝"蒋帮使馆"及其官方机构人员赖着不走，否则将使我方在秘建馆和派遣大使遇到不可逾越的困难。如秘方对公报中加入这样的内容有困难，双方可以口头协议的方式解决。秘方最后表示同意。为显示我国对当时拉美国家捍卫 200 海里领海权斗争的支持，我同意在公报中加入一句话，即"中国政府承认秘鲁对邻接其海岸的 200 海里范围以内的海域主权"。经过先后十多次的谈判，双方终于就公报文本及有关细节达成一致。

1971 年 11 月 2 日，我同德拉富恩特大使分别代表本国政府在渥太华签署中、秘建交公报及有关口头协议的换文。同日，中国和秘鲁政府建交公报在北京和利马同时发表。至此，中国和秘鲁正式建立外交关系。由于此前两国已互设商务处，建交后中方即将商务处更名为大使馆。

秘鲁是继古巴、智利之后第三个同中国建交的拉美国家，对我打开并扩大在拉美的外交阵地，发展同拉美国家的交往与合作，都产生了积极的影响。

联合国大会中国扬眉吐气

加拿大政府十分重视对华关系。1971 年 6 月，加拿大政府决定放弃 1970 年在第 25 届联大的做法，不再支持联合国大会对中国代表权问题要求 2/3 多数票的议案。加拿大政府看到，国际形势一年来发生了重大变化，联合国内第三世界国家要求这个世界上最大的政府间组织接纳中华人民共和国的呼声日益高涨。在这种情况下，许多国家的有关态度不能不变了。

10 月 5 日，我应邀去拜会外交部长夏普。他为中、加建交和目前两国良好的政治经济关系感到高兴。在谈到恢复中国在联合国的席位问题时，夏普说："今年联合国内的情况有很大变化，许多国家已不坚持用2/3多数票决定中国的入会问题，估计会有一个好的结果。我们已经把每个国家的态度点着鼻子挨个计算了一遍，23国提案（即阿尔巴尼亚和阿尔及利亚等23国关于恢复中国合法席位的提案）将得到2/3多数通过。"我立即把这一重要情况报回国内。

10月25日晚，我和徐中夫参赞出席罗马尼亚大使夫妇在官邸的宴请，吃完饭时，大使的女儿急匆匆地从楼上跑下来，嘴里喊着，通过了，联合国大会刚刚通过了恢复中国席位的决议！罗马尼亚大使赶紧打开电视，我们看到联合国大会会场内，大多数代表异常兴奋，脸上挂着胜利的喜悦，其中有的国家的代表在不停地用双手拍打桌子，表示高兴，有的从座位上站起来唱歌，有的在击掌相庆，相互拥抱，一些非洲代表扭动着身体，跳起了民族舞。表决机器——大会主席台上方左右两块大板，上面有全部联合国成员国名称和投票态度——醒目地显示着，76票赞成，35票反对，17票弃权，4票未投。那是一个让你看了会觉得血液向外涌的时刻，这也是永远载入人类历史，尤其是中华民族历史的一件大事。罗马尼亚大使的晚宴顿时变成了庆祝会。此时，我们也接到大使馆传来友好人士切斯特·朗宁先生从纽约的联合国大会厅打来的报喜电话。他极关注第二十六届联合国大会关于中国席位的表决情况，在23国提案被通过后，狂喜的他立即给我驻加拿大大使馆拨通电话，表示祝贺。我们随即向罗马尼亚大使告辞返回使馆，见同志们团团围坐在电视前观看，大家个个欢欣鼓舞，喜笑颜开，有的同志还推测国内对这一重大胜利的对策。

向特鲁多总理的辞行拜会

联大决议通过后，联合国秘书长吴丹先生（缅甸人）即向中国外交部代部长姬鹏飞发来电报，通知中国政府称，第二十六届联合国大会通过了2758号决议，恢复中华人民共和国在联合国的一切合法权利，请中国政府派代表团出席本届联大。

这一历史性胜利的消息传到国内，群众欢欣鼓舞，欢迎联合国大会的决议。中央决定立即派代表团出席第二十六届联合国大会。毛主席提出由乔冠华当团长，熊向晖当代表。关于常驻代表人选，周总理建议说，就让黄华做副团长，会后留在纽约当常驻联合国和安理会的代表。毛主席说，黄华到加拿大当大使不到四个月，现在就调走，人家可能不高兴咧。周总理说，做做工作，加拿大政府会理解的。毛主席说，好，那就这么办。

11月1日，我接到国内关于我任代表团副团长和联合国常驻代表的指示，并要我于9日自渥太华赶赴巴黎与代表团会合，一起赴纽约出席联合国大会。

两天后，周总理指示我打电话给吴丹秘书长，请他转告联合国秘书处的中国籍官职人员："中国政府请他们坚守岗位，继续工作，不要为其前途担心。"继续任用在旧政府下做过事的一般人员，是我党的一贯政策，是深得人心的。我们代表团到达纽约后，联合国秘书处中国籍官职人员绝大部分都高兴地表示愿继续为新中国代表团工作，还主动介绍情况，献计献策，帮助代表团同各方面建立联系。他们中许多人的事业心和业务能力很强。如1919年拒绝在凡尔赛和约上签字的中国代表顾维钧先生的女儿顾菊珍女士，是联合国秘书处非洲司司长，就同我代表团合作得很好。

11月9日，我向特鲁多总理辞行。首先我感谢加拿大对恢复我国在联合国合法席位的可贵支持，然后，我表示匆匆离任，十分遗憾，在加拿大工作的时间才四个月，还未来得及为发展中加友谊多做些事。特鲁多首先祝贺我的调任，还非常友好地表示谅解，他说："我们真的感到很荣幸，因为中国首任常驻联合国代表是从加拿大去的。"他还说："中国返回联合国后责任重大，各国寄予中国很大希望。"我表示，联合国应该成为世界各成员国共同管理的组织，不能像过去那样为少数大国所垄断。中国会同广大成员国良好合作。

11月10日，我飞抵巴黎，同代表团会合。同志们告诉我，临行前，毛主席和周总理会见了代表团全体同志，向大家作了重要指示，要求代表团搞好同第三世界和广大中小国家的团结，反对帝国主义的霸权政策，还要对联合国多作调查研究，弄清联合国的情况。

第十一章　在常驻联合国代表团的五年

第三世界的历史性胜利

1971 年 10 月 25 日晚，第二十六届联大以 76 票对 35 票的压倒多数，通过了阿尔巴尼亚和阿尔及利亚等 23 国关于恢复中华人民共和国的合法席位和驱逐蒋介石代表的第 2758 号决议。这是我国 22 年来同第三世界为主的国家共同努力斗争的重大胜利，是国际正义的胜利，昭示了历史潮流不可阻挡！

这一消息传到世界各地，国际社会为之震动，媒体多以头条新闻刊载报道和评论。喜讯传到北京和全国，人们无比兴奋和激动，预期中国外交将大踏步地走向世界。

据时任周总理助理和中国出席联合国大会代表团代表的熊向晖同志告诉我，毛主席得知这个消息时非常高兴。他阅完联合国秘书长吴丹的电报和其他材料后情不自禁，马上请周总理、叶剑英副主席和外交部的十几位同志去中南海他的住处开会。北京时间 26 日晚 9 时，即在 2758 号决议通过不到半天的时间，毛主席就主持了这次会议。据说外交部的一名高官居然主张目前不进联合国，而是要等联大通过另一决议，摘除 20 世纪 50 年代关于中国是侵略者的帽子后我国才派团去纽约。对此，毛主席说，人家第三世界抬着轿子来请你啦，你还能不去？

毛主席决定尽快答复吴丹：中国将派代表团出席第二十六届联大，还确定了代表团团长、副团长、代表和常驻代表的人选。主席还对我国代表团长到联大的第一次演说内容，作了鲜明具体的指示。他强调要以高屋建瓴、势如破竹之势宣传我国的外交政策，在讲话中要伸张正义，长世界人民的志气，灭超级大国的威风；要声明中国反对任何大国的干涉、侵略控制和欺侮，要点名批评美国、日本多年不让我们进联合国；要提到我们要求美国必须从台湾撤出军队；要指出我国反对帝国主义的战争政策和侵略政策，反对超级大国的霸权主义，支持一切被压迫人民和民族的正义斗争；我国一贯主张和平共处五项原则，主张大小国家一律平等；中国属于第三世界，永远不做超级大国；联合国属于全体成员，不许任何国家操纵联合国……毛主席说："我们在联合国的方针是团结大多数，孤立极少数。团结是有原则的团结，原则就是我们对国际问题的基本立场：维护各国的独立和主权，维护国际和平，促进人类进步。23个提案国是我们的患难之交，要同他们讲团结。同其他投票赞成我们的53个国家也要团结。对投弃权票的17个国家要正确对待。在美国那样大的压力下，他们不支持美国，用弃权的办法对我们表示同情，也应当感谢他们。投反对票的35个国家不是铁板一块，也要做工作。"

周总理很快提出了出席联大代表团和常驻代表团人员的名单，请毛主席批准。外交部一下子变得非常忙碌：要给吴丹秘书长写答复信，准备对案，从各单位抽调人员，准备团长和常驻代表的介绍信，团长在大会上的发言稿等。11月1日，代理外交部长姬鹏飞电告吴丹：中国出席第二十六届联合国大会代表团以外交部副部长乔冠华为团长，黄华为副团长，正式代表为符浩、熊向晖、陈楚，副代表为唐明照、安致远、王海容、邢松鹫、张永宽。黄华大使为常驻联合国和安理会代表，陈楚大使为副代表。

代表团离开北京前夕，毛主席和周总理亲自接见代表团的部分同志并给予重要指示。毛主席说："在联合国要搞国际统一战线，注意要平等协商，绝对不能以大国自居，绝对不能干涉别国内政。"毛主席强调对联合国多做调查研究，深入了解联合国。他并赠言代表团说："不入虎穴，焉得虎子"，"胆大心细，遇事不慌"。周总理谆谆教导大家振奋精神，全力以赴地投入联合国的外交斗争，决不辜负祖国人民对大家的重托和第三世界对我国代表团的期望。他说要很好体会毛主席说的"为将当有怯弱时，以勇为本"的精神。进入联合国后，要催促联合国秘书长立即将蒋帮代表从联合国各专门机构中驱逐出去；代表团要以会务工作为中心，以安理会会务为工作重点，在安理会不轻易使用否决权；在对外活动中要不卑不亢，不轻言诺，要严守纪律，注意请示报告。他还提到应该尽早地在纽约购置住房，在联合国安顿下来，努力钻研业务，做好工作。

11月9日，代表团乘专机从北京出发，经停巴黎休息，改乘法航班机前往纽约。我从加拿大赶到巴黎，与代表团会合，一同赴任。在法航班机上，我们在头等舱里遇到了美国哥伦比亚广播公司著名电视新闻主持人沃尔特·克朗凯特及其同行。他们早有准备，在头等舱里等候采访我们，除了拍摄代表团的电视镜头外，还提出了一些问题，例如中国对初进联合国的感想、中国对中、美关系发展前景的看法，等等。11 月 11 日代表团抵达纽约后的当天晚上，美国电视机前就出现了我国代表团抵达纽约及团长答记者问的镜头。

11 月中旬，联合国全体大会早已结束一般性辩论，按惯例进入了各项议题的具体讨论。为了欢迎中国代表团的到达，联合国大会应届主席、印尼外长马立克决定于 11 月 15 日举行专门全体大会，听取中国代表团的发言。11 月 15 日上午 10 时，大会厅内座无虚席，贵宾席、记者席和来宾席上也坐得满满的。中国代表团步入联合国会议大厅时，全体代表起立，掌声经久不息，热烈的气氛顿时弥漫整个会场。报名发言的国家非常踊跃。刚刚投票反对恢复我国合法席位的美国常驻联合国代表乔治·布什以东道国代表身份发言，对中国代表团表示欢迎。匈牙利代表还特地用中国普通话致辞。第三世界代表强调这是战后新兴力量的有历史意义的巨大胜利。许多国家的代表表示：有九亿人口和国际关系上享有良好声望的中华人民共和国的参加，才使联合国具有充分的代表性。各国代表的讲话一直持续到下午 6 时，共有 57 个国家致欢迎词。联合国历史上第一次以长达两个半天的宝贵的会议时间来欢迎一个国家代表团的出

1971 年 11 月 15 日，中国出席第二十六届联合国大会代表团在大会厅就座。前排左起：乔冠华、黄华、符浩。后排左起：唐闻生、熊向晖、陈楚

席，这是从未有过的，可见中华人民共和国进入联合国组织深得人心，反映了时代的期望和要求。

乔冠华团长的发言约45分钟。尽管在美国政府的阻挠下，联合国剥夺了中国合法权利达22年，但中国代表团团长的发言却心平气和地摆事实，讲道理，庄严地阐明了中华人民共和国政府对重大国际问题的立场，没有使用当时所盛行的"文化大革命"的语言。乔冠华在发言中指出："我们一贯主张，国家不论大小，应该一律平等；和平共处五项原则应该成为国与国之间的关系准则。各国人民有权按自己的意愿选择本国的社会制度，有权维护本国独立、主权和领土完整，任何国家都无权对另一个国家进行侵略、颠覆、控制、干涉和欺负。我们反对大国优越于小国，小国依附于大国的帝国主义和殖民主义的理论。我们反对大国欺侮小国，强国欺侮弱国的强权政治和霸权主义。我们主张，任何一个国家的事要由这个国家的人民自己来管，全世界的事要由世界各国来管，联合国的事要由参加联合国的所有国家共同来管，不允许超级大国操纵和垄断。"我们主张，"联合国应当在维护国际和平、反对侵略和干涉、发展各国之间的友好合作关系方面发挥应有的作用。中国是一个发展中国家，属于第三世界，将同一切爱好和平、主持正义的国家和人民站在一起，为维护各国的民族独立和国家主权，为维护国际和平、促进人类进步事业而共同努力。"这是当时关于中国外交路线、方针政策的精辟阐述。中国代表团团长的发言受到大会的热烈欢迎。

中国常驻代表团在联合国的活动

从1971年11月到1976年12月的五年间，我任常驻联合国和安全理事会代表。此后六年我又以外长身份出席联合国历年大会。

20世纪70年代初以来，国际关系云谲波诡，急剧变化。美、苏两个超级大国在世界各地展开激烈的争夺，第三世界力量日益壮大，我国的国际地位和影响逐渐增强。在争夺世界霸权的斗争中，美国实力相对削弱，苏联军力不断增强，对外全面扩张，在我边境陈兵百万，威胁我国安全。自1971年基辛格秘密访华和1972年尼克松访华后，中、美关系开始解冻。针对美、苏争霸加剧，第三世界力量壮大的形势，中央指示我们在联合国的工作方针是：反对超级大国的霸权主义政策，支持第三世界的正义斗争和合理要求，广泛宣传我国的和平共处五项原则，同各国发展友好关系。

1974 年 9 月 23 日，联合国五常任理事国代表同联合国秘书长合影。左起：黄华、让—索瓦尼亚格、基辛格、瓦尔德海姆、葛罗米柯、卡拉汉

我们投入相当精力进行调查研究，对联合国的作用有了一定的认识。联合国至少有下列四个特点：首先，联合国是一个各国宣传其对外政策和主张的重要讲坛，每届全体大会审议的 100 多项议题，内容广泛，包括政治、军事、经济、社会、法律、文化教育、科学技术等。各国派遣大使、外交部长、总理甚至总统到全体大会出席一般辩论和发言。全体大会的决议有政治上、道义上的意义，对涉及联合国机构本身的问题具有法律约束力。联合国是世界上最大的主权国家的组织，有很高的威信。大会表决实行一国一票的投票制度，比某些同联合国有联系的国际金融机构要民主，因此，新独立的国家以加入联合国为其外交的首项举措。

其次，联合国是维护国际和平和安全的重要组织。在第二次世界大战期间，同盟国为了防止大战惨祸再度发生，倡议成立了联合国组织。发起者吸取了国际联盟失败的教训，建立负责保障国际和平和安全的机制——安全理事会，并在联合国宪章中写明将否决权给予美、苏、中、英、法五个第二次世界大战的主要战胜国为安理会常任理事国。不容否认，否决权是一种特权，但它的主旨是委予五个常任理事国在保障国际和平和安全方面极严肃和极重大的责任。中国是常任理事国中唯一来自发展中国家行列的，因此，它以反映发展中国家的要求和利益以及用好联合国宪章给予的这一重要权力为己任。在日益动荡的国际局势中，几乎每一两天便有来自世界某地发来的有关冲突和战事的报告和申诉，安理会立即投入紧张的磋商和会议。我在纽约常驻的五年期间，几乎没有闲暇的周末。处理安理会事务花费了我和周南、过家鼎等几位助手的绝大部分精力。频繁的请示报告和中央指示使纽约和北京之间的往返密电数量与日俱增。自从在联合国合法席位恢复以来，外交部的密电数量增加了一倍。

联合国成立的几十年来，由于超级大国的操纵，许多安理会的决议未能得到执行而长期拖延。例如关于中东巴勒斯坦和以色列问题的 242 号决议就是这样。有时超级大国绕开安理会，违反联合国宪章的宗旨和原则，对别国发动军事进攻和占领，破坏国际和平和安全，这种违宪行为受到国际社会的谴责，但也说明安理会的作用是有限的。

再次，联合国是重要的国际法的制定机构。联合国设有国际法委员会或各种专设委员会，研究和起草新的国际条约或公约，供联合国主持的世界外交代表会议通过与开放签字。国际法委员会起草的外交关系公约草案和领事关系公约草案，分别在 1961 年和 1963 年的世界外交代表会议上通过成为公约。我国承认这两个重要公约。第三次海洋法公约的起草和讨论则是在联合国海洋法委员会内进行的。公约草案在加拉加斯举行的外交代表会议通过后成为联合国海洋法公约，也成为国际法的重要渊源。

第四，联合国是国际最重要的多边外交平台，为各成员国外交官自由接触交往提供了方便。在我国进入联合国头五年，我代表团利用联合国的有利条件，同十几个国家进行建交谈判，并签订了建立正式外交关系的公报。根据我国"国家不论大小，一律平等"的理念，我们重视同第三世界和中、小国家的交往，我常常到挂有我国赠送的巨幅长城壁毯的代表休息大厅去同别国代表会见。非洲朋友特别高兴同我打招呼和交谈，他们反映说，其他安理会常任理事国的常驻代表从来不步入这个大厅。

作为多边外交的重要园地，联合国的工作具有不同于双边外交的许多特点，对外交官的锻炼也是多方面的。在审议某个议题时，我们要面对 100 多个国家代表。在阐述本国的立场主张、争取别国的理解和支持时，我代表团的讲话，既要表明我国鲜明和坚定的原则立场，又要讲究外交斗争艺术和用语，不然一言既出，驷马难追。我国代表的发言特点是观点明确、道理透彻，集中批评超级大国的错误对外政策和霸道行径，因而受到广大第三世界和中小国家的赞许。

初进联合国时，由于力量和经验有限，除安理会之外，我们仅参加了大会、第一委员会、特别政治委员会、经济社会理事会、行政预算委员会和法律委员会的工作，后来才逐步扩大参与的范围，做到各主要委员会均有我代表参加。联合国组织的五个主要机构中，有一个名为托管理事会的，它是审理强国对托管地的政策的机构，我国对之不予介入，故声明不拟参加。对某些机构，我们采取观察和暂不参加的态度，如维持和平行动，以及政府间专门机构中的国际劳工组织（ILO）和关税及贸易总协定（GATT）等。对裁军谈判，我们采取了揭露超级大国假裁军，真扩军的立场。随着我代表团力量的增强，我们逐步参加了上述机构。为了在某些问题上保持超脱，避免卷入两个超级大国的争斗，我们在联合国一些会议的投票中创造了一种"不参加投票"的方式。

在联合国，我们同不结盟运动国家和第三世界国家集团——七十七国集团的关系密切。七十七国集团最早成立于1964年3月举行的贸易和发展会议期间。在我国代表团到纽约后，这个集团已经有110多个成员国。集团中起核心作用的国家有：南斯拉夫、阿尔及利亚、墨西哥和印度等十多个国家，他们在重大的议题审议和谈判中，为了集中表达发展中国家的意见，往往在正式会议前开会，商量原则立场和表态口径，委派一二名代表在正式会议上发言，由七十七国集团的其他成员国代表作补充。七十七国集团在国际政府间组织和国际会议上是一支同北方国家对阵的重要力量。

中国是发展中国家，同苏联原有的结盟关系在20世纪70年代早已名存实亡，中国是一个真正的不结盟国家。但是我们当时考虑从七十七国集团的外面支持它更为适当，未申请为其成员。后来我国代表团以观察员身份参加已经是140多个国家组成的七十七国集团的活动。

在纽约，社交活动可谓繁忙之极。100多个常驻代表团每年都要举行自己的国庆招待会，其国家元首或政府要员来纽约，又要举行招待会，各代表团之间不断宴请，以加强相互之间的关系，因此，尤其是大会期间，代表团的主要外交官每天甚至要参加四五场活动，当然这些场合都是介绍本国立场和了解有关情况的最好机会。

除了忙碌的多边、双边交往外，我们很注意同美国友好人士和旅美华人联系，很注意同秘书处的华籍官职人员交往。我常同李政道、杨振宁、吴健雄等博士晤面，时有互访，并经常同海伦·斯诺、约翰·谢伟思、塞缪尔·罗森、E. 格雷·戴蒙德大夫及夫人玛丽和杜波依斯博士之子戴维·杜波依斯、我代表团律师马丁·波帕等聚会。代表团也结识了许多新朋友。代表团每年的国庆招待会分两天举行，应邀来出席的客人有上千人。

根据国际协议，联合国总部设在纽约曼哈顿岛，联合国会员国不论同美国是否具有正式外交关系，其人员都有权取得签证居住在纽约。在 1971 年，尼克松尚待访华，中、美两国之间没有正式的外交关系。对于美国来说，当时中国还是一个敌性国家。美国国务院规定，中华人民共和国代表团人员的行动不得超过纽约市哥伦比亚广场以外 20 英里半径的地域，其地位如同其他美国的敌性国家古巴等一样。如需要去超过 20 英里的地方，须提前 48 小时向美国国务院申请并获得批准。我代表团的车辆一出门，即有警车尾随"保卫"。

在代表团全体人员赴第二十六届联大之前，一个以高粮同志为首的三人先遣组已提前三天抵达纽约，为代表团安排住宿、饮食、交通、联络等具体事宜。我们的下榻地点是麦迪逊马路第 43 街和第 44 街之间的罗斯福旅馆，这是罗马尼亚代表团的朋友受我们的委托为我们预订的旅馆。每年秋季联大开会期间，各成员国代表团云集纽约，离联合国大厦较近的旅馆十分抢手，罗马尼亚朋友在接到我们的电报之后，一两天内便给我们订好了这家旅馆，这在当时是很不容易的。

罗斯福旅馆位于纽约市中心曼哈顿区的东部，离联合国总部只隔两条街。我们的驻地在 14 层楼，我们把这一层楼的 70 余个房间全部包了下来，一部分做会客之用，其余每人住一间，就这样暂时安顿下来。

中国出席第二十六届联大代表团在纽约工作了 42 天，于圣诞节前结束工作，经历了印、巴战争在安理会和联大的激烈辩论。大会结束后，我国出席联大代表团返回北京，我和 40 余位同志留下来，开始了中国常驻联合国代表团的建团和日常工作。

圣诞节在美国人心目中是特大节日，往往一个月前，家家户户即已开始布置房子，把圣诞树装饰得很漂亮，同亲友互相祝贺、送礼和宴请。对着罗斯福饭店第 14 层约十米远的地方是一家美国银行的办公室。圣诞节前两天，我们注意到对面窗户上挂出一大幅招贴画，上面用英文写着："向中国代表团致敬！"下面落款是："美帝国主义的走狗（running dogs）。"我们同志看到了这张大字报真觉得美国人很幽默，他们一定是觉得走狗这个词太有趣了，于是把自己说成是走狗，为的是博得中国代表团的一笑。

纽约是世界最大的都市之一，人口有 1000 多万，政治、商业和文化活动频繁。在曼哈顿岛上摩天高楼林立，马路上车辆行人拥挤不堪，有些街道废气和噪音污染严重。美国人生活节奏快，街上行人都是急急忙忙的，各色人种都有。纽约人看见我们，男士们穿着中山服，女士们穿着翻领上衣和长裤，知道是中华人民共和国来的，多数能客气地打招呼，问路时能详细给予指点。

鉴于当时中国代表团的处境和纽约的环境，我们对安全问题十分重视。因为代表团没有专职的警卫人员，所以我们把负责保卫的任务全部交给了纽约市警方。警方采取了一些特殊措施，以保证中国代表团的安全。警方在旅馆第 14 层楼的电梯门口派驻了一个警卫小组，24 小时在电梯口值班，严禁闲人进入。为防止窃听，代表团宣布了一条规定，在旅馆内不得谈论机密事务，凡机密的事都用笔写后传阅，阅后立即销毁。为安全和防止发生意外，我们还作了规定，凡我人员离开罗斯福旅馆外出，必须三人同行。

印、巴战争问题及在安理会和联大的辩论

在第二十六届联大进行过程中，11 月 21 日突然爆发了印、巴战争。12 月 3 日，印度大规模进攻当时的东巴基斯坦（即现在的孟加拉国）。12 月 4 日，由 15 国组成的安理会应阿根廷、比利时、布隆迪、意大利、尼加拉瓜、索马里、英、美等国的要求，立即召开正式会议。印、巴代表被邀参加辩论，巴基斯坦副总理兼外长布托亲自出席安理会会议。12 月 4 日会上，美国提出一项决议草案，要求印、巴双方立即停火，将军队撤回本国境内，实际上是要求印度撤军。表决结果 11 票赞成、两票弃权（英、法），由于常任理事国苏联的反对，草案被否决。同日会上，苏联提出一项决议草案，要求巴基斯坦政府采取措施，"停止巴军在东巴的暴行"，该草案只获两票赞成（苏、波），未获通过。5 日会上，苏联建议按安理会议事规则第 39 条（对象是非联合国成员国）邀请在东巴基斯坦基础上建立的孟加拉国代表出席安理会发言。我代表团表示坚决反对。由于得不到所需的九票的支持，苏联未敢要求将其建议付诸表决。同时，我团打出了中国首次在安理会上提出的一项决议草案："严厉谴责印度政府制造所谓'孟加拉国'，颠覆、分裂和侵略巴基斯坦的行径"；"要求印度

政府把它的武装部队立即无条件地撤出巴基斯坦领土";"呼吁印、巴两国停止敌对行动，并从印、巴两国边界线各自后撤，脱离接触，为和平解决印、巴争端创造条件"。我团提案的中心内容是反对只要求停火而不撤军，因为这将意味着印度巩固其对东巴基斯坦的占领，但未要求将决议草案付诸表决。阿根廷等八国正式提出一项决议草案，要求各方立即停火并撤军，但草案又被苏联否决。

12月6日，达卡已经陷落。安理会因苏联的否决，显然不能制止印度对东巴的占领。于是，阿根廷等六国提出一项决议草案，要求将此问题立即提交正在进行的第二十六届联合国大会审议。7日，联大立即审议印、巴战争问题，并以104票通过一项决议，要求印、巴两国政府立即停火，将军队撤到各自边境以内，敦促为东巴难民自愿返回提供便利，并要求安理会按该决议采取行动。12月13日，安理会再次开会审议该问题。会上，美国提出一项决议草案，再次要求印、巴立即停火和印度撤军，但草案又被苏联否决。至17日，东巴被印军全部占领，停火自然实现。21日，安理会才以13票赞成，两票（苏、波）弃权，通过了阿根廷等六国的决议草案，要求一切有关者将其军队撤到本国境内和克什米尔停火线的位置，并遵照1949年8月的日内瓦公约释放和遣返战俘和平民。

在安理会和联合国大会的这场辩论中，苏联竭力阻止和拖延安理会通过停火和撤军的决议，以支持和掩护印军进攻和占领东巴。我代表团在初期即坚决反对只停火不撤军的决议，随后又迅速支持阿根廷等国要求停火和撤军的决议，并将此案提交联合国大会紧急审议，结果联大以压倒多数通过了阿根廷等国提出的决议。当时，达卡已经陷落，大局已无法扭转。很明显，我国从一进入联合国之初即高举维护国际正义和反对侵略的旗帜，同时对支持侵略的超级大国展开了斗争。

代表团的安全问题

中国代表团常驻纽约是中国官方人员首次来到美国开展多边外交活动。中美两国尚未建交，蒋台特务在美活动十分猖獗，所以我们代表团每天的生活和工作都要拉紧安全这根弦，把安全放在第一位。

为了物色适用的住处，代表团的同志经过四个多月的时间，看了多处的住房，终于找到了位于百老汇马路和第 66 街交汇地的一栋相当新的林肯汽车旅馆，它的对面就是纽约的高级文化区林肯表演艺术中心和著名的朱利亚德音乐学院。该汽车旅馆占地约 2000 平方米，共十层楼，有 270 套大房间，有供 300 多人就餐的大厅，各种设备一应俱全，地下停车场有四个扇面，可停泊 170 辆汽车。经请示国内，周总理迅速地亲自批准以 485 万美元现款一次付清，连楼带地皮买了下来。第二年 3 月我们搬进新居。

1972 年 1 月 28 日，我率几位同志去非洲埃塞俄比亚首都出席安理会讨论南部非洲问题的会议。这是安理会第一次在纽约以外的地点召开会议，也是中国在联合国席位刚恢复后全面介入安理会工作的一次经历。我们在驻埃塞俄比亚大使俞沛文的协助下，顺利完成会议的各项工作，并拜会了塞拉西皇帝。此时我接到周总理急电说斯诺病危，让我赶赴日内瓦代表毛主席和周总理看望和问候斯诺。我便即日飞日内瓦去看望重病垂危的斯诺。

我路经瑞士时获悉常驻纽约代表团的服务员王锡昌同志在罗斯福旅馆被害身亡的不幸消息，急忙赶回纽约。原来，在此前的一个星期六晚上，在罗斯福旅馆 14 层宽敞的走廊里，王锡昌为代表团人员放映电影完毕，回房睡觉，突发猝死。当晚在代表团值班的美方警卫中有一名是黄种人，此人很可疑，有时只有他一个人值班，王锡昌被害后，再也没有见到此人出现。第二天，代表团将王锡昌送往医院，对尸体进行解剖，仍查不清死因，尸体暂存医院冰柜。这件事惊动了周总理和毛主席。我立即根据指示写信给美国常驻联合国代表，要求美国有关当局立即进行彻底调查，以查明死因和凶手。美方答应责成纽约当局与中国代表团配合，以追查凶手。过了两个多月，我们接到纽约市医院的通知，说王锡昌是喝了含有浓缩尼古丁的饮水引起了神经中枢麻痹而死亡。我们当即取回了一小杯死者的胃液，连同一杯他房内暖瓶中的水，交信使一并送回国内。国内有关部门的检测结果与美方医院的结论一致。原来是凶手在小王房内的暖瓶里投入了剧毒的尼古丁浓液。尽管我方一再催促美方协助破案，美方也允诺与我配合，但理由总是归于情况复杂一再耽搁。30 多年过去了，这个问题始终没有得到一个清楚的回答，成了历史悬案。很明显，这是蒋帮特务暗杀我代表团人员的阴谋，是美蒋特务勾结欠下我们的一笔血债。

王锡昌同志的骨灰送回国内后，被追认为烈士，追悼会在八宝山隆重举行，外交部几位部、司领导以及出席第二十六届联大代表团的部分同志出席了哀悼仪式，向这位年轻的遭暗害的常驻代表团工作人员致以最后的敬意。

关于行使否决权

在使用否决权的问题上，我们采取了十分审慎的态度。我们珍惜宪章给予的重大权力，同时反对某些大国为其私利而滥用否决权。根据资料，到20世纪末，美国在联合国共使用过81次否决权，苏联／俄罗斯使用过116次否决权。

从我国合法权利恢复后到2000年，我代表团使用过四次否决权，头两次发生在20世纪70年代，情况如下：

印度在1971年12月出兵占领东巴基斯坦后，一直拒绝执行联合国大会和安理会通过的要求印军撤出东巴的决议。1972年8月8日，在原东巴建立的孟加拉人民共和国向安理会提出了加入联合国的申请。由于印军尚未撤出东巴，巴基斯坦的九万战俘和三万平民尚未按1948年的日内瓦公约被遣返本国，战争状态尚未结束，按理不应审议其他问题。我从反对肢解一个国家的原则立场和国际法规范出发，于8月25日在安理会的投票中否决了由苏联、印度、南斯拉夫和英国提出的关于推荐接纳孟加拉人民共和国加入联合国的决议草案。此后，孟加拉国在苏联的支持下，又把其申请提交联合国大会审议。巴基斯坦坚决予以反对，在会外进行了广泛的活动，结果联大审议后通过了两个平行的决议，一是南斯拉夫、波兰、蒙古提出的草案，希望早日接纳孟加拉国入会；二是阿根廷等国提出的草案，敦促执行安理会要求印度撤军和双方交还战俘的决议。鉴于联合国宪章规定新成员国入会须由安理会提出推荐，而孟加拉的入会申请在安理会未能获得推荐，联大即使进行了上述讨论也只能作出建议性的而不能作出有约束力的决议。孟加拉的入会问题仍然没有解决。

根据联合国的宪章规定，联合国全体大会在和平、安全、经济等实质问题上通过的决议没有约束力，或更准确地说，没有强制性执行力，但在有关联合国组织本身的问题上通过的决议是有约束力的，例如解决一国的代表权、改组机构、选举安全理事会、经济社会理事会的理事国等。至于新会员国入会、选举秘书长的问题，须有安理会通过的推荐，最后由大会作出有约束力的决议。

经过约两年时间，印度已从东巴撤军，巴基斯坦的战俘和难民得到遣返，中、孟和巴、孟都建立了友好外交关系。1974年5月14日，孟加拉国重提入会申请，要求安理会予以审议。经安理会审议，于6月10日正式通过了推荐，随即联合国大会通过了接纳孟加拉国加入联合国的决议。中国代表团与孟加拉国常驻联合国代表团之间建立了十分友好的关系。孟加拉国常驻联合国代表凯撒大使原来是巴基斯坦驻华大使，他是中国的老朋友，自孟加拉国加入联合国之后，在20世纪70年代的岁月里，他一直是中国代表团在联合国内的最好的朋友之一。

另一次在中东问题上，我国也行使了否决权。

1972年9月10日，索马里、南斯拉夫、几内亚等四国提出谴责以色列侵略叙利亚、黎巴嫩提案。对此，英、法等国提出修正案，要求谴责以色列和阿拉伯国家，企图阉割四国提案的实质。印度当场动议对该修正案的最主要部分，即对实效部分第二段a分段进行单独表决，我代表团和苏联代表团都投了反对票，否决了该修正案（按议事规则，如一议案实效部分被否决，整案即被否决）。索马里等四国提案再付表决时，也因美国投否决票而未通过。应该说这一次我国也使用了否决权。

香港与澳门首次被摘掉殖民地的帽子

联合国准许殖民地国家和民族获得独立的宣言执行情况特设委员会（简称反殖特委会，即24国委员会）自1961年成立以来，一直将香港和澳门列入所谓的殖民地名单。根据该特委会的宗旨，殖民地将来的前途是获得独立。1972年1月中国被选为特委会成员国，我代表团发现此名单中有严重错误，就此问题提出了交涉和开展一系列工作。

1972年3月8日，我以中国常驻联合国代表的名义致函反殖特委会主席萨·萨利姆，庄严地指出："众所周知，香港、澳门是属于历史上遗留下来的帝国主义强加于中国的一系列不平等条约的结果。香港和澳门是被英国和葡萄牙当局占领的中国领土的一部分，解决香港、澳门问题完全属于中国主权范围内的问题，根本不属于通常的所谓殖民地范畴，因此不应列入反殖宣言中适用的殖民地地区的名单之内。对香港和澳门问题，中国政府一贯主张在条件成熟的时候，用适当方式加以解决。联合国无权讨论这一问题。根据上述理由，中国代表团反对把香港、澳门列入反殖宣言中适用的殖民地地区的名单中，并要求立即从反殖特委会的文件以及联合国其他一切文件中取消关于香港、澳门是属于所谓殖民地范畴的这一错误提法。"

特委会于 1972 年 6 月 15 日通过决定，向联合国大会提出报告，建议从殖民地名单中删去香港、澳门。1972 年 11 月 8 日，联大以 99 票对 5 票通过决议，认可了特委会的报告。从此，香港和澳门在国际上首次被摘掉了殖民地的帽子。这在政治上、道义上表明世界上绝大多数国家的意愿，香港和澳门的前途不是独立，而是回归祖国。这是第三世界的一个胜利，并为日后中、英政府间有关香港回归祖国的谈判扫清了一个障碍。

邓小平副总理率团出席第六届特别联大

1974 年 4 月上旬，联合国大会召开关于原料和发展问题的特别大会，即第六届特别联大。这是由阿尔及利亚革命委员会主席布迈丁倡议，得到全世界绝大多数国家支持而召开的一次特别联大。这次联大名为讨论原料与发展问题，实际上是一次加强发展中国家的团结、维护民族经济权益，推动各国人民反对帝国主义、霸权主义斗争的重要会议。对布迈丁的提议，中国代表团迅速给予积极支持。英、美、法、苏等国也委派总理或部长与会，大会由阿尔及利亚的外交部长布特弗利卡主持。

我们得到国内通知，邓小平副总理将率团前来出席这次会议。几年来，小平同志被打成第二号走资派，饱受批斗和压制，这次居然能东山再起，代表中国人民走上国际舞台，标志着国内政治形势将出现重大转机，国际上也引起广泛关注。邓小平来到纽约，成了全世界的头条新闻。据了解，小平同志出席特别联大是周恩来提议并经毛主席批准的。当时，国内"文化大革命"尚未结束，"四人帮"企图加以阻挠，主张由张春桥率团前来，但遭到毛主席的批评，江青才不得不罢休。

4 月 7 日，小平同志一行乘专机抵达纽约肯尼迪国际机场。我和代表团的其他负责同志全体前往机场迎接。肯尼迪机场警卫森严，许多华侨在机场警卫线以外的范围内，打着横幅，举着鲜花前来欢迎。小平同志身穿黑灰色中山装，神采奕奕地走下飞机和我们一一握手，还同前来欢迎的侨领交谈。侨领们向我们反映，邓先生这次出来工作，中国可大有希望了。

小平同志一到代表团驻地，不顾时差和长途跋涉带来的疲劳，立即召集代表团二秘以上外交官开会研究工作。他对大家说："这次会议将要载入史册；

亚非拉国家受人欺负那么多年，今天提出要建立经济平等关系，这可是划时代的事件，我们中国一定要支持，我们要配合他们通过一个好的文件和行动纲领。"

4月10日，他在联大发表演讲，讲话稿是他根据毛主席的思想亲自主持撰写的。在这篇讲话中，他不拘泥于原料和发展的问题，而是针对当时美、苏两个超级大国争夺世界霸权的世界形势，提出了划分三个世界的战略思想。他指出："广大的发展中国家长期遭受殖民主义、帝国主义的压迫和剥削。它们取得了政治上的独立，但都面临着肃清殖民主义残余势力，发展民族经济，巩固民族独立的问题。""第三世界国家要发展自己的经济，首要的前提是维护政治独立。""政治独立和经济独立是不可分的。没有政治独立，就不可能获得经济独立；而没有经济独立，一个国家的独立就是不完全、不牢固的。"

1974年4月10日，出席联合国大会第六届特别会议的中国代表团团长邓小平在大会发言后，各国代表前来祝贺。正面左一为黄华

他还提出，国家之间的政治和经济关系都应建立在和平共处五项原则的基础上。"国家不论大小，不论贫富，应该一律平等，国际经济事务应该由世界各国共同来管，而不应由一两个超级大国来垄断。"他强调说，"中国属于第三世界。中国现在不是，将来也不做超级大国。假如中国成为超级大国，压迫和

欺侮别的国家，全世界人民应起来打倒它。"这一讲话得到各国代表强烈反应，纷纷向邓小平副总理祝贺。我国周边国家的代表更是热烈欢迎小平同志的这一讲话，因为它有力地消除"中国威胁论"的毒害。

为期一周的第六届特别联大通过了《建立国际经济新秩序的宣言》和《行动纲领》。第三世界国家以原料为武器，同帝国主义国家作斗争，使西方国家遭受持续数年的能源危机。第三世界的声望和在国际事务中的影响力大大提高。

在纽约，小平同志还同基辛格进行了会谈。这一时期，尼克松在越战失败后又陷入"水门事件"，在中、美关系问题上，美方除 1973 年削减驻台美军 1/3 外，没有迈出新的步子；在实现关系正常化上有后退表现。基辛格在与小平同志谈到关系正常化时表示，美国正在研究实现一个中国的设想，但尚未想出办法来。这表明尼克松政府在"水门事件"缠身的情况下，不可能解决中、美关系正常化的难题。

小平同志的这次纽约之行在国际国内都引起了很大的反响，他的平易近人、求真务实和高效的工作作风给我们留下了深刻的印象。他一抵纽约，就全身心地投入工作，除发表正式演讲外，还会见了几十个国家的外长。他召开内部会议，言简意赅，但指示明确。他在生活和饮食上没有特殊要求，住在代表团为他准备的第十层楼一个套间里。他晚间工作一般不超过 12 点，但每天早晨 6 点即起床，到屋顶的阳台上来回散步，思考问题。7 点早饭后即开始工作，9 点去联合国开会之前便批完了电报，看完了有关材料，做到了心中有数。

在纽约开会的一周时间内，小平同志没有外出游山玩水。只是在回国前的一个星期天，正值天气晴朗，风和日丽，在联合国副秘书长唐明照的陪同下，到纽约郊区转了一下。据陪同的同志告，小平同志外出时讲话不多，只是听介绍，看沿途景物。有时讲上一两句颇有分量的话。他说，到一个地方，一定要出去看看，才能了解外面世界；美国这个国家历史不长，对它的发展我们要好好研究。其实，在那时，小平同志已在开始思考如何借鉴外国，尤其是发达资本主义国家的建设经验了。

特别联大开得很成功。在小平同志离开纽约前有一次大家围着圆桌吃饭时，我问小平同志打算怎样花公家发给每位临时出国同志的 30 元人民币（折合 20 美元）零用费。他说他也不知这些钱能买什么，这时我说，您不是认为牛角油酥面包是世界上最好吃的吗？ 20 美元可以买许多个，回国可以送送人。

他说，好啊。我即电告驻法国大使曾涛代买 100 个油酥面包交小平同志在回程经过巴黎时带回去，既新鲜，又易带。听说小平同志到了北京，周总理到机场迎接，小平同志说，总理，我给你带来牛角面包了。总理高兴地握着他的手，连声道谢。之后，许多曾在法国勤工俭学和留学德国的同志如朱德、聂荣臻、李富春、蔡畅等都吃到了可口的牛角油酥面包。

我国支持第三世界国家竞选联合国秘书长职位

我任中国常驻联合国代表的时候，联合国的秘书长是奥地利人库·瓦尔德海姆。瓦尔德海姆于 1972 年 1 月上任，至 1981 年 12 月 3 日，共担任了两届秘书长。1971 年底，原先的联合国秘书长缅甸人吴丹因病不能继续任职，经安理会协商同意，瓦尔德海姆作为唯一候选人顺利当选，接替吴丹担任了秘书长。1976 年底，瓦尔德海姆的第一届任期已满，要求竞选连任第二届秘书长。根据《联合国宪章》第 97 条规定，联合国秘书长由联合国大会根据安理会的推荐委派之。1976 年 12 月 8 日，安理会举行会议来决定对秘书长人选的推荐。选举以秘密方式举行，所分发的选票上有标记注明常任理事国或非常任理事国。当时候选人得到 15 票赞成，其中包括五个常任理事国的赞成票。安理会的推荐成立，1976 年 12 月 8 日，大会表决决定接受瓦尔德海姆连任。

1981 年 12 月初，已经担任两届联合国秘书长的瓦尔德海姆宣布再次竞选连任秘书长一职。这是一个高度政治性的职位，权力很大，瓦尔德海姆的连任要求引起第三世界国家的不满，他们认为这一职务不应老是由欧洲人担任，按联合国的地域轮流的惯例和原则，应由非洲或拉丁美洲国家，即第三世界的人选担任。当时非洲统一组织一致推荐了坦桑尼亚外长萨利姆为候选人。我国常驻联合国代表凌青大使建议支持第三世界担任秘书长的原则，部领导予以批准并指示支持萨利姆为候选人。但美国和西方国家坚决反对萨利姆，在安理会多次投票反对，予以阻挠。虽然在安理会进行的是无记名投票，任何常任理事国的反对票不构成投票国使用否决权，但注有特别标记的安理会常任理事国的反对票，使安理会不能形成推荐，故候选人不能被选。我国为坚决支持第三世界人选担任下届秘书长的原则，采取针锋相对的态度，连续十多次投票反对瓦尔德海姆连任秘书长。这样双方僵持不下，下届秘书长难产。瓦尔德海姆看出他当选无望，找我商议。我说中国坚持的是原则，中国的态度不是针对你个人的，他表示完全理解，于是退出竞选。最后，第三世界国家推出秘鲁常驻联合国代表佩雷斯·德奎利亚尔大使为候选人，我国赞成。安理会的推荐成立。12月15日，联合国大会表决通过德奎利亚尔为联合国秘书长，他连任两届，我国代表团与他合作良好。

联合国对台湾名称的处理办法

1971年10月25日，联合国第二十六届大会通过第2758号决议，"恢复中华人民共和国在联合国的一切权利，承认中华人民共和国政府的代表为中国在联合国的唯一合法代表，立即驱逐蒋介石的代表在联合国及其一切有关组织非法占领的席位"。

这项决议明确无误地确定了一个中国的原则。联合国组织是世界上最大的政府间组织，只有主权国家才能成为其会员，台湾是中国的一个省，无权在联合国中单独出现。然而，自从我们进入联合国后，发现联合国秘书处编制的文件、条约、统计材料和图书资料等，不断出现"中华民国"或将台湾作为一个单独实体的提法，造成了"两个中国""一中一台"的印象。我国代表团曾就台湾名称的处理办法，多次与联合国秘书处进行交涉。1972年4月19日，我致函联合国法律顾问，指出：自1971年10月25日联大通过恢复我席位的决议后，联合国一切刊物不应再出现包含"一中一台""两个中国"等含有两个政府之意的内容，在联合国的刊物中，无必要单独举出台湾一地以区别于中华人民共和国的其他部分，要求秘书处在今后一切出版物中凡涉及中国时只提中华人民共和国或中国，并要求对1971年10月25日以后出现的错误提法作出更正。

1972年6月2日，联合国法律顾问指示秘书处各部门，在联合国各项文件中，今后不再单独提台湾。1972年5月31日，秘书长照会通知我，他已批示秘书处各部门，在提及1971年10月25日以前的中国或中国代表（指台湾）时，必须加一附注，引用二十六届联大第2758号决议，说明凡涉及中国的提法均应按该决议理解。1973年8月8日，我们又同秘书处统计部门就台湾名义下的统计数字处理办法达成协议，规定如下：

一、由中华人民共和国政府正式发表的材料和数字，一律开列在一个总的中国标题之下。

二、有关中华人民共和国人口、面积、自然资源、气候等材料，一般包括台湾省在内，其他除另有注明外，不包括台湾。

三、在个别情况下，如有必要，可加一附注，说明中国项下的数字不包括台湾。

四、国际贸易方面，在中国项下列中华人民共和国的数字，不单列台湾省的数字。台湾的数字，必要时可列在无名的杂项之下。

1974年，经我们同秘书处进行交涉后，联合国的各项文件中，香港和澳门均不得列入国家或政府的范畴，但可出现在地区（area）的标题之下，因此，凡涉及港、澳的地方，标题均由国家（country）改为国家或地区（country or area）。

为联合国海洋法公约的斗争

我国在联合国的代表权恢复后，积极参加了第三世界特别重视并发起的海洋法公约的讨论和制定工作。

20世纪60年代末70年代初，广大亚非拉发展中国家掀起了维护本国海洋资源主权和反对美苏超级大国海洋霸权的斗争。他们主张沿海国的200海里海洋权，要求将国际海底区域及资源宣布为人类共同继承财产，使其开发与利用为全人类利益服务。在发展中国家的强烈要求下，1970年联合国大会通过了一项决议，决定召开第三次联合国海洋法会议，以制定一项新的能反映发展中国家利益和要求、全面处理海洋事务和问题的海洋法公约。第三次联合国海洋法会议于1973年底在纽约联合国总部开幕。经过长达九年的谈判，于1982年12月在委内瑞拉首都加拉加斯的世界外交代表会议上通过了新的海洋法公约。中国政府十分重视这项工作，派出了由高级外交官和有关方面专家组成的代表团参加海洋法会议。会上，代表团本着支持发展中国家的正义要求、反对海洋霸权主义、维护我国合法的海洋权益的一贯立场，积极参加了会议的谈判和工作，发挥了重要的作用。这是新中国政府在恢复我国在联合国的合法席位和权利之后所参加的第一个重大的多边国际立法活动。

同联合国有关的国际金融机构的合作

中华人民共和国在联合国组织的代表权得到恢复后，许多联合国专门机构，诸如教科文组织、世界卫生组织、粮农组织、万国邮政联盟、世界气象组织、民航组织、原子能机构等陆续通过决议，恢复我国在上述机构的合法权益。但是世界银行和国际货币基金组织等四个同联合国有关的国际金融机构仍保留了台湾的席位，直到 1980 年才解决我国会籍问题。

国际货币基金组织、国际复兴开发银行、国际金融公司和国际开发协会（后三者一并简称世界银行）是国际政府间金融组织。国际货币基金组织掌握的巨额黄金和国际货币是由各国政府提供的，它的贷款条件严格，表决方式与联合国组织的一国一票的方式不同，按入股的多少来决定成员国的投票权。世界银行和国际货币基金组织的领导职位一贯是由西方发达国家把持，发展中国家经常批评上述机构的缺点。我国政府对上述机构不执行联合国 2758 号决议多次予以指责，并要求他们尽快解决我国代表权问题。四机构为摆脱政治被动，也因为极想了解中国的社会主义经济体制的运作机制，决定恢复我席位问题。1980 年 5 月，国际货币基金组织派团来北京秘密访问，同由我国外交部、财政部和中国银行组成的代表团进行谈判，对恢复我席位以及其他有关的问题达成协议。

我国对国际金融机构的兴趣在于取得世界银行的大量长期项目贷款，用于我国的基本建设。但是，按规定，为了成为世界银行成员国，首先要成为国际货币基金组织的成员，而为了成为货币基金组织的成员，其重要条件是要向基金提供一国的国际储备即黄金和外汇的数字。当时我国的黄金储备数字属绝密范围，在中央只有极少数政治局委员掌握。经审慎研究，外交部向中央上呈报告，说明世界 100 多个国家和单位除苏联外，都认为其黄金储备数字可向国际货币基金组织提供，我国也无妨遵守基金的规定。报告很快得到批准，我国代表团同国际货币基金组织的谈判随后达成协议。台湾被该机构除名，我国的代表权被恢复，取得了 2.81% 的投票权，派出执行董事参加决策机构。不久，世界银行行长麦克纳玛拉率团来访，双方达成协议，我国也取得了向世界银行单独派遣执行董事和其他权利。到 2004 年底，我国已使用了 70 多亿美元的项目贷款，对我国大型工程的建设起了相当有益的作用。

众所周知，国际货币基金组织和世界银行出版的经济统计刊物被国际社会视为权威，它们对了解世界经济情况提供重要的参考数据。在恢复四机构的席位后，我们对其统计的分类方法提出意见，要求他们把中国不是作为中央计划国家同苏联等国并列，而是按照人均国内生产总值列于发展中国家或世界低收入国家栏内，以使世界各国的经济社会发展状况得到正确的反映，也使上述统计刊物具有实际参考价值。这一建议获得采纳，目前国际金融机构的统计刊物基本上按人均国内生产总值将各国分为高收入、中等收入、低收入国家，中国属于低收入国家。

联合国秘书处下面设有一些专门信托基金，募集各国政府和个人捐款，向发展中国家的经济社会发展项目提供无偿援助。这些基金有：联合国开发计划署、儿童基金、人口活动基金、粮食计划署等。我国参加了历年对联合国发展方案的捐款。从 1978 年起我国改变了不接受外国包括国际组织援助的陈旧政策，开展同联合国开发计划署、人口活动基金、儿童基金、粮食计划署等的合作。他们向我国提供了不少项目援助，对我国的一些部门提高技术和管理水平颇有帮助。

1978 年底，联合国副秘书长布列特福·摩尔斯来华访问，我同他一道为开发计划署驻华代表处的开张剪彩。多年来，我们与开发计划署的合作进展良好，中国的工作人员在执行项目合作中十分认真努力，被誉为模范。

第十二章　任外交部长

外交部的拨乱反正

　　1976 年对中国来说是极不寻常的一年。我们敬爱的周总理、朱德总司令和毛主席相继去世，全国人民沉浸在一片哀思之中。"文化大革命"进行了十年，人妖颠倒，鬼魅横行。生产停滞，百业凋敝，经济到了崩溃的边缘。1976 年 9 月 9 日毛主席去世后，"四人帮"认为时机已到，加紧篡夺党和国家的最高领导权的活动。10 月 6 日以华国锋、叶剑英为首的政治局常委征得政治局许多委员和老同志的同意后决定采取断然措施，对"四人帮"及部分骨干实行隔离审查。这一行动代表了全党和全国人民的热切愿望，一举粉碎了"四人帮"的凶险阴谋，"文化大革命"随之结束。"四人帮"被逮捕的消息一公布，举国欢庆，全国几百个大小城市和各地农村的亿万人民自动走上街头，连续三天举行庆祝游行。我们在纽约代表团里也聚餐饮酒，庆祝打倒"四人帮"的胜利。

　　12 月 1 日，我接到中央的调令，要我在十天内完成辞行拜会并回国。当时我的下腰椎病急性发作，只好用电话向联合国秘书长、安理会各常任理事国常驻代表、各友好国家大使、美国朋友和华人朋友道别，于 12 日回到北京。

　　我抵达北京机场后，一下飞机，就看到外交部全体副部长如徐以新、韩念龙、何英、仲曦东、王海容等都来接机。我还没有来得及询问，王海容告诉我说，中央决定让我担任外交部长。

　　外交部是周总理和陈毅副总理兼外交部长长期领导的重要部门，绝大多数干部对"文革"有自己的看法，始终对"四人帮"及其追随者有抵制和斗争。江青一伙为抢班夺权，自然不能放过这一要害部门，对外交部的文化革命插手很深，使外交部成了"文化大革命"的重灾区，"文化大革命"一开始几乎所有驻外使馆的大使和参赞被调回国，当作"走资本主义道路的当权派"挨整被斗。"四人帮"使用卑鄙的手段蒙骗广大群众，企图打倒周恩来和陈毅，再次打倒复出不久的邓小平。在"四人帮"的指使下，外交部曾主持司局级开会批判周总理，诬蔑他执行"三降一灭"（即"投降帝国主义，修正主义和各国反动派，消灭民族解放斗争"）的外交路线。江青掌握的中央文革领导小组曾派员到外交部，煽动夺权。随后，外交部的政治部被夺权，部领导机构瘫痪，使外交大权旁落达一个多月之久。在极左思潮影响下，发生了万人围攻人民大会堂、火烧英国驻华代办处等事件，造成恶劣的国际影响。1975 年夏，外交部内一小撮人贴出大字报批判邓小平搞卖国外交。

我回京后第二天，应邀去见中共中央政治局委员李先念，过后，我去看了叶剑英副主席，他向我简单地介绍了打倒"四人帮"的过程。这时我才知道，为革命多次建功立业的叶剑英同志在我国命运的关键时刻采取果断措施，又一次为国家和人民立下了不朽的功勋。叶帅一贯抵制江青一伙在"文化大革命"中的倒行逆施，因此被"四人帮"视为眼中钉，对叶帅横加迫害，监视他的一言一行。记得 1976 年 6 月，我从纽约回国述职，去看望叶帅，他为防止窃听，把客厅的收音机的声音放得很大，但我们两人的交谈也无法进行了。于是叶帅建议我们到当时奉江青之命不对群众开放的北海公园去。我们在仿膳饭店门前的湖边，坐在两把椅子上喝着一壶清茶谈话，他的秘书警卫则四散去附近钓鱼。叶帅对国内局势异常担忧和不满，不过他对老干部和军队很有信心，并认为广大群众也只是对"四人帮"敢怒不敢言而已。果然，不到半年之后，"四人帮"垮台，全国欢腾，中国开始了一个新的局面。

因为看到"文革"时期外交部的工作被严重耽误，我深感目前应抓紧恢复工作，把失去的时间夺回来，这也是外交部同志们普遍的急切心愿。但是，外交部内部的极左残余和派性仍表现顽固，工作秩序还没有走上正轨。

1977 年 7 月举行的中共十届三中全会将"四人帮"永远开除出党，并决定恢复小平同志的党内外职务，真是大快人心。

1978 年，小平同志在党的中央工作会议上提出解放思想，实事求是，使全党和全国人民在精神上取得解放。此前为了切实拨乱反正，全党全国开展了关于实践是检验真理的唯一标准的大辩论和批判"两个凡是"的错误思想。外交部也以这种精神对工作存在的问题进行了清理，使正气上升，整个集体走上团结奋力的轨道。

正确的干部政策是外交工作的重要保证。我回部不久即陆续恢复了那些被无端地靠边站的德才兼备的干部的职务，调整了部和司的建制，并把分散在五个省的五七干校劳动的 4000 多名干部陆续调回外交部和部属单位，充实了国内和各驻外使领馆的干部队伍。

外交部长的工作是繁重的。首先作为中央在对外政策方面的执行机构和参谋部，外交部各地区司和业务司忙于办案、调研，上呈请示、建议和对策，组团出访和出席国际会议，接待各国官方代表团的访问，参加有关重大问题的谈判和交涉，向中央政治局和全国人大常委会就重要外交事务作出报告。在我任职期间，我多次出席联合国大会并发言，讲述我国的外交政策并分析我国对国际局势的观点。根据中央指示，我们完成了中、日和平友好条约的签订，中、美建交、处理美售台武器的八一七联合公报的谈判和发表，就香港回归问题做前期准备，开始改善同印度和苏联的关系，陪同中央领导同志或率团对亚、非、拉、欧、美 52 个国家进行正式友好访问，参与同多位来访的外交部长或国家领导人会谈。

在办公室和住所，我每天要阅批大量的文件。周总理生前常教育我们说，外交工作，授权有限。外事无小事。我理解，凡是政策性和对外表态的口径，甚至说词，负责人应亲自过目。我们尤其注意请示报告，主动取得中央的领导和指示，避免发生任何差错。外交部工作的特点是急电多，尤其是我常驻联合国代表团发来的急电或特急提前电报多，而且往往是傍晚发来，限在午夜之前批复，以便我常驻代表团能在纽约时间次日上午及时发言表态或投票。好在纽

1977 年 9 月 29 日，黄华作为外交部长在联合国第三十二届大会全体会议上发言

约和北京有 12 小时的时差，这为代表团的请示赢得时间。有时一些特急电报从纽约发到外交部送到我住处阅批，有的由机要通信员立等并即刻送请小平同志审批。那时小平同志听力还好，有时就在电话里向他请示。

恢复我国的外交活力

新中国成立后，由于我国在外交上奉行和平共处五项原则，在反帝、反殖和团结第三世界方面旗帜鲜明，我国的国际威望日渐提高。尽管"文化大革命"十年期间我国国内是全面内耗，一片混乱，但在对外关系上毛主席和周总理紧紧把握住外交大权属中央的原则，约束了极左路线对外交事务的冲击。20 世纪 70 年代初期，我国同日本复交、邀请尼克松访华以及我国在联合国的合法席位得到恢复，都是在毛主席、周总理的直接领导下实现的。从 1970 年到 1976 年底，同我国建交的国家从 49 个猛增到 105 个，"文化大革命"后期，来访的外国国家领导人即总统、副总统、总理、副总理和议长达 112 位之多。"文化大革命"结束后几年，外国国家领导人和各级政要来华访问者更是大量增加，这也表明中国享有崇高的国际威望。

从 1977 年起，随着老一辈革命家复职和中央领导班子的调整，我国在十年"文化大革命"期间几乎完全冻结的国家领导人出访又得以恢复了。从 1977 年到 1982 年，先后有全国人大常委会副委员长邓颖超访问缅甸、斯里兰卡、伊朗、柬埔寨、日本、朝鲜、泰国、法国；乌兰夫、阿沛·阿旺晋美、杨尚昆、彭冲、康克清等全国人大常委会副委员长和全国政协副主席访问了澳大利亚、新西兰、哥伦比亚、圭亚那、巴巴多斯、特里尼达和多巴哥、塞内加尔、阿尔及利亚、突尼斯、摩洛哥、委内瑞拉、墨西哥和加拿大；邓小平副总理访问了缅甸、尼泊尔、朝鲜民主主义人民共和国、日本、泰国、马来西亚、新加坡和美国；李先念副总理访问了菲律宾、孟加拉国、坦桑尼亚、赞比亚、扎伊尔、巴布亚新几内亚、澳大利亚、新西兰和朝鲜。华国锋主席兼总理访问了朝鲜、罗马尼亚、南斯拉夫、伊朗、法国、德意志联邦共和国、英国、意大利和日本。

除上述国家外，我国家领导人和部长还正式访问了瑞士、比利时、丹麦、巴基斯坦、斐济、西萨摩亚、芬兰、冰岛、巴西、突尼斯、摩洛哥、塞内加尔、毛里塔尼亚、阿尔及利亚、肯尼亚等国。我曾陪同邓小平、李先念副总理和华国锋总理出访，也以外交部长身份率代表团访问了加拿大、意大利、圣马力诺、南斯拉夫、罗马尼亚、缅甸、尼泊尔、巴基斯坦、菲律宾、马来西亚、新加坡、泰国、津巴布韦、扎伊尔、荷兰、土耳其、伊朗、希腊、意大利、英国、西班牙、葡萄牙、瑞典、丹麦、联邦德国、卢森堡、印度、斯里兰卡、马尔代夫、墨西哥、委内瑞拉、哥伦比亚、坦桑尼亚、塞舌尔、莫桑比克、加纳、尼日利亚、几内亚、马里、塞内加尔、苏联等国家。除了进行双边的友好访问外，我国领导人还访问了国际组织，如第二次世界大战后西欧的第一个政府间组织欧洲委员会（总部设在法国斯特拉斯堡）和出席联合国大会。

　　每年联合国大会开幕期间，一些国家领导人和外长云集纽约，是外交接触与做工作的最好时机。我的活动十分频繁。个人接触是外交的重要途径和方式。每天要出席七八场活动。我的体会是作为外交官，头脑里要多装几部电脑，而且体力要好。我更感到联合国这个最大最复杂的多边外交机构对外交官的培养和锻炼是十分重要的。

邓小平同志的外交思想

　　我担任外交部长半年后，即 1977 年 7 月 16 日，中共中央十届三中全会决议恢复邓小平中共中央政治局委员、常委，中共中央副主席、中央军委副主席、国务院副总理、人民解放军总参谋长等全部原来职务。中共中央推举邓小平这位意志刚强、久经考验又才智出众的老革命家出来主持中央全面工作，这是党中央在打倒"四人帮"后在"拨乱反正"的斗争中取得的一次重要胜利，对我国此后的社会主义革命事业和经济社会发展有着里程碑式的重要意义。

　　我有幸在邓小平同志直接领导下负责外交部工作，深受教益。小平同志是中国老一代的革命家，是杰出的党和国家领导人。他善于针对中国的实际运用马列主义的原则和方法，继承并发展了毛泽东思想，使"文化大革命"后的中国出现了一派崭新的局面，鼓舞了各族人民团结奋斗，立志把中国建设成为具有高度文明、高度民主和高度发达的社会主义国家。他倡导解放思想、实事求是，领导全党全国彻底进行"拨乱反正"的斗争，把被"四人帮"搞乱的局面扭转过来。他指引全党开展了批判"两个凡是"和关于实践是检验真理的唯一标准的大辩论，使我党和全体人民的思想理论水平大大提高。在他的建议下，中央决定从 1980 年起，全党的工作重点转移到经济建设上来，力争实现工业、农业、国防和科技的现代化。为此，邓小平倡导我国对外开放、对内搞活的方针，要求创建中国特色社会主义。他提出我国目前处于社会主义初级阶段，经济还不发达，尤其需要集中力量发展生产力。他时常说，贫穷不是社会主义，发展是硬道理。中国应努力使自己发展起来，增强国力，对人类做更多的贡献。经过大量的调查研究，他阐明了市场和计划都是手段，既可以为资本主义也可以为社会主义服务，并引导我国走市场经济为导向的发展道路。他提倡学习和借鉴人类文明所创造的一切优秀成果。根据我的理解，这包括吸收中国古代唯物主义哲学的精华、马列主义理论、资产阶级革命和无产阶级革命所创造的一切世界文明成果。

对于我国的长期经济社会发展方略，他提出实施三步走的发展战略，使我国的人均国内生产总值在 1980 年的基础上翻一番，达到温饱水平；第二步，在 1990 年的水平上再翻一番，达到小康水平，然后从 2000 年起作 50 年的努力，使中国的人均国内生产总值达到世界中等发达国家的水平。作为我国改革开放和现代化建设的政治保证，小平同志强调坚持四项基本原则，即：坚持社会主义道路、坚持人民民主专政、坚持共产党的领导和坚持马列主义与毛泽东思想。为了解决好我国革命事业接班人的问题，他建议废除领导干部终身制，并且以身作则，率先垂范。以上这些十分新颖和重要的思想，使我国各项工作更加切合实际，人民更加团结，经济快速发展，国际威信进一步提高。

在对外政策上，邓小平继承了毛泽东、周恩来的外交思想，处处强调和平共处五项原则，把维护国家主权和维护国际和平放在我国对外政策的首位。和平共处五项原则也是当代外交的普遍原则，已载入我国与一百多个国家的建交公报中，是重要的国际法渊源。1988 年 12 月，在会来访的印度总理拉杰夫·甘地时，邓小平着重表示："中印两国共同提倡的和平共处五项原则是最经得住考验的。我们应当用和平共处五项原则作为指导国际关系的准则。"邓小平根据毛泽东关于三个世界划分的战略思想，坚持以反对霸权主义、团结第三世界、与周边国家睦邻友好相处作为我对外政策的主要方针和任务。他多次表示，中国永远不称霸，即使将来中国富强了，也不称霸，并且永远属于第三世界。他坚决反对制造"两个中国""一中一台"种种分裂中国和干涉中国内政的阴谋。在主持中央工作期间，邓小平采取果断决策，及时完成了毛主席、周总理在世时未及完成的具有战略意义的工作，如签订中、日和平友好条约以及同美国建立外交关系等。同时，针对当前国际形势的新情况和新动向，他发展了我国的国际形势观和外交思想，对原来不适当的对外政策理念和做法作出调整，使中国新时期的外交进入了前所未有的最佳时期。

在实际工作中，我体会到小平同志发展的外交思想至少可归结为下列几个方面：

第一，对于世界大战的估计问题。在 20 世纪 70 年代中期以前的一个较长时期内，我党对国际形势的看法是：两个超级大国争夺世界霸权，总有一天要打起来，世界大战的危险日益迫近，我党应立足于早打大打。为此我国国内工作围绕备战工作花费了巨大财力、物力和人力，使经济社会发展和人民生活受到一定的不利影响。

20 世纪 80 年代初，小平同志指出，争取在较长时间内不发生大规模世界战争是有可能的。他还强调，世界大战不是不可避免的。现在国际形势趋于缓和，这是总的趋势。他根据对第二次世界大战后，尤其是 20 世纪 70 年代和 80 年代国际形势的观察，指出和平与发展是当今世界的两大主题。这一判断在他复出后全面主持中央工作之时即已成竹在胸，因而他早在 1978 年 11 月建议中央把全党工作的着重点和全国人民的注意力转移到社会主义现代化建设上来，并实行对外开放，对内改革。根据我国经济发展的形势和需要，他提出三步走的发展战略。邓小平十分珍视国际局势趋于缓和的特点，强调要执行睦邻友好政策，主张同近邻国家搁置争议，共同开发，同各国实行互利合作，为中国的经济和社会发展创造长期稳定的良好的国际环境。一直到晚年，邓小平经常向周围同志提示，要抓住机遇。他认为，趋于缓和的国际局势、我国的稳定和经济发展、中国和国际社会的互利合作以及几千万海外华人心向祖国等都是我国和平发展的有利机遇，务必抓紧。

第二，打破被包围被独立的局面，实行对外开放政策。小平同志指出一个国家要发展，自我孤立和闭关自守是不行的。为此我党恢复了自力更生，争取外援的政策，结束既无内债，又无外债的做法，加强国际交往，从法律上和制度上制定优惠条件，吸收外国资金，引进发达国家的先进科学技术和先进管理经验，吸收和借鉴人类创造的一切文明的优秀成果。他时常说，我们承认落后，但我们不甘心落后。我国从世界银行、亚洲开发银行等国际金融机构取得了大量长期项目贷款，从联合国各信托基金取得无偿项目援助，一些发达国家向我国提供了数字可观的官方发展援助，外国企业、港澳台和海外华人向我国进行直接投资。近几年我国甚至成为世界各国吸收外国资金最多的国家。据不完全统计，改革开放以来至 2004

年，我国吸收各类外来资金达 6800 亿美元。这一因素在一定程度上促进了我国建设资金增量，技术和企业管理水平和就业程度的提高。

第三，根据国际形势的发展和变化，实事求是地处理反霸斗争和改善同美苏国家关系的问题。20 世纪 70 年代，中央的政策是反对两霸，侧重揭批苏联的争霸政策和对我国的威胁。当时苏联在中、苏和中、蒙边境陈兵百万，大量集结空中打击力量，在边境挑起多次武装冲突，苏军大举入侵阿富汗，支持越南侵略柬埔寨，对中国形成北、西、南的战略包围态势。针对国际事态的变化，我国同美国的关系逐渐趋于缓和。

小平同志主持中央工作后，他从国际战略全局出发，力促中、美关系正常化。1978 年 12 月 15 日，中、美双方达成协议，在美国同台湾当局断交、从台湾撤出一切军队和军事设施并终止同台湾的共同防御法的条件下，中、美宣布自 1979 年 1 月 1 日起建立正式外交关系。这一举措受到两国人民以及国际社会广泛欢迎。但美国当局玩弄两面手法，歪曲中、美上海公报和建交公报有关台湾问题的精神和文字，在中、美建交后，美国国会通过"与台湾关系法"，同台湾保持某些实际属于官方性质的关系。里根总统上台后，美国国会酝酿向台湾出售 FX 型先进军用飞机。小平同志根据国际形势的变化和发展，以实事求是地处理问题的原则，指示我们对美国进行严肃地斗争，通过谈判打击美国这些违反中、美间的两项重要公报、损害中国主权和干涉中国内政的政策。当时小平同志对美斗争的态度坚决明确，决心不惜降低外交关系的规格来对付美方，我方使用的语言不亚于对苏联的错误外交政策的批评。经过激烈的几个回合的谈判，双方于 1982 年 8 月 17 日达成公报，遏制了美国售台武器的势头。美方在《八一七公报》中终于明确声明：无意执行"两个中国"或"一中一台"的政策。但在实际上，美方多次违反了《八一七公报》。

从 20 世纪 70 年代末起，小平同志即注意缓和同苏联的关系。1979 年 4 月，小平同志指示，不再延长名存实亡的中苏友好同盟互助条约，但应同苏联就解决悬而未决的问题和改善两国关系举行谈判，签订相应文件。他提出消除三大障碍的原则。当勃列日涅夫于 1982 年 3 月表示愿意同我国改善关系时，小平同志及时抓住这一新动向，不断推动两国关系，最终在苏方排除三大障碍后，中苏（后来是中俄）两大邻国在和平共处五项原则的基础上建立了睦邻友好关系。

第四，提出一国两制的构想来解决港、澳、台的回归和祖国和平统一问题。这里适用中国的一句古训：和而不同。只要遵守一个中国的大原则，可以允许三地在一个长时期内保持原来的资本主义制度。今天，香港和澳门已回归祖国，小平同志关于一国两制的构想已部分实现。对台湾我们希望实行和平统一，但不承诺不使用武力，必须坚持解决台湾问题是我国内政的主张，不能允许国际上任何势力使台湾的分立永久化的阴谋得逞。

第五，从邓小平同志主持中央工作后，我党在同其他由共产党执政的国家关系方面有意地淡化意识形态的因素，不给其他国家的党戴帽子，不就国际共产主义运动的理论问题同其他国家的共产党进行公开论战。我党同过去由于国际共运论战而误伤的兄弟党，如南斯拉夫共产主义者联盟，恢复了关系，同苏共和欧洲的一些共产党也重新修好。邓小平还强调说，对其他国家的党的国内政策不要说三道四，当然对他们的外交政策的错误我们可以提出批评。

第六，提出韬光养晦，有所作为的外交方略。早在20世纪70年代末小平同志就指示我们不要在外交上比别的国家过分积极。其后他又指出，我们千万不要当头，我们的国力不强，不能无所不为，否则许多主动都失掉了。我们应埋头苦干，把国内的事情搞好，这对世界就是很大的贡献。但我们也要有所作为。对此，我理解是在涉及国家主权、安全和人民的根本利益的问题上，在涉及世界和平与发展的重大问题上，在涉及周边地区的稳定和安宁问题上，我们必须有所作为，坚持原则，进行有理有利有节的斗争。

同南斯拉夫恢复国家和党的关系

小平同志复出后，中央采取的第一个对外重大步骤是同南斯拉夫恢复党的关系和进一步改善两国关系。我国同南斯拉夫联邦1955年建交，由于种种原因，1968年以来关系才发展较快。1975年南斯拉夫总理比耶迪奇访华时，毛主席向他称颂铁托是铁。1977年8月南斯拉夫联盟总统铁托元帅应我国党和政府邀请来华进行正式友好访问，我荣幸地参加了接待。铁托总统是我最崇敬的外国国家领导人之一。他是反对德国法西斯侵略的英雄，坚定勇敢的无产阶级革命者。因为他的智慧和感召力，他把南斯拉夫五大民族团结起来，战胜了德国法西斯，恢复了全国的和平和发展。战后，铁托不屈从苏联共产党的指挥棒，而独立自主地领导人民走符合本国情况的发展道路，刚强不屈地顶住了共产党情报局对他的无理批判和排斥。在国际事务中铁托是第三世界国家以反帝反殖反霸为主旨的不结盟运动的发起人，因此享有很高威望。

　　1977年8月31日，铁托总统到达北京，受到华国锋主席和首都十万人的隆重欢迎。华主席举行盛大宴会，热烈欢迎南斯拉夫贵宾，邓小平、李先念副主席、邓颖超副委员长出席宴会并向铁托总统敬酒。双方政治局委员举行了会谈，就国际形势和共同关心的问题广泛交换意见，并决定恢复两党关系，两国关系从此进入全面发展的新阶段。1978年8月，华国锋主席到南斯拉夫进行正式友好访问，受到铁托总统和数十万贝尔格莱德市民的欢迎。会谈中双方对两党两国关系发展表示满意并认为前景广阔。两国政府签订了经济、科学技术长期合作协定，教育和文化合作协定。

　　1979年11月，我作为外交部长应邀访问南斯拉夫。我们一行中有周秋野大使、苏欧司副司长华光、礼宾司张立淦和我的秘书谈嘉伦等。6日，我们到达贝尔格莱德机场，受到南斯拉夫外交部长费尔霍维茨和副外长佩基奇等五人的热烈欢迎。我们同南斯拉夫外长进行了较长时间的会谈，回顾了铁托总统访华以来两国两党关系的快速友好发展。

　　在会谈中，我对费尔霍维茨外长着重谈了中苏关系、中越关系和东南亚局势以及中日、中美关系和华总理访问西欧的情况，也介绍了我国为实现四个现代化致力于营造和平的国际环境和反对霸权主义维护国际和平的外交政策。我表示：我们高兴看到，两国最高领导人互访后两国两党关系进入了全面发展的新阶段。各种代表团互访络绎不断。我国高度评价南斯拉夫在不结盟运动和国际事务中发挥的积极作用。不结盟国家奉行中立和非集团政策，坚持反帝、反殖和反对一切外来统治和强权政治的正义立场，是世界政治中一支重要力量。南斯拉夫在六届首脑会议上维护了不结盟运动的团结，挫败了分裂破坏不结盟的阴谋，令人钦佩。中国开始了社会主义现代化建设的新长征，将坚持独立自主、自力更生的方针，同时也积极加强国际交流，发展平等互利的国际合作。我国将继续加强同第三世界的友好合作，希望继续从友好的南斯拉夫得到宝贵的支持和帮助。

　　费尔霍维茨外长表示，双方对国际问题有广泛的共同点，他很高兴看到两国的合作非常顺利地发展，这表明双方充分相互信任、相互尊重，因而使两国关系开创了新的阶段。他对中共十一届三中全会的决定，对我国国内形势的发展和对外政策给予积极评价。费尔霍维茨外长介绍了不结盟运动为鼓舞各国人民争取自由和独立的斗争所作的贡献，说明它奉行支持缓和国际紧张局势的政策，完全清楚地认识到美苏军备竞赛在继续，南北差距在加大，这是世界紧张的根源之一。他对新老帝国主义、殖民主义和霸权主义在制造新的军事冲突，对中东、东南亚和南非的危机进一步加深等深感不安。他认为，以色列军队必须从 1967 年战争中所占的一切领土撤走，解决印支问题首先要撤退外国侵略军队，应反对南非政府顽固推行的种族主义和殖民统治，津巴布韦和纳米比亚人民谋求独立解放的斗争一定会胜利。

11 月 8 日，铁托总统在布里俄尼的别墅亲切地会见了我。他虽然身体略感虚弱，但因中国客人的到来，情绪很高，破例地与我会谈达一个半小时。

1979 年 11 月 8 日，黄华访问南斯拉夫。图为在布里俄尼拜访南斯拉夫社会主义联邦共和国总统布·约·铁托

我首先转达了中国国家领导人对他的问候，并向他介绍我国各项政策。他说，中国的国家领导人到欧洲实地看看，增加相互了解是十分重要的。欧洲是两次世界大战的发源地，中东、地中海地区的冲突都会把欧洲卷进去，希望历史不会再重演。南斯拉夫处在交通要道，因此希望竭尽一切力量维护和平和稳定。关于国际形势，他估计 80 年代前五年未必会发生大规模战争。苏联本身有很大困难，特别是在经济上。中国在维护世界和平斗争中起着重要作用。对于中东问题，他说，关于印支问题，不久前南联邦主席团副主席科里舍夫斯基参加阿尔及利亚的庆祝活动时，武元甲口口声声对他说要和平，但实际上他要打仗。我看越南目前这种情况是难以持久的。铁托总统很关心中苏谈判的情况，他说：很高兴你们开始了谈判，要有耐心，坚持下去。即使谈不出结果，也不要中断。如果断了渠道，将会产生不良后果。总之，谈比不谈好。关于中

国和西欧国家的经济合作，他认为，中国根据本国需要和偿付能力确定使用贷款的多少，比较妥善。谈到我方对发展中、南两国经济合作持积极稳重态度时，铁托说：这样好，要平等互利，要从实际出发，逐步提高。一下子提得很高，也有困难。铁托总统语重心长的一言一语，真诚感人。

在向铁托总统道别时，我深情地祝愿他健康长寿。我是他接见和长谈的最后一名中国部长。1980年5月，铁托总统与世长辞。中国领导人专程赴贝尔格莱德出席了铁托同志的葬礼，带去了亿万中国人民对他的深切敬意和悼念。

外交礼宾工作的改革

中国是礼仪之邦，礼宾工作是外交工作的先头部队和重要方面，有很强的政治性。在周总理的教导下，我们遵循世界国家不论大小，一律平等，一视同仁的原则，以礼待人。周总理常说，中国是世界的大国，要以大待小，更要注意反对大国沙文主义。从建国初期起，中央领导同志即强调礼宾工作代表一国的文明素质，尤其是外交部的干部的言行要不卑不亢，端庄得体，衣着要大方适度。外交礼宾工作的每个环节都要周全细致。

我担任外交部长后，注意到外交部礼宾工作的重要和繁忙，感到对这方面的工作需要作出某些调整和改革，以适应新时期的形势。新中国成立以来，为欢迎友好国家的主要领导人来访，不论是伏天酷暑或是风雪寒冬，仪式都在北京远郊区的国际机场露天举行。国务院总理、副总理，人大常委会委员长、副委员长，政协主席、副主席和若干位部长往往要到离北京40公里的首都国际机场参加欢迎仪式，几千甚至上万名各界人士和中、小学生拿着鲜花和小旗，列队欢迎，须提前一两个小时到达机场，每次迎送仪式往往要花费人们大半天时间。

1980年夏，受一些外国举行国家领导人迎宾仪式的启发，我开始考虑如何改革迎送来访贵宾的礼宾安排问题。我先同外交部礼宾司长卫永清和钓鱼台国宾馆管理局长翟荫堂研究，打算选择当时已经中央决定全归外交部管理的钓鱼台国宾馆为欢迎国宾的场地。但实地一看，觉得改动太大，大片漂亮的草地须毁掉另铺花岗石平台，此议不可取。于是我们把目光投向天安门广场。我们都觉得坐落在市中心的人民大会堂的东门前，即天安门广场西侧的宽大场地举行迎宾仪式最为适当。遇有不良天气，则可在人民大会堂内有近千平方米的东大厅内举行，这一建议得到了外交部部务会议的支持和国务院的批准。外交部礼宾司还组织了一次正规试验，请万里副总理扮演贵宾，检阅三军仪仗队等仪式，然后在大会堂东大厅举行正式会见等，40分钟内全部程序顺利完成。

1980年9月11日上午，当新西兰总理莫尔顿偕夫人对我国进行正式友好访问时，我国总理就在人民大会堂东门外广场举行正式欢迎仪式。两国国旗相互辉映，鸣礼炮21响，奏两国国歌，由两国总理检阅三军仪仗队……那天秋高气爽，由于是第一次在天安门广场举行这种仪式，围拢来观看的群众特别多，恐怕有上万人。但他们站在栏线以外，情绪热烈而镇定，公安人员也易于维护秩序。礼炮也在天安门广场上鸣放。这一安排既很有气派，礼遇周全，又方便于贵宾和主人，人人都说这一礼宾改革真好。

此外，我们还对原有的礼宾方式作了一些改革和调整。鉴于我国还是一个发展中的低收入国家，1980年人均GDP才200美元，我们要遵照毛主席、周总理和朱总司令关于节约的教导，注意宴请适度，既体现中国美食文化和好客的传统，同时也注意勤俭办事，不铺张浪费。因此，在中央几位领导同志的提倡下，我国国宴的热菜从十道减到四道，仍然丰盛可口，出席的人士也只是有关者。这些办法适合我国国情，外国来宾和使节对此反映良好。

对宴会的邀请范围和人数也适当减少，而原来的国宴往往邀请五千人入席。我们还对来访者建议不举行答谢宴会，除非对方坚持才举行。宴会不穿插文艺节目，而是请管弦乐团演奏中外名曲助兴。说到演奏乐曲，我不禁回忆起一件推倒"四人帮"愚昧的禁令的往事。"文革"期间，江青不许演奏无标题音乐，实际上任何欧洲古典音乐都禁演了。"四人帮"垮台后这种规定不复存在。记得1978年1月19日法国总理巴尔来访，邓小平副总理举行国宴，在法国总理和中国领导人步入人民大会堂的宴会大厅时，总政文工团的铜管乐队奏起激荡人心的法国歌剧《卡门》序曲，全场宾主十分振奋，热烈鼓掌，一方面为了欢迎法国贵宾，一方面为了庆祝打破"四人帮"的禁令，首次在正式场合演奏欧洲古典音乐。

陪同法国总统访问西藏

在担任外长期间，我忙于接待来访的贵宾和出国访问，只有两次陪同来访的外国领导人到外地参观访问。一次是1979年12月，在日本首相大平正芳先生在北京的访问日程结束后，我和何理良陪他和夫人大平志华子到西安访问。

另一次是 1980 年 10 月，我陪同法国总统吉斯卡尔·德斯坦在圆满结束在北京的正式友好访问的日程后到西藏访问。

法国总统吉斯卡尔·德斯坦于 1980 年 10 月 15 日应叶剑英委员长的邀请来华访问，受到我国的热烈欢迎。邓小平副总理同德斯坦总统进行了会谈，气氛十分友好。两国关系在两国领导人互访后进一步快速发展。在陪同他访问北京时，我曾问他，在北京的日程完成后，他愿到中国的什么地方去参观。他表示，他爱好登山，希望到西藏去看看。我陪他飞抵拉萨。西藏自治区党委副书记热地同志热情地来机场迎接。拉萨市的海拔为 3600 米，10 月份空气中的含氧量比北京低 20%，下飞机后不久，我就觉得头重脚轻。从机场到拉萨市需要乘坐两个多小时汽车，主人为防止来宾出现高原反应，在轿车内配有枕头式的氧气袋。我吸氧后觉得舒服多了。到了拉萨市，热地同志告诉我们，只要走路慢、少说话、不喝酒、及时吸氧，头痛会减轻，甚至没有不适之感。在宾馆的客房安排好后，我去找德斯坦先生时，他早已不见人影了。原来他兴致极高地去跑步登山，看那些生活在海拔 4000 米高原上的牦牛，同它们拍照。

我回到北京后，带着一尊精致的小铜菩萨像去看小平同志，并向他汇报情况。他听说我去了西藏，羡慕之至地说："我真想去西藏啊！哪怕仅仅到拉萨机场用脚踏一下西藏的土地立即返航也好哇。但是医生们和中央坚决不让我去，说是对我很危险的，我只好从命。"

小平同志说："我还想去的地方就是香港。我个人生活中就这么两个愿望。"我说："第二个愿望总没有问题吧。"他说："谁晓得。"

小平同志是四周前从黄山参观回到北京的。他撩开裤管对我说："你看，我的腿肿了一个月了，还没有完全消掉。我坚持自己走上黄山，爬到山顶。他们要我坐滑竿，我坚决不干，下山也是自己走的。"我深深感到小平同志那种刚毅精神还像他年轻时一样，丝毫未减，令人敬佩。

外交部的团队精神

外交工作的成就是中央政策指导和外交干部团队精神的结晶。外交部的内部运作制度，是在周恩来任总理兼外长时期主持和指导下建立的。周总理在新中国成立初期就亲自为外事人员制定了"站稳立场，掌握政策，钻研业务，严守纪律"的十六字守则，长期为我涉外部门的干部遵守。部务会议根据中央政策和指示，制定具体执行措施；对国际形势和问题进行分析，向中央提出看法和建议；就涉外事件研究对策方案报中央审定；重要问题立刻向党中央、毛主席汇报。外交部是文装解放军，办事既要雷厉风行，又要细致审慎，以求优质地完成任务。建部初期，外交部的干部队伍由军队、地方干部、法律专家和懂外语的知识分子几部分人组成，以后逐渐增加了由大学培养的有优良品德、国际知识和外语水平的大学本科毕业的学士、硕士和博士。外交部是国务院的要害部门，设地区司和业务司、局，各司局按分工主管业务。干部人数众多的翻译室负责各种文字的口头和笔头翻译，机要局负责收发和翻译来往于 200 多个驻外机构的电报，外交部信使队也十分繁忙，往来于驻外使、领馆，及时送达文件和资料。办公厅是外交部的中枢，每天 24 小时都有主任或副主任值班，无论何时都掌握各司、局负责人的去向，随时能保持联系，因中央领导同志有可能在特急情况下，临时召集有关同志开会或听取汇报。建部早期，章汉夫副部长和办公厅副主任王凝在下班以后还长久地待在办公室工作，深夜忘返，常受到周总理的表扬。

请示报告制度在外交部是严格的。每办一案需有书面报告。外交无小事，因此每项外交工作的执行前后都有文字的请示报告，重大事情送国务院领导核批和送中央政治局常委审批。

随着改革开放，外交工作出现一个崭新的时期，工作量大增，任务紧急且繁重。有些谈判旷日持久，如中、日和平条约谈判即持续了六年。中、美关于美国售台武器问题的谈判既激烈、又在几个层次上进行。中苏、中印谈判的任务也极其艰巨。每次谈判的记录都要整理、翻译、打印并在当天写出简报。有时一天会谈三次，第二天又要继续谈判，工作量可见是多么大。工作班子须负责准备几种方案，供谈判代表团选择使用，会谈中要随时提供一些情况，会谈后要回顾、分析、提出对案和拟出表态口径等。有时工作班子几天不得休息，或一天只睡几个小时，非常辛苦。有时在出现紧急任务时，我部外交官能克服一切困难及时完成任务。所以我经常感谢和表扬这些辛勤工作的苦力班子。还有一点我需要在此提到的是，长期以来，中国实行低工资制，20 世纪 90 年代以前，干部收入很低，驻外人员困难更多，夫妻分居、家里老小没有人照顾，许多人在国外一待若干年，顾不上家庭，这种舍己为公的精神是十分可敬的。外交部大部分干部能任劳任怨，尽心尽力，献计献策，谦逊克己，勇于承担任务。我觉得，他们是接受了周总理的谆谆教诲，继承了周总理的优良作风，而外交工作的成绩是各级干部表现的团队精神的结果。

新中国成立后几十年来，我曾在地方外事处和中央的外事主管部门工作，担任过双边和多边外交谈判以及临时执行政府特使的单项任务，曾多次出访和从事大量接待工作，接触面较广。我的主要体会是：外交工作者应是具备无产阶级党性的革命者和爱国者，能按中国的古训做到"富贵不能淫、威武不能屈和贫贱不能移"；既坚持原则，又注意策略，有丰富的国内外知识，并积极提出建议；能使用一两门外语，掌握外交技术，机敏自持和懂得文明礼貌。

今天，我在从事外交工作时的许多领导和战友们或是已仙逝，或是已经从中年人变得白发苍苍。我有几次在梦中看见周总理。据说他在临终前曾要我去见他，但那时我正在纽约工作，也无从得知他的召唤。我未能见到他最后一面，是我的终生遗憾。我经常想念张闻天同志。他是忠贞不渝的老一辈革命家，胸怀豁达，作风民主，知识渊博，遇事深思熟虑。任副部长期间，侧重抓国际形势的探讨分析，常做出富有见地的总结，深得同志们的崇敬。我怀念章汉夫同志，他是我最尊敬的外交部领导人之一。我从联合国回来后才知道他于"文化大革命"期间在关押之中含冤逝去。我每每回忆往事，都会想起李肇基同志，他年轻有为，勤奋正直，任劳任怨，是一位每次都能出色完成任务的优秀外交官，不幸在"克什米尔公主"号事件中遇难，"出师未捷身先死，长使英雄泪满襟"。

今天，我的许多战友和同事，无论是退休自得，或是进步晋升，我都认定他们是外事战线上的战士，是外交工作集体的一员，在这个团队中作出了自己的贡献。

1971年7月，在基辛格博士秘密来华访问结束后两天，周总理在人民大会堂向2000多名干部做了三个多小时的报告。他详细地讲了当前国际形势，说明我国为何要改善同美国的关系，然后他脱离提纲高声地说："我寄希望于年轻人，希望年轻的同志很快掌握中央的外交方针和政策，跟上新的形势，踏踏实实地干出一番事业，使中国兴旺发达，立足于世界大国之林。"他的这番话一直在我耳边萦绕。我想，对我们今天的年轻外交官来说，这些话还是很中肯和富有激励意义的。

第十三章　中日和平友好条约的签订

毛泽东和周恩来特别关注对日工作

日本是中国隔海相望的近邻，两国人民有 2000 多年的交往历史，有丰富感人的记载。19 世纪后期，日本崛起，称霸亚洲，侵略中国，割据台湾和澎湖列岛，1931 年侵占中国的东北，1937 年大举侵略中国，造成 3000 多万国人伤亡和无数财产损失。1945 年 8 月，日本宣布无条件投降。四年后，日本面对的是一个由中国共产党领导的人民中国。

毛泽东和周恩来在抗战期间即十分重视对日工作。举世皆知，共产党八路军的政策是：坚决抵抗日本侵略，区别对待各种日本人，优待日本俘虏……毛主席常向干部群众强调要区别对待日本侵略政策的制定者、执行者、一般士兵和民众。为了对日工作的需要，在延安还建立了对日工作干部学校，培养日语干部。

中国共产党是一个用革命和科学的理论指导的政党，站得高，看得远，宽大为怀，求同存异。尽管战后几届日本政府追随美国的冷战政策，敌视中国，但中国政府奉行和平共处五项原则，谋求同日本国家关系正常化，促进日本独立倾向的发展。在 20 世纪五六十年代，我国执行通过民间交往，促进两国关系正常化，即以民促官的方针。

为了中日友好的大局和前景，毛主席经常接见来访的日本代表团，向他们做工作。记得 1960 年 6 月，毛主席向日本文学代表团说，日本是伟大的民族，中日两大民族应该好好合作，互相帮助，互通有无，和平友好，文化交流，建立正常的外交关系。现在从法律上说，中日是处于战争状态的，应该尽早建立正常的外交关系。对日本社会党委员长浅沼稻次郎因抨击美帝国主义是中日两国人民的共同敌人和反对日本政府的"两个中国"政策而遇刺身亡，毛泽东表示深切哀悼，称浅沼先生是日本的民族英雄。毛主席认为日本人民也是侵略战争的受害者，中国政府大度地放弃向日本政府要求赔偿的权利。

周恩来总理在实现我国对日工作方针政策中呕心沥血，不遗余力，做了大量工作。尽管有时事态的发展因岸信介等政府的政策出现倒退，但是日本人民对日中友好、和平和民族独立的要求日益强烈，势不可挡。为了排除中日关系正常化的种种障碍，周恩来提出改善中日关系的"政治三原则"和"政经不可分"的主张，得到日本国内许多有影响人士和广大群众的拥护。在周总理的积极推动下，1962年11月廖承志和高碕达之助签署备忘录贸易协议，这个协议在促进中日政治经济关系上起了重要作用。为执行协议，中日双方互设廖承志—高碕联络处。因双方有官方背景，这种关系具有半官方性质。

随着中日友好和复交呼声的高涨，日本议员中的有识之士如前外相藤山爱一郎组织了恢复日中邦交议员联盟并任会长。1970年他率团访华时受到周总理的亲切接见。

1969年初，美国总统尼克松入主白宫，国际形势的种种因素使尼克松急于修好同中国的关系。在中国国内，在毛主席的倡议下，几位高层军事领导人经过详尽的研究分析得出看法，中苏矛盾大于中美矛盾，美苏矛盾大于美中矛盾。面对苏联在中苏边境陈兵百万的情况，中国宜摆脱两面受敌的局面。中央决定缓和同美国的关系。1971年7月，美国总统国家安全助理基辛格秘密访华，15日晚和16日上午，中、美双方同时发表关于周总理邀请尼克松总统于次年5月前访华的公告，使世界大为震惊。这一事件出乎日本朝野的预料。日本政界觉得，中美关系正常化已见端倪，若不加速同中国复交，有被美国抛在后面的可能，日本将极其难堪。

日本全国上下要求恢复日中邦交的呼声猛然高涨，议员中有更多人要求接受中方条件，即承认中华人民共和国政府是代表中国的唯一合法政府，台湾是中国领土不可分割的一部分，日台条约必须废除。在自民党内大部分人要求佐藤荣作引退的呼声下，日本内阁改组。

1972年7月5日，决心全力以赴打开日中关系的田中角荣在自民党总裁选举中胜出组阁，热心改善日中关系的大平正芳出任外相。

毛泽东和周恩来为迎接即将到来的中日关系新形势，决定在7月初派外交部长期研究日本问题的肖向前同志为中日备忘录贸易驻东京办事处首席代表，并派资深的对日工作干部、原驻东京办事处首席代表孙平化率200

多人组成的友好代表团访日。周总理指示孙平化抓住时机，促使中日恢复邦交，拜会田中角荣，并转达他的话：欢迎田中首相来北京商谈两国复交问题。

金秋时节喜复交

1972 年 9 月，正当菊花飘香、枫叶正红的金秋，我在纽约担任中国常驻联合国代表，听到了中日两国发表联合声明正式恢复邦交的喜讯。

在国际和两国国内形势发生深刻变化的推动下，日本新内阁首相田中角荣接受周恩来总理的邀请，于 9 月 25 日率大平正芳外相和二阶堂进官房长官及 52 名高官乘直航专机飞至北京，就两国邦交正常化问题举行谈判。中日两国历史上虽有一段极不愉快的岁月，但我国总理和日本首相经过多轮认真而坦诚的谈判达成了历史性协议。之后，毛泽东主席会见田中首相一行，气氛十分友好。29 日，周总理和田中首相分别代表本国政府在联合声明上签字。联合声明宣布结束中日间的战争状态，恢复邦交，建立大使级外交关系，在和平共处五项原则基础上建立和平友好关系。这一声明揭开了两国关系史上新的篇章。

在纽约得知这一消息，我感到无比欣喜。中日复交是继英、法与我建交后我国同发达国家关系的重大突破，无论对我国外交还是对社会主义现代化建设都有重要的现实意义和深远的历史意义。这一事件也引起世界震动，受到普遍欢迎。它将为缓和亚洲紧张局势、维护世界和平与稳定产生重大影响。

时值建国 23 周年国庆之际，这件事成了我驻外使领馆国庆招待会上人们的主要话题，各方朋友纷纷向我们表示祝贺，都说是中国外交的一大胜利。

对中日复交，我国和各国媒体都给予积极的评价，都认为是为中日两国关系发展打开了新的篇章，普遍予以欢迎。在日本，各政党和友好团体、各界人士纷纷发表声明和谈话，欢迎和拥护中日复交，赞赏中国政府放弃对日本政府关于战争赔偿的要求。执政的自由民主党认为是"本世纪和日本历史上具有划时代意义的重大事件，大大改变了历史潮流"。

当时的世界各国舆论报道，大凡能接触到的，我几乎都看到了。

日本《读卖新闻》发表社论称，日中邦交正常化标志着昔日的旧金山体制走向解体，进而促进了亚洲冷战结构的崩溃，日中邦交的建立开辟了亚洲的新纪元。

美国《基督教科学箴言报》以"亚洲历史上充满希望的时代"为题发表署名文章称，当美利坚合众国在波托马克河沿岸泥泞的土地上刚刚组建起来时，外部世界向封建的中国发动了进攻，而现在历史上这一凄惨篇章已经结束，中国人成了自己屋子的真正主人，掌握了自己的命运。日本也有决心处理自己的事务。双方建立了新关系，完成亚洲从冷战时代到开始建立新秩序的过渡。

埃及《共和国报》发表社论指出，中国总理周恩来和日本首相田中角荣签订的联合声明是亚洲关系中最令人感兴趣的事件，因为它使两个亚洲大国之间传统的敌对状态归于结束，消除了东亚局势紧张的主要根源。

我认真地阅读和研究了周恩来总理和田中角荣首相签署的联合声明。这一历史性文件的内涵十分丰富，意义深远。它代表着两国人民的根本利益，反映了两国政府的原则立场，也有适当的灵活和妥协。

这一声明由前言和九款条文组成。前言叙述了中日两国是一衣带水的近邻，有着悠久的传统的友好历史。两国人民切望结束关系的不正常状态。两国人民战争状态的结束，中日邦交正常化的愿望的实现，将揭开两国关系史上新的一页。日本方面痛感日本国过去由于战争给中国人民造成的重大损害，并表示深刻的反省，愿意在中方提出的复交三原则（即中华人民共和国政府是代表中国人民的唯一合法政府；台湾是中国领土不可分割的一部分；日台条约是非法、无效的，应予废除）。立场上谋求实现中日邦交正常化。正文的主要内容有：宣布结束不正常状态；日本承认中华人民共和国政府，充分理解尊重中国政府关于台湾问题的立场，坚持《波茨坦公告》第八条（以间接方式承认台湾是中国领土）；决定建立大使级外交关系；中国宣布放弃对日本的战争赔偿要求；中日邦交正常化不针对第三国；两国都不谋求霸权并反对其他国家建立霸权的努力；同意进行缔结和平友好条约和贸易、航空、航海、渔业新协定的谈判等。

值得特别注意的是联合声明的第八条，该条明确规定，"中华人民共和国政府和日本国政府为了巩固和发展两国间和平友好关系，同意进行以缔结和平友好条约为目的的谈判"。我当时完全没有想到，这一光荣使命，即谈判缔结中日和平友好条约的重任日后竟然落在了我的肩上，我更没有料到，根据联合声明所进行的缔约谈判是那样艰难而曲折。从《中日联合声明》规定进行缔约谈判到最终完成，竟然整整花费了六个春秋的漫长岁月。

谈判的进程与曲折

中日邦交正常化为两国关系，为各个领域的密切交往和友好合作开辟了广阔道路。但是 1972 年签订的《联合声明》只是政府间的文件，还不是最高的国家意志，故须要两国政府以条约的形式把《联合声明》的各个重要事项确立下来，成为各届政府必须执行的法律。

随着邦交的恢复和两国关系的顺利发展，双方经过共同努力，先后签订了《中日海底电缆协议》《中日贸易协定》《中日航空运输协定》《中日海运协定》《中日渔业协定》等一系列务实性双边协定，大大促进了两国经济关系的发展。与此同时，两国的科技文化交流也迅速展开，民间交流和人员往来也与日俱增，呈现出官民并举的喜人局面。至此，缔结和平友好条约的时机已日臻成熟。为使中日两国的睦邻友好合作关系在牢固的政治和法律基础上长期稳定发展，为亚洲和世界和平作出贡献，从根本上造福两国人民，必须以两国最高立法机构批准的法律文件加以巩固。中国政府于 1974 年秋把这一问题提上了议事日程，中国政府委派韩念龙副外长访日，就这一问题同日本外务次官东乡文彦举行预备性会议。缔约谈判的运作正式开始。

就当时的国际关系而言，尼克松访华后中美关系日趋松动，而苏联的霸权主义扩张野心与势头有增无减，直接威胁我国安全。因此，在条约上明确写入反对霸权主义，消除对和平、安全的威胁，是我国对外战略的重要国策。中日谈判缔结和平友好条约，既能推动两国维护和平和发展友好事业，也可以牵制苏联军事威胁与扩张势头，符合两国人民的根本利益。而日本方面虽然对缔约谈判作出了积极响应，但内心比较复杂。日本面临苏联的现实威胁，对苏也无好感，但不愿因两国缔约而得罪苏联。他们口口声声强调"日中是日中，日苏是日苏"。早在中日复交之时，田中即派大平外相前往苏联，解释日中建交不针对第三国。田中很希望利用中日复交的有利地位和技术优势打开日苏关系僵局，推动归还北方四岛，但为苏联所拒绝。

1974 年 12 月，在中日缔约谈判拉开帷幕之际，田中因陷入权力与金钱政治交易的洛克希德受贿案而被迫辞职下台。继任的三木武夫首相虽然对中日缔约表现出热情，一上台就表示要促进和平友好条约的谈判，争取早日缔约，日中一旦达成协议，将尽早请国会批准。但他对苏联的态度比田中更为慎重。由于执政的自由民主党内亲台派以苏联反对为理由，竭力阻挠日中缔约，三木内阁表现犹豫。亲台派的头面人物滩尾弘吉就公开表示，日本卷入中苏对立将导致亚洲的不稳定和紧张，日本必须要对中苏都保持等距离，不介入美、中、苏的斗争。自民党内极右的青岚会组织更是兴风作浪，对日中缔约提出种种无理条件，如确保台湾地位，确认尖阁列岛（钓鱼岛）是日本领土，在反霸问题上确认日本立场等，给缔约谈判设置难以逾越的障碍。三木政府在党内外反对派干扰和苏联强大压力及其他复杂因素的影响下退缩不前。日本媒体也有不少避免刺激苏联，不可自陷困境等反对的论调，在日本国内产生了一定的消极影响。这一切都预示着中日缔约谈判的艰巨和困难。

在东京举行预备性谈判的同时，根据中日双方的协议，双方在北京也进行了接触。中方以外交部亚洲司副司长王晓云为首，日方以驻华使馆参赞秋山光路为首，就《中日和平友好条约》内容和问题进行了三次磋商会谈，但是也未能找到解决问题的出路。

谈判桌外，苏联对日本一直施加强大的压力，其牵制日中缔约的活动一刻也没有停止过。苏联政府公开发表正式评论，反对日中缔约，称"中国企图把霸权条款写进条约，这种反苏行为的目的是要把日本纳入其反对缓和的对外政策轨道"。苏驻日大使特罗扬诺夫斯基以及后来继任的波利扬斯基大使多次约见三木首相和自民党副总裁椎名悦三郎等负责人向日施加压力，递交苏官方的声明、备忘录等文件，还送交了勃列日涅夫的亲笔信。信中提出就苏日和约进行谈判，拿北方领土问题作诱饵，吊日本的胃口，愿意先缔结苏日睦邻合作条约等，以此来牵制日中缔约。其外长葛罗米柯更是在东京和纽约等地公开当面对日本进行威胁说，日方如屈服中国压力，苏将重新考虑两国关系，改变对日政策。在此情况下，日方更加犹豫，立场进一步后退。三木首相一方面通过驻华大使或派外务省特使来华一再向中国人表示他对缔约的热望；另一方面又抛开外务省直接出马，亲自发表首相见解，强调日方遵守世界普遍适用的反霸原则，其实他所说的反霸原则就是抽掉了反霸条款的实质和针对性，而使其泛泛而论空洞化。这就表明日方是空谈缔约热情，空举缔约旗帜，实际上碍于苏联压力而一步步后退。中方原则立场很坚定明确，那就是只能在联合声明基础上前进而不能后退，在对霸权条款的态度问题上，是否愿意全文写入条约，则是前进和后退的分水岭。

1975 年 10 月 3 日，日本资深众议员小坂善太郎率团访华，邓小平副总理在会见该团时对中日缔约谈判和中国的原则立场作出了很好的概括。他说：《中日联合声明》中关于反对霸权主义的内容一定要写入《中日和平友好条约》。这是中日缔约谈判的关键所在，也是中国方面坚持的原则立场。如果日方感到为难，晚一些时间也可以。反正《联合声明》还在嘛，与其不明不白地作这样那样的解释，还不如暂时不搞为好。不能从《联合声明》后退，我们认为任何解释，实际上都是后退。

邓小平精辟、干脆的概述，一针见血地说到了问题的点子上。日方之所以要对反对霸权主义条款作这样那样的解释，就是害怕得罪苏联，离开其全方位外交，因此不愿把已载入《联合声明》的反对霸权的条款列入友好条约。日方在国内外反对中日缔约势力的影响和阻挠下立场明显后退，而这也是中方无论如何无法妥协和接受的。就深层次来说，在极左思潮泛滥，"四人帮"当道的年月，中国外交政策也受到很大干扰，对外交涉谈判中的某些灵活处理和策略妥协，常常被说成是卖国投降。当时中国在霸权条款问题上，没有灵活的余地。

1976年初，周总理去世，主持中央工作的邓小平再次被打倒，没有了发言权，而"四人帮"则更甚嚣尘上。全国人民那时敢怒不敢言，都在等待着，期望着。日本当时对中国走向和政策趋势更是心中无数，认为必须静观其变化。在这种形势和背景情况下双方都不可能在外交上有大动作，所以缔约谈判要取得有所突破或重大进展也很难，甚至是没有可能的。

谈判出现转机

时光荏苒，转眼间两年过去。到了20世纪70年代末期，国际形势和中日两国的国内形势都发生了很大变化。在形势变化的推动影响下，搁浅的中日缔约谈判重新出现了转机。

在我国，粉碎"四人帮"后，经过一个阶段的拨乱反正，中央于1977年7月决定恢复邓小平同志全部原有职务，主持中央工作并分管外交，继续贯彻毛主席和周恩来总理的外交方略。小平同志对缔结《中日和平友好条约》这项符合我国战略全局利益的重要工作付出了许多心血。作为外交部长，我全力投入了此项重要课题。

在日本，福田赳夫继三木下台后组阁，并逐渐对恢复谈判和缔约表现出更积极的姿态和信心。国际上，苏联咄咄逼人的军事威胁使日本逐步认清了苏联有扩张野心的真面目。20 世纪 70 年代后期，苏联飞速扩军，国防预算在其国内生产总值的比重超过美国。1979 年苏联海军能力已与美国旗鼓相当，通过对马、津轻、宗谷三个海峡的苏联军舰平均每年达 283 次。苏联飞机在日本海上空巡航，接近日本领土的苏机一年也达 280 多架次。因此，日本对苏联的军事扩张和武力威胁忧心忡忡，再也不能继续执行这种与任何国家都友好的等距离外交政策。在这种背景下，日本朝野日益迫切感到应认真改变其政府的对外政策，全国要求日中缔约和以日美友好、日中合作来牵制苏联扩张的呼声不断高涨起来。

就在这个时期，美国逐步改善同中国的关系。这一因素对日本在缔约谈判中下决心也起了促进和推动作用。卡特总统在福田首相访美时，劝说日本积极行动并预见缔约成功，他当面询问福田首相关于谈判的进行情况，表示希望中日能早日达成协议，并告福田称，反对霸权主义的条款对美国来说不是个问题。日本是始终以日美关系为其对外政策的基轴的，有了美国的支持，它不在乎苏联会说些什么。美国总统的表态促使福田首相作出了最后的决断。

在中日缔约过程中，那位原任福田内阁官房长官、后任外相的园田直发挥了重要作用。这位连续五届当选为众议员的资深政治家一直对中国怀有友好感情，在福田组阁后任官房长官要职。园田直一心要在日中关系史上留下美名，积极推动两国早日缔约。他顶住国内的反对势力，不怕右翼分子高音喇叭车的刺耳叫嚣、诬他为卖国贼的谩骂和要对他下毒手的威胁，大义凛然，不为所动，多次表示要豁出政治生命和人身安全为缔约而献身。他推荐曾经担任条约局长的佐藤正二出任第二任驻华大使，积极研究对华政策。他亲自给老朋友中日友协会长廖承志写信，希望能尽早访华，争取重开条约的谈判。他说："霸权问题不应受第三国牵制，即使有障碍和压力，只要我当外相就不必担心。"1978 年 1 月他访问苏联时，没有屈服苏方压力，解释了日方应有立场，显示出日本外交的自主性。在联合国大会上的讲话中，他与苏联外长葛罗米柯的讲话针锋相对，他多次批评苏联，并说，虽然某国的雷声轰响，但日本外交不能受其他国家左右。

1978 年 5 月，园田直外相会晤美国国务卿万斯时表示，希望利用日美首脑会谈打开日中缔约的僵局。他请万斯转告卡特总统，希望总统从中予以推动。

在福田首相尚有所犹豫时，园田直在外务省开了三次重要会议，确定了由外相访华以打开局面的方针，最后福田终于在内外支持者的敦促下作出了重开谈判、争取缔约的决断。福田在评论园田直时说，日中缔约非园田直莫属。只有他有这个魄力，也只有他能镇住反对派，使他们不敢作声。

签约只需一秒钟

福田上台后虽对缔约有热情，但多次向我方传话，要求重开谈判，但话中有话，强调"以双方都可以接受的方式"啦，"要缔结双方都满意，意见一致的条约"啦，等等，总是留点尾巴。这说明他还没有下最后的决心，尚需做些敦促工作。

1977年9月，我作为外长在出席联合国大会期间和福田内阁当时的外相鸠山威一郎会晤。我坦率地陈述了中国的立场，再次强调：中国一贯持积极态度，以联合声明为基础缔结和平友好条约，中方无任何困难，我们的态度也没有任何变化。条约未能早签，责任在日方，现在就要看福田首相的了。我还对他说：日方要缔结双方满意的条约，只要严格遵守联合声明原则，双方就应该满意。

时间的车轮飞转，很快就到了1978年，我们全面分析了内外形势，认为重开谈判的时机已日渐成熟，各方面的工作也逐步准备就绪，因此，开始敦促日方首脑作最后决断。

1978年3月初，福田首相委托访华的公明党书记长矢野绚也向中方传话：一、他抱着热情态度，要早日断然处理缔结日中和平友好条约问题；二、希望中方理解，同任何国家都友好相处是日本外交的基本立场。如中方表示理解，即可进入条约谈判。政治上如有必要可派园田直外相访华。我方很快表明看法，请矢野转告福田：一、中国政府一贯主张在联合声明基础上早日缔结和平友好条约，发展两国关系，这一点没有任何变化；二、中方认为中日建立和发展和平友好关系不是针对第三国的。中日双方都不谋求霸权，并反对任何国家和国家集团谋求霸权，谁谋求霸权就反对谁。事实上霸权主义威胁着中国，也威胁着日本；三、中日两国反对霸权并不意味着两国政府要采取联合行动，中日两国都有自己独立自主的外交政策，双方都不干涉对方内政；四、恢复谈判，中方无任何障碍，随时都可进行，我们希望福田首相早日作出决断。园田直外相如有意访华，中方表示欢迎。

此后不久，即3月26日，邓小平副总理会见飞鸟田一雄率领的日本社会党代表团，他说：去年我对河野洋平说过，太平洋应该成为真正的"太平"

洋。中日两国人民要友好起来，亚洲人民要友好起来，但是最重要的是中日两国人民要友好起来。中日友好、早日缔约是大势所趋，是真正符合中日两国人民根本利益的。日本绝大多数人民是明白的，绝大多数政治家是赞成的。现在的问题是要福田首相下决断。我们认为从《联合声明》基础上有所前进最好，至少不要后退。

邓小平副总理指出，缔约问题单从外交角度是不可能解决的，要从政治角度考虑才能解决，从中日两国人民长远利益考虑就很容易解决。如果日本同意签约，苏联也就无可奈何，它能用什么东西来报复呢？

邓小平副总理的这次谈话对条约谈判起了很大的促进作用。

后来，邓小平副总理在会见日本内阁前官房长官二阶堂进时说：我们对福田先生的政治见解是熟悉的，他对缔约还是有热情的。问题在于福田下决心，只需一秒钟，我们在期待着。邓小平副总理在会见来华访问的日中友好议员联盟议长滨野清吾时谈到缔约问题，他直率地指出，如果福田首相下决心，一秒钟就可以签约。

在我方敦促和日本朝野纷纷要求政府尽早缔结符合中日利益的《中日和平友好条约》的形势下，福田召集前首相岸信介和三木、前众议院院长浅尾繁三郎和自民党前副总裁椎名等元老开会，表示自己已作出决断。与会者都表示同意，这也使慎重派再无话可说。

此后，经过双方的商定，被搁置了三年多的缔约谈判于 1978 年 7 月在北京重新开始了。由外交部副部长韩念龙任中方代表团团长，日本驻华大使佐藤正二任日方代表团团长。中方参加会谈的成员还有王晓云副司长和亚洲司、条法司有关主管官员，日方参加会谈的还有外务省亚洲局局长中江要介、驻华公使堂之胁光朗等官员。

谈判在外交部迎宾馆，即台基厂三号宾馆进行。时值盛夏，外面骄阳似火，室内热度更高，谈论热火朝天。双方详细阐明了各自的原则立场和观点。讨论的内容和问题涉及缔约的方方面面，特别是条文细节，而焦点仍是反霸原则及与此相关的第三国条款，这就是后来人们称之为缔约进行的关键性事务级会谈。从 7 月 21 日一直谈到 8 月 8 日，共计 14 次。

双方会谈从一开始就切入主题。主要围绕有关《联合声明》的反霸条款内容的理解，不针对第三国或特定第三国，反对霸权的地区范围以及反霸态度的表达方式（用反对还是表示反对）等问题进行认真详尽反复的讨论。

　　在长达 14 次的会谈中，双方阐明各自观点，有时展开了详尽的讨论甚至争论。经过对案文的反复比较，双方已就缔约内容和文字基本达成妥协，日方愿接受将反霸内容完整地写入条约的正文。但围绕这一条款，尚有两点争议：第一，反霸范围问题，中方认为中日同属亚太，无论是从历史还是现实角度都理所当然，反霸首先应强调在亚太，而且联合声明中使用过，不改为好。日方则认为，不应只限于亚太地区而应在全世界，所以提出要加上"其他任何地区"；第二，涉及第三国条款问题，日方提出最后修改案为"本条约不影响缔约各方与第三国关系的立场"。

　　至此，事务级谈判已尽了最大努力，完成了职权范围内的使命，有待双方各自的上级报告，以便作出最后的决断。

　　我们把情况报告中央，邓小平同志看了关于第三国条款日方案文时说，"这不是很简洁的表达嘛"，当即拍板同意。

　　此时，园田直外相发电要外务省参加事务级谈判的亚洲局局长中江要介回东京当面向福田汇报，并要求福田令其访华，以完成条约的签署。

与园田直的坦诚会谈

　　在第一次访华 24 年后，园田直外相于 1978 年 8 月 8 日到达北京。这一天，北京正下着大雨。我到飞机舷梯下打着伞迎接他。我对他说：你带来了幸福之雨。我们俩两个月前在纽约共进午餐时，相约于 7 月在北京见面。现在仅仅晚了一个月，相见成为事实。

　　8 月 9 日上午 9 时半，我们在人民大会堂举行第一次会谈。中方出席会谈的还有韩念龙副部长、驻日大使符浩、亚洲司长沈平、副司长王晓云、礼宾司副司长高建中，日本处处长丁民、副处长王效贤（兼翻译）和徐敦信同志等。日方参加会谈的有外务省审议官高岛益郎、驻华大使佐藤正二、公使堂之胁光朗，中国课长田岛高志和大臣秘书官佐藤等。

　　我首先致辞欢迎园田直外相及其一行，对外相为缔约取得成果所表现的热情与信念给予积极评价。

　　我在发言中对缔约谈判以来双方所取得的成果和成为焦点的反霸条款问题作了概括，并再次阐明了中国方面的原则立场。我着重说明，这不是文字表述问题而是原则问题，是以缔约保证两国关系友好发展的实质性问题。我谈道，中日有两千年的交往历史，虽然有一段遗憾的时期，但是以友好为主。中日两国世代的友好是我们的共同愿望。两国同处亚太地区，在当前的形势下都面临着重要课题，因此应从全世界角度来关注面临的问题，从政治高度来思考问题。我说，园田直外相是中国人民的老朋友，德高望重，是热心于早日缔约的日本政治家，我期望他能和我们一道完成两国政府和人民赋予的重任。

园田直对中方的热情欢迎和周到的安排表示感谢，对目前的谈判成果感到满意，并给予高度评价。他说，他的到访正是为了推进会谈，以便早日缔约。缔结《日中和平友好条约》不仅对日中两国，对缓和亚太地区的紧张局势和促进各国的繁荣发展也是很重要的。双方应加强相互理解和信任，为谈判的圆满进行而努力工作。他接着谈到美国希望日中尽早缔约，以便牵制苏联和说服国内的慎重论者。他说：苏联公开指责我，这倒使我更加要为早日缔约而尽力。我们都在进行反霸斗争，但日中两国做法不同。日本过去有王道霸道之说，孙中山离开日本时也曾说过："以势力操纵国家称做霸道，以人心操纵国家称做王道"，是劝日本友人勿要走霸道。日本人坚决反对以实力相威胁。但是日本国民不能接受只指责一个国家为霸权国家并与其采取敌对政策，这不是顾忌苏联，而是想在祝福和理解的气氛中缔约。如果苏联要说挑衅的话，我们就要签订谴责它的条约。

对于园田直外相的坦率陈述，我很赞赏。我说：中国的外交风格也是坦率和直截了当地表明自己的见解。接着，我再次着重说明，我们只能在联合声明基础上发展而不能倒退，更不能削弱它。《联合声明》所载入的反霸条款，反映了当今的世界形势。面对霸权主义的威胁，两国人民和世界人民必须与之作斗争，这是深入人心的道理。目前的国际形势比中日《联合声明》发表时更为紧张，根源就在于超级大国的争夺和一个超级大国更加疯狂地推行霸权。我们应正视当今现实，不怕威胁，坚守《联合声明》的精神，维护两国人民的利益，早日缔结条约。

园田直明确表示，对于不削弱《联合声明》，不在此基础上倒退，争取早日缔约无任何异议。他接着敞开地谈了对中苏关系和亚洲国家关系的一些看法，他说：今年1月份我访问苏联时，没有屈服于苏联的任何压力。关于中苏问题，我理解目前关系紧张的原因，日本期待中苏缓和，日本决不会与苏联合作威胁中国，同时也不会与中国合作对苏联采取敌对行为。联系到霸权问题，我们的理解及与其斗争的方向是一致的，如果我们相互理解其真意，中国会站在日本的立场上考虑缔结什么样的条约能得到日本国民的认可与祝福，而日本站在中国立场上考虑中国今后在与第二、第三世界相处中，缔结何种条约不会给中国造成障碍，这样才能达到双方满意的结果。因此，早日达成协议对两国都很重要。

园田直是个好动感情的人。他越说越激动，声音很高。他说："我是豁出政治生命和自身安全来中国的。来就务求谈成。缔结不成，我就不能回东京了，只好在北京切腹自杀。我没有退路，你们也一样。谈不成，要受到全世界的耻笑。"我笑着赶紧把话拉回来说，还是谈条约问题要紧。

我告诉园田直，中国一直期望早日缔结条约，从来没有考虑要延期。因为在反霸条款上认识还有分歧，所以我们要求肩负重大责任来华的园田直，进一步明确地谈谈对这一最关键问题的看法。

园田直外相发言说，霸权行径当然要反对，但日本不愿卷入和介入中苏对立之中，希望中方充分理解日方反霸的方式不同和日本基本外交方针的不同点，站在各自立场上进行反霸斗争，为亚洲及世界和平做贡献。园田直还谈道，在前段东南亚联盟的外长会议上，大家也承认存在着苏联的威胁，同时对中国的未来也感到不安，就是说对中国能否永远不称霸和与各国友好相处，还有疑虑。各国欢迎日中缔约，但是对条约的内容，特别是对反霸条款的表述，他们是非常关心的。因此，请求黄华外长理解，一定要缔结能够消除东南亚人民和日本国民对反霸条款的不安和肯定中国真正要永远作为日本的朋友和睦相处的条约。日本一定要缔结让国民接受和满意的条约。希望中国也谋求缔结让日本、东南亚、美国和世界各国满意的条约。

会谈就这样坦诚、热烈地持续着，早已过了午餐时间，我宣布暂时休会，下午继续我们的谈判。

原则下的灵活带来曙光

下午，我与园田直外相的第二次正式会谈，我首先发言表明了中方态度并按中央批示，谈了关于第三国条款的最后意见。我说：第一，关于反霸条款。这首先是约束中日两国自身。我们双方都已宣布不谋求霸权。我国的这一庄严态度已为世界人民所共知，邓副总理在1974年联合国大会的发言鲜明地表示，中国不谋求霸权，不仅现在，将来中国经济发展了，也不称霸。我也坦率地告诉园田直，东南亚各国与中国同样蒙受过帝国主义侵略，对苏联怀有戒心，理解中国的反霸条款，对日本军国主义复活感到不安。因此我们认为缔结带有反霸条款的条约对改善日本的形象有利。自《联合声明》发表以来，反霸条款已得到广大日本人民的拥护，因此在中日《联合声明》的基础上早日缔约是符合两国人民的愿望和利益的。我们也知道日本有一部分人反对缔约，但是反对的只是一小撮人，他们代表不了广大日本国民，政府也不应代表他们。第二，关于第三国条款，我方同意日方提出的"本条约不影响缔约双方同第三国关系"的立场，并同意在反霸条款上增加"其他任何地区"的字样。具体条文的表述，请佐藤正二和韩念龙他们来完成。

园田直听后喜出望外地立即站起同我握手，我看到他已激动得热泪盈眶。他说：这次访华我排除了极大困难，可以说是以我的人生和命运作赌注，以政治家的生命为赌注的。作为日本政治家，我热爱日本，热爱中国，热爱亚洲，并怀着反省过去的战争的愿望而行事。我对于黄华外长传达的向达成协议迈进一大步的信息，深表谢意。我高度评价中方给我们带来的象征希望和象征未来的曙光。这是真正为日本、中国和亚洲的未来作出的决断，是中国人民对日本人民的友好表现。关于东南亚对日本的疑虑，也是我经常进行反省的。今后将在中国、东南亚繁荣发展过程中寻求日本的出路，用行动表明日本不再复活军国主义。他还说道，日本舆论调查同意无条件缔约的占30%，还有一部分是慎重论者。但是反对霸权不是一时的，而是长期的，不局限在目前。也要让东南亚各国看到，我们两国已携起手来，真正步调一致，这样，反霸斗争才有成效。我们应该在各自立场永远推行反霸斗争，不只以一个国家为对手，日中条约才名副其实具有生命力，永远发挥和平友好的作用。他还说：缔约完成后日本会有各种各样问题需要中国帮助，贵国也会有些问题，我会随时来华，相互合作，不受任何国家干预。

双方都表示要努力使缔约谈判画上圆满的句号。

根据中、日两国外长会谈达成的共识和原则协议，8月10日韩念龙、佐藤及谈判班子全体成员和起草委员会的人员，对条约的所有措辞一一进行具体推敲。11日上午又举行事务级谈判的全体会议，通过了双方达成一致的条约全部文字。至此，谈了三年半的和平友好条约最终圆满完成。

10日下午，我陪同邓小平副总理会见园田直外相一行，气氛十分融洽，也是条约谈判以来谈话最为轻松愉快的一次，双方祝贺缔约谈判终于达成协议，祝贺两国关系史上一件大事的圆满完成，不仅如此，在国际关系史和条约史上也具有划时代的意义。邓小平对园田直所关心的中苏同盟条约一事，明确地告诉他说，这个条约早就名存实亡了。到时候我们会正式宣布废除。园田直悬着的心算是放下来了。对他来说还有一个棘手的问题，就是钓鱼岛问题。日本外务省、首相官邸以及一些政治家不断对他施加压力，有的人甚至扬言说，不弄清该岛的归属就不缔约。园田直知道，中国决不会在领土问题上让步，要谈领土归属争议，条约肯定签不成，但因为国内有指示，园田直又不能不提。于是他壮着胆子，换一种方式向邓小平提出，因为双方有不同主张，希望以后不再发生像上一次的钓鱼岛事件。邓小平说明，那次是偶然发生的事件，渔民们一追起鱼来眼里就没有别的东西了。邓小平告诉园田直说：我们的方针一如既往，就搁置它 20 年、30 年好了，我们不会动手的。就这样，园田直得到了满意的答复，完成了他此行的所有任务。

8 月 12 日条约全文被双方一致通过，园田直也得到了福田首相发来的缔约训令。《中日和平友好条约》的缔约谈判，经过双方的艰苦努力，终于大功告成，谈成了两国人民都很满意的和平友好条约，过程是艰难曲折的，而结果是圆满可喜的。

中日和平友好条约的意义

我与园田直的第三次也是最后一次会谈是 12 日接近中午时在钓鱼台 18 号宾馆进行的。因为经过 16 次事务级谈判和起草委员会全体会议就所有问题和条约条文达成一致，所以双方都兴奋地相互祝贺，对日夜操劳、呕心沥血地参加谈判的所有成员表示赞赏，因为条约的每一行字，每一个词都渗透着双方人员的心血。大家特别对园田直外相毅然访华，推动会谈成功所作的努力表示钦佩和感谢。园田直表示，日中两国真诚合作为世界和平作出了贡献，日中友好已进入了新阶段。接着我与园田直就他提及的一些具体问题进行了磋商和交谈，其中包括日中两国公民在对方长期居住的国籍问题，日本大使馆用地和开设领馆问题。我们的会谈在圆满中结束，可以说实现了双方的愿望。我们相约尽早在东京再次相聚。

因为条约的行文很简洁，我想把中日双方经过多年努力夙兴夜寐、费尽心血终于谈成的条约内容摘录于下，以为纪念。

中华人民共和国和日本国政府满意地回顾了自 1972 年 9 月 29 日发表联合声明以来，两国政府和人民之间友好关系在新的基础上获得很大发展，确认上述声明是两国和平友好关系的基础，声明所表明的各项原则应予以严格遵守；确认联合国宪章的原则应予充分尊重；希望对亚洲和世界的和平与安全作出贡献；为了巩固和发展两国间和平友好关系，决定缔结和平友好条约。为此，各自委派全权代表如下：

中华人民共和国委派外交部长黄华；

日本国委派外务大臣园田直。

第一条　一、缔约双方应在互相尊重主权和领土完整、互不侵犯、互不干涉内政、平等互利、和平共处各项原则的基础上发展两国间持久的和平友好关系。二、根据上述原则和联合国宪章的原则缔约双方确认，在相互关系中用和平手段解决一切争端，而不诉诸武力和武力威胁。

第二条　缔约双方表明：任何一方都不应在亚洲和太平洋地区或其他任何地区谋求霸权，并反对任何其他国家或国家集团建立这种霸权的努力。

第三条　缔约双方将本着睦邻友好关系的精神，按着平等互利和互不干涉内政的原则，为进一步发展两国间经济关系和文化关系，促进两国人民的往来而努力。

第四条　本条约不影响缔约各方同第三国关系的立场。

第五条　本条约须经批准，自在东京批准书之日起生效。

本条约有效期为 10 年。10 年以后在根据本条约第二款规定宣布终止以前将继续有效。

《中日和平友好条约》虽然文字不多，但内容和意义深刻。因是国际条约，须经两国最高权力机关的郑重批准，具有庄严的法律约束力，是国际法的重要渊源。《中日和平友好条约》从法律上正式地肯定了 1972 年中日恢复邦交的《联合声明》，该声明载入了一些极重要的内容：结束两国的战争状态；中、日邦交正常化；日本国对由于战争给中国人民造成的重大损害表示深刻反省；中国为了中、日两国人民的友好放弃对日本国的战争赔偿要求；发展睦邻友好关系，两国任何一方不谋求霸权，并反对其他任何国家或集团建立这种霸权的努力；奉行和平共处各项原则，用和平手段解决一切争端；维护世界和平。缔约双方为进一步发展两国间的经济和文化关系以及为促进两国人民的往来而努力。

8月12日傍晚时分，人民大会堂安徽厅里花红叶绿，灯火辉煌。《中日和平友好条约》草签仪式在这里举行。华国锋总理、邓小平副总理和全国人大常委会副委员长廖承志出席了仪式。我与园田直外相分别代表本国政府在条约文本上签字。双方共同举杯祝贺这一来之不易、具有深远历史意义和重大现实意义条约的缔结。

1978年8月12日，《中日和平友好条约》签字仪式在北京人民大会堂举行。图为中国外交部长黄华和日本外务大臣园田直分别代表本国政府在条约上签字后交换文本

四天之后，即8月16日，中国第五届全国人民代表大会常务委员会第三次会议批准了两国外长草签的《中日和平友好条约》。日本众、参两院也先后于10月16日和18日顺利批准了《中日和平友好条约》。至此，双方都完成了一切必要的法律程序。

《中日和平友好条约》符合中、日人民和亚洲以及世界人民的利益和愿望，因而受到中、日两国人民和国际社会的重视和欢迎。

条约的签订和批准生效后，中、日之间尤其是高层官方往来大幅度增加，经济贸易关系迅速升温，文化交流频繁，两国关系空前友好。

在签约后一个多月时间里，日本47个都道府县中就有东京都和31个府县分别举行了庆祝会。几年来一直为缔约奔走呼号并起了巨大推动作用的日中友好议员联盟的朋友们更是感到欢欣鼓舞。他们除参加在日本举办的庆祝活动外，还派出 20 人组成的友好访华团，由滨野清吾会长亲率来京。他们按照日本的习惯带着喜庆的大年糕、红豆米饭和大桶清酒前来祝贺。

9 月 1 日，中日友好协会等 11 个团体在我国人民大会堂举行庆祝缔约的盛大酒会，当时在北京访问的日本代表团、日本驻华使馆的外交官、日本企业常驻北京代表和在京的日本专家、留学生等 1600 多人应邀出席，滨野会长的祝贺团带来的红豆饭、特大年糕使酒会锦上添花，别开生面。这是祝贺团团员从家乡许多农民手里收集来的好江米做成的，放在宴会主桌前，红白两色，红豆饭也是用特地带来的好大米、红小豆由驻华使馆外交官的夫人们一锅一锅煮好拿到人民大会堂的。我国党和国家领导人华国锋总理、邓小平副总理和叶剑英委员长同中日各界人士共同举杯庆贺这一两国历史上有重大意义的盛事，庆贺两国人民的愿望圆满实现。人们饮酒高歌，觥筹交错，欢声笑语，共庆大业告成，大厅到处都洋溢着欢乐喜庆的氛围，令人兴奋、快慰和欣喜。

陪同邓小平访日互换条约批准书

为表示对《中日和平友好条约》的重视，邓小平副总理决定亲自赴日本参加条约批准书的互换仪式并对日本进行访问。1978 年金秋，从 10 月 22 日到 29 日，邓小平副总理应邀到日本进行为期一周的正式友好访问。我和何理良陪同邓小平和夫人卓琳访日。随行的还有中日友好协会会长廖承志和夫人，外交部副部长韩念龙和夫人等。这是中国国家主要领导人自复交以来对日本的首次访问，受到了日本举国上下一致的热烈欢迎和隆重接待。我们全程陪同访问，深深感到邓小平以其政治家的超人睿智与高尚风范，使访问取得了圆满成功，得到日本人民的高度评价，有力地推动了中日关系的进一步发展。

日本政府极重视邓副总理的访问，对代表团的安全采取了严密措施。它从全国各地调来数十万警力，在邓副总理车队经过的街道两旁，每隔 25 米即布有一名警察，面部朝外，不论对向的是空地、建筑物或是山岩。天空还有直升机不断巡逻。邓副总理一行到达东京即被安排在裕仁天皇在皇太子时期所住的法国式华丽宫殿——赤坂离宫下榻。福田赳夫首相在离宫前的广场上主持了庄严宏大的欢迎仪式。

邓小平到达日本的第二天上午出席了庄严隆重的《中日和平友好条约》批准书的互换仪式。这一仪式在首相官邸一楼大厅举行。大厅红毯铺地，灯火通明，辉煌灿烂。会场中央摆放着由黄红色菊花和红白色的石竹花装饰起来的中日两国国旗，色彩鲜艳夺目。10 点 30 分，福田首相、邓小平副总理、我和园田直外相在铺着绿丝绒的插着中日两国国旗的签字长桌前就座，大家满面春风，喜上眉梢。事前双方同意用代表中日传统文化的毛笔签字。在高奏中日两国国歌和悠扬的乐曲声中，园田直外相和我分别用毛笔在烫金的批准书证书上签字，然后互相交换文本。此时，全场响起了热烈的掌声和欢呼声。当大家握手、欢庆之时，我们看到邓小平副总理走到福田赳夫首相面前同他热情拥抱，欢呼声更加响亮了。宾主共同举杯畅饮香槟，互致祝贺，庆祝反映两国十多亿人民共同心愿和根本利益的《中日和平友好条约》的正式生效。参加互换批准书仪式的还有日本内阁的八位大臣、外务省的官员和我国驻日使馆的主要官员。此时我回忆一幕幕艰辛曲折的谈判情景，深感完成缔约是继两国邦交正常化之后的又一件大喜事，深感双方同意把反霸条款写进条约是国际条约中的一项创举。中日两国约束自己履行反对霸权的义务，同时也制约和反对任何其他国家和国家集团的霸权行为，必将对维护亚太地区和世界和平安全作出贡献，因而两国缔约既是迄今中日关系的总结，是睦邻友好关系发展到一个新起点的重要标志，也是对威胁国际安全和世界和平主要根源的霸权和强权的沉重打击。

1978 年 10 月 23 日，《中日和平友好条约》的批准书的证书文本的互换仪式在东京总理府大厅举行。左起：邓小平、黄华和日本外相园田直、首相福田赳夫

我国和日本各主要报刊电视均以头版头条或在重要位置在黄金时间对邓小平访日和互换批准书仪式作了报道和播放，都认为这是中日关系的大发展，是中国外交的大胜利。电视收视率比平时增加了十多倍，这证明邓小平的访问和中日友好深入到了每个中国和日本家庭。在日本，报纸纷纷热情地形容邓小平访日开启了日中时代的新篇章，整个日本在这一周刮起了"邓旋风"，掀起了"邓热潮"，"一亿日本国民成为了邓小平迷"。日本媒体用三个"十分"形容这次访问，称邓小平副总理"精力十分充沛，工作十分周到，访问十分成功"。不仅日本，亚洲一些国家乃至欧、美、非三大洲舆论也都非常重视邓小平访日和中日缔约，丹麦一家报纸说："10月的最后一周因为有邓小平访问日本，成为了闪光的中国周。"

拜 会 天 皇

互换条约批准书仪式后，日本天皇裕仁和皇后良子在皇宫会见邓小平和夫人卓琳。这是新中国领导人第一次与天皇的直接会面。我也陪同参加了这次会见。日本天皇是象征性国家元首，他的涉外活动都是由宫内厅和外务省安排的，谈话稿子也是由外务省和宫内厅写好，到时候照本宣科。天皇表示热烈欢迎邓小平在百忙中不辞劳苦，远道而来，并对日中缔约表示高兴。邓小平回答说，中日缔结和平友好条约可能具有出乎我们预料的深远意义，过去的事就让它过去，我们今后要积极向前看，从各个方面建立发展两国的和平友好关系。

天皇可能被邓小平大度、诚挚的讲话所打动，他抬起头来脱离外务省和宫内厅为其拟定的谈话稿，临场发挥说："在两国悠久的历史中虽然一度发生过不幸的事情，但正如您所说的，那已成为过去。两国之间缔结了和平友好条约，这实在是件好事情，今后两国要永远和平友好下去。"日本共同社当天发表评论称，天皇在首次会见中国领导人时使用"不幸的事情"这一措辞，是天皇从战争责任这一角度间接地向中国人表明了谢罪之意。邓小平的话打动了天皇，使他心里一块石头落了地。

会见的气氛是轻松而融洽的。天皇是位著名的生物学家，双方从植物、绿化、养生一直谈到城市建设、环境保护等，很是融洽投缘。会见结束时，天皇和皇后把一张署名照片和一对银花瓶赠送给邓小平和卓琳，邓小平夫妇也回赠了黄胄先生的水墨画卷和中国特有的彩色刺绣屏风。随后，天皇夫妇在皇宫丰明殿设午宴款待，我们这些主要随行官员和夫人也都应邀出席。大概是考虑到邓小平曾留学法国的缘故，日方特地安排了法国餐，而为适合中国人的口味，还特地加了燕窝汤，很是可口。邓小平在即席讲话中，强调要"子子孙孙、世世代代友好"。天皇当即表示赞同说："日中两国建立起这样的友好关系，历史上还是第一次。要永远继续下去。"

突然冒出道歉语

23 日下午，福田首相与邓小平副总理在首相官邸举行第一次会谈，日方园田直外相，安倍晋太郎官房长官出席会谈，中方是我、廖承志和韩念龙等参加了会谈。

当晚 7 时 30 分，福田在首相官邸举行盛大、隆重的宴会，欢迎邓小平访日。由于互换《中日和平友好条约》批准书已在上午顺利完成，所以晚宴氛围特别轻松愉快。席间福田和邓小平分别致祝酒词。福田首先回顾了日中两国具有两千年以上友好交流的悠久历史，并举出了阿倍仲麻吕到中国和中国鉴真和尚到日本修建唐招提寺的故事。他说："在漫长的历史中，我们两国交流密不可分。到了本世纪，经历了不幸关系的苦难。"讲到这里，他离开讲稿像上午天皇会见时表现一样，忽然冒出了一句："这的确是很遗憾的事情。"然后，他又按讲稿接着讲道，"这种事情是绝不能让它重演的。这次的日中和平友好条约正是为了做到这一点而相互宣誓。"对于福田突然冒出的道歉话，在场的日方译员没有准备，没有翻译，不过，机敏的译员王效贤及时把话翻译给了邓小平，在第二天的《人民日报》上也有登载。福田对日本侵华战争表示遗憾的说法虽然与正式道歉尚有相当距离，但毕竟是日本领导人第一次在正式场合作这样的表述，确实向前迈进了一步。

邓小平副总理在宴会上致辞中表示，中日两国间虽然有一段"不幸的往事"，但同两千年友好交往的历史相比，毕竟是"短暂的一瞬"。他强调"要勿忘过去朝前看"。中日两国尽管社会制度不同，但应该而且完全可以和平友好相处。邓小平在讲话中还谈道，《中日和平友好条约》规定，中日两国自我约束承担不谋求霸权的义务，同时反对任何其他国家或国家集团建立这种霸权的努力，这是国际条约的一项创举，是对当前威胁国际安全和世界和平主要根源霸权主义的沉重打击。这是邓小平到日本以后首次谈及霸权问题，他借日本的讲坛重申反对霸权主义，表达了和平友好条约的真谛以及中国与日本共同反霸的决心，是意义深远的。

众院议长绿茵庭院会嘉宾

24日上午，我陪同邓小平对众议院议长保利茂和参议院议长安井谦进行了礼节性拜访。会见中，保利茂说："在迎接阁下一行时，我深切感到，日中两国间和平友好关系不只是空喊，而是具有实际内容的。"安井谦说："过去的日中关系未必都是幸福的。但是，日本以第二次世界大战结局为转机悔过自新，作为和平国家投入了新的建设，并缔结了日中和平友好条约。"对此，邓小平表示感谢两位议长的热情讲话。他说，"诸位都是老朋友，老相识。今天的好天气象征着两国之间友好关系的光明未来。"

在这里，邓小平还会见了日本社会党、公明党、民社党、新自由俱乐部、社会民主联盟和共产党等六个在野党领导人，并进行了约15分钟的恳谈。

恳谈结束后，邓小平一行穿过挂着我国著名画家王成喜的巨幅红梅的大厅，走到众院议长官邸庭院，参加保利茂和安井谦举行的盛大的欢迎酒会。

当邓小平和夫人及随行官员在保利茂、安井谦等陪同下步入鸟语花香、翠绿如茵的庭院草坪时，300多名日本国会议员阁僚和其他知名人士长时间鼓掌致意。席间保利茂议长代表众参两院致欢迎辞。他说："邓小平先生的来访揭开了两国新时代的序幕。"

邓小平在致辞祝酒时，首先转达了中国全国人大常务委员会叶剑英委员长和中国人民对日本国会和国民的诚挚问候和良好祝愿，并对日本朝野政党、政治家和由众参两院许多朋友组成的日中友好议员联盟为促进早日缔结中日和平友好条约，为发展两国友好关系和中日友好事业作出的巨大努力和宝贵贡献，表示崇高敬意和衷心感谢。他强调说："《中日和平友好条约》缔结了，但是，我们的任务并没有因此而告终，我们要做的事情还很多，任重道远。在座各位都是日本的政治家，有识之士，肩负着日本国民的重托。我们愿同各位一起再接再厉，为在中日和平友好条约各项原则基础上进一步发展两国的睦邻友好关系和各方面的交流，为两国人民世世代代友好下去而共同努力。"

情真意切看老友

邓小平在访日过程中探望和会见老朋友或他们的亲属，在日本成为脍炙人口的美谈。"不忘老朋友广交新朋友"，这是我国外交工作的一项重要原则，是我们在对日交往中始终坚持的方针和做法。早在中日邦交正常化招待会上，周恩来总理就讲过："吃水不忘掘井人"，充分肯定和高度评价了日本各界朋友为促进中日友好和复交所作的宝贵贡献。在中日友好关系结出硕果的时候，中国人民想到了日本社会党前委员长浅沼稻次郎，想到了日本自民党元老松村谦三、高碕达之助，想到了为日中友好事业献身和劳碌奔波的许许多多朋友们。邓小平在这次访日行程中抽出大量时间拜会、探望老朋友或他们的家属子女，和各阶层的友好人士进行了广泛的接触。旧朋新知欢聚一堂，充分体现了中日友好队伍的日益壮大，友好事业兴旺发达，也表达了中国人民对这些为恢复中日邦交、为发展中日友好有功劳有贡献的老朋友们的敬仰与怀念。邓小平在繁忙日程中以早餐会、茶话会等方式招待已故松村谦三、高碕达之助、石桥湛山、片山哲、浅沼稻次郎、村田省藏、松本治一郎等推进中日友好的老政治家、元老和资深知名人士的夫人、子女及家属，对这些在中日友好丰碑上留下芳名、为改善和发展中日关系献身出力的人士，予以充分肯定和高度评价。他还让随行的中日友协会会长廖承志专程去医院探望了正在病中的日中文化交流协会理事长中岛健藏先生。日本朋友们对此十分感动。有的家属在与邓小平握手、谈话和合影之际禁不住流下了激动的热泪，甚至泣不成声，使我们这些陪同会见的人也感慨万端，感触至深。

邓小平还分别会见了对中日复交作出决断和重要贡献的田中角荣前首相和大平正芳前外相，这也是让人们非常称道感慨的。特别是田中角荣，现在已不在台上，还涉嫌金钱与权力交易的洛克希德案件，正在接受法院调查审理，处境不佳。但邓小平说，那是日本国内的事情，我们不过问，但我们不会忘记他在日中关系上所作的历史贡献。当邓小平一行抵达田中角荣住宅时，田中角荣和夫人、女儿、女婿及外孙女都在大门口迎接。田中角荣派的二阶堂进、西村英一、木村武雄、久野忠治等40多位国会议员在院内列队欢迎。曾经担任过内阁大臣的山下元利和大鹰淑子站在队首向邓小平深深鞠躬并握手致意。邓小平和田中先生进行了亲切的交谈并合影留念。事后日本报刊和各方人士有多种议论，大多数人为之感动，认为中国人够朋友。经济界的元老松下幸之助说："尽管有不同看法，但去探望是得人心的，说明中国人重情义。"

搁置争议，共同开发

邓小平在日本广播俱乐部联合举办的记者招待会上回答日本国内外记者所关心的问题，是这次访日的一大亮点。他沉着、坚定、自信、灵活自如，又很幽默，特别是就钓鱼岛问题的回答引起强烈反响，获得了一致的称赞。众所周知，钓鱼岛是我国固有领土，我国有无可争辩的主权。日本把钓鱼岛叫尖阁列岛，主张他们拥有。在中日复交和缔结和平友好条约谈判时，双方同意暂时搁置这一问题，留待以后再说，即两国以大局为重，同意先放一放，以后再解决。记者招待会上有人问及，邓小平答复说，这个问题我们和日本有争议，钓鱼岛，日本叫尖阁列岛，你看名字就不同嘛。这个问题可以先放一下。也许下一代比我们聪明些，会找到实际解决问题的办法。邓的回答简洁明快，既维护我国主权，又指出了解决争议的办法，这就是暂时搁置争议，维护两国友好大局留待日后解决。邓小平后来讲了他那时的一些想法，他说，当时我脑子里在考虑这样的问题：是不是可以不涉及两国主权争议而共同开发。共同开发的无非是那个岛屿附近的海底石油之类，可以合资经营，共同得利嘛。这就是后来人们概括成的八个字："搁置争议，共同开发。"

无论是记者招待会现场，还是观看电视转播及新闻报道的群众，对邓小平关于钓鱼岛问题的回答都倍加称赞。日中友好议员联盟会长此次欢迎接待邓小平委员会负责人滨野清吾竖起大拇指说："了不起，只有他才能作出这般深谋远虑的回答。"有位日本法律专家说："邓小平讲的有高度政治内容，从法律角度也无可挑剔。"还有人说："邓小平的发言有坚定的原则性，又有相当的灵活性。体现了理论家的才华和实干家的自信这二者的结合。"

邓小平后来与其他外宾也进一步谈道，把一些领土主权争议搁置起来，先共同开发，可以消除多年积累下来的问题。他说："我们中国人是主张和平的，希望用和平方式解决争端。什么样的和平方式，一国两制，共同开发。"看来，1978年访日时邓副总理关于钓鱼岛的谈话就已经酝酿成一国两制这一深邃思想，其重要意义是不言而喻的。

邓小平访日时期，正值我国推进社会主义现代化建设之际，因此邓小平公开表示，这次到日本要虚心学习，了解学习先进技术与管理经验，学习发达国家一切有用的东西。当然也向发展中国家穷朋友请教好经验。这充分表达了邓小平坦率、务实和开放的风格。在这次访日过程中，除了必要的会谈会见之外，参观现代化企业、与企业负责人和资深经济界人士、技术管理人员接触交谈是日程安排的重点。邓小平参观了日产汽车系统的君津工厂，看了松下产业系统的电子工厂，与陪同参观的松下幸之助总裁进行详细交谈。他还直接与所参观企业的技术人员谈话，问这问那，直到明白了为止。在前往关西京都访问时，邓小平还专门乘坐了新干线列车。在飞速行驶的列车上，陪同人员问邓小平的感受，他兴致勃勃爽快地回答说：真像飞一样。速度快，蛮舒服。看来干什么都要有速度哟！我们都和邓小平坐在一个车厢里，大家谈笑风生，忘记了时间消逝，不一会儿就听到列车广播说：京都站到了。

访问期间，邓小平在回答有关中国现代化问题时坦率地告诉大家：我们还很落后，现代化建设刚刚起步。我们所说的在本世纪末实现现代化，是指较接近当时的水平。世界在突飞猛进地向前发展，那时的水平，例如日本，就肯定不是现在的水平，我们要达到日本、欧洲、美国现在的水平就很不容易，要达到它们22年以后的水平就更难。我们清醒地估计了所有困难。但是我们还是树立雄心壮志，一定要实现现代化。为了要实现现代化，要有正确的政策，就是要善于学习。要以现在的国际先进技术，先进的管理方法，作为我们发展的起点。邓小平还谦虚地说：首先承认我们落后，老老实实承认落后就有希望。再就是学习。这次到日本来就是要向日本请教学习，我们向一切发达国家请教学习。也向第三世界穷朋友的好经验请教，学习。相信本着这样的态度、政策、方针，我们是大有希望的。

我不断地回味、重温这些讲话，联系我国走过的改革开放之路的实际，越发觉得邓小平当时的思维见解是多么敏锐精辟，他的真知灼见和具体指示是多么富有远见卓识！

陪同邓小平访问的这次日本之行，给我留下了终生难忘的印象。在人们的心目中，在中日友好之路的新起点上，他的这次访问可以说树起了一座丰碑，一座具有历史意义的里程碑。在中日关系史上，在我国外交史册上留下了不可磨灭的光辉一页。

在同日本政要的交往中，我不能不提到我十分敬重的园田直先生，园田直是熊本县天草市人。按照他的说法，天草离中国最近，在晴朗的天气，可以看到上海，听到那里的鸡叫。他为人豪爽、平和，注意倾听各方有关中日和平友好条约的呼声，在自民党内是条约促进派中的激进派，认为缔约后可使日中关系稳定，就各种问题直接进行磋商，日中关系对亚洲和平和稳定都大有裨益。1978 年 5 月随福田访美后，园田直的态度更坚决。8 月初，他穿着日本正式的礼服进见福田，要福田下决心，让他去中国谈判，不成功则切腹。当时的国内外形势，除苏联反对外，都是对签约有利的。最有利的是邓小平的高瞻远瞩，战略思想明快和果断，园田直圆满地完成了签约的大任。

园田直夫人天光光也是自民党的资深议员，知名政治活动家。她思想进步，政治主张开明，在日本社会中颇有威望。她对中国十分友好。在邓小平结束在东京的日程要到外地访问时，日本政府委派天光光女士为全程陪同的首席代表。

园田直先生因积劳成疾，在条约生效后几年即仙逝。1990 年我有机会去日本访问时，曾去熊本天草向他的陵墓和塑像鞠躬献花。我一直深深怀念这位为《中日和平友好条约》立下汗马功劳的日本政治家。

《中日和平友好条约》的生效的确像邓小平所说的那样，产生了超乎人们想象的效应。两国高层人士和政要互访频繁，经济贸易往来陡然大增，文化和科技交流旺盛，两国间有上百座城市要求结成友好城市关系。

1979 年 12 月大平正芳首相率政府代表团正式访问中国。首相十分关心对中国现代化事业作出贡献问题。他决定从日本政府的官方发展援助中拨款，向中国提供长期低息日元贷款，从 1979 年开始实施，当年的数额为 500 亿日元。

1979 年 12 月，应中国政府邀请，日本首相大平正芳访华。图为 12 月 6 日，邓小平在北京人民大会堂同大平正芳一行举行会谈。左四为黄华

　　大平首相和夫人志华子及日本政府代表团一行在北京的各项日程结束之后即到西安去访问，我全程陪同。在西安，大平先生一行参观了大雁塔、阿倍仲麻吕纪念碑、兵马俑和西安博物馆。在西安博物馆馆长的请求下，大平提起毛笔写了"温古知新"四个斗大的字。大平的书法功底很厚。我即请西安博物馆的同志将大平先生的墨宝用木刻水印法在宣纸上复制60份送给大平先生的朋友。后来，其好友伊东正义先生告诉我说，他们非常珍惜这一赠品，这是对在1980年6月在竞选中因极度疲劳心脏病突发去世的大平正芳先生最好的纪念。

　　为了实现大平首相的遗愿，1980年12月2日，日方以伊东正义外相为首的六名内阁成员到北京，出席中日两国政府成员会议，对两国间的合作交流问题进行评估和讨论。伊东外相是大平首相的挚友，为落实日元贷款的安排和使用尽心尽力。到2006年中，这些贷款的承诺总数已达三万多亿日元，约合300多亿美元，承建项目为242个，至今已完成一百多个项目，其中包括北京地铁、上海浦东机场、山东日照石臼所港口和兖州—石臼所铁路等。日元贷款和1000多亿赠款对我国的基本建设和环境保护等起了良好的作用。

　　1980年9月3日，黄华（左四）代表中国政府同日本外相伊东正义会谈，伊东正义在会谈中表示：日本政府要落实大平正芳首相的承诺，向中国提供大量低息长期贷款

对中日关系的一点感想

中国和日本是共处于一个半闭海的近邻，两国人民有 2000 多年的友好交往史，贸易文化关系密切。1972 年复交以来，尤其是 1978 年和平友好条约签字生效以来，两国间的经济、文化和科技合作快速增加，高层和民间人士往来频繁。

但是在第二次世界大战期间，日本军国主义政府派兵大举侵略中国和东南亚十个国家和地区，给当地人民造成巨大创伤和灾难。对此，受害各国人民是永远不能忘怀的。

战后一个时期，奉行反共反华路线的美国几届政府对日本采取姑息和利用政策，日本政府对侵略战争的认罪态度很差，从来未正式向中国和亚洲各被侵略国书面道歉，甚至还出现日本政府支持篡改侵华历史的教科书、某届政府首相和其他政要参拜立有一级战犯牌位的靖国神社等事情，企图抹掉那段丑恶的历史。这种做法是误导人民，伤害受害国人民感情的。我们真诚希望日本政府以中日两国友好的大局为重，面向未来。

第十四章 中美建交和《八一七公报》

中美建交谈判

1974年8月，尼克松因水门事件辞去总统职务后，福特继任美国总统。他曾表示，将在自己的任期内同中国实现关系正常化。1974年11月11日，福特派国务卿基辛格访华。因周总理生病住院，邓小平副总理同基辛格会谈。基辛格说，美国愿意按日本方式解决中美关系正常化问题，但要在台湾设联络处。美国将在1977年撤完驻台湾的全部美军，但还没有找到妥善解决美台《共同防御条约》问题的方案，希望中国声明和平解决台湾问题，以便美国考虑放弃美台防御关系。邓副总理明确回答，这不是日本方式，而是倒联络处方案，中国不能接受。美台《共同防御条约》必须废除，台湾问题应由中国人自己解决，用什么方式也是中国人自己的事。1975年12月1日，福特总统来北京，访华四天。他对中国领导人表示，由于美国国内形势，中美关系正常化要推迟到1976年美国大选以后。结果在这次大选中，福特失败，民主党人吉米·卡特当选总统。

1977年卡特入主白宫之初，在对外关系上，首先忙于同苏联进行限制战略武器谈判，中美关系正常化尚未列入重要议程。夏天，卡特的对外政策设计班子提出24号总统备忘录，主张按前届政府的承诺实现中美关系正常化。此时美苏谈判受挫，卡特接受他的国家安全事务助理布热津斯基的建议，将国务卿万斯原定11月访华的计划提前到8月进行。

从1977年8月22日至24日，我同万斯先后谈了四次。我方参加人还有：中国驻美联络处主任黄镇大使、外交部副部长王海容和美大司司长林平。美方参加人员有：美国驻华联络处主任伍德科克、负责东亚及太平洋事务的助理国务卿霍尔布鲁克和国家安全委员会负责中国事务的高级官员奥克森伯格。头两次主要是万斯谈，他先讲国际形势，后讲中美关系。他说：过去十年，使美国陷于分裂的一场战争及宪法危机已经结束。美国内不再谈孤立主义，也不再谈推卸美国的全球责任。美国现在的政策更强调全球利益、正义、平等和人权。美国意识到使中美双方走到一起的因素。现在，双方都采取必要的步骤，以导致实现两国关系完全正常化的时机已经到来。卡特总统强烈认为，他已对实现两国关系正常化承担了义务。只要他们能够找到不会减少中国人自己和平解决台湾问题的前景，同时又允许他们继续同台湾保持非正式联系的基础，卡特总统就将准备同我们实现关系正常化。他承认我们的政府是中国的唯一合法政府。他们同台湾的外交关系和《共同防御条约》将会结束。他们准备从台湾撤出所有美军和军事设施。为此，美国需要在立法方面作出某些调整，以便在中美关系正常化后同台湾的贸易和其他联系。也使美国政府人员在非正式的安排下继续留在台湾。他们在台湾设立代表机构，不管名称叫什么，将没有外交性质，不履行外交职责。万斯还表示：美国政府将在适当时候发表声明，重申美国关心并有兴趣使中国人自己和平解决台湾问题，希望中国政府不发表反对的声明，不要强调武力解决问题。

第三次会谈由我谈国际形势，重点是说明美苏争霸使世界局势更加动荡和紧张，我指出万斯在会谈中说的美国要维持美苏战略平衡是不切实际的，这种平衡是保持不住的，世界仍面临紧张和动荡。我就形势进行实事求是的分析，对"平衡论"泼了冷水。

8月24日，邓小平副总理会见了万斯，向他明确表示，中国反对他提出的"倒联络处"方案。所谓美国政府人员"在非正式安排下留在台湾"，是一个没有标志或大门上没有国旗的大使馆。如果要解决问题，干脆就是三条：废约、撤军、断交。为了照顾现实，中国可以允许美、台间非官方的民间往来。至于台湾同中国的统一问题，还是让中国人自己来解决，我们中国人是有能力解决这一问题的，奉劝美国朋友不必为此替我们担忧。

第二天，我和万斯进行最后一次会谈，我就邓副总理所述，进一步说明我方关于中美关系正常化的立场。万斯问，是否要发表会谈公报，我说不必了。结果是他在会后举行了记者招待会，结束了他这次探索性的访问。

在卡特政府内部，国家安全事务助理布热津斯基和驻华联络处主任伍德科克等力主早日与中国建交，并推动布热津斯基访华以实现此目的。布热津斯基生于华沙，1938年移民美国，在哈佛大学获博士学位，并在哈佛大学国际问题研究中心供职近十年，后任哥伦比亚大学教授，对东欧和苏联问题以及对中国问题进行了长期研究，有很多著作。伍德科克原是全美汽车工人工会主席，1977 年 7 月到中国当联络处主任。1978 年 2 月他回国述职时，在汽车工会的年会上讲演说：美国过去的对华政策，是建立在台北政府代表全中国的虚幻基础上。在中国内战结束近 30 年之后，美国仍然这样做，是继续参与中国内战。在尼克松打开中国这扇大门后，已有 67 个国家走进这扇大门，希望美国政府能够找到足够的勇气采取这一步骤。他的讲话成了当晚电视广播的大新闻，但受到国务卿万斯的批评。卡特总统在考虑了国内国际各方面的因素后，于 1978 年 4 月宣布：我们希望在几个月内完全实现《上海公报》所表达的希望。万斯国务卿也表示：希望能在卡特总统第一任期结束前，实现中美关系正常化的目标。

1978 年 5 月 20 日，布热津斯基来华访问。我同他先会谈了两次。21 日下午，邓小平副总理会见了他，还在北海仿膳设晚宴款待。布热津斯基表示：中国在维持世界均势中发挥着中心作用，中美关系在美国的全球政策中具有中心的重要性，美国政府已下决心同中国实现关系正常化，愿意接受中国提出的建交三原则，但希望（而非作为条件）在美方作出期待纯属中国内政的台湾问题得到和平解决的表示时，不会明显地遭到中国的反驳，这样美国国内的困难将更容易解决。美国已授权其驻华联络处主任伍德科克同中方就实现两国关系正常化问题进行具体谈判。邓副总理说：关系正常化对中美两国来说是带根本性的问题，正常化和不正常化大不一样，在经济和其他领域都会受影响。我们的观点很明确，正常化的条件是断交、撤军、废约，我们不能有别的考虑。日本方式是我们可以接受的最低方式，就是在正常化的条件下，我们同意日本同台湾之间商业、人员继续往来。我们不能承担义务只用和平方式解决台湾问题。在此问题上，双方可以各讲各的，相互都没有约束力。我们同意在北京就正常化问题与美方进行具体谈判。晚宴的气氛很轻松，邓副总理在祝酒时说，作为高级领导人，他大概只有三年时间，愿意在恰当的时候访问美国。布热津斯基说，希望有一天在华盛顿的家中回请他一次，邓副总理微笑地接受了，结果不到一年就实现了这个邀请。

从 1978 年 7 月 5 日至 12 月 4 日，我们同美国驻华联络处主任伍德科克就两国关系正常化进行具体谈判共六次。把具体谈判安排在北京进行是美方出于保密的考虑，他们认为如果放在华盛顿，就难保别人不知道，谈判可能因此无法进行下去。在北京进行具体谈判的同时，布热津斯基三天两头找我驻美联络处副主任韩叙大使交换对国际问题的看法，强调美政府对苏联实行强硬政策。对于中美间需要交涉的细节，则由助理国务卿霍尔布鲁克和韩叙大使解决。

在具体谈判的第一次会上，伍德科克提出了四项议程：正常化之后美国在台湾存在的性质；正常化时美方的声明；正常化之后美台间的商务关系；两国关系正常化的《联合公报》的格式。他还根据卡特总统的意见，就实现中美关系正常化作了发言。我在第二次会上，除重申中国在中美建交问题上的原则立场外还表示，美方既然接受中方的"废约、撤军、断交"三个条件，就应将实施这三条的具体打算和对正常化联合公报的具体意见一并提出来。在第三次会上我又问美方，何时断绝与台湾的"外交关系"，何时撤回驻台湾的"大使馆"，何时停止同台湾的一切官方或半官方往来，何时最终撤走美军和在台军事设施，不恢复在台湾海峡的巡逻，断绝同台湾的一切军事联系，废除与台湾的《共同防御条约》，其他一切条约也归无效。至9月15日的第四次会，美方的回答都不具体，伍德科克仅举例说，美台和平利用原子能的协议、美台民间航空机构之间的协议还将继续发挥作用。

9月19日，卡特总统开始感到拖不下去了，想加快谈判速度，向中国驻美联络处主任柴泽民大使表示，双方需要抓住时机，加快进度。10月30日，布热津斯基对柴泽民大使解释说，按照美国国内的政治现实，中美关系要取得决定性进展，当年12月前后是一个特殊机遇，否则国会明年初开会，先讨论美苏核条约等问题，中美关系将被推到1979年秋后，时机不当，可能会出现困难。小平同志得悉此事后，于11月2日指示：看来美方想加快正常化，我们也要抓住这个时机。同美国关系正常化要加快，从经济意义上说也要加快。

在11月2日的第五次会上，美方提出了《联合公报草案》，基本亮出美方底牌，内容包括：承认中华人民共和国政府为中国唯一合法政府，与之相互建立外交关系；美国人民将同台湾人民保持非官方关系；美国行政部门将为调整与台湾的关系向立法部门提出特别立法。中方可表示台湾是中国的一个省，别国无权干涉，中国统一问题是由中国人民自己解决的事情，中方还应表示，统一问题将和平地实现；美方将表示，对"只有一个中国，台湾是中国的一部分"的中方立场不提出异议，重申对中国人自己和平解决台湾问题的关切。

在12月4日举行的第六次会上，美方又就中方关切的几个问题表明立场：一、公报发表后，美国将终止美台条约，撤销对台湾的承认，关闭美驻台使馆，同时召回美国大使。一年内撤出一切军队和军事设施。二、美国将保持与台湾的商务、文化联系，包括美国私人投资公司仍向美国在台湾的企业提供资助、信贷和信用保证。继续美台原子能合作，以保证其非军事性质。继续保持美台航空和海运联系，现行关税安排仍旧有效。三、美在台湾设立非官方机构，由不在政府任职的人员主持，但机构的部分资金来自国会拨款，这和日本的做法一样。四、由国会通过立法调整原来与台湾的关系，但不会构成对台湾的外交承认。

12月13日，邓小平副总理会见伍德科克。伍德科克重申在最近两次会谈中表明的美方立场，并解释说，废除美台条约须经美国国会通过，而终止美台条约可由总统决定，从技术上讲是一年后终止，实际上总统通知终止后条约即无效。他提交了《联合公报》的美方新草案，提议于1979年1月1日双方发表建交公报和有关声明，3月1日互派大使和建立大使馆，希望双方商定美方邀请中国领导人访问美国的时间。邓副总理表示，基本同意美方提出的联合公报新草案，但公报应重申反霸条款，他本人拟于1979年1月访美。第二天，即12月14日，伍德科克又奉命要求紧急会见邓副总理，提出：一、为了减少泄密机会，美方建议提前于美国东部时间1978年12月15日宣布建交公报。二、建议邓副总理访美时间为1979年1月29日至2月5日。邓副总理当即决定同意上述两点。双方就建交公报及有关安排达成协议。

双方宣布建交公报的同时（北京时间12月16日），美国发表声明："期待台湾人民将有和平的未来，关心由中国人自己和平解决台湾问题。"中国政府也发表声明："台湾回归祖国，完成国家统一的方式完全是中国的内政，不容他人干涉。美国坚持在中美关系正常化后继续出售武器给台湾，对此，中国坚决反对。"在宣布建交后，针对美国政府售台武器，我国发表政府声明称："美国继续向台湾出售武器不符合两国关系正常化的原则，不利于和平解决台湾问题，对亚太地区的安全和稳定也产生不利的影响。"1978年12月31日，美国驻台湾"使馆"、台湾驻美国"使馆"和十四个"领事馆"关闭。翌日，美台双边事务改由美方的"美国在台湾协会"和台湾的"北美事务协调委员会"这两个非官方机构处理。驻台湾美军三万余人也于1979年4月底前完全撤离。1979年1月1日，华国锋总理、邓小平副总理和卡特总统、万斯国务卿相互致电对方国家领导人，祝贺两国建交。中美两国领导人也分别出席了美中驻对方联络处为庆祝建交举行的招待会，并且讲了话。邓小平副总理说：卡特总统在宣布中美建交消息时说，美国并不是出于暂时的策略上的原因或权宜之计而采取这个重要步骤。我赞赏这个富有远见的见解。中国政府一向是从长远的政治和战略观点来看待中美关系的。美国副总统蒙代尔说：中美建交标志着亚洲和太平洋地区一个前所未有的和平和稳定时代的开始，标志着中美两国人民为建立一个更加公正和稳定的世界作出建设性贡献的开始。我们希望在全人类面临的各种问题上同具有创造力的中国人民进行紧密的合作。

邓小平副总理访美

1979 年 1 月 28 日，中国乙未年的大年初一，邓副总理和夫人卓琳应美国总统卡特的邀请访问美国，方毅副总理、我、章文晋副部长、冀朝铸、杨洁篪和众多官员随行。这是新中国成立以来我国国家领导人第一次访问美国，美方特别重视。除在正式的欢迎典礼上按副总理级鸣礼炮 19 响外，其余一切礼宾规格按总理级安排。我们乘中国民航专机，飞到美国阿拉斯加的安克雷奇。中国驻美联络处主任柴泽民和夫人、美国驻华联络处主任伍德科克和夫人、美国国务院礼宾司司长杜贝尔夫人和几位美国安全官，从华盛顿赶来迎接，并登上专机陪同到华盛顿。我们共飞行 8600 公里，虽然是飞了 12 小时，由于时差，当时的华盛顿时间仍是 1 月 28 日。下午，邓副总理抵达华盛顿特区的安德鲁斯空军基地，受到美国副总统蒙代尔和国务卿万斯等的欢迎。当晚，我们从下榻的布莱尔国宾馆驱车去弗吉尼亚州麦克林镇，出席布热津斯基及夫人为邓副总理举行的家宴。这是八个月前，布热津斯基和邓副总理在北京当面约定的。布热津斯基还请了万斯、奥克森伯格等作陪。布热津斯基夫妇殷勤待客，他们三个十几岁的孩子训练有素地端盘子上菜，增加了亲切的气氛。我们吃的是美国饭菜，喝的是不久前苏联驻美大使多勃雷宁送给布热津斯基的俄国伏特加。邓副总理夫妇虽然旅途劳顿，但在整个晚宴上兴致都很高。

第二天，1 月 29 日上午 10 时，卡特总统在白宫南草坪，为邓副总理举行正式的欢迎仪式，五星红旗首次飘扬在美国国旗和华盛顿哥伦比亚特区的旗帜之间。美国政府许多高级官员和 1000 多名群众挥舞着中美两国小国旗，不顾严寒，参加了欢迎仪式。在卡特陪同下，邓副总理登上了铺有红地毯的讲台。军乐奏起中、美两国国歌，鸣礼炮 19 响。在检阅仪仗队后，卡特致辞说：昨天是你们春节的开始，是走亲访友的时刻，也是团聚和和解的时刻。对于我们两国来说，今天是和解的时刻，是久已关闭的窗户重新打开的时刻。我们期望，中美关系正常化能够帮助我们一同走向一个多样化的和平世界。邓副总理致答辞。他高度评价中美关系正常化的意义，赞美了两个伟大的国家和两个伟大的人民，然后说：世界人民的当务之急，就是要加倍努力维护世界和平、安全和稳定。我们两国有不可推卸的责任，通过共同努力对此作出应有的贡献。

1979 年 1 月 29 日上午 10 时，美国总统卡特在白宫前主持欢迎邓小平副总理访美仪式

欢迎仪式结束后，卡特总统和邓副总理步入白宫椭圆形办公室进行会谈。两人先寒暄了几句。卡特说，1949 年 4 月，他作为一名年轻的潜艇军官曾经在青岛待过。邓副总理说，我们的部队当时已经包围了那个城市。布热津斯基插嘴说，那你们早就见过面了。邓副总理笑着说，是的。然后开始了双方的正式会谈。当天下午和次日上午，又进行了两次会谈。双方先谈国际形势，就各国联合反霸和印支问题交换了意见。然后谈到台湾问题，卡特仍强调美国对中国和平解决台湾问题的关切。邓副总理表示：中国采取和平统一祖国的政策，但不能承担不用武力解决台湾问题的义务。美国可以推动台湾当局同我们谈判，在和平解决问题上作出贡献，而不要使他们翘尾巴，有恃无恐。双方还讨论了其他一些问题。在向中国出口技术产品问题上，卡特表示今后将放松些限制。双方同意，通过谈判解决仍然冻结的中美资产问题，签订航空和海运协定，互派留学生和常驻记者，增加高层官员互访。会谈间歇时，邓副总理笑着问卡特，美国国会有没有通过一条法律禁止在会谈中吸烟？卡特说：没有，只要我任总统，他们就不会通过这样的法律，我的州种植大量的烟草。邓副总理开心地笑了起来。

1979 年 1 月 29 日，邓小平与卡特在白宫举行会谈。右四为黄华

　　1 月 29 日晚，卡特总统和夫人举行盛大国宴欢迎邓副总理和夫人。出席宴会的有美国政府官员、国会议员、企业家、学者和前总统尼克松、前国务卿基辛格。卡特在祝酒时说：在争取自由的革命中诞生的美国，是一个只有 200 年独立历史的年轻国家；但美国的宪法是世界上最古老的仍在继续生效的成文宪法。有 4000 年文字记载历史的中国文明是世界上最古老的文明之一，但作为一个现代化国家，中国还是很年轻的。我们能够互相学到很多东西。邓副总理在答辞中说，在中美关系正常化的此刻，特别怀念生前为实现中美关系正常化开辟了道路的毛泽东主席和周恩来总理，也自然地想到前总统尼克松先生、福特先生和基辛格博士、美国参众两院的许多议员先生和各界朋友，他们都为中美关系正常化作出了努力。我们高度评价卡特总统、万斯国务卿和布热津斯基博士为今天实现两国关系正常化所作出的宝贵贡献。我们两国人民的利益和世界和平的利益要求我们从国际形势的全局出发，用长远的战略观点看待两国关系。双方承诺，任何一方都不应当谋求霸权，并且反对任何其他国家或国家集团建立这种霸权的努力。这一承诺既约束我们自己，也使我们对世界的和平和稳定增添了责任感。整个宴会期间，气氛友好热烈，宾主间轻松、幽默的交谈常引发阵阵欢笑声。

　　宴会结束后，邓副总理和夫人在卡特总统和夫人的陪同下，出席了在肯尼迪中心举办的文艺晚会。美国艺术家表演了精彩的节目，博得全场喝彩。美国篮球队的舞台表演更是妙趣横生。最后一个节目是一群天真活泼的美国儿童演唱中国歌曲，使晚会的欢乐愉快气氛达到了高潮。邓副总理和夫人，以及卡特总统和夫人，一起登台同演员见面。卡特在当天的日记中写道：当邓副总理拥抱和亲吻演唱中国歌曲的小演员时，流露了真诚的感情。后来记者们报道说，不少观众被感动得热泪盈眶。

1月30日，邓副总理应邀前往美国国会，会见参院多数党领袖伯德和众院议长奥尼尔，并出席参院外交委员会为他举行的午宴。他就台湾问题、中美贸易等问题同议员们进行了交谈。在台湾问题上，除重申我们不能作出不用武力解决台湾问题的承诺，因为这不利于和平解决台湾问题外，还首次向他们勾画了"一国两制"的伟大构想。他说：台湾回归祖国后，我们将尊重那里的现实和现行制度，台湾当局可继续管理其军队，还可保持它同美国和其他国家的商业等非官方关系。由于美国《时代》周刊把邓副总理评为1978年度的新闻人物，把邓副总理的画像作为该刊1979年第1期的封面，议员们纷纷拿这本杂志请邓副总理签名留念，邓副总理热情地满足了他们的愿望。

随后，邓副总理前往白宫东厅，与卡特总统共同签署了《中美科学技术合作协定》和《文化合作协定》。方毅副总理和我同美方相应官员分别签署了中美《教育、农业、外层空间合作的谅解备忘录》，《高能物理方面合作的协议》以及《建立领事关系和互设总领馆的协议》。签字后，邓副总理和卡特总统都作了简短致辞。一位在场的美国记者问邓副总理：你们当初决定与美国实现关系正常化时，你在国内有没有遇到政治上的反对势力？邓副总理回答说：有！在中国的一个省台湾，遇到了激烈的反对。全场顿时爆发出暴风雨般的掌声，人们为邓副总理机智和幽默的回答齐声喝彩。

1月30日晚，中国驻美国大使柴泽民举行盛大招待会，庆祝中美两国建立正式外交关系，出席招待会的美国贵宾中有白宫、国务院的高级官员和一致赞成政府的对华政策的参、众两院的议长和议员。邓副总理同共和党议员富布莱特和民主党议员曼斯菲尔德亲切交谈。中国人民的老朋友海伦·斯诺远道来华盛顿出席招待会，并把毛泽东在1937年介绍她去太行根据地给小平同志的信交给邓副总理。

1月31日下午，邓副总理接受了美国哥伦比亚广播公司、公共广播公司、美国广播公司和全国广播公司四家记者的联合采访。邓副总理说：我接受卡特总统的邀请来访问你们的国家，肩负着三个使命。第一，是向美国人民转达中国

1979年1月30日，黄华陪同邓小平出席中国驻美国大使馆在华盛顿举行的庆祝中美建交招待会。图为海伦·斯诺将1937年毛泽东介绍她去山西太行山抗日根据地写给邓小平的信交给邓小平

人民的友谊；第二，是了解美国人民，了解你们的生活，了解你们建设的经验，学习一些对我们有用的东西；第三，是同贵国的领导人就发展两国关系和维护世界的和平和安全问题广泛地交换意见。我可以告诉美国人民，我同卡特总统和其他美国领导人在过去两天会谈的结果，是令人满意的。有记者问：除了友谊和善意以外，你最希望在这次美国之行中得到什么？邓副总理说：通过这次访问，主要是由于中美关系正常化，希望我们之间政治、经济、科学和技术、文化以及其他领域关系的发展，能有广阔的前景。对这次邓副总理的访问，有2000多名记者进行了跟踪采访。

2月1日，邓副总理结束了在华盛顿的访问，中美发表《联合新闻公报》说："双方回顾了国际形势，一致认为双方在许多方面有共同的利害关系和相似的观点，双方也讨论了彼此看法有所不同的方面，双方重申反对任何国家和国家集团谋求霸权或支配别国，决心为维护国际和平、安全和民族独立作出贡献。双方认为，两国社会制度和意识形态不同不应妨碍彼此加强友好关系和合作。"据布热津斯基后来的回忆，在2月2日的总统早餐会上，国务卿万斯递给卡特总统一篇想在邓副总理访美结束时发表的声明稿，在讲了中美改善关系大大有助于奠定稳定的和平局面之后，紧接着表示要改善同苏联的关系，强调美苏合作的必要性和限制战略武器会谈的重要性，相信卡特与勃列日涅夫的会晤将有助于奠定两国更为建设性的关系的基础。布热津斯基对此表示反对，无人赞成万斯此议，卡特决定不发表这个声明。

邓副总理离开华盛顿以后，还访问了亚特兰大、休斯敦和西雅图。亚特兰大是佐治亚州最大的城市，是卡特总统的故乡，美国南部几个州的州长都赶到亚特兰大出席佐治亚州州长为邓副总理夫妇举行的晚宴。该地商会和南部地区国际问题研究中心举行 1400 人的午餐会，对邓副总理表示欢迎。在亚特兰大，邓副总理在黑人人权运动领袖马丁·路德·金的遗孀的陪同下，拜谒了他的墓并献花圈。在美国南部最大的城市休斯敦，邓副总理受到得克萨斯州州长和休斯敦市长等各界人士的欢迎。他们邀请中国客人观看马术竞技表演，还赠送邓副总理和我们每人一顶牛仔帽。邓副总理马上把帽子戴在头上，应邀乘上一辆 19 世纪的马车绕场一周，向在场的美国人挥动帽子致意。这种入乡随俗的做法，立即得到在场群众的欢呼。在美国西北部华盛顿州的西雅图市，邓副总理除出席州长、市长的欢迎活动外，还参观了美国波音飞机公司有六层楼高的 747 客机装配车间。邓副总理对美国主人说，在中国争取四个现代化的努力中有许多方面要向创造先进工业文明的美国人民请教。在访美期间，因邓副总理参观的全部是私营企业，于是他问陪同的美国官员，美国有没有国营企业。官员说有，便安排他参观国家硬币铸造厂。恰好那一天是星期六，工厂里只有几个维修机器的工人，没有见机器转动，也未能了解美国国营企业情况。2 月 5日，邓副总理离开西雅图回国。他在机场发表告别讲话说："我们是带着中国人民的友谊来的，现在是带着美国人民的友好情意回去的。我们亲自看到了美国山川秀丽、土地富饶、经济发达，但是最使我们难以忘怀的是美国人民对中国人民的友情。"

美国的《与台湾关系法》

中美建交和邓副总理访美，开辟了中美关系在各个领域积极发展的广阔前景，但美国国会通过的《与台湾关系法》却给这种发展蒙上了阴影。从 1977 年万斯的访华、1978 年布热津斯基的访华、同伍德科克的谈判，美方都提到中美建交后美国同台湾关系的"立法调整"。1979 年 1 月 26 日，卡特总统向美国国会提出了这种"立法调整"的《综合法案》，表示以后将在非官方基础上同台湾继续保持商务、文化及其他关系，通过"美国在台湾协会"实施。但国会2月下旬开始审议后，作出重大修改，成了《与台湾关系法》。它的许多内容严重违反《中美建交公报》和公认的国际法准则。它规定该法的宗旨是"维持美国人民同台湾人民之间的商务、文化和其他关系"。同《中美建交公报》相比，"其他非官方关系"中的非官方一词被删除。提到美国政策时，它说：美国决定与中国建交是"基于台湾的前途将通过和平方式决定这样的期望"，"认为以非和平方式包括抵制或禁运来决定台湾前途的任何努力，是对太平洋地区的和平与安全的威胁，并为美国严重关切之事"。美国要"保持抵御任何危及台湾人民的安全或社会、经济制度的诉诸武力的行为或其他强制形式的能力"。为此，"美国将向台湾提供保持足够自卫能力所需数量的防御武器和防御服务"。该法还规定美台之间过去以"国家"名义签订的59个条约和协定，除《共同防御条约》及其有关协定外，一字不改地保留下来，继续有效。

在该法尚在美国国会讨论时，中国驻美国大使柴泽民3月3日奉命向美国国务卿万斯转达口信说：美台未来关系的安排应根据中美两国建交时双方同意的原则来处理，不允许单方面违反或破坏这些原则，中国方面不能同意任何干涉中国内政、使美台关系带有某种官方性质以及变相地保持美台《共同防御条约》的立法条款；中国方面注意到卡特总统已表示不能接受同美国已向中国作出的保证相抵触的任何决议或修正案，希望美国政府能真正做到这一点。万斯国务卿表示：美国政府将设法影响美国国会，但不能控制它。3月16日，我约见美国驻华大使伍德科克，就美国国会即将通过的《与台湾关系法》表明中国政府强烈反对的态度。我说：《与台湾关系法》在一系列问题上违反两国建交时双方同意的原则以及美方的承诺，实质上是企图在某种程度上保持美台《共同防御条约》，继续干涉中国内政，使美台关系具有官方性质。中国政府对此表示严重关切，如果议案获国会通过，卡特总统签署生效，对两国关系是十分有害的。

3月下旬，美国国会两院分别通过了《与台湾关系法》。4月10日，卡特总统签署了该法，仅在个别问题上作了保留，但表示将以同中美建交相一致的方式行使该法给予总统的"斟酌权"。邓小平副总理于4月19日借会见美国参议院外交委员会访华团的机会严正指出：中美关系正常化的基础是只有一个中国，现在这个基础受到了干扰；中国对美国国会通过的《与台湾关系法》是不满意的，这个法案最本质的一个问题，就是实际上不承认只有一个中国；法案的许多条款表示要保护台湾，说这是美国的利益，还说要卖军火给台湾。一旦台湾有事，美国还要干预。卡特总统表示他在执行这个法案时要遵守中美建交协议，中国正在看美国以后采取的行动。4月28日，中国政府向美国政府递交了抗议照会，着重指出：《与台湾关系法》干涉中国的内政，实际上把台湾视为国家，把台湾当局当做政府，这是严重违反中美建交协议的行动。中美建交协议是今后中美关系发展的基础和准则。中国政府反对"两个中国""一中一台"的立场是坚定不移的。如果美国方面在台湾问题上不恪守两国建交协议，而怀有继续干涉中国内政的图谋，这只会给中美关系造成损害。差不多三个月以后，美国驻华大使馆于7月6日才交来美方的复照说：美国政府将遵守同中华人民共和国达成的关于建立外交关系的各项谅解。国会最后通过的《与台湾关系法》并不是在每一个细节上都符合政府的意愿，但它为总统提供了充分的酌情处理的权力，使总统得以完全按照符合正常化的方式来执行这项法律。这种遁词一方面避开了关系法，同时明目张胆的破坏正常化的政治基础的实质，成为中美关系正常发展的严重障碍。

《八一七公报》的斗争始末

中美建交的第二年，即1980年，是美国的总统选举年。共和党竞选纲领的对华政策部分很不好，它的总统候选人里根，在竞选中发表了许多亲台湾，破坏中美关系的言论，尤其是提出了真正的"倒联络处"方案，即按1973年台湾在美有"大使馆"，中国在美设联络处的方式，现在中国在美有大使馆，让台湾在美设联络处。对里根的这些言论，我们的报纸已公开批驳。里根怕影响他的当选机会，派竞选伙伴、共和党的副总统候选人、曾于1974年10月至1975年2月任美国驻华联络处主任的G.M.布什，到北京来向中国领导人进行解释。8月22日，邓小平会见了布什，驳斥了里根的言论和布什的解释，并要布什向里根转达：一、中国政府希望中美关系发展，不应该停滞，更不应该后退。任何从《中美建交公报》后退的言论和行动，中国政府都坚决反对；二、不管美国1980年大选后哪一个政党执政，中国政府评价和判断美国政府的战略决策和对外政策都将把对中国的政策视为最重要的标志之一，因为这是一个全球战略的问题，不是一个局部性的问题；三、如果共和党竞选纲领中对中国政策部分（其中包括对台湾的政策）和里根先生最近发表的有关言论真的付诸实施的话，这只能导致中美关系的后退，连停滞都不可能；四、如果以为中国怕苏联，有求于美国，以致一旦美国共和党竞选纲领中的对华政策和里根先生发表的有关言论成为美国政府政策付诸实行，中国也只好吞下，别无选择，那完全是妄想。

1980年1月，里根当选为美国总统。就职前夕，他的外交顾问克莱因访问台湾，一到台湾就大放厥词，说中国军力落后，不足以牵制苏联，美国在战略上无求于中国，可以加强美台关系而不必顾忌中国的反对。接着，台湾的国民党中央秘书长蒋彦士又收到请柬，出席定于1981年1月20日举行的里根总统就职典礼。蒋彦士是台湾执政党的主要成员之一，显然具有官方身份。同时有消息透露，美国将允许台湾在美增设"北美事务协调委员会"的分支机构。另外，在中美建交谈判中，我方提出美国售台武器问题，认为这是美国损害中国主权、领土完整，干涉中国内政的行为，要求美方停止。美国没有接受，只表示在美台《共同防御条约》于1980年终止前暂停售台武器。邓小平在谈判的最后阶段会见美方谈判代表、美国驻华联络处主任伍德科克时斩钉截铁地说，美国售台武器不能只停一年。但是这一年还没有结束，又传来美国卖武器给台湾的消息。荷兰也想卖武器给台湾，并于1980年11月作出了售台两艘潜艇的决定。所有这些，都迫使我们必须同美国政府进行一场严正的、坚决的斗争。

首先，我方在北京和华盛顿就美方邀请蒋彦士出席里根总统就职典礼事进行严正交涉，明确表示，这是制造"两个中国"，如果蒋彦士真的出席这个典礼，中国大使柴泽民决不出席。美国作出了让步，由它的驻华大使伍德科克通告中方，已经抵达华盛顿的蒋彦士已因病"住进了医院"，肯定不会出席里根总统的就职典礼。柴泽民大使这才接受美方的邀请，代表中国出席了里根的就职典礼。里根就职后，我们同美国朝野重要人士多方进行接触。3月间，柴大使拜会里根总统，阐述中国对台湾问题的政策。中国外交部西欧司司长宋之光于1981年1月2日召见荷兰驻华大使，表明如果荷兰坚持卖潜艇给台湾，中国将不惜将两国外交关系降格。我们还将这一决定通告了美国。5月，由于荷兰向台湾出售潜艇，中国驻荷兰大使馆降格为代办处。

1981年6月，美国国务卿黑格访华。14日和15日，我先同他谈了两次。头一次谈国际问题，第二次谈双边关系。在第二次会谈中，黑格先发言。他表示，美国政府正考虑向中国转让高一级的技术，准备取消不允许向中国出售武器的禁令，以对待其他友好国家一样的方式进行逐项审批，建议中国的总参谋长助理刘华清夏末去美国交换意见。在会谈中，我提出了美国售台武器问题。我说：建交后，美国国会通过的《与台湾关系法》在许多重要方面违背建交公报，实际上重新恢复了美台《共同防御条约》，向台湾提供防御物资和防御服务。武器不是一般商品，向台湾出售武器不是民间往来。美国有意实行"一中一台"政策，把台湾作为独立的政治实体，取得国际地位。向台湾出售武器实质上是继续把台湾置于美国的军事保护之下，延长中国的分裂局面，是对中国领土和主权的严重侵犯。1970年联合国通过的《国际法原则宣言》称："各国有责任不组织、煽动、资助或参与另一国家的内争。"美国是宣言的提案国。美国在南北战争时，反对英商向南方出售武器，同英国进行严肃斗争，迫英国付出巨额赔款。建交之初，我们就声明反对美国卖武器给台湾，希望经过一段时间能解决这个问题。现在一年多了，如果这样继续下去，我们不能容忍，不得不作出强烈反应，两国关系不仅不能发展，连停滞都不可能，如果中美关系倒退，将给战略全局带来严重后果。黑格说：战略全局是大车轮，台湾问题是大车轮中的小车轮，大车轮应该继续影响和制约小车轮。美国今后仍要为台湾提供仔细选择的、性能适度的防御性武器。我于是说：向台湾继续出售武器不是小车轮、小问题，而是大车轮、大问题，是影响两国关系和战略全局的大问题，希望能引起你们的严肃注意。16日，小平同志会见黑格，再次谈美国售台武器问题，他强调说，我们的容忍是有限度的，干扰太厉害会使中美关系停滞甚至后退，希望美国政府从更广的角度考虑这个问题。黑格只说，美国会十分谨慎地处理这个问题。

黑格访华后，我们推迟了总参谋长助理刘华清对美国的访问，控制去美团组和带队人的级别，加强舆论对美国的抨击，通过第三国对美国领导人表达我国的极端不满。8月，卡特政府中同我们常打交道的几位高官在来华访问时，已经知道黑格在华会谈的一些情况，感到问题确实很严重。我们向他们强调我方的忍耐是有限的，使他们懂得问题的严重性。9月，有消息透露，美将在年底或1982年初向台出售FX飞机（X表示尚未定型），形势很紧迫。中央决定，借二十二国（包括中国、美国在内）首脑于10月份在墨西哥坎昆讨论南北问题之机，直接向里根提出售台武器问题，建议双方就此举行正式谈判。

10月21日，在坎昆喜来登旅馆美国代表团驻地，美方安排了一次中美工作午餐，除双方首脑外，我方出席的有我、浦寿昌、张再等官员，美方有黑格、温伯格、霍尔德里奇等。中国总理阐述了三周前即9月30日叶剑英委员长为和平统一祖国发表的九点声明，说美国继续卖武器给台湾，会使台湾态度更顽固和拒绝接受我们的九点声明；中美关系的主要障碍是台湾问题，现在是售台武器问题。由于午餐时间较短，中国总理来不及按原定计划提出中方对售台武器问题的两点原则表态，建议由我另约时间通过黑格向里根转达，里根表示同意。

10月23日，还是在喜来登旅馆，我同黑格会见。我说：前天，中国总理同里根总统详谈了我们对和平解决台湾问题的九点方针政策。现在是美方消除向台湾出售武器和消除这给中美关系带来严重威胁的最好时机。卖武器给台湾是历史遗留的问题，美国解决需要一定时间，但我们等了三年，问题依然如故。我们有耐心，但不能无限期容忍。如果美国明确表示决心，消除向台湾出售武器给中美关系带来的障碍，我们准备再给美国一些时间。这种灵活性的前提是：一、美国明确承诺，在规定的期限内，出售给台湾的武器在性能和数量方面不超过卡特政府时期的水平；二、美国明确承诺，在规定的同样期限内，出售给台湾的武器将逐年减少，以至最终完全停止。这就是中国总理要我通过你向里根总统转达的两点。黑格回答说：1981年美国售台武器的数量远远低于中美关系正常化以来的任何一年。美国有义务继续向台湾提供防御性武器。我们反复受到警告，说中国可能采取剧烈行动，对此我们十分不安。随后我和黑格约定，一周后我访问华盛顿时再继续谈判。这是当年6月黑格访华时，我们早已确定我将在10月回访美国。

10月29日上午，我如约到华盛顿美国国务院同黑格会谈，浦寿昌、张再同行。黑格先称赞中国执行和平统一祖国的政策，说美国保证不采取任何行动去阻碍或破坏中国执行这个政策。但马上又说，美国要继续执行谨慎、克制、有选择地向台湾出售武器的政策，不能规定在某一期限内停止向台湾出售武器，抛弃老朋友，使台湾被迫到国际市场寻购武器。如果接受中方的要求，就会被认为是美中勾结，把台湾问题的解决办法强加于台。美国售台武器水平各年可能有高有低，总的来说，性能和数量今后都不会超过卡特政府时期的水平。中美双方的容忍都有限度，都需要灵活和善意。不要把对方逼到墙角。如果一方处在能胁迫对方的地位，和平统一便不能实现。我说，在我们两国就关系正常化进行谈判时，中国领导人明确指出，正常化不能只管一年。不是一年后你们就可以向台湾出售武器。中国反对任何外国卖武器给台湾。中国无法也不能在这个问题上对美国和荷兰采取不同做法。美国承诺在规定期限内逐年减少以至停止售台武器，中国才能对美、荷采取区别对待的做法。台湾如果转向国际市场寻求武器，我们会用对待荷兰的办法来处理。

一刻钟以后，我到白宫会见里根总统，布什副总统、黑格国务卿等人在座，我方参加的有浦寿昌副部长、柴泽民大使和韩叙司长等。里根满面笑容先寒暄了几句，然后，谈话转入正题。我说：中国正式提出通过谈判解决美国售台武器问题，不是要使美国为难，而是为了发展中美关系。中美关系必须建立在互相尊重领土主权、互不干涉内政的基础上。不能期待中国在售台武器问题上采取双重标准，欺小国，怕大国。里根说：我们存在很大分歧，重要的是继续商谈，希望能取得积极成果。在台湾问题解决前，美国根据《与台湾关系法》将向台湾提供防御性武器。我说：我方认为需要继续谈。但双方在谋求解决此问题时，如果美方向台湾出售武器，则不论性能、数量如何，即使不超过卡特政府时期水平，都将迫使中国作出强烈反应，两国关系的停滞或倒退将不可避免。（按：这是我在坎昆请黑格向里根转达的两点中方原则表态后，又根据中央指示作出的中方的第三点原则表态。）里根说：我们将谨慎小心地采取行动。

1981年10月29日，在华盛顿同美国总统里根、副总统布什、国务卿黑格会谈。左排右二为黄华

10 月 30 日下午，我同黑格又举行了一次会谈。黑格说：中方突然要美国抛弃老朋友，把问题拿到谈判桌上，逼美方作出无法兑现的承诺，向总统的信誉挑战，这样就把美国逼到墙角。美方同意就售台武器问题与中方会谈，在此期间美国将谨慎行事，但仍要做它必须做的事。中方未就和平解决台湾问题承担义务，却要美国在规定期限内停止售台武器。美国同样准备应付中美关系全面后退的后果。我说：不能说中国在美国售台武器问题上提出的要求是把美国逼到墙角，相反，要求中国无限期容忍美国卖武器给台湾，使中国的主权和领土完整被侵犯，内政受干涉，才是把中国逼到墙角。最后我们商定，12 月再就美国售台武器问题进行副部长级的谈判。

12 月 4 日，谈判开始在北京我国外交部进行。中方代表是章文晋副外长，美方代表是美国驻华大使恒安石。恒安石在第一次会上说，美国售台武器受中国和平统一进程的影响，但不完全取决于它。他预期售台武器不超过卡特时期水平，但各年会有不同，时高时低。12 月 11 日，他又告诉我方，美国政府将非正式通知国会，将向台湾销售价值 6000 万美元的军事零配件，加上台湾为这批零配件的运输、保管付给美方的费用共为 9700 万美元。我方对此提出强烈抗议。只是在美方作出三点解释和保证后，我方才没有采取更严厉的措施。这三点是：一、这批军售是坎昆会议前向台湾承诺的；二、只是零配件，不是武器；三、今后数月内，即中美谈判期间不再向台湾进行新的军事转让。

此后不久，即 1982 年 1 月，负责远东及太平洋事务的美国助理国务卿霍尔德里奇来北京，同我方进行了三天会谈。霍尔德里奇说，希望中美双方现在进行的谈判能达成协议，最后发表一项内容较为广泛的公报，包括美国售台武器问题的一系列原则，也包括双方对国际问题的看法，按《上海公报》的格式，在下月底《上海公报》十周年时发表。他还给我方打招呼说，里根即将发表同台湾联合生产 F5E 飞机的声明，因里根受到国会的压力，需在此问题上表态，但他已决定不提高台湾飞机的性能，不向台湾提供任何新型飞机，如F5G 或 F-16-79，也不提供 F5E 的改进型，只准备在 1983 年以后继续与台湾联合生产 F5E。我们未理会他的其他话题，只就美国与台湾联合生产飞机问题表示不满，提出一系列问题要他澄清，直到他一再强调，里根要发表的声明是不同台湾做什么，而不是要同台湾做什么才作罢。

在霍尔德里奇访华后，我方于 1 月 22 日提出了解决美国售台武器问题的第一个《联合公报草案》，核心是：美售台武器逐步减少，直至在一定时期内完全停止，在此以前向台出售的武器在数量和性能上不超过卡特时期的水平。草案只谈售台武器问题，不谈其他问题。1月25日，美方提出他们的第一个草案，又在2月15日提出第二个草案。美方草案回避了作出停售武器的承诺，而把售台武器问题与我和平解决台湾问题挂钩。至3月底，双方在正式会谈和非正式磋商中都无法取得进展，谈判陷于僵局。4月6日，恒安石送来里根总统给小平同志的信，要求派副总统布什来北京会谈。我方同意。

5月5日，布什副总统乘专机抵达杭州，天下着大雨。他在机场发表书面讲话，说要同中方讨论的问题很多，是双方面临的而不是双方之间存在的重大问题，如福克兰群岛（阿根廷称之为马尔维纳斯群岛）、阿富汗、波兰、柬埔寨、世界经济危机等问题。这实际上是有意掩盖中美之间当时存在的危机，制造中美共商国际战略的假象。第二天上午，美方提出要与我方在杭州或北京就双方正在讨论的草案进行紧急磋商。我方建议请美驻华使馆公使衔参赞傅立民在北京会见我外交部美大司副司长朱启祯，了解中方对美方2月15日草案的非正式修改意见，即在我方对和平解决台湾问题的政策表述作某种美方可以满意的修改后，美对售台武器问题除表示以后要逐渐减少外，还应表示，美向台出售武器不会无限期地继续下去，或美不寻求执行长期向台湾出售武器的政策等。

7日，布什抵达北京，下午，我会见了他。我表示，售台武器的谈判陷于僵局，主要原因有二：一、美方不愿承诺逐步减少以至在一定时期最终停止售台武器。我们不把售台武器问题看成仅仅是武器问题，实质上是美方是否尊重我国主权，是否愿意发展两国关系的问题。二、美方要把解决售台武器问题同台湾海峡军事紧张程度联系起来，把和平解决台湾问题作为美国解决售台武器问题的先决条件，等于要中国接受美国进一步干涉中国内政。在建交谈判中，中方明确表示，美国继续向台湾出售武器，实际是继续承担保护台湾的义务，是对和平解决台湾问题设置障碍，最终将导致使用武力。因此中方要求，美国售台武器问题留待建交后再同美国讨论。我重提在美国国会讨论《与台湾关系法》时及该法通过后我和中国外交部照会所表达的中方对该法的立场，并指出：以《与台湾关系法》为借口，说美国总统不能确定停售武器给台湾的期限，那么如何解释美国关于无意无限期向台售武的表示？只有承诺停止售台武器，美国才能不陷于自相矛盾的境地。我方提出停售时限并不是一个新因素。当伍德科克大使对中国领导人邓小平说，1979年可以不卖武器给台湾时，回答他的就是一句反问：正常化难道只管一年？在坎昆和华盛顿的会谈中，我们提出在规定的期限内停售，现在改为在一定的期限内停售，这是为了照顾美方，是我方在维护主权的范围内尽可能采取的灵活态度。布什说：如果1972年要求解决所有问题，就不可能有《上海公报》，在1978年要求卡特什么问题都解决，就不可能有正常化。我们提出的建议可能不会解决所有问题，但可以推动这一进程。

5月8日上午，布什见邓副总理。除解释里根有关台湾问题、中美关系的立场外，布什还强调里根与卡特不同，他是一个有原则的总统，而卡特却是一个软弱动摇的总统。卡特没有反对和遏制苏联侵略的外交政策，里根决心加强美国的力量，比任何一届美国总统更愿意采取行动对付苏联。小平同志指出，《与台湾关系法》侵犯中国主权，美国向台湾出售武器是中美关系中的阴影，是潜伏的危机。在《建交公报》中，美国承认台湾是中国的一部分，现在再搞《与台湾关系法》，不是要把台湾从中国分裂出去吗？如果两国关系中的这个疙瘩能够解开，将对全球战略很有利。邓副总理要布什转告里根总统，美国领导人应承诺，在一定时期内逐步减少并终止向台湾出售武器。承诺的方式可以商量，公报的措辞可以研究。当天下午，韩叙副外长约见随布什来华的助理国务卿霍尔德里奇，非正式地提出我1月22日草案的四段修改。

正当中美有关军售问题的谈判激烈交锋之际，传来6月25日里根总统宣布黑格国务卿辞职的消息。里根任命乔治·舒尔茨为新国务卿。据我观察，这同美国各派在对华政策问题上的分歧有关。里根上台后，美国白宫和参议院亲台势力较前嚣张，他们主张加强美台关系，向台湾出售先进的FX战斗机，美国报界也传出消息说，数十名参议员致函里根，要求出售FX战斗机。当时政府各部的主要人员则认为发展对台关系不应与发展同中国关系相抵触。因售台武器问题涉及美国侵犯我国主权，干涉我国内政和违反中美关系的两个公报，中国方面的反应极其强烈。面对中美关系的危险前景，黑格于1981年11月26日向里根总统提出备忘录，就这种危险提出警告，同时建议：一、以中国对台湾采取和平政策为条件将售台武器限制在上届政府最后一年的销售水平之下；二、不对售台武器规定最后终止的日期，但设法把这个问题同中国和平统一的真正进程联系起来；三、重申以友好的非盟国的待遇对待中国，加快对华技术转让。据说黑格备忘录得到了里根的批准，成为美国政府处理售台武器问题的依据。

黑格在他 1984 年出版的回忆录中曾有专章叙述他对中国的看法以及他在美中关系变化和发展中的经历，包括在美国售台武器问题上同中国的谈判。他谈道，在 20 世纪的最后 25 年中，对美国和西方的战略意义来说，中国可能是世界上最重要的国家。如果中美能够成为朋友，将会向其他发展中国家证明，它们也能解决自己的问题而不丧失其国家地位。因此美中关系是人类进步的机会。中国可能是第一世界通向第三世界的桥梁。但里根总统并不同意他的观点。黑格认为，1981 年 6 月他来北京与中方的会谈达到了预期目的，双方理智地阐述了对未来中美关系的观点。但在他访华的最后一天里，里根总统在华盛顿记者招待会上说，《与台湾关系法》将作为美国的法律予以执行，似乎是说在对华政策上黑格跑到了总统的前面。1982 年 5 月布什副总统访华后，美国国会内有强烈的反对同中国妥协的声浪，白宫也政出多门，时有掣肘，黑格感到他同里根总统的关系难以为继，愤而辞职。接任的舒尔茨国务卿基本参照里根总统业已批准的黑格备忘录原则同中方谈判。

其间，美方于 7 月 13 日由恒安石大使向邓副总理面交里根总统的信，并提交美方新草案。里根在信中表示，要他承诺在一定期限内终止向台出售武器极其为难，但他不谋求执行长期向台湾出售武器的政策，也不会无限期地向台出售武器。美方新草案除写入里根说的这两点，还表示美国预期在一段时间内逐步减少它对台湾的武器出售，以至最后的解决，美政府承认中国关于在一段时间内彻底解决这一问题的原则。恒安石还说，在中美双方就此问题达成协议后，中美高级领导人可以恢复互访，美国国务卿将访华，欢迎中国总理访美。据西方通讯社报道，国务卿黑格对里根总统这次下决心起了积极作用。黑格对里根说，中美关系可能发生 1949 年美国"失去中国"以来最重大的外交灾难，对这次失败，共和党要在政治上承担严重后果。

17 日上午，我会见恒安石，转达邓副总理的回话：7 月 13 日里根总统的信和美方新草案有积极因素，但双方立场仍有不少差距，要继续努力，通过商谈，争取就《联合公报》达成协议。当天下午，韩叙副外长向恒安石提出了我方新草案并建议双方开始逐段讨论。又经过两次会谈，美方要在《联合公报》中写入双方对广泛国际问题的看法，被我方拒绝。我方对 17 日草案提出了修正案，美方同意以此修正案为基础开始进行逐段讨论。

8 月 7 日，中美双方开始逐段讨论。美方提出一个新草案，却比上次提的草案又有倒退，还宣读新任国务卿舒尔茨的话，说关于售台武器的协议必须符合美国国会通过的《与台湾关系法》。韩叙副外长表示震惊,评论说美方这一主张将使我们的谈判没有讨论的基础。当晚美方转弯子,恒安石邀我方人员于9日共进午餐,进行非正式接触。午餐时,美方的调子有了改变,提出了一些可以商讨的建议。他们还说,19日美将就美台联合生产 F5E 飞机一事向美国会发出通知,希望在此以前我们的谈判能达成协议。次日起至 15 日,双方每天都会谈,有时甚至是上、下午都谈。

双方在逐段讨论中的争执在于:一、我方要求将解决美国售台武器问题与《上海公报》《建交公报》中双方确认的互相尊重主权和领土完整、互不干涉内政的原则直接挂钩,美方反对;二、美方要求将其解决售台武器问题的承诺与我国争取和平解决台湾问题的政策直接挂钩,我方则反对;三、关于美方解决售台武器问题的承诺,我方力争尽可能明确,美方则力争尽可能含混;四、我方力争在协议中列入以后接触、协商的条款,美方竭力反对;五、美方力争在公报中尽可能列入中美在国际问题上的共同看法和发展双边关系的合作愿望,我方则坚持突出售台武器问题,少谈国际问题和其他双边关系问题。结果是双方互作妥协,于 8 月 15 日就公报全文达成协议。

1982 年 8 月 17 日上午,小平同志会见恒安石,表示中国政府同意双方协议的《联合公报》,将于当日晚 7 时(北京时间)发表这个公报。并说:在公报中美方承诺逐步减少售台武器,当然不能一年只减少一美元。公报说"经过一段时间导致最后的解决",我们理解所谓的一段时间应是有限的,不应该推向遥远的将来,而且最后的解决只能是停售。我国争取和平解决台湾问题,不是对任何人的一种承诺,不能曲解为美国停止售台武器的前提。恒安石说,公报是持久的,美准备完全忠实地执行公报。17 日晚我方发表公报后,我外交部发言人还就此发表声明,指出根据《上海公报》和《建交公报》的原则,美国本应完全停止向台湾出售武器,由于考虑到这是一个历史遗留的问题,中国政府在坚持原则的基础上,同意分步骤予以解决;美国承诺经过一段时间最后解决售台武器问题,其含义当然是指美国售台武器经一段时间就必须完全停止。

《八一七公报》是解决美国售台武器问题的公报,但又不仅仅是解决这个问题的公报。它并非仅仅因售台武器问题而起,它的意义和作用也不限于售台武器问题。公报说,美国政府"无意侵犯中国的主权和领土完整,无意干涉中国的内政,也无意执行"'两个中国'或'一中一台'的政策";这三个"无意"都是较之《上海公报》和《建交公报》更为明确的承诺。

《八一七公报》发表后不久，我到纽约去参加第三十七届联合国大会，并应美国新任国务卿舒尔茨之邀，同他在那里第一次见面。1982年10月1日，他请我在纽约联合国广场旅馆共进午餐，同我交谈。我国常驻联合国代表凌青大使参加。美国副国务卿伊格尔伯格、助理国务卿霍尔德里奇和驻联合国大使柯克伯特立克夫人在座。我着重阐述刚刚结束的中共第十二次全国代表大会确定的独立自主的和平外交政策，我们不依附任何一个大国或大国集团，愿在和平共处五项原则的基础上发展同一切国家的关系。我还说：《八一七公报》为中美关系健康发展迈出了前进的一步，希望美政府认真履行承诺，早日彻底解决此问题。《与台湾关系法》一日存在，两国关系的阴影一日难除。如此法不能一下子取消或修改，至少美总统在执行时将拥有的很大定夺权向好的方面执行，而非向坏的方面执行。我们希望是前者而不是后者。

第二天，尼克松在他新泽西州的办事处设晚宴款待我，我和凌青大使、邱应觉参赞等几位外交官一起驱车从纽约市越过哈德逊河，到了美国政府为他安排的公馆。他还请了美国前国务卿罗杰斯、前驻英大使安南伯格、前驻联邦德国大使拉什等人作陪。他特意安排，请我喝中国的茅台酒，说这些酒是他1972年从中国带回来的。他的祝酒词也从1972年说起。他说：1972年使中美双方走到一起来的是苏联的威胁，是消极因素。现在中美发展合作关系不能仅为对付苏联威胁。两国合作对21世纪很重要，中美资源丰富，人民智慧，是促使两国走到一起的积极因素，他1972年同毛泽东主席、周恩来总理会见时，双方都认识到这一点。我在答词中说：中美关系的发展不应该只看到一时的、短暂的因素，而应当看到全局和长远的利益。席间，我们谈得很多，谈到国际形势，美国的经济和中期选举，撒切尔夫人的访华等。晚宴结束后，还到尼克松家的花园继续聊天、赏月。这一天是我们中国传统节日中秋节的次日，新泽西的那天晚上碧空如洗，月亮很圆，我对祖国和家人的思念之情油然而生。

《八一七公报》发表后，中美关系确有重要发展。1984年，里根总统访华；第二年，李先念主席访美，布什副总统访华。中美在许多领域的交往与合作逐步取得进展。在一段时间内，美国卖武器给台湾比较谨慎。以后有消息透露，里根曾在《八一七公报》发表前向台湾作出六项保证：对台军售不事先与中国咨商；不设定终止对台军售期限；不在两岸间扮演调解人；不变更《与台湾关系法》中的承诺；不改变对台湾"主权"的认知等。后来，曾任美驻华大使的李洁明又在回忆录中透露，《八一七公报》发表后，里根总统又拟订一份备忘录说：对台湾军售的任何减少，将视台湾海峡的和平以及中国所宣称的继续寻求和平解决台湾问题的大政方针而定。对台军售的质量，必须以中华人民共和国的威胁为条件。台湾的防卫能力一定要保持在与中华人民共和国的能力相应的水平上。直接起草备忘录的高级官员还解释说：如果中国变得好战，或是增强军力导致该地区的不安和不稳，那么，美国就会增加对台湾的军售，而不管公报对军售的质与量是如何规定的。

历史的经验告诉我们，超级大国的强权政治，违反国际公法，必然会遭到失败。

美国是一个政出多门的资产阶级专政的国家，总统、国会和最高法院各拥有一部分治国权力，互相支持又互相掣肘。长期以来国会和总统都在争夺外事决断权，国会中亲台势力又相当大，所以在中美建交和美售台武器问题上，美国政府的种种承诺得不到切实的执行。但是美国在其总体战略利益的需要下，各部门争执妥协，形成其实际的政策。

小平同志对美国的政治体制常表示不满，挖苦说你美国到底有几个政府？面对现实，中央从战略全局出发，采取行动，争取对于我国最有利的结果。从中美关系来说，达到美国从台湾完全撤军、同台湾断绝"外交关系"、废除同台湾《共同防御法》，打掉台湾作为一个国家的地位，这是我国几代领导人长期斗争的重要成果。同美国建交使我国无论在政治上和经济上利大于弊，对远东和世界的和平有着重要意义。由于美国自身固有的种种矛盾，我国同美国的斗争是多方面的、长期的和复杂的。我们对此有充分的准备，随时与之进行有理、有利、有节的斗争。

从 1970 年起到 1982 年，我国同美国为关系正常化的交涉和斗争，是毛泽东和周恩来开始并由邓小平继续完成的一项重大事业，受到中国人民和国际社会的欢迎。

1982 年冬，有人写工作总结报告给中央，其中说，我国对美工作存在路线错误。我向小平同志写信，不同意此点。小平同志在我的信上作了批示，大意说：对美工作主要由我（指邓小平）主持。如果有问题，由我负主要责任。

第十五章　睦邻友好，访问亚洲周边国家

我国一贯重视同第三世界的团结和友谊，支持他们反殖反帝反霸斗争，加强南南合作。我国领导人和部级干部访问的国家约 2/3 属于发展中国家。

小平同志主持中央工作后，他最早出访的是周边的发展中国家：缅甸、尼泊尔、朝鲜民主主义人民共和国、泰国、马来西亚和新加坡。陪同小平同志对朝鲜民主主义人民共和国和泰王国进行的正式友好访问给我的印象极深。

陪同邓小平副主席访问朝鲜

1978 年 9 月，应朝鲜民主主义人民共和国主席金日成的邀请，中共中央副主席邓小平赴平壤参加朝鲜国庆三十周年庆祝活动。代表团成员有：政治局委员、上海市委书记彭冲，我，驻朝大使吕志先，亚洲司副司长刘君培，礼宾司副司长戴平，邓办秘书李德华，彭办秘书夏加林，周文重，谢燮禾，张庭延等 28 人。

朝鲜是我国山水相连的友好邻邦，历史上两国人民有悠久的友谊，在反对日本帝国主义的长期斗争中互相支持，结下深厚的战斗友谊。1949 年 10 月 6 日，中朝两国建立外交关系。1950 年 10 月 19 日，我国应朝方要求派出人民志愿军同朝鲜军民并肩抗击侵略者。1953 年 7 月朝鲜停战后，中国积极援助朝鲜的战后经济恢复和建设。1958 年，中国人民志愿军按照协议全部撤离朝鲜。1961 年两国签署《中朝友好合作互助条约》。双方国家领导人频繁互访，在重大国际问题上相互支持。

邓副主席率团于 1978 年 9 月 8 日飞抵平壤，受到朴成哲、吴振宇等朝鲜领导人的热烈欢迎，邓副主席检阅了三军仪仗队，向万名欢迎的群众招手致意，随后驱车到主席府。金日成主席在大门口迎接小平同志，热烈同他拥

1978年9月8日,邓小平在平壤锦绣山议事堂拜会朝鲜民主主义人民共和国主席金日成,代表中共中央、国务院向金日成赠送礼品。后排右一为黄华

抱。此次应邀来平壤参加三十周年国庆活动的有70个国家的代表,中国代表团始终是朝鲜接待的最重要的客人。在拜会金主席时,邓副主席转达了华国锋主席、叶剑英委员长和邓颖超同志对他的问候,介绍了中国对国际形势的看法和签订《中日和平友好条约》的情况。金主席对我国同日本签订和平友好条约表示热烈祝贺,认为这是中国政治和外交上的胜利。金主席为代表团举行了午宴,一直兴致很高。他的中国普通话十分流畅,席间始终用中国话交谈。

在9月9日上午,朝鲜举行的报告大会和晚上的大型国庆宴会上,金主席请小平同志坐在左侧,请孟加拉国和马达加斯加总统坐在右侧。10日,小平同志饶有兴趣地参观和欣赏国庆游行、大型团体操和晚上的焰火表演。11日,在李钟玉总理和姜希源副总理的陪同下,小平同志一行访问了重要工业城市咸兴市,有20多万热情的群众夹道欢迎。代表团参观了二八维尼纶厂等项目。

12日上午,金主席到兴夫宾馆看望小平同志并同他进行会谈,金永南、许锬、彭冲和我参加了会谈。在长达三个半小时的会谈中,气氛十分亲切融洽。小平同志向金主席通报了我国对国际形势的总估计,并介绍了我国内情况。他强调,战争在一些条件下可能推迟,我国正利用目前国际环境大力引进新技术,使我国实现四个现代化。他也谈到改善同日、美关系的意义和亚洲目前存在的一些严重问题。金主席表示完全支持我外交措施,谴责侵略,并谈到不结盟运动中的一些问题以及对同西方国家建交问题的态度。

13日,邓副主席一行满载朝鲜人民的友谊乘专列火车离平壤回国。

陪同邓小平副总理访问泰王国

泰国是我国近邻，同我国有 2000 多年的交往历史。1975 年 7 月 1 日，周恩来总理和泰国克立·巴莫亲王签署两国建立外交关系公报。两国关系良好。1978 年 3 月，泰国总理江萨访华，两国友好合作关系进一步发展。

泰国是东南亚国家联盟成员，在东南亚战略地位重要。1978 年 11 月，邓副总理应江萨总理邀请，对泰国总理进行回访。因是中国领导人第一次对泰国进行正式友好访问，受到泰王国政府和人民的热情欢迎，也受到国际社会的注意。

1978 年 11 月 5 日，邓副总理和夫人卓琳率领我国代表团乘民航专机飞抵曼谷。泰国政府十分重视邓副总理的来访，破格接待。江萨总理和泰王国政府全体大臣到机场迎接，泰国群众和华人举着两国国旗兴高采烈地欢迎邓副总理，欢迎仪式庄严隆重。

1978 年 11 月 5 日，邓小平同泰国总理江萨·差玛南举行会谈前亲切握手，右四为黄华

我们一行在曼谷的爱侣晚旅馆下榻。进入客房后，我听到窗外人声鼎沸，透过窗户看到街对面有 200 多位华人举着一条长约 10 米的红色横幅，上面用斗大的汉字写道："邓大人万岁！"同时欢呼"欢迎邓大人""邓大人您好！"等口号。我和代表团的同志很受感动。那时，我国国内正在上映电影《甲午风

云》，群众借用崇拜水师统领邓世昌大人的称呼表达对邓小平复出的喜悦，常呼喊"邓大人万岁"的口号。真没想到，旅泰华人这么快就把这个称呼接过去了，让人倍感亲切。

11月5日下午，邓副总理、卓琳同志率我和何理良以及驻泰国大使张伟烈和夫人许恒同志拜会了国王普密蓬·阿杜德和王后诗丽吉。国王陛下对友好邻邦中国的邓小平副总理来访十分高兴，向中国赠送一对珍稀可爱的动物——貘。之后，邓副总理一行拜会江萨总理和夫人，晚上出席了江萨总理的盛大欢迎宴会。席间，邓副总理致辞说：我们高兴地看到泰王国发展经济不断取得新成果，赞赏江萨总理奉行独立自主、同社会制度不同的国家发展友好关系的外交政策。泰国坚持主张建立东南亚和平自由中立区，积极加强同其他东盟国家的团结合作，反对别国指挥、干涉和建立势力范围。值得指出的是，亚洲和东南亚的一些政治家正确地判断霸权主义在亚洲出现的扩张活动新动向，警惕霸权主义把手伸向东南亚地区，东盟坚持建立东南亚和平自由中立区的主张，加强东盟的团结和协调，是富有远见的。我们都迫切需要和平的国际环境以建设自己的国家，中泰两国加强友好合作是两国政府和人民的共同愿望，有坚实的基础和广阔的前景。邓副总理的讲话赢得了宾主长时间的鼓掌。

回旅馆后我们闻到一种特殊的和诱人的果香味，原来是主人给我们几个房间送来了俗称果中之王的榴莲。

次日上午，邓副总理同江萨总理会谈，参加会谈的除我以外还有张伟烈、王晓云、王瑞林、王英凡、李立英、荣凤祥等同志。双方就共同关心的国际问题和进一步发展两国关系交换了意见。谈话在十分友好的气氛中进行。

在会谈中，江萨总理表示，泰王国政府十分重视同中国的关系，同中国发展友好合作关系是泰王国外交政策的重要方面。泰王国衷心希望中国强大，增强稳定亚洲地区和平的作用。泰王国主张发展东盟区域合作，增进同西方工业化国家关系，警惕他们对泰王国的独立和主权的侵犯，希望柬埔寨能抵御住外来侵略。

邓副总理在会谈中分析了当时的国际形势，指出超级大国的争夺导致中东、亚洲地区的不稳定。如果世界人民加强团结，做好反对侵略的准备，则战争可以推迟。东南亚形势的紧张要求亚洲人民和东盟国家进一步团结和协调一致，东盟是抵制扩张的一支巨大力量，是东南亚地区和平稳定的重要因素。邓副总理表示，我国有信心实现四个现代化，为此需要和平的国际环境，同友好国家进一步发展合作关系。江萨总理在会谈中强调，泰王国同我国的观点一致或接近一致。

下午，邓副总理应邀参加泰国王储哇集拉隆功的剃度仪式。佛教是泰国的国教，每个男子都须剃度为僧，以净化心灵，一年或若干时间后即可还俗。王储剃度本是王室内部的重要礼仪，非王室人员更不要说外国人一概不得参与。但国王对友好邻邦德高望重的邓副总理特别敬重，破格邀请他和随行的男士们出席王储的剃度仪式，使我们感到十分亲切，在泰国社会也引起极良好的反应。

在访问期间，邓副总理主动会见大力促成中泰建交并一向主张中泰友好的前总理克立·巴莫和前外相差堤差等老朋友，赞扬他们为实现中泰关系正常化作出的重要贡献。

11月8日，邓副总理率团来到华富里市，观看泰国武装部队的军事表演。当时泰国面对一个严重情况，即1977年年底一个邻近国家的军队进攻柬埔寨。对于柬埔寨受到侵略并殃及泰国，泰国官民十分忧虑。为表示抗击外来侵略的决心，泰国方面为中国客人布置了这场军事表演。表演时，枪声密集，炮声轰鸣。主人为客人准备了耳塞，别人都戴了，只有邓副总理不戴，他说，我不怕。淮海战役时几百门大炮同时发射，我们都没有戴什么耳塞。

9日，我同泰国外相乌巴滴签署了《中泰科学技术合作委员会第一次会谈纪要》《中泰成立贸易联合委员会议定书》和《中泰1979年进出口商品议定书》

9日下午，邓副总理圆满结束对泰国的正式友好访问，江萨总理、泰各级官员和数万群众前来机场送别。

陪同李先念副总理访问孟加拉人民共和国

1978年3月18日，李先念副总理应邀率代表团对孟加拉国进行正式友好访问。中孟之间有着悠久的传统友谊。1000多年前，中国高僧玄奘和孟加拉高僧阿底峡为开拓两国文化交流作出了重要贡献。中华人民共和国成立后，周恩来总理两次到达卡访问，受到当地政府和人民的热烈欢迎。

1975年10月4日，中孟正式建立外交关系。1977年1月，孟加拉国军法管制首席执行官齐亚·拉赫曼应邀正式访华，签订了《中孟经济技术合作协定》，孟方对访华结果深表满意。之后，两国经贸、文教、军事代表团互访频繁。

我国在孟加拉国有较大影响，齐亚·拉赫曼任总统后十分重视发展同我国关系。我国同孟加拉国同属发展中国家，互相理解，在国际事务中相互支持。

孟加拉国是南亚一个美丽的国家。我代表团的飞机进入孟加拉国领空时，看到下面全是葱绿的大地，河流纵横。当时孟人口7000多万，因长期受殖民主义剥削，加上自然灾害频繁，经济比较困难，属于联合国确认的40个最不发达国之一。

陪同李副总理和夫人林佳楣访问的有：我和何理良、外经贸部副部长程飞、亚洲司司长沈平、礼宾司副司长刘华、先念同志秘书徐桂宝、北京医院副院长吴蔚然、亚洲司处长陈嵩禄、英语专家杨洁篪、施燕华、乐爱妹、宋大巧等，代表团成员、我国驻孟加拉大使庄焰已在达卡。

李副总理专机到达机场，受到极其隆重的欢迎。齐亚·拉赫曼总统和夫人、副总统萨塔尔和全部20位政府顾问（内阁部长）到机场欢迎。接受献花后，李副总理检阅了三军仪仗队，同来迎接的部长和驻孟使节一一握手，由副总统萨塔尔陪同李副总理驱车去宾馆。从机场到总统府18公里的道路两边都用中、孟两国的国旗，色彩缤纷的欢迎标语，鲜花拱门等装饰着。约10万群众夹道欢迎。

李副总理一行随后到总统府拜会总统，午餐后进行了两个半小时的正式会谈，参加的人员有中孟双方有关官员约20人。齐亚总统在会谈中首先介绍孟加拉国当时的国内发展成就和下一步的发展设想，强调要把重点放在提高农业生产和增强土地利用和水利建设方面。在外交方面，总统介绍了孟加拉国同印度改善关系的情况，说他们已签订了有关恒河水分配的五年临时协议，但仍存在不少问题，他对印方大力发展海军感到担忧。齐亚总统在会谈中说，孟加拉国正致力于发展本国经济，需要和平和稳定，将尽量同印度改善关系并正视对孟的不利方面。

李副总理在转达中国国家领导人对总统的问候后，介绍我国近况，说明在"四人帮"垮台之后，中国建设进入新时期，希望在本世纪内把我国建设成为社会主义现代化国家，目前困难还不少，但我们有信心全面实现四个现代化。对国际形势，李副总理指出超级大国竞争、扩张是世界许多地区包括南亚的主要威胁，对之应提高警惕。南亚国家在互相尊重、平等相待的基础上解决争端，改善关系，值得欢迎。我们赞赏孟加拉国和巴基斯坦、缅甸、尼泊尔等国家的友好合作，强调我坚决支持南亚国家维护民族独立和国家主权，反对外来侵略的斗争，支持巴基斯坦关于南亚无核区和斯里兰卡关于印度洋和平区的建议，支持尼泊尔王国关于宣布尼泊尔为和平区的立场。我们欢迎印度德赛政府开始同邻国改善关系。我们看到有人想搞大印支联邦，目前的冲突不是一般的边界冲突，我们认为应立即停止对柬的武装冲突，立即撤军，通过和平谈判解决问题。对我国和孟加拉国的双边关系，我们十分重视，希望进一步同孟加拉国发展友好合作，感谢它在国际事务中对我国的支持。我们之间应发展贸易，只要有可能，我国将多买孟方产品和多向孟方提供水泥、煤炭，并迅速落实向孟方提供的一亿元人民币的低息贷款。

齐亚总统表示，十分感谢中国在自身经济尚有不少困难的时候，向孟提供长期低息贷款。

经过协议，3 月 21 日上午，在齐亚总统、萨塔尔副总统和李先念副总理的主持下，我代表中国政府同孟加拉国总统计划顾问签订了《中孟经济技术合作协定》和两国《科学和技术合作协定》。我国将为孟方建设小型水利工程和氮肥厂，这对孟加拉国的农业发展具有实际意义。考虑到孟加拉国的具体情况，我方将贷款的 20% 以商品形式提供，以解决地方政府费用问题。这些措施有利于项目的快速执行。

签字仪式后，李副总理向总统辞行。在机场，李副总理一行受到孟加拉数万人的欢送。这次访问有力地促进和加深了两国的相互了解和亲密合作关系。

应邀访问尼泊尔王国

1979 年 11 月，我应尼泊尔王国外交大臣克·巴·夏希的邀请，对尼泊尔王国进行正式友好访问。

尼泊尔是我国南部边陲的友好邻国，地处喜马拉雅山脉中段南麓，境内多高山，有九座海拔 7000 米以上的高峰，其中三座包括珠穆朗玛峰在同我国的边界上。我国同尼泊尔有 1200 公里长的共有边界。尼泊尔的人口在 20 世纪 70 年代末为 1800 万，经济以农牧业为主，人均国内生产总值属最不发达国家。尼泊尔人民信奉印度教。据记载，释迦牟尼于公元前五世纪出生在今天尼泊尔泰来地区。

我国同尼泊尔王国的关系从古代到现在一贯良好。公元七世纪，尼泊尔赤尊公主同我国西藏王松赞干布联婚，成为中尼人民之间友谊的佳话。两国的使者和学者友好往来频繁，被载入史册。唐朝使者王玄策曾访问尼泊尔，13世纪尼泊尔的著名建筑师阿尼哥率领数十名工匠到西藏修建寺庙和佛塔，他们的互访见证了两个古国人民的交往和友谊。新中国成立后，中尼两国于1955年建交，1960年签订《中尼友好条约》，次年签订两国边界条约，其附件即1963年签订的《中尼边界议定书》，解决了个别没有划定的边界。当时两国领导人还十分友好地决定，将喜马拉雅山脉的主峰珠穆朗玛峰定为两国共有的山峰。

我国政府重视发展同尼泊尔的友好合作关系，支持尼泊尔维护民族独立和领土完整。我国国家领导人多次访问尼泊尔，尼泊尔的国家领导人和王室成员经常访问我国。尼泊尔一向尊重和支持我国在西藏和台湾问题上的立场，承认西藏和台湾是中国领土不可分割的一部分，多次承诺不允许任何人利用尼泊尔国土从事任何有损中国主权和统一的活动。尼泊尔奉行和平不结盟的外交政策，反对帝国主义、殖民主义和扩张主义，重视同周边国家的关系；在国际组织中，中尼两国历来相互支持，真诚合作。在经济合作方面，至20世纪末，我国政府向尼泊尔政府提供十亿多元人民币的无偿援助，在尼泊尔承建26个成套项目。两国在交通、文化、体育和宗教等方面都有良好的合作。我国每年向尼泊尔提供1000名留学生的奖学金，因此，在中国普通话说得好的外国人当中尼泊尔人名列前茅。

尼泊尔国家比较开放，人民温厚热情好客。尼泊尔自然风景秀丽，现代化工业极少，空气、河流未受到污染，因而吸引着大量旅游者和登山爱好者，尼泊尔各地都可以看到来自西方的众多游客。

1979年11月18日，应尼泊尔王国外交大臣克·巴·夏希的邀请，我和驻尼泊尔大使彭光伟、亚洲司司长沈平和边界联检代表曹胜功等组成代表团访问尼泊尔。在抵临加德满都上空时，我看到人工开垦的层层梯田布满了这个高山之国，人们用劳动装点了大自然，我心里十分敬佩尼泊尔人民的勤劳和不畏艰辛的精神。

在访问期间，我们一行拜会了比兰德拉国王陛下和苏·巴·塔帕首相，同他们分别进行了友好的会谈。比兰德拉国王陛下时年30多岁，学识广博，平易近人。他曾多次访华，对中国十分友好。在维护民族独立、反对越南侵柬等问题上态度鲜明，对苏联在南亚的扩张保持高度警惕，十分关心南亚和东南亚的形势。我在向他们转达我国领导人对他们的问候后，谈了我国的国内形势和对外政策，感谢尼泊尔在对台湾问题上一贯支持我国的正义立场。我强调，我国正致力于四化建设，亟须和平的国际环境。我国奉行和平共处五项原则，不干涉别国内政，愿同邻国保持友好合作关系，希望各邻国和平稳定。我说，我们很高兴看到国王陛下妥善处理国内问题，希望尼泊尔安定团结，防止外来势力插手尼国内事务。我同夏希外交大臣的会谈也是在十分友好的气氛中进行的。

尼泊尔有极丰富的水力资源，大小河流顺山势向下奔流，但都还没有开发。在夏希外相陪同下，我们一行参观了那条水流湍急、颜色乳白的萨迪河。我们还到了旅游胜地博克拉市观光。夏希外相告诉我们，假如我们走运，可以看到离这里以北 80 公里远的鱼尾峰，即 8078 米的安纳布尔纳峰。它平时多半羞涩地躲藏在云雾中，但那山上的天气变化很快，说不定什么时候云雾会散去。我们到达博克拉的时间大概是下午四时，这时云雾漫天，什么山峰也看不到，我们耐心地等待了半个多小时，云雾开始逐渐散去，我们终于很幸运地看到鱼尾峰的绝大部分。它单峰矗立，直插苍穹，皑皑白雪覆盖的峰顶像一颗钻石镶在湛蓝色的天空，真是美丽壮观极了。

从外地回到加德满都后，我和夏希外相在《中尼边界联合检查议定书》上签字，确认两国边界，并且决定，鉴于两国边界是世界上最和平的边界，今后不再需要任何联合检查。这说明，只要两国抱着互相信任和互不侵犯的政治意愿，可以创造高度和平友好的相互关系。

1979 年 11 月 20 日，在加德满都同尼泊尔王国外交大臣克·巴·夏希签署《中尼边界联合检查议定书》

访问圆满结束了，我们一行在向外交大臣告别后，乘坐小汽车驶向机场。在路上，我注意到为我们开车的尼泊尔司机注视着迎面驶来的一辆小汽车，突然显得十分犹豫，不知是继续向前行驶还是靠边停车。这时我看到对面那辆车的副驾驶员打手势要我们的车继续前进。两车放慢速度对开驶过后，司机对我说，坐在那辆车的司机旁的是国王比兰德拉陛下，司机是他的近身警卫。国王是要到市内的医院去看望卧病的王后。我急忙回头想向国王举手致意，但那辆车已远去。我不由得更加尊敬和欣赏这位风度翩翩而又轻车简从的尼泊尔国君。

应邀访问巴基斯坦伊斯兰共和国

我于 1980 年 1 月 19 日应巴基斯坦外交顾问阿迦·夏希的邀请到这个南亚次大陆的友好邻邦进行友好访问。我们的代表团内有何理良、亚洲司副司长刘君培、亚洲司处长陈嵩禄和杨洁篪等外交官。我们到达伊斯兰堡当天即同夏希顾问进行两次会谈。我方参加的还有驻巴基斯坦大使徐以新。对方参加会谈的有：国防部秘书长、外交秘书、总统首席参谋官、助理外交秘书和驻华大使。晚上，我们一行出席了夏希顾问的宴会。

1980 年 1 月 19 日，应邀访问巴基斯坦，在同外交顾问阿迦·夏希会谈后，出席招待会。右三为黄华，左二为驻巴大使徐以新

巴基斯坦是南亚次大陆的第二大国，人口在 1980 年为 8000 多万，人均国内生产总值属不发达国。以农牧两业为主，工业以轻工和采矿业为主，人民信奉伊斯兰教。

巴基斯坦是同我国山水相连的邻国，1947 年 8 月独立，1951 年 5 月同我国建立外交关系。建交后两国关系良好，巴历届政府视中国为可信赖的朋友。1956 年两国总理互访，使双方友好合作关系不断发展，周恩来总理曾五次访问巴基斯坦。1977 年巴基斯坦军队执政后，实行不结盟政策，至 20 世纪末，有 20 位中国国家领导人访问过巴基斯坦，巴方领导人也频繁访华。

巴基斯坦长期支持我恢复在联合国的合法席位，坚持一个中国的政策，在台湾、西藏、香港和人权等问题上支持我国的立场。我国支持巴基斯坦提出的南亚无核区的建议，对印巴之间存在的克什米尔问题主张通过谈判和平解决。1963 年，中巴签订边界协定，解决了历史遗留下来的边界问题。两国的经济合作顺利，我提供可观的经济技术援助，建成数十个成套项目。贸易和劳务承包方面双方互为重要伙伴，两国在文化、科学、技术、宗教等领域交往不断加强。

我同夏希先生在 20 世纪 70 年代初在纽约任职时即认识，我和他都是各自国家的常驻联合国代表，合作交往较多。他是巴基斯坦的杰出外交家，一派学者风度，他思绪敏捷明快，口若悬河，待人和蔼可亲，我十分敬重他。这次他作为巴基斯坦外交部的第一把手邀请我访问，其背景很明显：苏联出动十万大军于 1979 年底入侵巴基斯坦的近邻阿富汗，并已挺进到阿富汗巴基斯坦边境，使巴基斯坦面临苏联的直接军事威胁，处境危急和困难。苏联为争夺世界霸权，南侵这个弱小邻邦阿富汗，下一步也许会进击巴基斯坦或伊朗，夺取暖洋军港，占据国际战略要道并切断太平洋国家和中东产油国的联系。苏联的扩张和侵略已从图谋变成行动，巴基斯坦官民十分紧张。而且当时几十万阿富汗难民的涌入，不但对巴基斯坦说来是沉重的经济负担，而且会引发苏联借口行使"穷追权"而入侵巴基斯坦。

我们一行拜会了齐亚·哈克总统，在会谈后，总统和夫人举行了晚宴，亲切地招待我们代表团。巴方出席的有外交顾问夏希、国防部秘书长、外交秘书、总统首席参谋阿里夫少将、驻中国大使尤纳斯等。哈克总统谈了对苏联侵略阿富汗的战略意图的看法，很担心会受到苏联和印度两面夹击。他埋怨说，美国对苏联侵略阿富汗态度软弱，对巴方的援助少得可怜。但他表示巴基斯坦不会屈服于任何外来压力。我谈了国际形势，对苏联在本地区战略意图的看法和我国的外交方针政策，指出目前形势有利于团结一切反侵略扩张国家，反对霸权主义。中国人民站在被侵略国家一边，将尽量提供援助。巴基斯坦的战略地位很重要，它维护自己的独立实际上具有维护亚洲与世界和平的意义。

根据主人的安排，我们在伊斯兰堡的公园里种下一棵友谊树，象征我们两国之间存在的友好合作关系。我们由西北边区省省督法兹尔·哈克陪同，乘坐直升机在军事上重要的开巴山口上空鸟瞰地形，然后到白沙瓦市附近的阿富汗难民营区参观。据省督告，已有 40 万难民进入巴基斯坦，以后还会大量增加。据我后来了解，阿富汗难民在苏军侵入期间多达 300 万人，占阿富汗人口的 1/5，分住在 300 多个难民营区内。在我们到访的这片难民营区，我看总有六七万人住在帐篷里。男女分区住宿，我参观的是男子居住的部分。我代表中国政府和人民向难民表示同情和慰问。我强调说，阿富汗人民的抗敌事业是正义的，霸权主义的侵略是注定要失败的。阿富汗人民不是孤立的，全世界人民站在阿富汗人民一边。阿富汗人民是英雄的人民，有反对外来侵略的传统，中国人民愿为减轻难民的苦难作出努力。阿富汗难民的代表用巴什图语通过懂这一语言的巴基斯坦官员向我们表示，他们感谢中国外交部长来看望他们，这是对他们的鼓舞，他们一定要斗争到底，直到把苏军赶出阿富汗全部领土。据参观妇女儿童营区的何理良说，阿富汗的妇女的斗争精神也很强。一位懂英语的阿富汗妇女说，我们有勇气，我们有自豪感，但我们没有武器，若有武器，准能消灭一些敌人。

据省督告诉我们，40 万难民对巴基斯坦是个爆炸性问题，因为青壮年不断回阿富汗袭击苏军，巴方对此无法控制，他们怕苏军利用"穷追权"进攻巴基斯坦。我想起我们有一首歌词，"若是那豺狼来了，迎接它的有猎枪"，巴军当然会予以还击，但两国边界上的奇特拉山口很容易被突破，这也将威胁到喀喇昆仑公路，切断中巴通道。

我怀着沉重的心情离开了巴基斯坦，心里不断地想，一个社会主义国家怎么能用武力去侵略第三世界小国呢？

历史是最好的见证人。在世界人民的强有力的反对下，在阿富汗人民的坚决抵抗下，加上我国政府持续要求苏联从阿富汗撤军作为改善中苏关系的条件之一，苏联为形势所迫，终于在十年之后即 1989 年撤出了阿富汗。

第十六章　一次特殊的访问印度之行

1981年6月，我作为中国政府的副总理兼外交部长应印度政府的邀请访问了印度。这是1962年中印两国发生边境冲突后中国政府领导人首次访问印度，受到印度政府的重视。

在我这次访问前，印度外长瓦杰帕伊曾于1979年2月访华，恢复了中印两国的高层互访。我的访问是对他访华的回访。

历史的曲折

1981年6月25日晚，我和何理良在香港登上了飞往新德里的泛美航空公司的班机。代表团的成员有：驻印度大使申健（已在印度）、外交部第二亚洲司司长陈肇源、副司长朱青以及郑剑英、李光辉和杨洁篪等外交官。申健大使、朱岩、程瑞声参赞以及沙祖康等外交官为代表团的访问作了周密的准备，并到机场迎接。

在飞机上，我对中印关系又一次进行了回顾与思考，过去我同印度友人的接触情景也浮现在眼前。

印度是中国的第二大邻国，中印两国人民之间有传统的友好关系。在历史上，中印两国人民跋山涉水，不畏艰险，不辞劳苦，相互访问，相互学习，大大丰富了各自的文化。玄奘天竺取经，郑和下西洋，丝绸之路通达印度，成为两国友好史和人类文明史上辉煌的篇章。印度伟大的诗人泰戈尔写道："中国和印度的友好团结是奋斗的亚洲的基石。在亚洲，我们必须团结，不是通过机械的组织办法，而是通过互相同情的真挚精神。"

近代，中印两国人民在反对帝国主义和殖民主义的侵略和压迫、争取民族独立的斗争中，一向互相同情，互相支持，成为患难之交。对这段关系值得多说几句。

1938 年我在延安工作期间，曾陪同印度医疗队参观访问，深切地感受了印度人民对中国人民的同情和支持，终生难忘。印度医疗队是印度国民大会党（简称国大党）派来中国的。1937 年 11 月 26 日，朱德总司令写信给国大党主席尼赫鲁，希望国大党能组织一个委员会为来中国抗日的志愿者募捐，提供药品和医疗设备。信中表示欢迎有经验的战地外科医生和护士，也欢迎愿意声援中国的志愿人员编成志愿军部队前来中国。尼赫鲁对中国人民的处境一向非常同情，收到朱德的信后立即采取了行动，于 1938 年 1 月 9 日在全印举行了"中国日"，展开募捐活动，并决定派出医疗队到中国。由于印度广大群众的支持，很快就募集到一大批款物，购买了药品 54 箱、轻便 X 光透视机一架、救护车及卡车各一辆，交给印度医疗队带到中国抗日前线。

印度医疗队由五位医生组成：队长由爱德尔担任，副队长为卓克，队员为木克吉、巴苏、柯棣尼斯。他们肩负着印度人民的重托，于 1938 年 9 月到达中国。在重庆期间，国民党政府曾一再劝说他们放弃去延安的打算，并设封锁，阻拦他们，但他们毅然突破封锁，到达延安。为了表达他们对中国人民的深厚感情，根据爱德尔的建议，他们在赴延安前请曾在印度国际大学任过教的谭云山教授帮助他们起了中文名字，即爱德华、卓克华、木克华、巴苏华、柯棣华。他们的名字后面都有一个"华"字，意为中华，表示他们热爱中国。由于新西兰友人路易·艾黎当时也要从重庆去延安会见毛主席，就由他陪同印度医疗队坐卡车前往延安。1939 年 2 月 12 日，印度医疗队终于到达了延安。1000 多名干部、战士、农民及抗日大学的学员们排成了半里长的队伍，高呼口号，高唱歌曲，夹道欢迎印度友人。印度医生们心情非常激动，挥起双臂，向延安军民致敬。

根据中央领导同志的指示，我和时任八路军卫生部顾问的马海德大夫陪同印度医疗队活动。这是我生平第一次同印度友人接触，他们又是远离家乡，前来支援中国人民抗战的进步人士，使我感到十分亲切，也很钦佩他们的非凡毅力。

1939 年 2 月 14 日晚，延安各界代表在八路军大礼堂为印度医疗队举行了盛大的欢迎会，路易·艾黎也一起参加。毛主席出席了欢迎会，陪同印度医疗队在第一排长凳上坐下。王明致了欢迎词。爱德华也讲了话，热情地赞扬了中国共产党及其领导的八路军和边区人民，转达了印度人民对英勇抗战的中国人民的敬意和同情。在演出文艺节目时，五位印度医生也上了台，由柯棣华指挥，用中文唱了《义勇军进行曲》，台上台下的歌声融成了一片。

在延安期间，我们陪同印度医疗队参观了延安的窑洞医院，如八路军后方医院、中央医院等。医院的病房、药房、手术室、化验室都设在窑洞里，简朴整洁，井然有序，给印度大夫们留下了良好的印象。医疗队还参观了八路军卫生学校。当时正逢中国传统新年，王平校长和全体师生，排起长队来迎接他们；村民们也敲锣打鼓，热情欢迎。

1939年3月15日，毛主席在凤凰山窑洞里会见了印度医疗队，由马海德和我担任翻译。毛主席首先代表中国人民感谢印度国大党和印度人民对中国人民的抗日战争所给予的同情和支持，回顾了具有数千年悠久历史的中印传统友谊，指出这种友谊在目前团结反帝的斗争中达到了新的高峰，医疗队来到中国，就传播了人民团结反帝的精神。在谈话中，毛主席还询问了圣雄甘地和尼赫鲁的近况，并请马海德解释：甘地在汉语中的意思就是甜蜜的土地。毛主席指出，英国是最老奸巨猾的帝国主义，因此要准备走艰苦曲折的道路。他以中国历史为例，强调了以革命的暴力反对反革命暴力的必要性。谈话后，毛主席以午餐招待印度医疗队。餐桌是用包装箱板做的，有点摇晃，上面放着馒头和一大盘肉片炒白菜、炸豆腐，还有一盘辣椒炖羊肉。桌子中间放着一大盆金黄色的小米饭。在当时，这算是十分丰盛的宴席了。毛主席风趣地说：我们吃的是小米，拿的是步枪，却满怀信心要战胜日本强大的武装。他知道印度人在正式场合不喝酒，因此用小杯子给每人斟上中国茶，大家以茶代酒，干了好几杯。

1939年4月，爱德华、巴苏华和柯棣华到延安新扩建的拐峁医院工作，卓克华和木克华到卫生学校担任教学工作。其后中共中央同意了爱德华、巴苏华和柯棣华本人的请求，将他们派往华北八路军前线工作。

5月24日，毛主席给尼赫鲁写信，称：我们感到十分愉快和荣幸，能够接待由爱德华大夫率领的印度医疗队，并收到印度国大党问候和鼓励正同日本帝国主义者进行战斗的中国人民的信件。

在抗日战争最残酷的时期，柯棣华大夫坚决要求到对日作战的最前线。他在华北前线工作五年，多次忘我地投身战地救护，抢救伤员和群众的工作中。在八路军晋察冀军区担任"白求恩国际和平医院"第一任院长期间，不幸于1942年12月9日在河北唐县葛公村因病逝世，只有32岁。他是带着胜利的自豪离开人间的，逝世前他说："我已经把我的一切献给了东方反法西斯斗争最壮丽的事业！"

毛主席为柯棣华的逝世亲笔题写了悼词：

> 印度友人柯棣华大夫，远道来华，援助抗日，在延安、华北工作五年之久，医治伤员，积劳病逝。全军失一臂助，民族失一友人。柯棣华大夫的国际主义精神，是我们永远不应该忘记的。

朱德总司令也写了挽词：为中印两大民族的解放而团结奋斗！

1953 年春，柯棣华的遗体被迁入石家庄的华北烈士陵园。1976 年，在石家庄白求恩和平医院建立了"柯棣华纪念馆"，供人们瞻仰学习。

印度医疗队的光辉业绩，在中印人民友好关系史上留下了令人难忘的篇章。我常想，"印地秦尼巴伊巴伊"（印中人民是兄弟）的口号虽然出现在 20 世纪 50 年代，但印中人民的兄弟感情早在延安时代就已深入人心。

尼赫鲁作为一位进步的民族主义领袖，在中国的国共两党之间是更加倾向于共产党的。1939 年 8 月，他访问了抗战中的中国。在这之前，他曾于同年 7 月 11 日写信给毛主席，表示：如果局势许可，我可能在 8 月底 9 月初访问中国。若果成行，我非常盼望与您会见，并亲自表达对八路军将士的敬意。8 月 23 日，尼赫鲁到达重庆后，除会见了国民党的高级官员外，还会见了中共驻重庆的高级干部。8 月 27 日，毛主席致电尼赫鲁，欢迎他到延安访问，并感谢他为派遣印度援华医疗队所做的工作。但由于欧洲战事爆发，印度国内催促尼赫鲁提前回国，他只好回电表示遗憾。在访问期间，尼赫鲁同国民党政府就中印两国的友好合作与交流达成了协议。

在延安，毛主席关于印度问题的一项指示也给我留下了深刻印象。1942 年 4 月，圣雄甘地提出了要英国立即退出印度的斗争目标。同年 8 月，印度国大党全国委员会孟买会议就此通过了决议，英国殖民当局逮捕了包括圣雄甘地和尼赫鲁在内的国大党领袖。1943 年，曾经是国大党左翼领导人的苏巴斯·昌德拉·鲍斯到了马来亚和缅甸，同日本合作反英。国大党提出的上述斗争目标不仅关系到印度的命运，对中国和世界人民反法西斯斗争也有重大的影响。因此，圣雄甘地曾就此写信给蒋介石进行解释，并保证他在开展这一运动时，会慎重行动，每走一步都要考虑不损害中国利益，不鼓励日本侵略。尼赫鲁也对记者说，不论国大党采取何种行动，我们决心竭尽全力，设法避免一切有碍中国抗战之行动，请放心可也。

至于印度共产党，则不支持国大党的主张，认为这有损于世界人民反法西斯的斗争。

当时，延安《解放日报》曾撰写了一篇社论，批评印度某些人想借用日本的力量争取独立。稿件送毛主席审批，毛主席不同意发表，并就此找了负责党报工作的廖承志谈话，指示对印度不要责备，他们的处境和中国不同，要实事求是。毛主席的指示是很正确、及时的。第二次世界大战爆发后，德国、意大利、日本法西斯成为全世界人民的主要敌人，对印度来说自然也不例外。英国为了保住自己在印度的利益，出卖了抗日联军，逃出缅甸，我抗日联军虽英勇抵抗，做了很大牺牲，但仍保不住缅甸，缅甸一度落于日军之手。在日本占领缅甸后，印度的形势十分危急。但是印度毕竟尚未像中国那样受到日本的直接侵略，而英国在印度独立问题上仍坚持其反动立场，拒绝作任何重大的实质性让步。丘吉尔顽固不化，仍不肯放弃印度这颗英国王冠上极其晶莹和珍贵的宝石。1942 年 2 月，蒋介石夫妇曾访问印度，劝说印度国大党支持英国作战也劝说英国答应印度民族要求，但英国没有接受蒋介石的劝告。

面对当时印度复杂的处境，国大党在第二次世界大战初期采取了双重政策，即一方面反对德、意、日法西斯，一方面着重强调印度的独立和自由。这本来比较切合当时的情况，但随着形势的发展，在民族主义情绪的支配下，国大党将侧重点放在反英方面。这从世界人民反法西斯斗争全局看，是不太恰当的，但从根本上说，这是英国在第二次世界大战时对印度顽固坚持殖民统治的错误政策的反映，批评的矛头应该指向英国。

根据毛主席的思想，1942 年 8 月 27 日延安《解放日报》发表社论，指出国大党全国委员会孟买决议基本内容是正确的，是值得一切反侵略人士支持而为英国所应当考虑接受的。社论批评英国以暴力对付非暴力，酿成目前恶劣之局势，实为亲痛仇快之举。社论还说，时至今日，英国必须改变政策，予印度以独立自由。英国的高压政策只能鼓励日寇侵略，无论对英国和其他盟国来说，都是有百害而无一利的。

同年 9 月，中共中央发表宣言，提出解决印度危机具体办法的建议，包括重开英国政府与印度各政党的谈判，建立临时政府，英国放弃高压政策，解除对国大党活动的禁令等。延安并召开了群众大会，抗议逮捕国大党领袖，要求立即释放被捕人员。

由于第二次世界大战中日本帝国主义战败，英帝国主义力量大为削弱，殖民地人民觉醒，反殖反帝运动风起云涌。印度在 1947 年赢得民族独立，中国也在 1949 年取得人民革命的胜利，成立新中国，亚洲许多殖民地也纷纷独立，亚洲的政治地图改变了颜色。

中印两国人民在第二次世界大战期间的相互同情和支持，为 1949 年新中国成立后的中印友好关系打下了坚实基础。新中国成立后，中印两国于 1950 年 4 月 1 日建交，印度成为第一个与新中国建交的非社会主义国家。尽管其后在中国解放西藏问题上两国曾一度发生龃龉，但并没有妨碍两国友好关系的发展。

1954 年 4 月 21 日，中印两国政府顺利地签订了《中印关于中国西藏地方和印度之间的通商和交通协定》，印度放弃了继承英帝国主义侵略中国西藏时取得的种种特权，并在实际上承认了中国对西藏的主权。在关于这一协定的谈判开始时，周恩来总理在 1953 年 12 月 31 日同印度政府代表团的谈话中，首次提出了和平共处五项原则。这些原则为印方所接受，并写进了该协定的序言中。

1954 年在日内瓦会议休息期间，周总理应尼赫鲁总理的邀请，从 6 月 25 日至 29 日首次访问了印度。6 月 28 日，两国总理在《联合声明》中共同倡导和平共处五项原则。

1954 年 10 月 19 日至 30 日，尼赫鲁总理在他的女儿英迪拉·甘地的陪同下访问了中国。他到达北京时，受到从机场到迎宾馆沿途 50 余万人民群众的热烈欢迎。当时，我在外交部担任欧非司司长，并不主管印度，但是由于新中国成立初期外交部司局级干部很少，我也参加了一些大型活动。

毛主席先后四次会见了尼赫鲁。他对尼赫鲁说：中国受西方帝国主义国家的欺侮有 100 多年。你们的国家受欺侮的时间更长，有 300 多年……因此，我们东方人有团结起来的感情，有保卫自己的感情……尽管我们在思想上，社会制度上有不同，但是我们有一个很大的共同点，那就是我们都要对付帝国主义。尼赫鲁表示：中国和印度都是大国，面对着类似的问题，并且都已经坚决地走上了前进的道路。这两个国家彼此了解愈深，那么，不但亚洲的福利，而且全世界的福利就愈有保证。今天世界上存在的紧张局势，要求我们共同为和平而努力。

据当时担任译员的印度外交官白春晖回忆，10 月 26 日毛主席在最后一次会见尼赫鲁后，一直将他送到车旁。在握手时，毛主席忽然吟出诗人屈原的两句诗：

悲莫悲兮生别离，
乐莫乐兮新相知。

这说明毛主席对结识尼赫鲁这位"新相知"是非常高兴的。

1955年，在万隆召开的第一届亚非会议上，周总理和尼赫鲁总理进行了十分良好的合作。在万隆会议前，在1954年12月召开的亚非会议发起国会议上，在讨论是否邀请中国参加会议的问题上出现了争论。由于尼赫鲁和印尼、缅甸领导人一起坚决主张邀请中国，会议最后决定邀请中国。我作为外交部欧非司司长被任命为中国代表团的顾问，随周总理参加了这次盛会。

由于印度独立比新中国成立早，尼赫鲁结识的亚非各国领导人较多，尼赫鲁在会议期间积极主动地将周总理介绍给与会各国领导人。对某些国家领导人在会上发表的反共言论，尼赫鲁怒气冲冲地进行了批驳。在4月22日下午的大会上，周总理即席发表著名的主张亚非国家求同存异的讲话，才刚讲完，尼赫鲁当即走上讲台说：中国总理今天的发言，应该受到最大的重视，中国总理说的话是有权威的！

在会议期间，印度还明确表示反对某些国家主张"台湾独立"的言论。尼赫鲁就台湾问题同周总理交流了看法。

1956年11月28日至12月10日，周总理第二次访问印度。在德里、加尔各答等地举行的市民欢迎大会，有上百万群众参加，真是盛况空前。不论到哪里，代表团都听到"印地秦尼巴伊巴伊"的亲切欢呼声。

令人遗憾的是，在1959年西藏发生叛乱后，中印关系出现了紧张，两国在中印边界问题上的分歧也浮出水面。为了争取公平合理地和平解决中印边界问题，1960年4月，周总理赴新德里同尼赫鲁总理会谈。周总理在会谈中表示：喜马拉雅山应该成为中印两大民族之间永久友好的山峰，既然对喜马拉雅山的感情是如此，中国人民对于喀喇昆仑山的感情也是这样的。在离开新德里前举行的记者招待会上，周总理也表示：两国边界问题的解决，应该照顾到两国人民对喜马拉雅山和喀喇昆仑山的民族感情。但是周总理合情合理的建议没有被印方接受，双方未能达成任何实质性协议。中方关于在边界问题解决之前遵守实际控制线的建议也为印方拒绝。正如一些印度朋友所说，印方没有能在周总理这次访问时解决中印边界问题，是丧失了一次历史性机会。其后，中印边境地区的局势继续恶化。印度采取了"前进政策"，中国在一再忍让后迫不得已采取了自卫反击政策。印度的错误政策最终导致了 1962 年 10 月的边境冲突。中国非常克制地实行保卫本国主权的权利，于 11 月 21 日单方面宣布停火、后撤至原实控线我侧。

1966 年尼赫鲁的女儿英迪拉·甘地担任总理后，审时度势，从 1968 年起一再表示愿同中国改善关系，"进行有意义的会谈"，以便寻求中印争端的解决。

英·甘地生于 1917 年，是尼赫鲁的独生女。由于她的母亲过早去世，尼赫鲁担任总理后，她担任了总理府的女主人和女管家。1954 年 10 月，她随尼赫鲁访问中国，就曾会见过毛主席和周总理。她在自传中说：我喜欢周恩来，他见多识广。他对外交事务尤为老练和成熟。他观察事物比别人胜出一筹。

1970 年 5 月 1 日，毛主席在天安门城楼会见各国驻华使节时对印度临时代办米什拉说：印度是一个伟大的国家，你们是一个伟大的人民，我们总要友好的，不能老是这么吵下去嘛。毛主席还请米什拉问候印度总统和总理。米什拉回国报告后，于同年 6 月 11 日向中方转达了印方的积极反应，表示准备开始同中国对话，讨论两国关系正常化的步骤。

然而不久，由于印度同苏联签订和平友好条约并发动第三次印巴战争，中印改善关系的进程又告中断。直到 1976 年，英·甘地总理采取主动，中印两国恢复互派大使，中国大使为陈肇源，印度大使为纳拉亚南（后任印度总统）。

1977 年英·甘地领导的国大党在大选中失败，人民党上台执政，多次表示改善中印关系的愿望。1978 年，以中国人民对外友好协会会长王炳南为首的友协代表团访问印度，受到总统雷迪和总理德赛的接见，为重开两国政府间的交往开辟了道路。

1979 年 2 月，印度外长瓦杰帕伊访华，我作为外长同他举行了三次会谈。2 月 14 日，邓小平副总理会见瓦杰帕伊时，就中印边界问题提出了"一揽子方案"，即中国在东段让，印度在西段让。邓副总理还表示：话又说回来，如果我们这一代人达不成协议，让下一代来解决。只要维持安定局面，双方遵守这点，摆一下没关系。这样的问题影响不了印度的安全，也影响不了印度的经济建设；影响不了中国的安全，也影响不了中国的经济建设。

邓副总理还向随行的印度记者说：我们要做一些实际的事情来发展两国的

关系，中国和印度在世界上是拥有人口最多的国家，不友好怎么行呢？

我在同瓦杰帕伊会谈时表示，中方对解决边界问题一贯持积极态度，为推动边界问题朝着谈判解决的方向发展，中方提出三点建议：一、在边界问题解决前维持边界现状，保持边界安宁，如边界上发生问题，双方应通过友好协商加以解决；二、边界问题不应成为发展两国关系的障碍，双方可多方面发展关系，促进相互了解，开展友好合作，为今后解决边界问题创造有利气氛；三、通过适当渠道，继续就边界问题交换意见，由印度驻华大使和中国外交部或中国驻印度大使同印度外交部保持联系。

瓦杰帕伊外长访华对中印两国恢复友好关系有重大意义。但是，由于印方仍然坚持其在边界东段保持其既得利益，在西段又不完全放弃其不合理要求的立场，使得"一揽子解决"方案至今无法实现。

在非洲会晤英迪拉·甘地总理

1980 年 1 月，国大党在大选中获胜，英·甘地重新担任总理。1980 年 4 月下旬，我作为中国政府特使率代表团参加津巴布韦独立庆典。印度是英联邦成员国，英·甘地也前往参加。有一天，我和英·甘地恰好在一起等车去参加活动。她对我说：回来后您是否可到我的套房来聊一聊？我说：很乐意。这样，1980 年 4 月 18 日上午，我在索尔兹伯里会见了英·甘地总理，中方参加的有驻坦桑尼亚大使何功楷，印方参加的有印度外长拉奥和外秘沙梯。

我会见她时，她虽已 63 岁，但我仍感到她精力充沛，处事果断。据报道，在 1980 年大选前的四个月的时间里，她为了竞选，平均每天跋涉 400 多公里，演讲、拉选票，被誉为"铁娘子"。

我在谈话中表示：阁下知道，我国正在进行新的长征，即要实现工业、农业、国防和科学技术的现代化。这大约需要几十年的时间。我国现在还是落后的，需要一个较长时期的和平环境来实现四化。中国作为一个社会主义国家，一向为和平而奋斗，反对侵略和扩张。我们两国在这方面的基本利益是一致的。中国希望进一步发展两国关系。两国存在的问题只要给予适当的考虑和作适当的准备，是不难在和平共处五项原则的基础上解决的。中国决心不让历史遗留下来的问题妨碍我们的关系，希望增加两国的交往和贸易关系。

英·甘地也表现出了积极的态度，表示颇赞赏我的谈话，并说：只要具有善意和谅解，没有不可解决的问题。正是为了增进双方的了解，我要求会见你。接着她说：国际局势中的问题太严重了，我们不应当分散精力。我们对本地区的问题也很关心，我们需要和平，因此提出要和中国、巴基斯坦有更好的关系，增加外交来往、会谈，并尽力沿着这条道路前进。她也赞同不应让中印边界问题妨碍两国关系的观点。她说：我们在有关双边关系的讨论中，如有解决不了的问题，可以搁置起来，留待以后去解决，这不应当阻碍其他方面的进程。我表示同意她的意见。她又说：我不是沙文主义者，我相信和平。现在各大洲虽然内部有各种争吵、困难和分歧，但对外是比较一致的。只有亚洲对外是分散的，这对我们很不利。我们一直希望和中国有正常的关系。但即使在关系不正常时、公众舆论尖锐敌视时，我们也一直支持中国加入联合国。

我说：我们对此很欣赏。我们的双边关系可以在我们共同宣布的和平共处五项原则基础上得到发展。

英·甘地还谈到了印苏关系。她说：我对苏联说，印苏友谊不应当妨碍印度和其他国家的友谊。印苏的共同努力不是反对其他国家的。我也向她通报了中苏关系情况，提出《中苏友好同盟互助条约》是 20 世纪 50 年代初签订的，经过 30 年，世界形势发生了重大变化，条约已不适合当前的形势，因此中国决定不再延长中苏条约，但建议两国进行谈判解决悬而未决的问题。第一轮谈判没有结果。第二轮谈判因苏联入侵阿富汗而无法举行。对此，英·甘地表示，印度也不同意苏联在阿富汗的行动，要求苏联撤军，但她认为一味谴责无济于事，应停止从巴基斯坦和伊朗对阿富汗的渗透，设法使阿富汗有一个对苏联友好的政府，以便创造条件使苏联撤军。她并表示，西方最近增加了在印度洋的军事存在；一方增加了存在，另一方就要作出反应，这会使形势更加严重。

最后我表示：印度前外长瓦杰帕伊访问了中国，我期待着对我的印度同事进行回访。英·甘地表示：随时欢迎你来。

从英·甘地总理这次谈话看，她对改善中印关系是有诚意的，而且表示如果中印边界问题一时不能解决，不应妨碍两国关系改善的进程。这种务实的政策同中方是一致的。

同年 5 月，英·甘地在赴南斯拉夫参加铁托葬礼时又主动提出要求会见华国锋总理。1980 年 5 月 8 日，在中国党政代表团住处贝尔格莱德洲际饭店，华国锋总理会见了英·甘地。双方都对不结盟运动给予高度评价。关于两国关系，英·甘地说：我在津巴布韦已经同黄华外长谈过，我希望改善印度和你们伟大的国家的关系。华总理说：我们也很想同印度这个伟大的国家改善关系。只要我们中印两国领导人有这种愿望，我想我们的关系一定可以通过努力逐步得到改善，历史上存在的一些问题，可以逐步得到解决。英·甘地说：我同意阁下的看法，我们两国的关系应当改善，存在的问题应当逐步得到解决。我们认为，只要有良好的愿望和决心，没有什么问题是不可以解决的。

共谱友好新篇

1981 年 6 月 26 日我率团访问印度。当日清晨 2 时，我和何理良以及代表团成员抵达新德里机场，受到印方热烈的欢迎。由于新德里处于很多国际航线的中端，到达新德里的国际航班往往是在深更半夜。印方原已通知我驻印度使馆，印度外长按规定深夜不去机场迎接来访外长。但拉奥外长临时决定仍到机场迎接我，打破了常规。除拉奥外长外，到机场欢迎我们的还有外交部秘书冈萨尔维斯和夫人、东亚司联秘萨仁智和夫人、印度驻华大使巴杰帕伊等。柯棣华委员会主席巴苏医生、副主席乔蒂莫伊·巴苏、友好人士潘特、印中友协主席孟德尔等也到机场迎接。印中友协并在机场外组织了几十名群众举着友协的横幅，高呼口号欢迎。我向记者散发了书面讲话。

6 月 26 日上午、27 日上午和 28 日下午，我同拉奥外长举行了三轮会谈。关于中印双边关系，拉奥认为中印两国近年来成功地开始了对话，加深了了解，并表示：黄外长的这次访问是这个过程中的一个特殊里程碑。他表示，中印之间存在着遗留下来的问题，中印边界问题具有决定的重要性，这是一个困难，解决它需要有谅解、耐心和善意，建议由适当级别的官员在适当时候进行深入讨论，在一定时间内谋求这一问题的解决，时间表可以在讨论过程中得出来。他说：这是一个影响印度国家尊严的问题，应得到圆满地解决。

我表示，两年前中方提出了全面解决中印边界问题的一揽子设想，但迄今还没有得到印方对全面解决的具体反应。中印边界问题很复杂，解决需要时间，这是可以理解的，但如果一时不能全面解决，我们可以一方面保持接触，另一方面发展两国关系，不要让这个问题成为发展关系的障碍。我还说，我在索尔兹伯里会见英·甘地总理时，她表达了这样的立场。我并表示，可以讨论通过什么样的途径、什么级别、什么样的渠道来保持接触，并作出决定，最后双方商定于同年秋季在北京举行官员级会谈，进一步就中印边界问题和发展各方面交往和合作进行商谈。

为了推动中印两国人民的友好往来，我在会谈中主动向拉奥表示，中国政府决定原则上同意印度香客到中国西藏的冈底斯山和玛法木错湖（按：印度教徒尊之为神山圣湖）朝圣，但当前西藏条件还不大好，所以今年只作为试行。至于正式开放，待以后再订出具体办法。印方对此表示高兴。此外，双方还就国际形势交换了意见。我邀请拉奥外长访华，他愉快地接受了邀请。

6月26日中午，印度外交部主管经济司的秘书巴达里为中国外交部国际司副司长何理良举行工作午餐。27日下午，何理良会见了印度外交部主管联合国事务的外交部副秘S.K.辛格。

下午，我会见了印度副总统希达亚图拉和前任外长瓦杰帕伊。关于中印边界问题，瓦杰帕伊称，他在北京时曾表示过意见，认为东、中段问题不大，可先解决，拉达克问题争议较大，可待以后解决。我表示，中印边界问题是一个整体，不可能分段解决。

同天晚上，拉奥外长在海德拉巴宫举行了正式欢迎宴会。宴会在宴会厅举行，是长条桌，宾客共约60人。宴会前先举行酒会，使我有机会同参加宴会的各界人士接触交谈。印度官方除拉奥外长外，还有财政部长文卡塔拉曼、国防国务部长巴铁尔等参加。此外，前外长瓦杰帕伊、印共（马）、印共、国大党、人民党的议员以及一些学者、名记者等也参加了宴会。

6月27日上午，我们代表团到圣雄甘地墓致敬并献花圈。我在来宾簿上题词：圣雄甘地积极主张中印两国人民友好，这种愿望是符合中印两国利益的，今天中印两国人民正在为加强两国友谊作出努力。我们坚信，这种友谊定能日益发展。

下午，我们去印度国际中心参加印中友协、柯棣华纪念委员会、印中工商会联合举行的欢迎大会。先举行茶会，然后举行欢迎会。出席欢迎大会的各界友好人士较多，国际中心的大厅都坐满了。会上印方讲话的主要有印中友协主席孟德尔、柯棣华委员会主席巴苏医生、印中工商会主席等。我也发表了讲话。

我们从国际中心去国家博物馆观看了印方组织的专场文艺演出。我特别欣赏印度著名舞蹈家曼辛格表演的富有激情而动作优美的印度古典舞。演出结束后，我和代表团一起到我国驻印度使馆和使馆同志合影留念。然后，申健大使和夫人熊友榛邀请我们在大使官邸共进晚餐。

英·甘地的家庭式会见和谈话

6月28日上午10时，我们一行拜会了英·甘地总理。她在官邸先同我和何理良进行家庭式会见，她的长子拉吉夫·甘地、儿媳索尼娅和拉吉夫的两个孩子以及拉奥外长在座。

1981年6月28日，黄华、何理良拜会印度总理英迪拉·甘地夫人

这是我首次见到拉吉夫和索尼娅。拉吉夫生于1944年，这时才37岁，英俊和富有朝气。他原来是一家航空公司的飞行员，对政治并不感兴趣，同他的弟弟桑贾伊·甘地不同，英·甘地过去一直培养桑贾伊为接班人。但是1980年6月，桑贾伊在驾驶一架训练机时不幸坠机身亡。在英·甘地的一再劝说下，拉吉夫不得不辞去飞行员职务，开始从政，于1981年5月加入国大党，并于6月在人民院议员补缺选举中当选为议员。

索尼娅是印度籍意大利人，于1947年出生在意大利都灵市郊的奥尔巴萨诺，父亲是一名建筑工程师。20世纪60年代初，拉吉夫在英国留学时，一次在学生经常光顾的咖啡馆里，遇到了当时也在英国留学的索尼娅。索尼娅年轻、美丽、文静，两人一见钟情。1968年，索尼娅来到印度，和拉吉夫按印度的习俗举行了婚礼。婚礼上索尼娅穿一件粉红色的棉布纱丽，是英·甘地当年结婚时的礼服，是用尼赫鲁在坐牢时纺的土布做的。从此，索尼娅就成为尼赫鲁家族的一员，同英·甘地之间的婆媳关系非常融洽。英·甘地曾对人说：索尼娅比印度姑娘还像印度姑娘。我见到索尼娅时，感到她性格娴静，举止高雅。也许出于对英·甘地的尊重，她很少插话。拉吉夫和索尼娅的 11 岁的儿子拉胡尔和 9 岁的女儿普里扬卡也参加会见，活泼可爱，很懂礼貌。温馨、亲切、和谐的家庭式会见约半小时结束，随后拉吉夫夫妇、他们的儿女和何理良退出。

此后英·甘地和我谈话，印方除拉奥外长外，印度驻华大使巴杰帕依也参加，中方申健大使、陈肇源司长参加。

英·甘地首先表示热烈欢迎我访问印度。她说：我国十分重视你的来访。起初我们两国关系十分良好，后来兜了一个圈子，希望今后我们两国关系能近乎 50 年代那样好。她说：我们把你的这次来访看作两国关系的新开端。我上次执政时曾作出长期努力，才使我们的关系有了突破。两国重新互换大使和你的访问是向正确方向走出的一大步，是新突破。

我向她转达了中国领导人的问候，并代表中国政府邀请她在方便的时候访华。她先后两次表示很高兴到中国访问。

关于中印边界问题，英·甘地说：这是一个重要问题，也是最难解决的问题。这涉及原则、民族利益和人民的深切感情。如果我们能找到创造良好气氛的第一个步骤，这将有助于问题的解决。她说：我们采取平行政策：除非采取步骤发展友谊和善意，否则边界问题得不到解决；但是从长远来看，除非边界问题得到解决，否则友谊和善意难以保持下去。

英·甘地还强调亚洲国家应加强团结，印度不搞沙文主义。她说：非洲国家之间有战争和冲突，但他们在国际舞台上用一个声音说话。我并不是要使非洲感到亚洲在和它竞争，但如果亚洲人民像非洲那样团结起来，在国际上用一个声音讲话，这对大家都有好处，能削弱西方的统治地位，创造经济和政治方面的和平气氛。她说：我之所以有此想法是因为我重视伟大、智慧的中国人民。如果我们两国友好，世界形势将大变样。

英·甘地在这次谈话中明确提出了"平行政策"，将发展中印友好关系和谈判中印边界问题"平行地"进行，通过发展友好关系为解决边界问题创造良好的气氛，并通过解决边界问题进一步促进友好关系的发展。这表明印方进一步调整了对华政策，对中印边界问题采取了灵活、务实的方针，为中印关系的改善创造了有利条件。

6月28日下午4时半，我到科学宫举行记者招待会。记者招待会由首席新闻官拉扎乌斯主持，印度外交部发言人迪克西特也参加。我在记者招待会上首先发表了讲话，强调了两国的共同点，不主动谈分歧，宣布中方邀请英·甘地总理和拉奥外长访华，他们已愉快地接受了邀请，表示中方已同意印度香客前往西藏冈底斯山和玛法木错湖朝圣，并阐述了中方对解决中印边界问题的原则立场。讲话后，记者提出了一些问题，主要是关于中印边界、克什米尔、阿富汗等问题。新德里报界对记者招待会反映普遍良好。

当天下午6时，印度总统桑吉瓦·雷迪在总统府会见了我。他表示，一次访问不可能解决边界问题，双方以后应继续接触，边界问题最终将能获得解决。我表示同意雷迪总统的看法。

当天晚7时，申健大使夫妇在使馆大厅为我访印举行了招待会，出席的外宾有270余人，气氛热烈友好。招待会邀请的客人主要是印度朋友，使团只请了南亚国家使节夫妇。印方出席的规格较高，有拉奥外长、宣传部长沙梯、财政部长文卡塔拉曼、农业国务部长斯瓦米纳丹和印度外交部有关官员等。印中

1981年6月29日，在中国驻印度大使馆同全印柯棣华大夫纪念委员会主席巴苏大夫合影右四为巴苏，左三为黄华

友协会长巴苏大夫等友人也应邀出席。特别出乎意料的是，人民院议员拉吉夫·甘地在 7 时半也来了，成为招待会注目和议论的中心。许多人认为，这是不寻常的，是英·甘地对中国的又一友好姿态。有的记者说，拉吉夫参加招待会就意味着英·甘地出席。

1981 年 6 月 28 日，黄华同印度人民院议员、印度总理的长子拉吉夫·甘地合影

拉吉夫在主宾席坐下，同我进行了亲切交谈。他对我说，同中国相比，印度在建设方面落后了，印度需要向中国学习。他还说，印度现在的处境不好，报纸都掌握在右派和资本家的手中，不断攻击政府。我表示欢迎他去中国访问，他说他很愿意有机会访问中国。其后，他向一位记者作了同样的表示。拉吉夫在招待会上坐了 45 分钟才告辞。我们送他到门口时，看到他坐的是一辆吉普车。

招待会原定晚 8 时半结束，但由于客人们谈兴很浓，到晚 9 时才结束。

6 月 29 日上午 8 时，我和代表团到德里军用机场，乘坐印度总理英·甘地指示印方准备的专机前往阿格拉游览，印度驻华大使巴杰帕伊、冈萨尔维斯夫人、联秘萨仁智和夫人、申健大使和夫人陪同我们。由于我们访问日程太紧，英·甘地为了使我们能参观泰姬陵，特地安排了专机。

在阿格拉，我们参观了世界七大奇迹之一泰姬陵。泰姬陵是莫卧儿王朝皇帝沙贾汗为他心爱的皇后蒙泰姬·玛哈尔所建。蒙泰姬生就天姿国色，在同他结婚后共度 17 年、为他生育了 14 个儿女后，于 1631 年因难产去世，终年 38 岁。沙贾汗悲痛万分，决心为她修建一座豪华的陵墓，即泰姬陵。泰姬陵的结构由沙贾汗亲自构思，聘请了一位伊朗建筑大师担任建筑设计，此外还聘请欧洲的一些专家负责装饰等。泰姬陵于 1632 年始建，使用 22 万民工，耗资 4000 万卢比，历时 20 年才完全竣工。它位于古都阿格拉郊外，长方形陵园占地 17 万平方米，墓高 76 米，四角有高 42 米的尖塔，陵墓上刻有《可兰经》和精致的图案，图案中的花瓣枝叶用不同颜色的半宝石砌成，精美华丽，使整个陵墓成为绝世佳作。陵墓前建有大型水池，衬托在倒影中，更显壮丽豪华。

当晚，我们飞抵印度南方的马德拉斯，受到泰米尔纳杜邦首席部长拉马钱德拉等的迎接。

6 月 30 日上午，我们参观了马德拉斯市容及邦政府博物馆后，离开马德拉斯前往斯里兰卡访问。

四位印度总理的贡献

在我这次访问印度期间，除会见了英·甘地总理外，还会见了后来担任过印度总理的三位政治家，即拉吉夫·甘地（1984 年至 1989 年任总理），拉奥（1991 年至 1996 年任总理），瓦杰帕伊（1998 年至 2004 年任总理）。在一次访问中能同四位先后担任总理的印度人士会见，是很难得的。这四位印度总理在其任期内都对中印关系的改善和发展作出了重大的贡献。

英·甘地总理打破了中印关系的坚冰，恢复了中印互派大使和友好来往，提出了务实的"平行政策"。两国在开展友好来往的同时，就中印边界问题进行了官员会谈。从 1981 年 12 月到 1987 年 11 月，中印双方共进行了八轮会谈，但在中印边界问题上未能取得突破。英·甘地总理虽然接受了访华邀请，但由于中印边界问题没有进展，加以国际上和印国内的某些复杂因素，她一直没能成行。

1984 年 10 月，英·甘地总理不幸遇刺身亡后，拉吉夫继任总理。拉吉夫虽然缺乏从政经验，但具有新颖的开明的思想，在中印关系上更加积极主动。1988 年 12 月，他不顾印度国内某些人的反对，以非凡的勇气和胆略，毅然决定对中国进行正式友好访问，索尼娅也陪同他访问。访问期间，李鹏总理同拉吉夫进行了会谈。军委主席邓小平在会见拉吉夫时表示：过去我们两国的关系非常好，后来经历了一段不愉快。忘掉它！一切着眼于未来。拉吉夫也在欢迎宴会上郑重宣布：现在是把目光转向未来的时候了，现在是恢复我们两国关系的时候了。在拉吉夫访华期间，双方同意：通过和平友好方式解决中印边界问题，建立关于边界问题的联合工作小组；在寻求边界问题解决办法的同时，积极发展其他方面的关系，努力创造有利于合情合理解决中印边界问题的气氛和条件。拉吉夫访华恢复了中印两国首脑的互访，成为中印关系的重大转折点。从 1989 年起，由双方副部级官员为首的中印边界问题联合小组每年举行一轮会谈。

不幸的是，1991 年 5 月 21 日，拉吉夫在印度泰米尔纳杜邦进行竞选时被"泰米尔之虎"恐怖分子行刺身亡。中国领导人对这一悲惨事件深表痛心。在同年 5 月大选后，拉奥出任总理。

由于中印边界问题的最终解决还需要时间，而维护两国边境实际控制线地区的和平与稳定却不容等待。中印两国领导人以高度的智慧和灵活性，决定在中印边界问题上采取分两步走的新方针：第一步是通过签订有关协定，保持边境实际控制线地区的和平与安宁；第二步是在条件成熟时最终解决边界问题。

为了实现第一步，1993 年 9 月在拉奥总理访华期间，两国政府签订了关于在中印边境实际控制线地区保持和平与安宁的协定；1996 年 11 月在江泽民主席访问印度期间，两国政府又签订了关于在中印边境实际控制线地区军事领域建立信任措施的协定。

根据这两项协定，双方认为，中印边界问题通过和平友好方式协商解决；双方互不使用武力或以武力相威胁；任何一方都不将其军事能力用来针对另一方；在两国边界问题最终解决之前，双方严格尊重和遵守双方之间的实际控制线；必要时，双方将在对实际控制线有不同认识的局部地区共同核定实际控制线的走向；双方同意，协定所提及的实际控制线不损及各自对边界问题的立场。这两项协定并规定了在实际控制线地区的一些信任措施。

由于这两项协定的签订，中印边境地区长期保持了和平与稳定。中印边境已不再是亚洲的热点。

瓦杰帕伊从 1998 年起担任总理。2003 年 6 月，瓦杰帕伊总理访华，取得了重大成果。两国总理不仅在联合宣言中明确了指导两国关系的原则，从而为不断增进相互信任和合作开辟了广阔的前景，而且在解决历史遗留的问题方面也迈出了较大的步伐,从而增强了两国人民对进一步改善中印关系的信心。关于中印边界问题,联合宣言除重申在最终解决之前双方应共同努力保持边境地区的和平与安宁并澄清实际控制线外,并指出:双方同意各自任命特别代表,从两国关系大局的政治角度出发,探讨解决边界问题的框架。

第十七章　访问加拿大及欧洲国家

任外长后首次出访加拿大

在 20 世纪 70 年代之前，我国仅同九个西方国家建立了外交关系，他们是瑞典、丹麦、瑞士、列支敦士登、芬兰、挪威、法国、英国和荷兰。1970 年至 1976 年，同我国建交的西方国家数目徒然增长到 22 个。"文化大革命"结束后，我国的外交半径更加扩展。1979 年我国同美国、葡萄牙和爱尔兰等国建立外交关系，至此，我国同全部西方国家建交。

同西方工业化国家建交，不论从战略上或是经济、科技和文化教育方面对我国都有不可低估的意义。

作为外交部长，我率团出访的第一个工业化国家是加拿大。加拿大是北美洲第一个同中国建交的国家，而我曾为第一任驻加拿大大使。我于 1971 年 7 月底匆匆赶赴渥太华上任。说匆匆是因为亨利·基辛格的秘密访华，我临时奉命留下参加谈判工作，推迟了赴加拿大上任的时间两月之久。前脚送走基辛格，后脚就急忙飞赴加拿大履新。

我一到渥太华即开展新上任大使的例行拜会、交友活动与建馆事务，刚忙出点头绪，就喜逢联合国大会以超过 2/3 的票数冲破重重阻挠，通过决议恢复中国在联合国的合法席位，驱逐蒋帮代表的巨大胜利。11 月 1 日，我接到通知，调我出任我国驻联合国和安全理事会常驻代表，中国出席联合国大会代表团的副团长，我向特鲁多总理和加拿大政要辞行拜会后离开渥太华赴任。

1977 年 10 月，我应加拿大政府的邀请到这个美丽和友好的国家访问，我打算在参加第三十二届联合国大会一般性辩论之后到加拿大访问三天。在联系日程时，加拿大外交部长贾米森向我国驻加拿大王栋大使表示，加拿大政府热烈欢迎中国外长访问，这对加拿大很重要。特鲁多总理十分高兴接见黄华阁下。

　　访问日期确定后，美国代表团传来信息说，卡特总统请我于 10 月 4 日下午在纽约会面。我答复说，非常抱歉，不巧今年 10 月 4 日已另有安排，加拿大专机 4 日上午已抵纽约机场接我，故日程不便更改，以后当另择时日登门拜访。

　　我国同加拿大建交前后，双边关系一直很好。建交后，我国同加拿大的贸易和高层人士往来增多。特鲁多总理先后于 1973 年和 1983 年正式访问中国，贾米森外交部长于 1978 年访华，都受到我方热情接待。加拿大朝野党派不为政见的差异所阻隔，尊重我国和平共处的外交政策，着眼增进相互交流、了解经济方面的互补性。小麦是两国贸易大项，加拿大小麦质优、价钱适当。我国出口的纺织品等很受加拿大人欢迎。加拿大于 1970 年不顾美国的异议同我国建交。

　　加拿大很重视我们此行。我们一行有钱嘉东等六位外交官。10 月 4 日上午，代表团乘加方专机由纽约直接飞渥太华。时值冬令，来自北极的寒流已将加拿大的大地封冻。加方安排欢迎仪式在一个庞大的停机库内举行。在贾米森外长的陪同下，我检阅了三军仪仗队。按惯例，对外交部长的正式访问不鸣礼炮，此次鸣了礼炮 17 响。这是加方首次以这样的礼遇接待一个来访的外长。晚上，贾米森外长举行盛大宴会，赴会的各界知名人士和华人代表 200 多人，其中有参院议长拉普特、国防部长丹森、通讯部长索维等，气氛热烈，席间有铜管乐队演奏助兴。贾米森先生和我都发表友好讲话。双方的会谈也十分诚挚务实。

　　10 月 5 日的日程很满，幸亏加方提供专机，我团在上午 11 时参观了世界奇观的尼亚加拉大瀑布。大瀑布地处美国和加拿大两国边界上，我在纽约常驻联合国代表团工作五年，一直忙碌没有得到机会去欣赏全球闻名的这一奇观。这次得到好客的主人的周到安排，去亲眼看看美加共有的大瀑布，令人太高兴了。看到大瀑布宽阔磅礴、恢弘汹涌的银流从 50 多米高处直泻而下，发出如同雷鸣般的吼声，下面的湖面却很平静，一道彩虹横飘在天空，壮丽神奇的景色使人赞叹，这真是大自然给人类的馈赠。

　　我们向安大略省长感谢他为我们举行的丰盛招待会后，飞到该省格雷文赫斯特的莫斯科卡镇，参观白求恩大夫故居。加拿大方面早就猜透了中国来宾的心思，安排我们拜谒为中国人民的抗日战争献出宝贵生命的加拿大人民的伟大儿子白求恩大夫的故居。这使我们更为加深对加拿大人民的尊敬和友好感情。

　　下午 6 时，我们及时赶回渥太华市，准时于晚 7 时到总理府拜会特鲁多总理。我首先向他转达了我国领导人对他的问候。我们在坦诚友好的气氛中谈了双方感兴趣的问题和介绍各自对国际形势的观点。特鲁多平易近人、洒脱豁达。我们知道他喜欢吃中国菜，当晚请他到大使馆来做客，品尝中国菜肴。我看得出来，我们大使馆从上到下多么紧张而又多么高兴地接待这位贵客。次日我们拜会了加拿大总督朱尔斯·莱杰并参加了他和夫人为我团破格举行的午宴。我们和加拿大外长进行了两次会谈，他认为中国对国际局势的分析对他很有启发。我们都对两国目前的友好关系感到满意。

陪同华总理访问西欧四国

1979 年 10 月，应法国、联邦德国、英国、意大利四国政府的邀请，国务院总理华国锋率代表团到西欧进行正式友好访问。中国政府首脑第一次对上述西欧四国的访问标志着我国同西欧在平等互利基础上推进友好合作关系进入新的发展阶段，意义重大。

为进一步发展与西欧国家的关系，宣传我国对外方针政策，华总理的访问有助于在当时剧烈动荡的国际局势中推动西欧联合自强；在我国把工作重点转到经济建设上来的时刻加强同西欧经济技术合作。华总理访问西欧的总方针是增进了解、加强友谊、扩大合作、维护和平。

经中央决定，陪同华总理出访的人员有：余秋里副总理、我、外交部副部长章文晋、国家计委副主任甘子玉、公安部副部长凌云、外贸部副部长崔群、外交部特别助理浦寿昌以及韩克华、张彤、柯华、张越等驻西欧四国大使，外交部礼宾司司长卫永清、新闻司司长钱其琛、西欧司副司长王本祚和杨德中、钱嘉东、王世琨、谭文瑞等顾问以及陈辉、胡本耀、唐龙彬、姜恩柱、韦东、杨桂荣、陈伯坚、钱嗣杰等官员和各方面的专家。

西欧四国政府重视中国总理的访问，希望同我方探讨世界战略和 20 世纪80 年代国际格局问题，他们看到我国现代化建设的发展趋势将对国际局势产生深远影响，同时他们也预期同我国经济技术合作开拓广阔途径。

20 世纪 70 年代末，欧洲共同体九国的国内生产总值共达两万一千亿美元，接近美国，远远超过苏联和东欧。那些年共同体的联合趋势有所发展，日益成为国际关系中的一支重要的独立力量。但在战略态势上，西欧面临苏联对之不断增长的威胁。苏联的常规军力早就具有优势，在战区核力量对比上也占据上风。同时苏联加紧从外围和侧翼地区对西欧进行迂回包抄，争夺对西欧生存攸关的石油产地和海上通道。西欧对苏联的威胁日渐有清醒认识。

此前几年，美国对苏联的扩张在政治上反应比较软弱，引起西欧的不信任，他们担心成为美苏交易的筹码。为一致对付苏联，他们需要加强联盟。由于欧洲能源供应长期较紧张，为稳定能源供应，需要发展同第三世界，尤其是中东国家的关系。显然，西欧正积极推进本地区联合，巩固欧美联盟，改善同第三世界的关系。

在同四国领导人的双边会谈中，尤其是在同法国、联邦德国、英国、意大利总统和总理的单独会谈中，中国总理介绍了我国对 20 世纪 80 年代国际形势的展望，我反对霸权主义和维护世界和平的对外政策，也谈了中苏关系、中美关系和对印支等问题的立场。华总理表示赞赏四国重视发展科技、培养人才、提高管理水平、讲究工作效率；支持以法国、联邦德国为核心形成西欧联合；支持德意志民族的统一。在同第三世界的关系上，赞许西欧国家促进南北对话，签订洛美协定等举措，希望西欧在平等互利和尊重第三世界国家的独立和发展的基础上增进关系；关于中东问题，希望西欧多发挥作用，欣赏他们对阿拉伯人民的正当要求采取的较为明智的态度；也希望西欧国家更好地理解南非人民反对种族主义和要求民族独立的斗争。

对国内问题，华总理在高层会谈中介绍了我国全面改革现行经济管理体制，对外实行开放政策的方针。说明我国作为九亿多人口的国家需要集中精力实现四个现代化，需要积极利用国外资金、引进先进技术、扩大出口和同各国开展经济技术交流，决不能闭关自守。他也向各国领导人介绍我国当时执行的调整政策，说明我亟愿多引进外国先进技术，但我国重视讲信誉，要考虑偿付能力，故希望在经济技术的合作中采取多种形式，如补偿贸易、合作开发等。

四国的总统、总理和外交部长同我方进行的对口会谈中都表示，他们重视中国在世界上的地位和影响，认为中国是一个正在兴起的亚洲大国，对维护国际和平是极为重要的力量，是世界力量平衡和维护世界和平的一种根本力量；赞赏中国的内外政策，希望我国强大。联邦德国的国家领导人特别感谢中国支持德意志人民实现国家联合的要求。四国领导人还表示他们对苏联加紧扩张而美国相对削弱的形势已有所了解和警惕，为保障欧洲安全，西欧国家锐意联合，一方面将加强自身防务，另一方面仍要继续同美国进行军事合作，以防范苏联的迂回包抄和突袭。他们认为苏联虽咄咄逼人，但本身有许多弱点，经济实力比较薄弱，也极怕东西两面作战。

对于中东问题，四国都认为该地区是国际紧张局势的最热点，西方尤其是西欧决不能容忍失去石油来源。四国支持埃以谈判，并认为中东问题必须全面解决，要承认巴勒斯坦和以色列两者的生存权。对双边经济技术合作，四国都持积极态度，邀请我代表团参观其优势产业。他们看到中国四化的强劲动力，设备更新换代需求量大，对西欧产品的容量深广，且中国有许多他们所需要的重要原料，都认为商贸和技术合作前景远大。

四国虽在许多问题上有共同的观点和立场，但各国有各自的特点，接待的方式也相互迥异。

法国是中国总理此次访问的第一个国家。法国同中国在1964年建立大使级外交关系。建交以来，两国的政治、经贸和文化领域的合作关系良好。法总统蓬皮杜和巴尔总理分别于1973年和1978年来华访问，邓小平、谷牧和方毅三位副总理曾回访法国。我于1978年10月应邀访问法国。叶剑英委员长已决定邀请德斯坦总统于1980年访华。对华总理此次访问，法方给予很高的礼宾待遇。

10月15日上午，华总理一行乘我民航专机到达巴黎。在进入巴黎上空时有八架法国战斗机迎接和护航。在奥利机场，华总理走下舷梯时，受到德斯坦总统和许多内阁成员的热烈欢迎，在21响礼炮声后，庞大的军乐队奏响了两国充满激情的国歌。在总统的陪同下，华总理踏上了一条220米长的红地毯并检阅了三军仪仗队，仪式隆重。

德斯坦总统向华总理介绍了法国总理巴尔、参议院议长波埃、外交部长让·费朗索瓦—蓬塞和其他内阁部长，华总理向法国总统一一介绍了中国代表团主要成员。德斯坦总统在致欢迎词中对中国总理一行表示热烈欢迎，他说华总理的到访标志着法中两国关系的一个新阶段。他感谢华总理把法国作为他访问西欧之行的第一站。德斯坦总统强调法国在维护世界和平与合作、谋求解决这个多事的世界面临的各种问题中所能起到的重要作用。他说，法国准备为中国的现代化提供各方面的经验，特别是技术方面的经验与合作。

华总理在致答词时说，他很高兴能有机会到西欧进行访问。他指出，世界形势的变化使我们深切地感到，欧亚两大洲人民的根本利益是息息相关的。在当前的国际事务中，西欧起着举足轻重的作用。巩固和发展同西欧国家的友好关系一直是我国对外政策的重要组成部分。他强调他这次访问的使命是要同西欧国家增进了解、加深友谊、发展合作和共同维护和平。他表示，他期待着同

吉斯卡尔·德斯坦总统就双方共同关心的问题进行富有成效的会谈，并且希望
通过这次访问把中法两国的友好合作关系大大向前推进一步。

代表团在离爱丽舍宫不远的马里尼宾馆下榻。

晚8时，总统和夫人在总统府设200人参加的大型欢迎宴会，按照法国使
用长桌待客的传统习惯，当晚国宴的长桌估计有50米长，烛光伴着鲜花，银
质的餐具，美味的法式菜肴，场面豪华、热烈而隆重。巴尔总理和夫人、国民
议会主席和夫人、参院议长和夫人出席，双方领导人讲话。宴会后，总统在宴
会大厅举行盛大招待会，有500多人参加，中国代表团有机会同各界知名人士
见面交谈，气氛十分热烈。

16日晨，由法国退伍军人国务秘书朗蒂埃陪同，我们随华总理乘车去凯
旋门向无名烈士墓献了花圈，花圈由上百朵红玫瑰缀成。当我们在墓前静默致
哀的时候，凯旋门周围12条大街上的所有车辆停驶，一片肃静。军乐队演奏
了中法两国国歌，《义勇军进行曲》和《马赛曲》使人们的心灵特别感到震动，
两个有革命传统的民族的精神在巴黎上空相互交融。

上午，受时任巴黎市长的雅克·希拉克的邀请，华总理一行参加了市政府
的欢迎仪式，希拉克市长发表了富有激情的讲话。希拉克先生是知识渊博的政
治家，他对中国的文化、历史都有深邃的了解，他于1995年当选为法兰西第
五共和国的总统。

中午，巴尔总理在总理府宴会大厅举行午宴，招待华总理一行，有100多
位来宾参加午宴，同中国代表团热烈交谈。宴会开始前，巴尔总理发表讲话，
他说：法中的友谊是建立在对许多国际政治问题观点相同的基础上的，它也是
建立在文化、经济和社会活动方面合作的基础上的。但是，今天使法国和中国
联系在一起的因素首先是她们共同坚持民族独立的原则。我们两国都拒绝任何
国家对别国发号施令的企图。所有国家，不论大小、文化和历史如何，都有同
样的生存和维护自己特性的权利。他还就法国为了维护这种独立，在尊重自己
的盟约的同时，将在防务方面作出巨大努力。他说：因为我们深信，如果一个
国家完全依赖别国来确保自己的安全，在当今世界上她就不会具有进行外交活
动的能力。他还情深意切地说，法国怀着友好关切的心情注视着中国为实现现
代化计划而作出的努力，并且准备为此作出自己的贡献。

华总理在讲话中说：1964年中法建交后，两国关系进入了一个新的阶段。
15年来，在双方的共同努力下，两国关系有了很大发展。特别是通过两国领

导人的互访，大大增进了相互了解，推动了各个领域的交流和合作。他说：我们很高兴地看到，中法两国在国际事务中进行着良好的合作和配合。尽管我们两国的社会制度和意识形态不同，但双方对许多重大国际问题有着一致或接近的看法。地处欧亚大陆两端的两个重要国家不断发展友好合作关系，对于维护世界和平、安全和稳定，无疑是一个极其重要的因素。他还指出：发展同法国的关系，在我国的对外政策中占有重要的地位。我们两国的合作道路十分宽广，我们对发展前景充满信心。

为纪念 1920 年 12 月至 1924 年 7 月在法国勤工俭学和为发展中法人民友谊作出杰出贡献的周恩来，法国政府决定在巴黎戈德弗鲁瓦街 17 号的周恩来故居正面墙上悬挂镶有周恩来半身铜像的大理石纪念牌。16 日下午 4 时，德斯坦总统和希拉克市长在揭幕仪式上作了感人至深的讲话。德斯坦说：周恩来是具有巨大魅力、智慧超群和学识渊博的人，是世界为之倾倒的文明的当之无愧的领导人。法国政府荣幸地请华总理为纪念牌揭去幕布。出席仪式的客人有上千人，前来观看的人群堵塞了整个街道。

华国锋总理和德斯坦总统在巴黎戈德弗鲁瓦大街出席周恩来故居纪念牌揭幕式

16 日晚，华总理在中国大使馆举行宴会，答谢吉斯卡尔·德斯坦总统和雷蒙·巴尔总理的款待。德斯坦总统和夫人在当地时间晚上 8 时来到中国大使馆，华总理在门口迎接。华总理在宴会上祝酒时说：中法建交 15 年来，由于我们两国政府和人民坚持不懈的共同努力，我们两国的友好合作关系达到了前所未有的程度。我们相信友好和富有成果的会谈，将大大有利于进一步发展两国友好关系和加强两国在维护世界和平事业中的相互配合。

德斯坦总统也在宴会上讲了话。他说：在我们之间，已经建立了谅解。这种谅解是我们对国际关系中的一些重要问题的看法一致的结果，也是我们有加强合作愿望的结果，是我们在开始进行我们的工作时就具有信任气氛的结果。他表示，中国和法国有许多事情要商量，有许多事情要一起来做。他还说：我们的目标应该是在文化和知识方面扩大人员的互访和经验的交流。为了表明我们双方对这种合作方式的重视，明天我们将参加签订今后两个年度的文化交流计划的仪式。这证明我们具有发展当前趋势的愿望，这种趋势将使我们两国知识界和科学界的未来的优秀人才能够更好地相互了解和丰富他们的学识和经验。

17日，也就是访问的第三天，华总理在国家博物馆馆长范德尔康和外交国务秘书斯蒂恩陪同下参观了世界文明的古老豪华的凡尔赛宫，这里有17世纪法国国王路易十四（相当于清康熙时期）用过的布满雕塑的小教堂和豪华的卧室。纪念路易十五（相当于清乾隆时期）国王的图书馆也是凡尔赛宫的重要景点，这里收藏了装帧精美的各种名著。华总理很注意地观看了第一次世界大战后在宫内用来签订1919年《凡尔赛和约》的桌子。当时由西方国家同意的对德和约，无视战胜国中国收回青岛的合理要求，规定把原德国在山东的权利交给日本，这种把中国作为一块肥肉任意宰割的无理行径，引起中国人民的强烈反对。当年5月4日，北京万人集会，要求拒签对德和约。6月，当时中国的外交代表顾维钧拒绝在对中国极其不公正的和约上签字，成为轰动国际外交的事件。

法国参议院议长阿兰·波埃于中午设宴招待华总理一行。华总理在宴会上讲话，感谢法国参议员们为促进中法两国的传统友谊和合作所做的可贵贡献。华总理还邀请在场的参议员访问中国。他说，两国议会人士的接触对于增进了解、友谊和合作有着重要的作用。

阿兰·波埃议长在讲话中回顾了法国参议员们过去对中国的多次访问和他们在中国所受到的热情款待。他说，他期待着两国之间的文化和贸易关系进一步发展。

10月17日下午，华国锋总理和德斯坦总统在爱丽舍宫举行会谈，总结了他们三次会谈的成果。双方一致认为，会谈是很融洽的、建设性的、富有成效的。两国领导人举行单独会见后，又进行了扩大为双方各有十余人参加的会谈。在会谈中，双方回顾了两国在各方面的合作情况，对这种友好合作关系一致表示满意。双方还研究了今后扩大友好合作关系的问题。双方认为，会谈加深了相互的了解。双方同意加强联系和磋商，并且认为，中法两国加强合作，在国际事务中是重要的。会谈结束后，在德斯坦总统和华总理的主持下，中国副总理余秋里和法国外贸部长让—弗朗索瓦·德尼奥签署了《关于中法经济关系的发展协定》，我和让·弗朗索瓦—蓬塞外长签署了《关于互设领事机构协定》和《关于 1980 年至 1981 年文化交流计划议定书》。

中国方面参加扩大会谈的人员有：副总理余秋里、外交部长黄华、中国驻法国大使韩克华、外交部副部长章文晋、国家计委副主任甘子玉、外贸部副部长崔群等。

法国方面参加的人员有：总理雷蒙·巴尔、外交部长让·弗朗索瓦—蓬塞、经济部长勒内·莫诺里、高教部长艾丽斯·索尼埃—塞太、农业部长皮埃尔·梅埃涅里、工业部长安德烈·吉罗、外贸部长让—弗朗索瓦·德尼奥、文化与通讯部长让—菲利普·莱卡、总统府秘书长雅克·瓦尔、新任驻华大使克洛德·沙耶等。

晚上 9 时，在德斯坦总统和夫人陪同下，华总理一行到金碧辉煌的巴黎大歌剧院观赏世界闻名的法国芭蕾舞精彩表演，法国政要和名人被邀出席。男士穿着十分讲究的黑色西装，夫人们穿着曳地的华丽晚礼服出席，以示对总统邀请和对芭蕾艺术的尊重。因是总统和尊贵的中国总理莅临，节目开始前先奏两国国歌，气氛十分隆重。演出结束后，华总理上台同演员一一握手致谢，全场观众对此报以热烈的掌声。

10 月 18 日，华总理一行在德斯坦总统的陪同下乘专列离巴黎赴法国西部的雷恩省参观。抵雷恩市站后，德斯坦总统陪同华总理、省长陪同余副总理、外长陪我驱车去雷恩市政府访问，在那里，也举行了欢迎仪式，请华总理检阅仪仗队。市长介绍了市政府委员并致欢迎词，德斯坦总统和华总理都发表了热情友好的讲话。

在雷恩省，华总理一行参观了电视、通讯研究中心，并饶有兴趣地参观了当地一个现代化农场，之后乘专机飞至法国的大西洋军港布勒斯特，受到海军司令的热情接待。这些参观对我们中国代表团成员颇有启发，让我们收获丰硕。

10 月 20 日，华总理在法国环境保护与生活环境部长米歇尔·多尔纳诺的陪同下，游览了巴黎市。我们一行乘车首先来到残废军人院，在这里观看了拿破仑的棺木。然后，在墓廊里欣赏了反映这位法国皇帝鼎盛时期成就的雕刻，包括著名的《拿破仑法典》，这部法典的大部分内容目前在法国还在实施。然后，我们来到巴黎圣母院，同许多行人和游览者一同观赏了这座雄伟壮丽的建筑物。在多尔纳诺部长的带领下，我们乘电梯升到菲亚特大楼的第 36 层楼上，俯瞰巴黎全貌。我们从窗口向下望，整个巴黎尽收眼底，大家异口同声赞扬巴黎这座历史悠久、规划良好和清洁美观的大都会。

同日，华总理在中国大使馆接见了雪铁龙汽车公司董事长隆法尔，并同他进行了亲切的谈话。隆法尔向华总理赠送了一辆高级的雪铁龙轿车。华总理并在大使官邸同来访的华侨代表亲切会见，合影留念。在法国有数十万华人、华裔，他们为法国的经济发展作出独特贡献，也是中法人民友谊的推动力量，他们热情欢迎华总理访法，并合资向华总理赠送一辆轿车。

华国锋总理一行于 10 月 21 日结束了对法国为时一周的正式访问。在法国掌玺、司法部长阿兰·佩雷菲特的陪同下，离开马里尼宾馆前往奥利机场。在机场贵宾休息室同前来送行的中国大使馆官员和在法国的华侨代表握手告别。乐队高奏中、法两国国歌，华总理向法国国旗致敬，并在阿兰·佩雷菲特部长陪同下检阅了仪仗队。在飞机的舷梯旁，华总理请佩雷菲特转告吉斯卡尔·德斯坦总统和雷蒙·巴尔总理他对法国政府的盛情款待的感谢。他说："我们期待着吉斯卡尔·德斯坦总统即将对中国的访问。"

专机满载法国人民对中国人民的友谊，上午 10 时在法国八架战斗机护航下，中国政府代表团离开巴黎，前往波恩，对德意志联邦共和国进行正式访问。

应德意志联邦共和国总理赫尔穆特·施密特的邀请，中华人民共和国国务院总理华国锋 10 月 21 日上午乘专机抵达波恩—科隆机场，对德意志联邦共和国进行为期一周的正式访问。到机场欢迎华总理一行的有联邦总理府国务部长汉斯—于尔根·维什涅夫斯基和北莱因—威斯特伐利亚州总理约翰内斯·劳。之后，华总理一行从波恩—科隆机场乘坐直升机前往波恩市的吉姆尼希宫国宾馆下榻。

波恩是一座花园城市，30 万人口，只有政府机构、议会和法院，没有工业。居民的房屋坐落在浓密的树木中，空气清新宜人。

德国在第二次世界大战后由苏占区组成德意志民主共和国，由英法美占区组成德意志联邦共和国，简称联邦德国。1990 年两国统一为德意志联邦共和国。统一前联邦德国由八个州组成，工业发达，在 1979 年的国内总产值已经达到世界第四位，人均达两万美元以上。

德意志联邦共和国在战后基本上由基督教民主联盟和基督教社会联盟执政，在对外政策方面，于 1955 年加入北约，致力于巩固欧洲共同体，法德和解，同民主德国签订了放弃使用武力和承认现状，向各被侵略国书面正式道歉。勃兰特总理于 1970 年在访问波兰时，曾向华沙犹太人居住区的烈士纪念碑下跪，为德国侵略进行忏悔。联邦德国的各种政策措施使她同欧、美和亚非各国达致信任和友好关系。中国同联邦德国于 1972 年 10 月建交。我曾于 1980 年 6 月应邀访问该国。

22 日上午 9 时，施密特总理在波恩总理府举行正式欢迎仪式。随后，两国总理进行单独会谈，根舍外长同我、张彤大使、章文晋、浦寿昌、王本祚司长举行对口会谈，联邦德国经济技术部长同余秋里主任、甘子玉副主任会谈，联邦德国公安部长同凌云副部长会谈。

1980 年 6 月 20 日，黄华在波恩拜会联邦德国总理赫尔穆特·施密特。左一为张彤大使

22 日中午，华总理率代表团主要成员拜会卡斯滕斯总统，进行会谈之后，中国总理一行会见实现中德建交的前总理和时任社会民主党的主席勃兰特。下午还会见了基督教民主联盟主席科尔并进行友好交谈。晚上施密特总理和夫人举行盛大国宴，欢迎华总理一行。

23 日晨，自由民党主席根舍兼外长与我们共进早餐。之后，我们一行的20 位成员乘直升机去联邦德国南部的特里尔市，访问伟大的无产阶级革命理论家和导师卡尔·马克思的故居。在特里尔，市长热情地欢迎中国总理的访问，市民也纷纷自发地夹道欢迎中国贵宾，脸上露出自豪的表情。有趣的是，一位市民表示，他感到不解，为什么特里尔市的一位经济学家卡尔·马克思居然在中国有如此巨大的影响，以至于几乎所有访问联邦德国的中国人都要像朝圣般地来此访问。返回波恩后，两国总理再次单独会谈。他们在波恩共谈了将近十个小时，晚上华总理为施密特总理举行答谢宴会。

24 日，我们一行赴北莱茵—威斯特法伦州（简称北威州）的克莱菲尔德参观联邦德国最大钢铁集团的蒂森工厂。下午施密特总理和华国锋总理在总统府主持两国经济技术合作协定的签字仪式，由我和根舍外长签字。华总理宣布中国将赠送一对国宝熊猫给德意志联邦共和国，受到联邦德国人民极大欢迎。

之后，我们一行参观了汉堡港口、MBB 空中客车总装厂，又飞抵巴登符州的斯图嘉特市参观奔驰汽车厂。26 日，到巴伐利亚州慕尼黑市，受到巴州州长施特劳斯热情隆重的欢迎，他们升起州旗，奏响州歌，表现巴伐利亚的独特的个性和地位。最后我们参观了西门子电子芯片工厂。

应英国首相玛格丽特·撒切尔夫人的邀请，华总理一行于 10 月 28 日乘专机飞赴联合王国首都伦敦。在希思罗机场，华总理、余秋里副总理和我们受到英国女王的代表莫布雷勋爵、玛格丽特·撒切尔首相和英国驻中国大使伯西·柯利达的热烈欢迎。华总理在莫布雷勋爵陪同下检阅了科尔斯特里姆禁卫军第二营仪仗队。玛格丽特·撒切尔首相和华总理发表了简短友好的讲话。

到机场欢迎的还有数百位英国政府官员，中国驻英国大使柯华和使馆工作人员以及在英国的华侨和中国留学生代表。华总理同他们中的一些人握手，并向其他欢迎者挥手致意。中国男女青年向总理和英国首相献了花。

当我们一行到达下榻的克拉里奇旅馆时，那里早就聚集了许多伦敦市民、华侨、中国留学生，他们挥动着中、英两国国旗，举着书写着"欢迎华国锋总理！""中英两国之间的友谊万岁！"的横幅，并且发出热情的欢呼声。一群中国青年在锣鼓声中表演了狮子舞。

在英国外交和联邦事务部国务大臣彼得·布莱克的陪同下，我们游览了伦敦塔。伦敦塔是英国首都的著名古迹，有 900 年的历史。几个世纪以来，它曾经作为堡垒、王宫、监狱、公共档案馆、皇家铸币厂，而现在则是王冠、王袍、兵器和盔甲的陈列馆。我们参观了珍宝馆、圣彼得教堂和东方美术馆。主管伦敦塔事务的马尔斯少将详细地向我们介绍了那里的许多展品的历史。华总理在伦敦塔受到一列仪仗队和许多游客的欢迎，游客们特别高兴能有机会在这里见到中国领导人。

晚上，英国政府在许多主管行政部门集中的区域——白厅的大宴会厅为华国锋总理一行举行盛大的招待会。英国首相玛格丽特·撒切尔和她的丈夫丹尼斯·撒切尔主持了约有 500 人参加的招待会。英国方面出席招待会的有外交和联邦事务大臣卡林顿勋爵、财政大臣杰弗里·豪、国防大臣费朗西斯·皮姆、工业大臣基思·约瑟夫、大法官黑尔什姆勋爵，以及其他内阁大臣和高级官员。前首相爱德华·希思和詹姆斯·卡拉汉也出席了招待会。招待会结束后，华总理一行由兰开斯特公爵郡大臣兼下院领袖诺曼—圣约翰—史蒂瓦斯陪同，观看了世界著名的皇家芭蕾舞剧团演出的《睡美人》。演员们表现了高超的舞蹈技巧，十分精彩。演出结束时，华总理走上舞台与演员热烈握手，祝贺演出成功。

29 日下午，华总理一行来到唐宁街十号英国首相官邸。根据主人的安排，华总理一行同撒切尔夫人进行单独会谈。约 30 分钟后双方的主要助手参加进来，举行了第一次扩大会谈。在会谈中双方就共同关心的国际问题交换了意见。

30 日，英国女王伊丽莎白二世和她的丈夫爱丁堡公爵菲利浦亲王在白金汉宫金碧辉煌的音乐厅里设午宴招待华国锋总理和他的主要助手。我们在蒙蒙细雨中乘车到达白金汉宫，伊丽莎白女王和菲利浦亲王在王宫门前迎候中国客人。华总理在菲利浦亲王陪同下检阅了由皇家爱尔兰卫队第一营组成的仪仗队，并向其军旗致敬。乐队演奏了中英两国国歌。然后，华总理、余秋里副总理和我们应邀同伊丽莎白女王和菲利浦亲王共进午餐，这是一次不拘礼节的、地地道道的英国午餐，英国方面参加宴会的有王室成员和公商界知名人士 30多人。他们中间有坎德公爵，英国海外贸易局局长利默里克伯爵和夫人，中英贸易协会主席纳尔逊勋爵和夫人以及英国航空和航天公司董事长贝斯威克勋爵和夫人。午宴后，伊丽莎白女王陪同华总理参观了白金汉宫的国事活动厅。

华总理在克拉里奇旅馆先后会见了英国自由党领袖戴维·斯蒂尔和工党领袖詹姆斯·卡拉汉。一年前，我在访问英国时，卡拉汉为在任首相。此后我们多次在国际行动理事会会议上见面。华总理同他们就国际形势等方面的问题交换了意见。华总理与卡拉汉交谈时，双方回顾了近些年来，包括工党执政时期，中英两国的关系发展的情况。华总理对卡拉汉在促进中英关系发展方面的努力表示感谢。我和柯华大使也参加了这场友好和愉快的会见。

31 日晨，伦敦骤雨初晴，阳光和煦，我们一行来到海格特公墓，把一个由 160 朵鲜红的玫瑰花编成的花圈敬献给人类伟大的思想家和工人阶级的革命导师卡尔·马克思。

1979 年 10 月，黄华陪同华国锋访问英国。图为 10 月 31 日在伦敦海格特公墓卡尔·马克思墓前合影。自左至右：黄华、余秋里、华国锋、柯华

马克思的墓前有一座一点三米高的马克思青铜半身像，竖立在一块二点四米高的花岗石墓碑上。碑上刻着马克思的名言："全世界无产者联合起来！"和"哲学家们只是用不同的方式解释世界，而问题在于改变世界。"墓碑中央镶嵌着一块白色大理石，上面刻着："卡尔·马克思，生于 1818 年 5 月 5 日，卒于 1883 年 3 月 14 日。"在敬献花圈后，全体同志在马克思墓前默哀致敬和留影。

随后我们一行参观了在德比的英国铁路技术中心和罗尔斯·罗伊斯公司，该公司是世界著名的引擎制造公司，同我国有较早的业务联系。

11 月 1 日，华总理和撒切尔首相在唐宁街 10 号首相官邸继续会谈，中英双方的主要会谈是在诚挚友好的气氛中进行。

会谈结束后，在华总理和撒切尔首相主持下，我和卡林顿外交大臣代表两国政府在《教育和文化合作协定》上签字。余秋里副总理和诺特贸易大臣代表两国政府在《民用航空运输协定》上签字。签字仪式后，双方举杯共祝两国友好关系的新发展。中英两国在教育与文化方面的交流和合作逐年发展。这次签订的为期五年的合作协定，强调缔约双方力争采取各种措施，促进在教育、文化、艺术、出版、卫生、新闻、青年、体育等方面的合作和交流。在《民用航空运输协定》中，双方根据互相尊重独立和主权、互不干涉内政、平等互利和友好合作的原则，建立和经营两国领土间及其边远地区的定期航班，并规定双方采取一切必要措施为对方代表机构的建立和工作提供便利和协助。

11 月 2 日，我们参观了建立于 13 世纪的著名的牛津大学，也参观了英国的一所现代化农庄。晚上华总理在大使馆举行答谢宴会。

1979 年 11 月 1 日，中英两国签订《教育和文化合作协定》

结束了对英国为期一周的访问，我们于 11 月 3 日上午 9 时到达市中心的肯辛顿宫草坪。在那里，英国女王伊丽莎白二世陛下的代表特雷夫加恩勋爵和玛格丽特·撒切尔首相前来送行。华总理和我们同来送行的人一一握手告别，再次感谢英方的殷勤款待。

我们乘皇家空军飞行分队的直升机从肯辛顿宫的草坪前往希思罗国际机场，转乘专机前往意大利。柯华大使、参赞、秘书和驻伦敦各机构的人员以及许多华侨、留学生也到机场为我们送行。

1979 年 11 月 3 日至 6 日，华总理应意大利总统佩尔蒂尼和总理科西加的盛情邀请，率领中国政府代表团访问了意大利。因为是中意建交后中国最高领导人的第一次访问，意大利政府很予重视。

意大利是西欧的文明古国，第二次世界大战后工业和经济发展有其独特优势，是高度开放的经济，人均国内生产总值在两万美元左右。意大利在地中海地区的战略地位重要，出于地缘政治原因，同发展中国家的依存关系比较密切。积极开拓对外关系，特别是同发展中国家的关系一直是其外交政策的重要组成部分，我国在"文化大革命"后实行改革开放政策，工作重点转移到经济建设上来，这对意大利有很大的吸引力。我曾于一年前应邀访问意大利，并拜会总统阿力山德罗·佩尔蒂尼。

1978 年 10 月，陪同华国锋总理访问意大利期间，黄华拜会意大利总统阿力山德罗·佩尔蒂尼

11月3日中午，华总理一行的专机飞抵罗马。意方在福密齐诺机场举行了隆重的欢迎仪式。科西加总理来到飞机舷梯下迎接华总理。前来迎接的还有外交部长马尔法蒂和其他内阁部长以及众多高级官员。

华总理在科西加总理和意大利空军第二军区司令马里奥·德保利斯的陪同下检阅了空军仪仗队。中国大使馆的几十名工作人员和华侨代表在停机坪和贵宾室门口，热烈欢迎华总理一行，中国驻意大使张越陪同华总理乘车前往市中心的格朗德大旅馆，我们紧跟其后。车队在摩托车方阵开道和护卫下进入市区，沿途有众多路人看到悬挂两国国旗的车队通过时，自发地挥手致意，表示欢迎。

下午，华总理一行去位于市中心威尼斯广场的祖国祭坛向无名烈士墓献花圈。威尼斯广场是罗马最著名的广场，因始建于1455年的威尼斯大厦而得名。祖国祭坛是一座高大雄伟和雕饰华丽的白色大理石建筑物，是罗马的标志性建筑，原为19世纪统一意大利的开国国王维托里奥·艾玛努埃尔二世的纪念碑，1921年增设无名烈士墓，纪念在第一次世界大战中牺牲的烈士。祭坛从宽阔的石阶拾级而上，两旁竖立着寓意为"思想""行动""毅力""和谐""牺牲"与"正义"的贴金或大理石雕像。墓顶刻有"祖国统一""人民自由"的大字。在墓的上方中央竖立着高12公尺的艾玛努埃尔二世的骑马青铜像。华总理一行到达祖国祭坛后，先接受了仪仗队号手们庄严的致敬礼，随后逐级登上台阶，将花圈送到有长明火炬和有卫士日夜守护的墓室前，向无名烈士墓致敬。

之后，华总理、余副总理、我和张越大使驱车赴总理府同科西加总理举行第一次正式会谈。参加会谈的意方官员有外交部长马尔法蒂、国防部长潘多尔菲等。当晚8时30分，科西加总理在位于一个山丘上的玛达玛别墅举行正式宴会招待华总理一行。意方出席的有外交、国防、财政等重要部门的部长。科西加总理是萨丁岛人，性格开朗直爽。席间，他发表了热情洋溢的祝酒词。他说，我们是在向一个伟大国家的代表致敬。中国对世界文明的发展，对科学艺术的进步作出了举世公认的重要贡献。第二次世界大战后，中国以主人翁的姿态登上了世界舞台，日益深入地参加了国际大家庭的生活，丰富与加强了各国人民间的对话与交流，促进了世界的和平与稳定。意大利把促进中国与欧共体的关系视为自己责无旁贷的义务，亟愿进一步加强同中国在经济文化科学诸方面的合作。华总理在答谢词中强调，我是本着增进相互了解和加强友谊与合作的精神来意大利访问的。我们认为联合的欧洲是维护世界和平的重要因素，中国赞赏意大利加强自身防务，推进欧洲联合，致力于同地中海地区以及巴尔干、中东等第三世界的交流与合作。席间宾主频频举杯，用轻度醇香的意大利葡萄美酒，祝愿访问成功，气氛惬意和热烈。大家就中意两国长久的交流史展开话题，还提到谁都无法正确回答的问题：面条究竟是马可·波罗从中国介绍到意大利的，还是从意大利介绍到中国的。

次日，科西加总理同华总理举行第二次会谈。华总理介绍了我国在"文革"后安定团结的政治局面和改革开放的政策，工作重点转移到经济建设上的发展情况以及调整政策的情况。强调指出我国通过各种形式加强同其他国家友好合作、吸引外资技术和设备，我们以严肃谨慎的态度利用外资，借贷时就考虑偿还问题。

科西加总理称赞中国在共产党的领导下击败外敌侵略，推翻封建制度，进行新社会的建设，中国共产党的统战政策能把不同观点的人团结起来发展经济，建设国家。中国的四个现代化不仅具有经济意义，对世界和政治文明的发展也将发挥着重要作用。科西加总理称，意大利外交政策的基础是欧洲共同体和维持北大西洋公约集团的关系。他认为缓和应该是全球性的，而且不光是军事上的，还有政治上的，也不仅仅限于两大集团和两极之间，因此缓和应是全面性的。意大利努力促进欧洲联合，重视地中海地区的和平与稳定，认为地中海能够把欧亚非三大洲联系起来。意大利认识到中国更多地参与国际事务对平衡当今世界力量和维护世界和平的重要性。

华总理在阐述了我国对于国际形势的看法和我国外交政策后，强调我国支持欧洲联合，希望欧洲在国际事务中发挥更重要的作用。赞赏意大利重视和积极支持欧洲联合以及发展同第三世界国家的关系。

在会谈中，双方都指出中意在一系列的国际问题和双边关系方面有许多共同或相似的观点。双方都有进一步发展合作关系的良好意愿。

关于中意双边关系，华总理回顾了两国自 1970 年建交以来双边关系顺利发展的情况，意大利的外交、外贸、交通、教育等部长先后访华，黄华外长以及机械、交通、教育等部长以及军队副总参谋长也都来访。他强调："中意两个文明古国无根本的利益冲突，两国经济各有特色和优势。我们愿与意大利通过多种方式和途径进一步发展合作关系。"

11 月 4 日，按照主人的安排，中国代表团兵分三路进行活动。一路是华总理在意大利议会关系部长的陪同下去威尼斯参观访问；一路是余副总理去都灵访问，参观菲亚特公司；一路是我应邀去圣马力诺共和国访问。

一年前我曾访问意大利，对威尼斯城我还有些印象。这个城市分布在100多个岛上，有170多条大小河道相互沟通，有400多座大小不同的拱桥把城市的大街小巷连在一起，有少量小汽车行驶，人们出门多以舟代步，市内各类船只有5000多艘，而那种特定阶层世袭相传的小舟"贡多拉"更是游人观光时首选的交通工具。"贡多拉"形态轻盈，灵活可爱，由船工划行，在狭窄的小河中穿梭，形成威尼斯的一景。威尼斯同中国的关系十分密切。它是连接东西方两个文明的著名的"丝绸之路"的西端，是象征中意友好关系的著名使者马可·波罗的故乡。

据报道，华总理一行到达威尼斯后，在地方当局的陪同下，乘船进入市区，沿大运河行至"里亚得"桥，这是文艺复兴时期用大理石砌成的一座独孔桥，威尼斯人在那里举行了一个别开生面的水上欢迎仪式：戴着饰有红蓝色飘带的圆形礼帽、身着深色服装、系有红色腰带的"贡多拉"船工排列在贵宾船的两侧，在鼓乐鸣奏下，齐刷刷地举起长长的划桨，向来自远方的客人致敬。在两岸房前和小码头以及纵横交错的小通道上，居民和密密麻麻的游人驻足观看，鼓掌助兴，热闹非凡。华总理还到圣·马可广场和圣·马可大教堂参观。广场和大教堂始建于公元9世纪，属古罗马和拜占庭的混合建筑风格。教堂内有13世纪绘制的世界上最大规模的由宝石镶嵌的壁画和顶棚画。教堂入口的顶部有四匹贴金铜马，是公元前4世纪的古希腊艺术珍品。威尼斯虽然经常受到水灾的威胁，但它还能固若金汤，真是：潮起潮落千百年，风姿犹在水上城。

代表团还乘船去闻名遐迩的穆拉诺岛参观。这是一个只有2000多居民的小镇，建在五个小岛上。那里有一个收藏有古埃及到古罗马的各种玻璃艺术品的陈列室。还有几百家制作玻璃器皿的手工作坊，该行业在那里已有600多年的历史了。技艺高超的手艺工人，表演用夹捏吹拉的传统特殊技巧制成千姿百态、五彩斑斓的工艺品，真是巧夺天工，名不虚传。华总理热情地同工人握手，赞扬他们的创造才能和艺术杰作。在11月5日返回罗马途中，顺道看了一眼罗马的"斗兽场"，那是建于公元初年的被称为世界七大奇迹之一的圆形剧场式的古建筑。

余秋里副总理一行乘坐由菲亚特公司提供的专机赴位于意大利西北部的都灵市访问，参观菲亚特公司。都灵是意大利皮埃蒙特大区（相当于中国一个省）的首府，人口 100 多万，系意大利第二大工业城市。菲亚特公司始建于 1899 年，职工 26 万多人。年生产汽车 150 多万辆，以家用小车为主，此外还生产工业、农业、建筑机械和用车，生产铁路车辆，直升机以及钢铁工业、原子能工业、航空航天、电子电信等设备。菲亚特公司对意内外政策都有一定的影响，它同我国发展合作关系的愿望十分强烈。余副总理除同地方当局进行礼仪性的会见后，主要是同菲亚特公司的领导人会谈。余副总理表示，百闻不如一见，菲亚特公司从生产、管理、技术、实验等方面都值得我们学习。中国有较丰富的资源，双方可以通过多种方式如购买专利、培训技术人员、引进设备、合资经营、合作生产等来加强合作。

访问欧洲最古老和最小的共和国圣马力诺

11 月 4 日，我去意大利的国中之国圣马力诺共和国访问。圣马力诺是欧洲历史最悠久的国家之一，只有 61 平方公里，人口两万多，位于意大利东北边境，于公元 301 年建国，1263 年建立共和制度，是欧洲留存至今最古老的共和国之一。尽管在历史上曾多次受到外族的侵扰，但她进行了顽强的抵抗，始终没有屈服，保持了自己的独立主权、中立和民族尊严。甚至横行欧洲不可一世的拿破仑想以割让意大利的一块土地换取圣马力诺，改变其独立和中立政策，都遭到她的断然拒绝。在第二次世界大战中，因圣马力诺庇护游击战士，墨索里尼对她百般欺凌和攻击，但圣马力诺人民坚决抵抗，维护了国家的独立。圣马力诺人从事农牧业、少量工业，旅游和邮票业是其经济的主要来源，有军队 72 人，警察 50 余人，同世界上 30 多个国家建有外交和领事关系。1971 年同我国建立了正式领事关系。首都圣马力诺建立在海拔 738 米的蒂塔诺山上。这里曾多次举办国际邮票展和由联合国教科文组织赞助的教育科技文化等方面的研讨会，正如我国古人所云，"山不在高，有仙则名"。

我和我国驻圣马力诺领事以及意文翻译乘意方提供的专机从罗马的钱皮诺军用机场起飞，飞行 40 多分钟，即抵达意大利滨海城市利米尼的"赏海"机场。利米尼有意大利"旅游首都"之称，那里有驰名欧洲的广阔美丽的亚得里亚海滨浴场，每逢夏季，北欧的游客像候鸟似的蜂拥而至。在机场我们受到圣马力诺外交部长雷菲、几位高级官员和意大利驻圣马力诺公使、外交领事团团长等的迎接。我们的汽车向西南驶去，经过约半个小时的路程，抵蒂塔诺山脚下一个名叫海关的地方，那就是圣马力诺和意大利的边界了。

圣马力诺政府特别重视中国外长的来访。在边境城市塞拉瓦莱，圣方为我们一行举行了十分隆重的欢迎仪式，在外交部长雷菲的陪同下，我检阅了身穿两种军服的 30 人的仪仗队。在仪式上，塞拉瓦莱市长致欢迎词。他对一个十亿人口的大国外长的光临表示热烈欢迎称中国对圣马力诺的关注肯定了这个袖珍小国在国际和平与缓和进程中能起作用，也说明大小国家一律平等和都能发挥重要作用。仪式完毕后，我们乘车继续从边界沿弯弯曲曲的盘山公路驶上了蒂塔诺山，到了我们下榻的旅馆。

1979 年 11 月 4 日，应邀访问圣马力诺共和国，检阅仪仗队。这是中国外长第一次访问圣马力诺

下午，我在政府大楼与雷菲外长举行会谈。圣方参加会谈的还有内政、财政部长等内阁成员。我在感谢了圣方的邀请之后，首先请外长转达叶剑英委员长和华总理对圣马力诺国家元首，即两位执政官的问候。我称赞中圣关系发展良好，介绍了我改革开放的政策和建设四个现代化的宏伟目标，我愿以各种方式发展同圣马力诺的关系。我并就国际局势阐明了我反对霸权主义维护世界和平的原则立场和基本政策。介绍了华总理出访西欧的目的是加深了解、增进友谊和合作，中国希望欧洲联合，促进南北合作。我就印支、不结盟运动、中苏关系等向圣方介绍了我原则立场和态度。

在会谈中，圣马力诺外长强调指出，中国外交部长访问圣马力诺的重要意义。他说：你是第一位访问圣马力诺的大国外长，这无疑增加了圣马力诺在国际上的威望和荣誉。他愉快地回顾了两国建交后的友好往事，表示要进一步发展双边关系的愿望，阐明圣马力诺反对强权、维护和平的立场，认为美苏军备竞争不会带来和平。内政部长还介绍了圣马力诺为参加联合国和其他国家组织而作出的努力，建议与我签订文化协定和互免签证协议，他说，美、苏拒绝同圣马力诺签订互免签证协议是藐视圣马力诺的傲慢行动。财政部长则强调圣中发展贸易关系的重要性。我表示中国对圣马力诺加入联合国国际组织持积极支持态度。

会谈后，我们一行在外长等陪同下，前往圣马力诺议会大厅拜会国家元首——两位执政官阿米奇和生·比阿吉。圣马力诺执政官每半年选改一次，两位执政官平起平坐，享有同等权利，在会见外宾和出国访问时总是出双入对，从不单独行事，这在国际上是独一无二的一种民主体制。圣马力诺的一位执政官致欢迎词后，另一位必然地作出补充。他们赞扬华总理访问西欧的重要意义，我的来访使圣马力诺蓬荜生辉，甚感荣幸。他们强调指出，国与国之间的关系不应仅仅受到实力强弱和国家大小的制约，而应把这种关系建立在人和理想的价值之上，相互尊重，增进友谊和谅解，建立共同信念。圣马力诺坚持永久中立政策，主张国际合作。会见后我们还参观了兵器博物馆，看到那些刀剑矛戟，铜甲铁胄以及原始的火炮，我为圣马力诺人民不顾自身弱小而能不畏强暴、英勇捍卫祖国的独立主权的爱国主义精神所深深感动并油然而生敬佩之情。我们还登上了蒂塔诺山顶，放眼望去，圣马力诺美丽的国土几乎尽收眼底。田园郁郁葱葱，公路四通八达，房舍星罗棋布，就像一幅多彩的大型"拼板画"。

圣马力诺是旅游胜地，每年吸引游客200多万人，它交通方便，附近有高速公路和机场，坐落在怪石嶙峋的一座山冈上，毗邻海滨，是人们度假游览的好地方，有人说它只有土块般大小，但从蒂塔诺山顶纵眼看去，真是一望无际。虽地形崎岖，但处处像宝石一样闪亮；人民虽保持着祖先传下来的俭朴生活，但有自己的尊严和自豪感；有从岩石中凿出来的生存空间，但是热情好客，使客人住上温暖的家；全国森林覆盖，千年的栎树，根深深地扎在岩石缝中，苍劲挺拔，枝干直冲云霄；古城堡建在蒂塔诺山顶，在晨曦或落日的侧映下，特别秀美。城内道路四通八达，标牌醒目，游客不会走错路。许多地段有商店，卖邮票、明信片和钱币等各种纪念品。我的访问虽然短暂，却给我留下了很深的印象，这个国家峭壁磊落，山石峥嵘，锻炼了她的人民性格坚韧不屈，不畏强暴，经过了长久苦难，她今天仍屹立于世界国家之林。

当晚圣马力诺外长举行了正式宴会。他在祝酒词中深情地表示，华总理答应在罗马见他和黄外长这次来访使他们极为感动，圣中这次会晤和对话是破格之举，是圣马力诺的荣耀，圣马力诺为能有机会向中国这样的大国阐述其自由、民主与和平的信念感到骄傲。圣中两国都奉行相互尊重的政策，两国都在为世界和平做贡献。他赞扬伟大的中国人民终于成为掌握人类命运的决定性因素。我感谢主人的热情接待，赞赏圣马力诺人民为维护国家主权和民族尊严而长期英勇顽强的斗争精神，重申我一贯主张的大小国家一律平等的原则，强调只要坚持正义立场就能无往而不胜，就能对维护世界和平作出贡献。

11 月 5 日晨，我们一行怀着对圣马力诺惜别的心情结束了对这个别具特色的美丽国家的访问，返回罗马，三路人马又汇集在一起，继续访意活动。

11 月 5 日，意大利总统佩尔蒂尼在总统府会见华总理、余副总理、我、章文晋副部长和张越大使并设宴招待。总统佩尔蒂尼是一位已届 80 高龄的长者，是一位深受意大利人民热爱的德高望重的国家元首。他是社会党人，在第二次世界大战中曾是反法西斯游击队战士和抵抗运动的领导人，曾经坐过牢。这位总统具有独特的性格和平民化的思想。他很重视同普通百姓打交道，更热爱青少年，每周都有一天会见上百名中小学生。

佩尔蒂尼在对我们的来访表示热烈欢迎之后，指出意大利人民非常关注中国的发展，两国人民有共同的传统和民族精神，发展双边关系有利于维护世界和平。意大利有强烈的欧洲主义思潮，欧洲联合有利于在两个超级大国之间保持平衡。

在宴会上总统发表了热情洋溢的祝酒词。他说：意中两国人民有着惊人的相似之处，在艺术诗歌等方面都有丰富的想象力，在审美观、哲学理念和家庭传统观念以及农民文化的人情味等方面都有许多共同点或接近的东西。两国都遭受过外族入侵之苦，通过人民运动和民主建设摆脱了贫困。他强调指出，一个立足于世界各民族之林的强大而自由的中国是世界和平、国际正义与社会公平的不可缺的因素；积极支持工业不发达国家的发展，符合工业发达的富国的利益；狭隘的民族主义会导致战争。佩尔蒂尼总统对国际局势抱有乐观态度，他引用了毛泽东主席的话"前途是光明的，道路是曲折的"。华总理在答谢时强调，中意日益增长的友好合作关系是中意传统友谊在新的历史条件下开放的新花。他向佩尔蒂尼这位杰出的反法西斯战士表示崇高的敬意。他说这次的西欧之行使他深受启发，深得裨益。

11月5日下午，华总理在下榻的格朗德大旅馆会见了意外贸工商和投资部长后，又同埃尼、伊利、菲亚特等大型公司集团的领导人等意大利经济界人士见面。之后，中意有关负责人签订了经济、文化和领事方面的三个协议。

11月6日，我驻意大利使馆举行了答谢宴会，招待意大利政府官员和包括意共领导人在内的一些在野党派政治人物以及前政府要员。当华总理向应邀赴宴的前外长福拉尼就其访华时未能会见而表示歉意时，福拉尼感动得一时说不出话来。在此前，我曾抽空拜访福拉尼先生，这位对华十分友好的政治家甚为满意我的造访，再三表示感谢。

11月6日，在离开罗马结束西欧之行的时刻，华总理在机场发表了书面谈话。对此次西欧之行做了一个小结。他说，我们这次西欧之行就是为了增进了解，加强友谊，发展合作和维护和平。中国希望看到一个强大而联合的欧洲，欧洲也希望看到一个富强昌盛的中国。中国同西欧在各个领域的友好合作必将出现一个新的局面。

访问南斯拉夫共和国

南斯拉夫在二战期间，由于铁托同志的坚毅、智慧和超人的感召力，使各个民族团结一致，对德国法西斯进行了长期艰苦卓绝的游击战并战胜了侵略者，恢复了全国的和平和发展。战后，他刚强坚毅地顶住了共产党情报局对他的无理批判和排斥，独立自主地领导人民按符合本国情况的道路发展，受到人民的真心拥护。在国际事务中，铁托是第三世界反帝反殖的不结盟运动的发起者，在国际上享有很高的威望。

我国同南斯拉夫联邦共和国于1955年建立正式外交关系。1977年8月，铁托总统应我国党和政府的邀请来华进行正式友好访问。抵达北京时，他受到华国锋主席和首都十万群众的隆重欢迎。邓小平等国家领导人为他举行了盛大宴会，叶剑英副主席还陪他观看球赛。双方进行了友好会谈，并决定恢复两党

1977 年 9 月 1 日，黄华同叶剑英陪来访的铁托总统看球赛

关系。1978 年 8 月，我陪同华国锋主席到南斯拉夫进行正式友好访问，受到铁托总统和十万贝尔格莱德市民的热烈欢迎。

1979 年 11 月我应邀访问南斯拉夫，受到南方的热情友好的接待。11 月 8 日，铁托总统在布里俄尼别墅亲切地接见了我，我同他进行真诚友好的谈话。我有幸成为铁托总统接见的最后一位外长。

第十八章　非 洲 之 行

作为中国政府特使祝贺津巴布韦独立

1980 年 4 月 18 日，津巴布韦宣布独立。中央委派我作为中国政府特使应邀参加独立庆典。

津巴布韦原名南罗德西亚，19 世纪 80 年代沦为英国殖民地。经过津巴布韦非洲民族联盟的长期斗争，英国被迫承认津巴布韦独立，非民盟主席罗伯特·加布里埃尔·穆加贝出任总理。

津巴布韦地处非洲南部的温带，气候宜人，1980 年全国人口 700 余万，有数十万白人移民。该国资源丰富，土地肥沃，农业较发达，人均国内生产总值为 740 美元，但非洲人的土地问题严重，绝大多数非洲原住民无地或少地，生活穷困。津巴布韦的战略地位很重要，是抗拒南非种族主义扩张的五前线国之一。津巴布韦的独立是非洲人民和前线国家极为重大的胜利。

我们一行，即何功楷大使、非洲司副司长周明基、徐尔维处长和何理良等于 4 月 17 日抵达首都索尔兹伯里（现名哈拉雷）。在那里，我看见英联邦各成员国的总理如英·甘地等也应邀出席独立庆典。4 月 18 日我们一行出席了在索市体育场举行约三万人参加的独立庆典。英国查尔斯王子代表英国政府宣布津巴布韦独立之后，英国国旗降落，津巴布韦国旗升起，全场发出长久不息的掌声和欢呼声。穆加贝总理发表了激动人心的讲话，全场又一次发出震耳的欢呼。庆典在军乐声中宣告结束。

津巴布韦政府对中国政府代表团的出席十分重视，热情接待。我在拜会穆加贝总理时，转达了华国锋总理和叶剑英委员长对他们的祝贺。穆加贝总理高度评价我国对津巴布韦人民斗争的不懈支持。他说，如果没有中国的支持，津巴布韦不可能有今天。我表示祝愿津巴布韦人民团结幸福，局势稳定，政权巩固，经济发展。这也是津巴布韦人民和前线国家的共同愿望和利益所在。

就在独立庆典的那一天，我同津巴布韦共和国副总理兼外交部长穆增达在公报上签字，两国建立正式外交关系，当天生效。

穆加贝总理奉行和平睦邻不结盟政策，同我国关系十分友好，曾多次访华。为发展经济，保持社会稳定，近年来实行全面的土地改革政策，将白人农场主占全国70%的耕地分配给无地少地的农民和退伍军人，得到全国绝大多数人民的拥护。

拜会尼雷尔总统

1980年4月25日至28日，我应邀访问了坦桑尼亚共和国。我和驻坦桑大使何功楷在达累斯萨拉姆会见了坦桑外长姆卡帕，同他就当前国际形势尤其是南部非洲问题交换意见。我突出介绍了亚洲、西亚和印支形势。

我两次拜会中国人民的老朋友尼雷尔总统，一次是在达累斯萨拉姆，一次是在坦桑尼亚地势较高因而较凉爽的阿鲁沙。尼雷尔赞赏我国支持津巴布韦穆加贝争取独立的斗争，他说，对津巴布韦斗争的支持，中国的帮助很重要，仅靠坦桑尼亚的支持力量是很有限的。尼雷尔对中坦两国的友好关系给予了高度评价，我们都同意今后还要在支持津巴布韦巩固独立的斗争上继续同坦桑尼亚合作。对国际问题，尼雷尔表示，坦桑尼亚反对任何国家侵略别国，主张按联合国大会的决议从阿富汗撤出一切外国军队。美国在印度洋加强军事实力，威胁别国安全，也应遭到各国人民的反对。他还表示坦桑原来不了解越南已如此深地卷入老挝内政和侵略柬埔寨，坦桑尼亚在联大将对印支问题给予严重关注。坦桑尼亚坚持不结盟政策，对两个超级大国都有戒备。发展同中国友好关系是坦桑尼亚对外政策的重要方面。

我曾四访坦桑尼亚，每次都只待一两天，来去匆匆。这次我注意了解坦桑尼亚拥有丰富的资源和矿藏以及我国援建项目的情况，我很高兴地知道，我国援建的农场利用自流灌溉种植的水稻，可解决坦桑尼亚很多地区的大米供应。我们还乘坐了火车沿坦赞铁路深入内地，感到上天对坦桑尼亚确实足够恩宠。

在南部非洲几国未独立的年代里，连接达累斯萨拉姆和卢萨卡的坦赞铁路是赞比亚铜矿出口换汇的唯一途径，对依靠铜出口为其唯一的收入来源的内陆国家赞比亚来说，铁路的修建是对她的极重要的政治经济支持。随着津巴布韦

1984 年 12 月 9 日，黄华率全国人大代表团参加坦桑尼
亚独立 23 周年庆典，拜会坦桑尼亚总统朱利叶斯·尼雷尔

和莫桑比克的独立和解放，赞比亚的铜矿石通过南线从马普托港出口是更加经
济的。我相信坦赞铁路在两国的经济更为发展的阶段必将重新发挥重要作用。

　　承蒙主人的盛情安排，我和何理良乘坐总统的专机飞到了非洲大陆最高峰
乞力马扎罗山观光。这座伟大的山脉在赤道南纬 3 度的炎热平原上拔地而起，
海拔高度为 5895 米，山顶常年积雪，蔚为壮观。因山顶的气流急速和骤变，
而且云雾弥漫，飞机升高达到 5000 米高度即不敢再靠近主峰，但这已足以使
我们领略非洲的这一奇景。此次访问期间主人还请我们去游览野生动物保护
地，我们乘坐窗户关闭的吉普车，看到了几乎所有的热带动物。时值中午，它
们都懒懒地躺在大树下歇响，悠然自得。

出访非洲五国

　　我的大使生涯是从非洲开始的，所以我对非洲怀有特殊的感情。我任外长
期间访问了坦桑尼亚、尼日利亚、几内亚、马里、加纳、塞内加尔、津巴布
韦、扎伊尔、博茨瓦纳、莫桑比克、塞舌尔等国家。以前还访问过毛里求斯、
多哥和贝宁。非洲各国长期受帝国主义、殖民主义统治，强制掠夺镇压，几个
世纪贩卖非洲人为奴隶的贸易使非洲丧失近一亿人口，种种因素导致非洲极度
贫困落后。在取得政治独立后，非洲各国致力于经济社会发展，但这是一个漫
长而艰苦的过程。据世界银行 1982 年的世界发展报告的数据，在 1980 年，上
述国家绝大多数是联合国决议认为的最不发达国，人均国内生产总值在 400 美

元以下。根据当时的统计，中国也属于低收入国。从历史遭遇和现实的困难而言，我国同非洲穷国有许多共同语言，面临相同的任务。

1981 年 11 月，我作为副总理兼外长应尼日利亚、几内亚、马里、塞内加尔和加纳政府的邀请访问非洲五国。我们一行还有何理良、外经贸部副部长程飞、外交部非洲司副司长唐涌、杨桂荣和邢耿副处长、叶弘良、杨洁篪、周善明和段秀文等十几位外交官，我们于 11 月 16 日从伦敦飞抵尼日利亚首都拉各斯。这五个国家除加纳属中等收入国外，其余四国的人均国内生产总值在全世界 125 个国家都居于末位。

尼日利亚联邦共和国政府对中国代表团的访问十分重视。我们到达机场时，副总统阿历克斯·埃奎梅和夫人、众参两院议长、总统顾问和重要内阁部长、三军参谋长、政府官员、使团长和五六十位各国驻尼日利亚大使和尼驻中国大使萨利福在贵宾室迎接我国代表团，鸣礼炮 19 响，奏两国国歌。我在副总统埃奎梅的陪同下检阅了三军仪仗队。数千欢迎群众和旅尼华侨挥动两国国旗欢呼口号，几百人组成的歌舞队踏着雷声般的鼓点欢快地舞蹈歌唱，场面甚是隆重热烈。这种气氛是非洲独有的，我很熟悉并感到很亲切。17 日，我们代表团在二次大战阵亡战士纪念碑前敬献了花圈。之后，拜会了众议长约瑟夫·严斯，同他进行了友好谈话。我向他转达了叶剑英委员长对他的问候。他表示，感谢中国在联合国和安理会为维护第三世界利益而发挥的良好作用。当天我们一行还驱车去总统府拜会沙加里总统。我转达了华国锋总理对他的问候，他对此表示感谢，并说，他赞赏中国在联合国处处支持发展中国家，在许多国际问题上同尼日利亚有相同的看法。他感谢中国在联合国秘书长选举中支持非统组织推荐的人选。他继而表示反对越南侵略柬埔寨，强烈不满美国支持南非的白人统治。他又说尼日利亚钦佩中国人通过自己的努力取得各方面的进步，为发展中国家树立了良好的榜样。他赞扬中国在尼日利亚的援建人员工作积极、责任心强、对当地人民友好，希望更多中国人员来尼日利亚工作，也希望中国增加在尼日利亚的投资。我强调两国要相互学习，认为两国在政治、经济、科技和文化合作前景广阔。关于非洲问题，他表示十分关心南部非洲人民争取独立的斗争，反对南非入侵安哥拉、莫桑比克和赞比亚。他表示，中国和尼日利亚在反殖反帝和反对种族隔离制度等问题上持相同观点，中国的支持是对尼日利亚和非洲人民的鼓舞。有中国支持，非洲人民的斗争就能胜利。我表示我们同第三世界的支持是相互的，感谢尼日利亚在联合国对恢复我合法席位

1981 年 11 月 16 日，黄华应邀访问尼日利亚。尼日利亚副总统阿历克斯·埃奎梅到拉各斯机场迎接

的支持。对 80 年代的国际局势，我介绍了我国的看法以及我国对中东、南部非洲和阿富汗、柬埔寨问题的观点和主张。

17、18 两日，我同副总统埃奎梅和外交部长奥杜分别会谈。对于他们提出的问题，如中美关系、中东问题和战争与和平等问题，我阐述了我国的观点和主张。我表示中美建交的意义重大，但两国关系中存在阴影，原因是美国政府违反《中美建交公报》关于美台仅保持民间关系的原则，向台出售武器，目前双方正在就此问题谈判解决中。我介绍了我国对中东问题的主张，要求以色列必须从六五战争占领的全部阿拉伯领土撤出，恢复巴勒斯坦人民返回家园和建立自己国家的民族权利，在上述两问题得到解决的基础上承认这些地区的所有国家享有安全与存在的权利。美国偏袒以色列的政策是短视的和不利于中东和平的。从世界总体形势看，美苏两个超级大国执行霸权政策，近年苏联扩张势头强劲，出现苏攻美守态势，目前对和平和安全的威胁苏联更大些。我们认为，有必要针对苏联的扩张和侵略行动加强反对，施加压力。美国力图控制世界各战略要地，中国坚决支持各国的反对美国霸权行径的斗争。我们坚定支持非洲各国人民反帝反殖反霸和反对种族主义的斗争，站在非洲和阿拉伯国家一边，反对美国支持南非和以色列的政策。我还向尼日利亚副总统和外交部长介绍了我国改革开放的方略和目前的经济调整政策，强调我国虽有困难，但仍将尽力支持第三世界经济困难的国家，以此作为自己的一项国际义务。我国的一贯立场是支持第三世界国家维护民族独立和发展民族经济的斗争，在力所能及的范围内提供一些经济技术援助，推动南南合作。埃奎梅表示，尼日利亚尤其关注中东和非洲事态，以色列应从被占领土完全撤出，撤出西奈。尼日利亚支持巴勒斯坦人民自治和建立自己的家园的权利，希望纳米比亚在今后五个月内取得独立。尼日利亚外长奥杜表示，整个第三世界真诚感谢中国持续地支持非统组织推荐的候选人，萨利姆是合适人选。如果拉丁美洲的候选人当选联合国秘书长，他们也同样高兴。关于纳米比亚问题，前线国家、尼日利亚、西非人民组织最近在坦桑尼亚开会，讨论如何确保纳米比亚取得独立而不再推迟下去。我表示，在这个问题上，中国同前线国家观点一致，如果美国支持南非，阻碍纳米比亚独立，他将使自己站在所有非洲国家的对立地位。

经过当时也在尼日利亚访问的外经贸部副部长石林参加的会谈，中尼双方同意进行合作，19日下午双方签署了贸易协定和文化协定。中国将为尼日利亚一些地区打水井80台，修建水利和水坝，建立水泵生产厂，并在农村建立几座医院。

我们下一个访问国是几内亚。人们知道，虽然拉各斯到科纳克里的空中距离仅有2000公里，但欧洲的航空公司的班机要一周以后才有到拉各斯的航班。因为英法航空公司对前属殖民地延续过去的瓜分体制，非洲国家相互之间的交通反而十分不便。最快的方式是从拉各斯先飞到伦敦然后转机到巴黎再飞几内亚，总里程为一万二千公里。幸而尼日利亚副总统埃奎梅要在11月20日飞几内亚，参加尼日尔河流合作委员会会议，他好意地建议我团同他和夫人一道乘专机去几内亚。我们当然高兴地同意并表示感谢。

几内亚共和国是最早同我国建交的非洲国家。杜尔总统对我们一行的访问特别重视和热情，11月20日下午4时，我们一行和埃奎梅副总统及夫人抵达科纳克里机场，塞古·杜尔总统及夫人、议长和各部部长亲自来迎接。充满非洲色彩的欢迎仪式十分热烈隆重，也很独特。我们被领到一个会场里，那里已挤满了上千群众。礼宾官邀请我们和总统站在主席台上。杜尔总统开始致辞。他举起右手说："殖民主义"，下面群众立即高喊："打倒！"并作出向下打击的手势。总统又说："帝国主义，"群众即又喊："打倒！"最后总统说："几内亚共和国，"群众雀跃着振臂高呼："胜利！胜利！"

21日，我们拜会总统并进行会谈，对方出席的人员有总理朗萨纳·贝阿沃吉，外交部长阿卜杜拉耶·杜尔，人民军部长朗萨纳·迪亚内，商业部长迪亚奥·巴尔代，农业合作社部长塞纳依侬·贝昂赞，农业部长杜马尼·桑加雷，外贸部长马穆纳·杜尔，工业部长马迪·卡巴，卫生部长马马杜·巴·卡巴，国际合作部长马尔塞·科罗斯等。杜尔总统表示对两国的合作关系很满意，赞扬并感谢中国的援助对几内亚的经济发展产生的积极影响，希望中几进一步发展合作，并希望中国帮助几内亚开发其丰富的自然资源。杜尔在会谈中说："法国殖民主义者给我们留下的只有贫困和愚昧。他们在我们党和群众运动的压力下撤走时，把一切资金、财物、档案、地图都带走，甚至房屋里的全部灯泡都摘走。我们的经济恢复和发展十分缓慢，幸亏中国给我们提供了慷慨的援助，给我们建了纺织厂和农场，给我们修建了体育场和大会堂。中国是诚心的，是南南合作的典范。俄国人和法国人也说要给我们经济援助，但口惠而实不至，只听见雷响至今仍没有看见雨点下来。他们的专家来过好几次，要求住有冷气和有冰箱的房子，而且要住在首都。我们实在没有办法满足他们的要求。中国的专家不要求这些，但他们的工作很有效，厂房建设得很快。纺织厂已经生产布匹，但我们希望多给我们一些宽幅布的织机。"

我表示中国政府和人民高度评价杜尔总统在反帝反殖事业和为中几友好关系所作的贡献，中国十分珍视中几友谊，几方的要求和愿望将速报政府。我介绍了我国内情况说："四人帮"被打倒后，邓小平同志重新恢复在中央的领导职务，提出全国工作重点转移到以发展经济为中心上。关于对国际形势和对外政策，我强调，中国对外政策的基本原则是反对超级大国的霸权主义，维护世界和平，防止战争爆发，争取较长时期的和平，为发展我国经济获得良好的国际环境。中国支持第三世界维护独立和发展民族经济的斗争，坎昆会议上第三世界要求改革不合理不公正的国际经济关系，建立国际经济新秩序，增进国际合作和南南合作。这是第三世界争取政治独立运动的继续和新发展。杜尔总统同意我对国际形势的分析说，他曾访问阿富汗难民营，在那里，他向难民表示，几内亚人民支持阿富汗人民抗击外来侵略的斗争，反对越南对柬埔寨的侵略。杜尔总统表示很怀念毛泽东主席和周恩来总理，高兴中国有了新一代的党政领导人。他理解，中国的改革开放政策并不意味改变社会主义方向，他认为中国实现四个现代化的政策十分正确，中国的进步将会推动世界的进步。几内亚也急需发展经济，为此制定了吸收外国投资的优惠政策。希望中国企业来几投资，合作开发资源。现在西非国家已经成立了尼日尔河流合作委员会，以便共同开发利用流域很广、水量充沛的尼日尔河，尼日利亚副总统来几内亚就是为了这个目的。我表示对几内亚和西非国家的经济合作感到十分高兴，祝他们的计划顺利实现。

杜尔总统及夫人还陪同我们和尼日利亚副总统参观拉贝、比塔省的中国援建工厂和水电站，并参观了美国投资的铝矾土采矿场。

11月22日是几内亚反击外国雇佣军入侵胜利11周年纪念日，杜尔总统在科纳克里体育场召开群众大会，庆祝这一光辉的日子。场内坐了至少有五万人，杜尔总统请我和埃奎梅副总统一起乘坐红旗牌敞篷车驶入会场，绕场一周。全场人民以非常热烈的掌声和欢呼声欢迎我们。之后，我们登上主席台。中国代表团全体和尼日利亚副总统随行人员都在主席台上就座。杜尔总统在讲话中，盛赞中国和几内亚的关系，说这是国际上最良好的关系，两国在反殖反帝的事业中相互支持，在经济关系上友好合作，中国对几内亚的支持是真诚的、实在的和无价的，中国是几内亚人民的最可信赖的朋友。他还激动地说了一些赞扬我的话。他也说尼日利亚是几内亚在西非的伟大邻邦，在经济合作中充满和衷共济的精神，是几内亚的长兄和亲密朋友。我应邀即席讲话，赞扬几内亚在杜尔总统领导下维护民族独立，捍卫主权和领土完整；并说杜尔总统是最早访问中国的非洲国家的国家元首，是中几人民友谊的缔造者。最后杜尔总

1981年11月22日，塞古·杜尔总统在几内亚首都科纳克里向应邀访问的黄华颁发了几内亚国家荣誉勋章，表彰他为发展和加强几中友好关系作出的贡献

统向群众大会宣布："为了表彰黄华副总理兼外长长期为中几友谊所作出的贡
献，特授予他几内亚共和国勋章。"杜尔总统也向尼日利亚副总统授予了勋章。
几内亚虽然经济困难，但尽了最大的能力和倾注了诚挚的情谊接待我们，我们
每个人都深受感动。我不由得想起了毛主席和周总理对我们的教导：一贯支持
第三世界，国家不论大小一律平等，以大待小，穷帮穷，支持和合作是相互
的。这些教导是何等正确和伟大啊。

一天傍晚，我们到使馆去看望同志们，向他们介绍国内的情况、国际局势
和我们的外交政策。我发现这个在赤道北纬 10 度的酷热地带的使馆竟只有一
两个房间安装了冷气机，外交官们都是汗流浃背地工作和会见客人。他们要同
几内亚人民一样过艰苦的生活。我向使馆建议补装些空调机，以保证使馆人员
有必要的工作和休息条件。

11 月 25 日，我们在几内亚外长和驻华大使的陪同下乘坐杜尔总统的专机
飞马里共和国首都巴马科。在机场，我们受到马里外交和国际合作部长贝耶、
外交秘书、国际合作局和礼宾司官员的欢迎。我国对外经济联络部副部长程飞
正在马里进行工作访问，也参加我代表团的活动。

马里是一个内陆国，许多食品用品都要通过沿海邻国的公路运输进来，因
此经济更加困难，不过也因为这样，自力更生的思想更浓厚些。

在巴马科我们拜会了穆萨·特拉奥雷总统，同他进行了友好的会谈。总统
十分诚恳地说，马中两国人民的友谊是不可动摇的，是建立在维护各自的独立
的、主权和尊严的共同理想基础上的。特拉奥雷总统说，中国从马里刚独立最
困难的时期起就给马里以慷慨无私和真诚的援助。马里对中国援建的工厂十分
满意。目前在技术上和管理上有个别项目出现暂时性困难，希望中方派人来帮
助马里培训人才。我表示中国将一如既往地坚持毛主席和周总理生前制定的对
外政策原则，反对霸权主义，维护世界和平。我们将加强同发展中国家特别是
同非洲国家的友好合作关系，绝不因为要进行四个现代化、对外开放和增加同
发达国家的往来而改变这一方针。特拉奥雷总统还应我国驻马里大使杜易的邀
请，到大使馆做客。

我在同副总理兼外长贝耶会谈时，他高度评价我国在联合国下届秘书长人
选上支持萨利姆的立场和行动，认为安理会五大国的特权现在由中国用来为第
三世界服务，十分可喜。马里赞成中国在坎昆会议上的立场，并说中马合作是
南南合作的榜样。

1981 年 11 月 25—28 日，黄华应邀访问马里共和国。图为马里总统穆萨·特拉奥雷到使馆参加招待会。中间者为程飞

　　根据双方商量的日程，我们到外地访问了两天。我国援建的项目都是对马里民族经济的发展和提高人民生活有实际帮助的。根据双方协议，我国提供的援助贷款是低息或无息的。我国政府还内定不逼债的政策，这种援助受到非洲国家的欢迎。这同有些发达国家只卖军火不给经援或通过援助重利盘剥的做法迥然不同。在塞古地区，我们参观了我国援建的西里巴拉制糖厂和塞古纺织厂。马里官员告诉我们，马里原来不生产蔗糖，但全国对糖的需求量很大，因此马里政府请法国派人教种甘蔗。但法国人不懂得怎样种甘蔗，把甘蔗段竖着插在土里，因而失败了，还说马里不适宜种甘蔗。于是马里政府想到了中国。周恩来总理立即请广东省派种甘蔗小组和制糖专家来，在肥沃的尼日尔河岸边开荒种植大片甘蔗园，取得了圆满的成功，糖厂也及时在附近建好，生产的糖可满足马里 50% 的需求量。我们去参观时看到糖厂的机器正在转动，一边是工人把刚收割的甘蔗送入，另一边是白花花的砂糖畅快地流撒出来，被及时装袋打包。在棉纺厂我们看到一个几百台织布机的车间里机器在忙碌地工作，另一车间的工人们在坯布上印制非洲人喜欢的图案。而大片的棉花田就在附近，减少许多运输环节。

　　我在同我们援建专家的交谈中发现，他们的身体似乎很疲惫，原因是他们

居住的条件很差。专家们成天热情地工作，根据领导上过于严格的指示，他们不提任何要求，只是忍耐着埋头苦干。我觉得我们应照顾当地政府的困难，不要像法国或苏联专家那样，要冷气机和冰箱，但专家们也不应住在高温的房子里。还有使我难过的是，当地的官员只请我们代表团几个人会餐，不请那几位远道来向我们汇报工作的工程技术人员就餐。我即约好在第二天请那些成年在艰苦条件下为当地人民进行建设而且成效显著的中国专家会餐。我还向程飞同志建议，适当提高专家的福利待遇。

在圆满访问西非四国后，我们一行于 12 月 4 日抵达我阔别 12 年的加纳共和国访问。

当我到达阿克拉时，12 年前的情景展现在我的脑中，我回想在加纳工作时同恩克鲁玛的会见，周恩来总理和陈毅副总理的访问和聆听杜波伊斯博士的高论。由于加纳发生了政变，中加于 1966 年断交。1972 年 1 月 13 日，阿昌庞中校发动政变推翻了布西亚当局，成立新政府，恢复了加纳的秩序，为恩克鲁玛平反，将有"泛非主义之父"之称的杜波伊斯博士的墓重新修茸，供人瞻仰。同年 2 月 29 日，中加两国恢复了外交关系。

我们拜访了加纳总统利曼博士，我们之间的谈话充满友好和愉快。他欢迎我旧地重游，十分赞扬两国人民之间的传统友谊，为两国恢复外交关系而庆贺，他高兴地看到两国在许多国际问题上有共同的观点和立场。他还说，加纳和中国一致强调发展中国家之间的合作，南南合作中尤其是实用技术合作最受欢迎。西方要的技术转让价格太高，我们希望不要太贵即能拿到实用技术。利曼总统强调说，加纳的水土条件很好，希望中国帮助发展水稻种植，因为在加纳人人都喜欢吃大米饭。我表示即报告政府。我在同加纳外交部长奇内布阿的会谈中涉及了广泛的问题，侧重讨论了非洲局势、南部非洲问题和非统组织的政策等。我也介绍了我对亚洲中东局势的看法和主张。农业部长是位十分爽朗的人，他感谢中国政府援建阿菲费水利和农业综合工程，这一工程规模大，但因为合理地利用有利的自然条件，投资并不太高，对加纳的农业发展意义重大。

我们在加纳高兴地会见了许多老朋友。他们十分怀念恩克鲁玛时期的往事。有些人叙述在 1966 年政变后受到的严重迫害，一些老部长已经逝去。他们告诉我说，目前的政府奉行开明政策，承认恩克鲁玛为加纳独立和执政期间为国家的振兴所作的贡献，否定前政权的倒行逆施，重新恢复同中华人民共和国的友好关系。我拜会了学识渊博的原教育部长博埃腾、国防部长科菲·巴科和外交部长科吉约·博齐约，这些老朋友已显得相当苍老。何理良专门去拜会了恩克鲁玛的夫人。我们向加纳籍著名美国学者和泛非主义倡导者杜波依斯博士的墓并献了花圈，我国人民永远怀念这位杰出的黑人学者和中国人民的伟大朋友。

1981 年 12 月 5 日，黄华同加纳老朋友会面

我们到外地参观了恩克鲁玛任总统时请世界银行贷款建造的阿科松波水坝和发电站，还重游特马港和年加工能力达 200 万吨原油的炼油厂。我们也参观了依旧是花园般美丽的加纳大学、阿契摩塔高等中学等非洲名校。在离别加纳前我们在阿克拉举行告别招待会。出席招待会的来宾特别踊跃，他们中间有前部长博埃腾，还有十几年前即向加纳投资民用工业的老华侨和他们的儿女以及尽心尽力为我使馆同志治疗热带疟疾等病痛的医学博士巴纳。记得 2001 年的一天，我突然接到我财政部的通知，说英国的财政部长保尔·博埃腾受其父委托要在北京专门同我会面，转达老人对我的热情问候。当时我已经 90 岁，闻讯后我无比惊喜。我们的会面是非常愉快的。小博埃腾一点没有财政大臣的架子，把我当作父辈，为我推轮椅，我的心里有说不出的高兴。我的加纳老友至今还记得我，我也时常想念他们。我们的友谊超越山水之隔，也超越时空，永世长存。

当我们一行离开加纳这个美丽富饶、得天独厚的国家时，我诚挚地祝愿这个前程无量的国家早日兴旺发达。

第十九章　出席坎昆会议和访问拉丁美洲国家

关于合作与发展的坎昆会议

1981 年 8 月 1 日和 2 日，我率团出席在墨西哥的坎昆举行的二十二国外长会议，为即将于 10 月举行的关于合作与发展的国际峰级会议（也称为南北国家峰会）进行准备。

第二次世界大战后，随着殖民体系的崩溃，各前殖民地纷纷取得政治独立，急于谋求经济独立，摆脱贫困落后和不发达状态。但是北方国家所建立的以不等价交换为基础的国际经济秩序使发展中国家同发达国家之间的鸿沟越来越扩大。20 世纪 70 年代，第三世界国家在联合国、贸发会议、关贸总协定、工发、粮农组织、世界粮食委员会、国际货币基金和世界银行等组织中的七十七国集团或二十四国集团一直在为建立国际公正合理的新经济秩序而斗争，呼吁南北对话，对发展中国家提供实质性帮助。在 1973 年召开的不结盟国家阿尔及尔首脑会议上，七十七国集团建议发动全球谈判，讨论原料、能源、贸易、发展、货币和金融问题，以改革国际经济关系。1980 年 2 月，联邦德国前总理威里·勃兰特主持了一个有南北方国家代表出席的国际讨论会，专论南北关系，提出《世界生存纲要》，建议南北二十个国家的首脑举行会议，通过该项纲要，引起国际社会广泛重视。1981 年春，墨西哥的洛佩斯·波蒂略总统和奥地利的布鲁诺·克赖斯基总理倡议举行南北峰会，时间在 1981 年 10 月 22 日到 23 日，地点在墨西哥的海边度假胜地——坎昆。这一倡议得到了有关国家包括中国的迅速响应。出席的发展中国家有孟加拉国、中国、菲律宾、印度、尼日利亚、坦桑尼亚、阿尔及利亚、沙特阿拉伯、象牙海岸（现译为科特迪瓦）、南斯拉夫、巴西、墨西哥、圭亚那、委内瑞拉等 22 个国家。发达国家的与会国为：美国、加拿大、日本、英国、法国、联邦德国、瑞典、奥地利。北方大国苏联未表示出席这个会议的意愿。

我于7月29日离京赴墨西哥出席坎昆会议部长级预备会。同行的有浦寿昌副部长、杨迈副司长、曹元欣副司长、张再副司长、杨洁篪和邵祖泽两位专家。抵达纽约时，我常驻联合国代表凌青大使和联合国副秘书长毕季龙来机场迎接我们一行，并安排到常驻代表团住处休息。第二天，我们在纽约肯尼迪国际机场登机，很高兴地见到老朋友菲律宾外长罗慕洛，我们和凌青大使一同飞往坎昆。

在坎昆的喜来登饭店，有许多国家的部长已经先期到达。这个饭店就建在海边，不到50公尺处就是墨西哥湾清澈碧蓝的海水，我在这里会见了菲律宾外长罗慕洛、日本外务大臣园田直、孟加拉国外长哈格、坦桑尼亚外长萨利姆、委内瑞拉外长桑布兰诺以及联邦德国外长根舍，简单交换了会议的情况，并去参加了墨西哥外长卡斯坦涅达为各国代表团团长举行的宴会。

1981年8月1日，黄华出席坎昆合作与发展会议预备（外长级）会议。圆桌左二为黄华

8月1日上午，在一个特大的会议厅举行了部长级会议的开幕式，然后立即转入秘密会议。22国的外交部长在一个巨型的圆桌边就座，还有几十个国际组织的代表以观察员身份出席。部长级会议的任务是为在十月份的首脑会议准备文件草案。预备会达成如下共识：坎昆首脑会议是一个非正式的政治会议，没有确定的议题，不作记录。预备会议仅制定一个供首脑们讨论的问题框架，其领域包括：粮食安全、商品、贸易、工业化、能源、货币和金融。我在会上作了简短

发言，扼要阐述中国对南北合作和发展的主张，批评现行的不合理的国际经济秩序，从第三世界的立场出发提出建议。会议于8月2日结束。与会者期望坎昆首脑会议将产生相当影响力，推动一系列有关问题的正式会谈和协议。

两个多月以后，即10月20日，我陪同我国总理乘专机飞抵坎昆，随行的有总理办公室的同志和我们外交部的同事。国际知名的总统总理云集坎昆：坦桑尼亚的尼雷尔、加拿大的特鲁多、印度的英·甘地、法国的密特朗、尼日利亚的沙加里、美国的里根、沙特的哈立德·阿齐兹、英国的撒切尔夫人、墨西哥的洛佩斯·波蒂略等，相互高兴地打招呼问候，用简单的几句话交谈对会议的期待。

10月22日，首脑会议开幕，选举了墨西哥总统波蒂略和加拿大总理特鲁多为会议双主席。沙特、阿尔及利亚、奥地利、孟加拉国、巴西、象牙海岸、美国、菲律宾、法国、圭亚那、中国、印度、日本、尼日利亚、英国、瑞典、坦桑尼亚、委内瑞拉、南斯拉夫、联邦德国的首脑和联合国秘书长相继发言。

中国总理在会议上发言称：当今的国际社会面临两大问题：维持和平和推动发展。人们期待我们这次会议能加强国际经济合作，改善南北关系，这将对维护世界和平作出有益的贡献。目前，发展中国家受制于各种外来阻碍，他们绝大多数国家的经济仍然处在极端困难之中。多数依赖初级产品出口的国家遇到越来越恶劣的贸易条件，国际收支长期处于逆差状态。还有许多单纯靠出口某种加工品的国家因为受到贸易保护主义和沉重债务的压力，经济每况愈下。他们长期受殖民主义的剥削和掠夺，如今还被不合理的国际经济秩序所严重束缚，因此发展中国家强烈要求改革旧的国际经济秩序。可喜的是，国际上有一些有识之士深感改变现有国际经济秩序和改善南北关系的重要性和紧迫性。中国认为，目前最重要的是在联合国主持下，开始一轮全球性谈判，以期建立新的国际经济秩序。10月23日，坎昆首脑会议在宣读双主席的小结后结束。

由于北方国家尤其是美国缺乏改善南北经济关系和改革不合理的国际经济秩序的政治意愿，坎昆首脑会议未达成有实质意义的成果，建立国际经济新秩序仍是第三世界长期斗争的目标。

对委内瑞拉的访问

1981年8月，我在出席坎昆部长级会议后应邀访问了委内瑞拉共和国和哥伦比亚共和国。我国同委内瑞拉于1974年6月建交，关系十分良好。

8月3日，我们一行受委内瑞拉外交部长何塞·桑布拉诺的盛情邀请，同他一行乘坐总统座机自坎昆飞抵加拉加斯市，委内瑞拉外交部礼宾司长沃尔特·布兰特、驻华大使瑞古尔斯·布瑞里博士，我国驻委内瑞拉大使卫永清和先期到达的我外交部拉美司副司长杨迈到机场迎接我们。

次日，我们首先向拉丁美洲人民最崇敬的民族解放斗争的领袖西蒙·玻利瓦尔纪念碑敬献花圈。玻利瓦尔是委内瑞拉人，葬在加拉加斯。我们来到公墓时看见有二百名仪仗队员持枪立正向我们致敬。在军乐声中我整理了我们敬献的花圈上的挽带，向玻利瓦尔铜像深深鞠躬，默念这位19世纪为拉丁美洲人民结束西班牙殖民统治而奋斗终身的伟大解放者。

随后，我们一行到外交部同桑布拉诺外长会谈，拜会众院副议长（代议长）菲力普·蒙迪雅教授，然后飞到瓜亚那工业区参观奥里诺科钢铁厂和卡洛尼炼铝厂。

5日下午，委内瑞拉总统路易斯·埃雷拉·坎平斯亲切地接见了我和两位同事，进行了友好交谈。委内瑞拉是最早倡议200海里承袭海（经济区）的国家之一，中国从一开始即支持拉美国家这一合理要求并积极参加在联合国主持下为时十多年的谈判，最后海洋法公约即在委内瑞拉的首都加拉加斯举行的世界外交代表会议上签字。

1981年8月3日，黄华应邀访问委内瑞拉。8月5日，拜会委内瑞拉总统路易斯·埃雷拉·坎平斯

委内瑞拉是世界重要产油国，欧佩克成员。1976年实行了油田国有化。在驻华大使陪同下，我们一行飞到马拉开波油田参观。这个油田建在一个大湖上，湖水不深，我们乘船参观，陪同的工程师是一位女专家，学识渊博。据她介绍，委内瑞拉的石油同中国的一些原油相似，属于重质油，沥青较多，用途很多，是委内瑞拉经济的生命线。

对哥伦比亚共和国的访问

应哥伦比亚政府的邀请，我们一行于1981年8月7日乘委内瑞拉航班飞赴哥伦比亚首都波哥大市。我们在波哥大机场受到哥伦比亚外长莱莫斯和夫人的热情迎接，来接机的还有驻华大使胡利欧·圣多明戈和夫人、我国驻委内瑞拉赵政一大使、哥中友协代表和华人代表。

1981年8月7日，黄华应邀访问哥伦比亚，在波哥大机场受到哥伦比亚外长卡洛斯·莱莫斯的欢迎

我国同哥伦比亚共和国于1980年建立外交关系，两国关系一直很友好。两国高层和民间往来频繁。

8月7日上午，我们一行拜会了哥伦比亚总统胡利欧·图尔巴伊并进行亲切友好的会谈。之后我们被邀出席纪念博亚卡战役的军事检阅，我和何理良被安排在主席台上就座。博亚卡战役发生在 1819 年，当时，玻利瓦尔带领军队越过安第斯山脉向哥伦比亚境内的殖民军发起攻击，在博亚卡战役中彻底消灭了殖民军，解放了波哥大，从此，哥伦比亚摆脱了西班牙的殖民统治，取得独立。我们看见体育场内由上万人组成的各兵种方阵排成几公里长的队伍，男女战士昂首正步，在走过主席台时行注目礼，接受哥伦比亚三军总司令的检阅。围坐的群众估计也有五六万人。整个体育场充满了胜利者的高昂情绪。

我不能不提到我们参观的世界上唯一的黄金博物馆。这是一个集中了上千件印第安人的黄金艺术品的长年性展览。在西班牙人占领哥伦比亚后，原住民为了生活，把埋藏的黄金艺术品拿到美国银行按重量交售。当时的银行行长看到这些造型独特、工艺精美的无价之宝，当然不舍得熔化而珍藏起来，最后捐给了哥伦比亚政府。印第安人虽然没有留下文字，但从这些精湛的金质文物来看，他们曾达到高度的文明水平。

9 日，我们一行乘总统专机抵卡塔赫拿城访问，这个城市属于玻利瓦尔省，也是解放者玻利瓦尔战斗过的地方。省长、卡市市长和大西洋军司令热情地接待了我们。市长还赠送我荣誉市民奖状和一把硬木质地的精致的大钥匙。

我们从外地回到首都，哥伦比亚总统图尔巴伊和夫人宴请我团全体成员，并赠送我代表最高荣誉的博亚卡勋章。我至今珍藏着这枚充满哥伦比亚人民友好情谊的勋章。

殷勤好客的主人还委托驻华大使圣多明戈和夫人把我们一行接到罗萨里奥群岛的巴里小岛上去游玩，轻松一番。在充满热带风情的别墅里，主人请来了四人乐队和歌手戴着宽檐帽和穿着绣满当地特色图案的衣服为我们助兴，这一带的海水清澈，没有鲨鱼，客人可以尽情游泳。可惜我是个"旱鸭子"，没有这份福气，就尽量多吸点负氧离子吧。

10 日，我们就要离开这个友好的国家和可爱的人民了，出乎我们意料的是，哥方很重视我这次访问，在卡塔赫拿机场举行了隆重的送别仪式。在省长、大西洋舰队司令和海军陆战队司令的陪同下，我检阅了由海军和海军陆战队 200 人组成的仪仗队。前来送行的还有外长莱莫斯的夫人、卡市市长、礼宾司长和副司长等。我们告别了这个美丽的国家和友好的人民，乘坐哥伦比亚的阿维阳卡航班直飞纽约转机回国。

对坎昆、委内瑞拉和哥伦比亚三地的访问，给我留下一生难忘的印象。我在后来几年里以全国人大常委会副委员长的身份还多次访问拉丁美洲的几个国家。

第二十章　出席勃列日涅夫的葬礼
推动中苏关系正常化

中苏关系回溯

1982 年 11 月 10 日，苏联共产党总书记，苏联最高苏维埃主席团主席列·伊·勃列日涅夫突然逝世。中央决定派我作为我国政府特使前往莫斯科参加葬礼活动。当时我是中共中央委员和国务委员兼外交部长。在葬礼期间，我会晤了苏共新总书记安德罗波夫，同苏联部长会议副主席兼外交部长葛罗米柯举行了会谈。这是自 1964 年 11 月周恩来总理赴莫斯科出席苏联庆祝十月革命47 周年以来，中国最高级别的政府官员前往莫斯科同苏联领导人的会晤，也是两国外长 20 年来首次正式接触。主持中央和外事工作的小平同志的这一决策是我国采取的一次重大外交行动，是当时中、苏关系中一个标志性事件，引起国际社会的关注，成为各国媒体当时最感兴趣和评论最多的热点问题之一。人们认为这不但对中苏关系，而且对国际形势和国际关系具有良好的影响。

中央采取这一重要步骤是同当时国际形势和中苏关系的发展变化密切相关的。

中华人民共和国成立后，苏联是最早承认并同中国建交的国家。中国第一代领导人针对当时的国际形势和出于战略考虑，采取向苏联一边倒的政策，1950 年 2 月同苏联签订《中苏友好同盟互助条约》，我国是以苏联为首的社会主义国家阵营的重要成员。整个 20 世纪 50 年代，中苏两党两国保持了最亲密的兄弟党和盟国关系。苏联对中国提供了经济、技术等多方面的援助，于1950 年和 1954 年分别承诺向我国提供三亿美元和五亿卢布的低息贷款，建立156 个工业项目，并开始执行，为中国在新中国成立初期的工业化作出了十分重要的贡献，中国人民对此是永远不会忘记的。同样，我国对苏联在政治、外交、经济和战略方面的支持也是极其可贵的。

值得一提的是，即使是在我国同苏联结盟以及两党的关系极好的时期，毛泽东主席仍坚持双方在国家主权问题上保持自己的民族独立。最明显的例证是《中苏友好互助同盟条约》中规定，苏联对中国长春铁路、旅顺军港和大连市的管理权将于限期内交还中方。这些权益的归还已于1955年实现。

由于苏共领导集团坚持搞大国沙文主义，从20世纪50年代末期起，中苏关系开始恶化，苏联于1960年撤退全部在建项目专家，两国关系长期处于紧张和对立状态。60年代后期，苏联还在我国东北和新疆边境地区挑起了多起武装冲突事件，1969年3月的珍宝岛武装冲突标志着中苏关系恶化达到空前严重的地步。1969年9月16日，参加越南领导人胡志明主席葬礼的苏联部长会议主席柯西金回国途中，到北京机场同周恩来总理举行会晤，双方就避免边界冲突达成口头协议，中苏紧张对立局面有所缓解。但是，由于苏联领导人没有根本改变反华立场，继续在中苏、中蒙边境驻扎百万重兵，20世纪70年代末和80年代初，苏联出动十万大军侵略中国的邻国阿富汗，支持越南侵略柬埔寨，对中国形成北、西、南的包围态势，严重威胁我国的安全，中苏两国关系的紧张对立局面长期未能得到实质性的缓解。

我是在1976年中苏关系严重恶化时期出任外交部长的。我作为中国外长，仅有一次召见过苏联驻华大使，那还是一次不愉快的经历。

那是在1979年4月3日，我约见当时苏联驻华大使谢尔巴科夫，向他递交我国政府关于《中苏友好同盟互助条约》有效期满不再延长的照会。在新中国成立不久即签订的这个条约由于中苏关系交恶而名存实亡。按条约规定，为期30年。在当时的情况下，条约到期后予以废止是必然的，但中方对两国关系抱积极态度，主张双方在和平共处五项原则基础上重新谈判，以便订出适当文件。苏联大使在接受照会后表示苏联不对该条约的不延长承担责任，被我驳回。

此后，经同苏联外交部商定，开始了中苏副外长级会谈。我方代表是外交部副部长王幼平，苏方代表是伊里切夫副外长。因苏联军队于1979年12月入侵阿富汗，中苏副外长级会谈遂又无限期推迟。

两国关系松动的信号

中苏紧张对立的关系一直持续到20世纪80年代初才出现转机。1982年3月24日，苏共总书记、苏联最高苏维埃主席团主席勃列日涅夫在邻近中国的苏联中亚城市塔什干就国际形势和中苏关系发表重要讲话，发出了苏联松动与缓和对华关系的一个信号。

勃列日涅夫在讲话中一方面继续攻击中国的外交政策，污蔑我国在国际上同帝国主义站在一起，同时着重表示要同中国缓和与改善关系。这个讲话对华部分的主要内容和基调是积极的，他主要谈了四点：一是"不否认中国存在社会主义制度"，实际上承认中国是社会主义国家；二是表示完全支持中国对台湾问题的立场；三是苏联对中国没有任何领土要求，建议恢复两国边界问题谈判；四是苏联准备不附带先决条件地就全面改善双边关系与中国达成协议。

勃列日涅夫这个讲话同苏联长期以来僵硬的对华政策有明显反差，在内容和态度上都有变化，因此在国际上引起强烈反响和各种猜测。各国媒体普遍认为这是勃列日涅夫上台以来的对华最友好的讲话，表明苏联对华政策的调整，愿改善苏中关系。一些西方舆论甚至说这可能导致中苏关系解冻和重新接近，使中美苏三大国重新洗牌，从而改变世界政治格局和力量对比，对美国和西方不利。

我们分析，勃列日涅夫作出这种姿态主要是出于摆脱苏联内外交困处境的需要。苏联在 20 世纪 70 年代与美国对世界霸权的争夺达到空前的白热化程度，与中国关系仍严重恶劣，中美关系从缓和解冻到建交结好，使中美苏三角战略态势明显表现出对苏不利。1979 年 12 月，苏联入侵阿富汗，在世界上陷于空前孤立。美国和北约决定在靠近苏联的西欧国家部署大批中程导弹，使美苏水涨船高的军备竞赛和军事对峙更加激烈。在国内，苏联长期以重工业和军事工业为基础的经济政策导致民用品奇缺，加上连续几年的农业歉收，广大人民长期蒙受严重紧缺经济之苦，人心涣散，人们对政府的不满与日俱增。为了避免东西方两面受敌和集中精力于国内农业和民用工业的发展，苏联谋求缓和与中国的紧张关系，实现中苏关系的改善。

尽管勃列日涅夫这次主动对华示好还只是一种姿态，实质如何有待观察，更未能涉及中苏关系恶化的根源，但毕竟其中有积极的成分。以此为契机，实现我国长期以来所主张的缓和中苏关系，使之逐步走向正常，对为我国创造一个和平稳定的国际环境，争取我国在国际上尤其是中苏美三角关系中的回旋余地是有利的。因此，中央和小平同志很重视这个讲话。

在勃列日涅夫讲话后的第二天，我向小平同志作了汇报并请他指示。他说外交部要立即作出反应，可以外交部发言人向中外记者发表谈话的形式表态；

谈话要言简意赅,掌握分寸,既要坚持原则,回击攻击,又要有灵活性,不拒人于千里之外。3月26日,外交部新闻司司长钱其琛以外交部发言人的身份向驻京中外记者发表如下谈话:我们注意到3月24日勃列日涅夫主席在塔什干发表的关于中苏关系的讲话。我们坚决拒绝讲话中对中国的攻击。在中苏两国关系和国际事务中,我们重视的是苏联的实际行动。

这个谈话虽短,但寓意深长,引起中外记者和国际舆论的关注。普遍认为,这既表明了中国一贯的原则立场,又包含某种新的精神,表明中苏关系在对抗24年后可能发生重要变化。苏方对此也感到满意,苏共中央机关报《真理报》在3月30日全文刊登了这个谈话。就这样,勃列日涅夫3月24日对华表示友好的讲话和小平同志主导的初步回应传出了中苏关系松动的信号,中苏关系开始了由紧张对抗向缓和对话的转折。

副外长级政治磋商

勃列日涅夫3月24日讲话后,小平同志集中思考中苏关系问题,酝酿采取一个大的行动,打开中苏紧张关系的僵局。在勃列日涅夫讲话之前,中央和小平同志根据国际形势的发展和美苏争霸态势的变化,针对里根1981年初入主白宫后提升对台湾关系,向台出售先进武器,使中美关系出现危机,我们开始对中国外交政策进行适度调整,重点是把突出反对苏联的霸权行动,转为采取谁搞霸权就反对谁的方针,在两霸之间适度保持平衡,在对外宣传上,只批评苏联的霸权主义行为,对其内政不予讨论。小平同志很重视勃列日涅夫塔什干讲话为中苏缓和关系提供的契机,认为采取重要行动以松动中苏关系的时机已到。

同年夏天,鉴于美方违反中美上海公报和建交公报原则,在台湾问题上对我方严重挑衅,我方同里根政府进行了坚决斗争。此后,中美就美售台武器问题举行的谈判取得进展,即将发布约束美售台武器的联合公报即《八一七公报》,小平同志即时指示对勃列日涅夫3月24日讲话作出进一步回应。外交部8月上旬派苏联东欧司司长于洪亮以巡视驻苏东地区我国使馆的名义,前往莫斯科向苏方传递谋求改善中苏关系的口信。

8月10日,于洪亮司长飞抵莫斯科,在我驻苏使馆约见苏副外长伊利切夫,向他谈了中方的口信。这个口信是经邓小平同志亲自核批的,内容主要有两点：一、中苏两国人民都希望改善两国关系，现在是到了该为此做些什么事情的时候了；二、建议从协商解决影响两国关系的问题入手，这些问题包括苏方减少和撤退在两国边界和在蒙古国的驻军，苏联劝说越南从柬埔寨撤军以及妥善解决阿富汗问题。这实际上提出了消除两国关系中存在的三大障碍问题。

不出所料，苏方对此迅速作出反应。8 月 20 日，苏联第一副外长马尔采夫约见我驻苏使馆临时代办马叙生，他说苏方对中方口信所提建议感到高兴，表示苏方愿意在任何时候、任何地点和任何级别上同中方讨论实现两国关系正常化的问题。经双方商定，两国于近期在北京举行副外长级政治磋商。

中苏副外长级政治磋商随即于 10 月 5 日至 21 日在北京举行。这期间，中国副外长钱其琛和苏联副外长伊利切夫围绕如何实现两国关系正常化这一主题进行了六次会谈。双方的主张截然不同。中方以客观事实和国际法为依据，强调说明苏联应采取实际步骤消除三大障碍，即：一、苏联减少和撤退在两国边界和在蒙古国的驻军；二、从阿富汗撤军；三、劝说越南从柬埔寨撤军，强调这是两国恢复正常关系的关键。苏方则反复强调要制定指导处理两国关系的准则和在经贸、文化、科技等领域恢复双边交流和合作，并强烈否认苏联威胁中国国家安全，说中国提出消除三大障碍是为中苏改善关系设置先决条件和损害第三方利益。虽经反复磋商、讨论和交锋，双方会谈没有取得任何实质性进展。

为了表达中国对谈判的重视和改善中苏关系的诚意，我在双方第六次会谈结束后，于 10 月 24 日会见了伊利切夫一行。伊利切夫向我重复了他在同钱其琛谈判中一再强调的论点和主张，还振振有词地反问道：难道改善中苏关系就要恶化苏联同其他国家的关系吗？

对此我予以严正反驳。我着重强调了三点，指出：第一，三大障碍是苏联一手制造的，中方提出消除这些障碍是促进两国关系正常化的必然和正当的要求，这不是什么设置先决条件，而正是解决问题的基础。如果苏联对中国业已构成的严重威胁保持不变，无论制定多么理想的指导原则，都是毫无意义的，改善两国关系就无从谈起；第二，越南侵占柬埔寨，柬政府领导人民奋起反抗，声势浩大。越南打下去只会深陷泥沼，受到国际社会的普遍强烈谴责，处境极其孤立。我方要求苏方劝告越南从柬撤军，完全符合各方愿望，也有利于越南走出空前的孤立处境；第三，解铃还须系铃人。希望苏联为消除这些障碍做一两件实事，推动中苏政治磋商取得实质性突破，逐步实现两国关系的正常化。

这次副外长级政治磋商没有取得实质性进展，但双方在平心静气、坦率、友好的气氛中深入地交换了意见，增进了对彼此立场的了解，这本身也有积极意义。双方还确定12月在莫斯科举行第二轮副外长级政治磋商。

出席勃列日涅夫的葬礼活动

勃列日涅夫去世的前三天，即11月7日，他还主持了纪念十月革命65周年活动，登上红场列宁墓检阅台阅兵，并在庆祝宴会上发表演说。所以，当我在11月11日得知勃列日涅夫逝世的消息时，感到很突然。

当时中苏之间虽然恢复了副外长级政治磋商，但两国长期以来形成的紧张、对立关系并无变化。苏联方面和国际社会都高度关注中国对勃列日涅夫逝世的反应。

考虑到勃列日涅夫长期是苏联最高领导人，去世前几次发表讲话对我国示好和表达改善苏中关系的愿望，从中苏关系大局出发，中共中央很重视这次吊唁活动，除发唁电、送花圈外，还批准外交部建议，由我陪同德高望重的乌兰夫副委员长前往苏联驻华使馆吊唁。乌兰夫副委员长代表全国人大常委会、中国政府和中国人民对勃列日涅夫逝世向苏联驻华大使表示深切哀悼，并说：中苏两国人民存在着传统友谊。希望两国人民友好相处，两国关系逐步实现正常化。苏方对中国派乌兰夫副委员长这样德高望重的领导人前往苏联驻华使馆吊唁和发表这样富有深意的友好悼词感到欣慰，苏联媒体纷纷加以报道。

小平同志着眼于中苏关系的长远大局，并从多做苏联新领导人工作和争取苏联人民了解我改善关系的诚意，不断地考虑和采取措施。中央决定由我作为中国政府特使前往莫斯科出席勃列日涅夫的葬礼活动。

行前，中央批准外交部为此行上呈的工作方针，主要有如下几点：一、从做苏联人民工作着眼，抓改善两国关系的旗帜，不主动谈分歧，不搞正式会谈；二、正面评价勃列日涅夫，他是苏联人民尊敬的领导人和卓越的国务活动家，肯定他生前多次表示愿意改善对华关系的积极态度；三、关于两国关系，强调中国真诚希望同苏联改善关系，主张从实际出发采取必要行动，使两国关系在和平共处五项原则的基础上逐步实现正常化和建立睦邻关系；四、吊唁时，参照乌兰夫副委员长在苏联驻华大使馆发表的悼词，强调中苏两国人民之间的传统友谊；五、向苏联新领导人祝贺就任新职，转达我党总书记、人大委员长和国务院总理的问候；六、不触及党的关系，不参加"社会主义大家庭"的活动。

对新华社记者的谈话

苏联宣布 11 月 12 日至 15 日为哀悼日，15 日举行国葬仪式。11 月 13 日晚上，我打电话向小平同志报告行程安排和准备工作情况，并请他指示。小平同志表示，他考虑需要对原定方针作一些补充，要就勃列日涅夫逝世和中苏关系进一步阐明我国的原则立场，并向苏联人民说话。可以明确地说，希望双方共同努力，消除两国关系中的障碍，还可以用外交部长的身份主动要求拜会苏联外长葛罗米柯，同他进行坦率的对话，在会见苏共新总书记安德罗波夫时，可以加上希望苏共新领导作出新的努力，促使两国关系得到改善。他说，为及时使苏联领导和广大苏联人民了解我们的主张，可考虑用外长对新华社记者谈话的方式直接广播出去。我当时考虑到北京和莫斯科之间的民航班机的次数频繁，而 14 日又有一架航班飞莫斯科，为节省昂贵的订机费，我和代表团的成员马叙生、王荩卿、李凤林于 14 日清晨离京，估计在飞行八个小时后，仍来得及在晚上参加勃列日涅夫的遗体告别式。14 日上午，得知我们一行已登机出发，小平同志即同胡乔木同志拟定了我对新华社记者谈话稿，并决定立即广播出去。苏联的电台和报刊当天宣传和登载了这篇谈话。它在苏联的领导层和普通人民中引起巨大反响。苏联人民纷纷打电话给新华社驻莫斯科记者，对这一谈话表示高兴并希望中苏人民重新友好。

根据小平同志 13 日的指示，此行任务更为明确和切实，分量也加重了。我向同行的代表团成员传达了小平同志的上述指示。

由于北京和莫斯科之间有五小时的时差，我们代表团一行在飞行八个小时后于当地时间 14 日中午 12 时抵达莫斯科伏务科沃机场。杨守正大使见到我即低声告诉我说：中央有特特急电报来，要我去看。前来迎接我们的苏联副外长伊利切夫动情地说：在苏联人民悲痛的时刻，中国派重要代表团前来参加追悼活动，对此苏方感到满意，并表示热烈欢迎。他高兴地提到了我对新华社记者的谈话。他说：你的谈话是一个很重要的声明。你在谈话中说勃列日涅夫生前多次表示将致力于改善苏中关系，反映了苏联人民要求改善苏中关系的迫切愿望，这句话说得很对。他还半认真半开玩笑地说，如果在讲话中那句祝苏联建设事业进一步发展的话中添上社会主义这个词就更好了。我感谢他对我这篇谈话的友好评议。从苏方的这种积极反应看，中央做出发表对新华社记者的谈话与及时广播的决定是十分正确和必要的，这实际上是一项政府声明，有很重的分量。小平同志的考虑是：既向苏联领导也向苏联人民说话，希望他们明了我国对改善中苏关系的态度并积极推动这一进程。

在机场同伊利切夫告别后，我们一行即驱车直奔我驻苏大使馆，看了那份特特急电报和我对新华社记者的谈话全文。事后我才知道，谈话是胡乔木同志根据小平同志的意见写成并由小平同志审定的。谈话稿一定下来，中央办公厅即将谈话发特急电报给我驻苏使馆转我，并交中央人民广播电台和中央电视台及时向外播出。新华社的报道和我的谈话全文如下：

新华社北京11月14日电　中华人民共和国特使、国务委员兼外交部长黄华今天上午乘飞机离开北京，前往莫斯科参加苏联最高苏维埃主席团主席列·伊·勃列日涅夫的葬礼。

行前，黄华特使对新华社记者发表的谈话如下：

苏联最高苏维埃主席团主席列·伊·勃列日涅夫不幸于11月10日逝世。勃列日涅夫主席是苏联卓越的国务活动家，长期担任苏联最高领导工作。他的逝世，是苏联国家和人民的重大损失。我代表我国领导人以及我本人，对勃列日涅夫主席的逝世表示深切的哀悼，并向苏联政府、苏联人民和勃列日涅夫主席的家属致以衷心的慰问。

中苏两国是世界上两个伟大的国家，并拥有漫长的共同边界。中苏两国人民具有传统的深厚的友谊。中苏两国的和平友好，不仅完全符合两国和两国人民的根本利益，而且完全符合亚洲和世界和平的利益。两国的关系在50年代初期是良好的；从50年代后期起，两国关系逐渐恶化；到60年代后期以后，这种恶化达到了严重的地步。勃列日涅夫主席在逝世前不久，曾在多次讲话中表示将致力于改善中苏关系。他的这些讲话反映了广大苏联人民要求改善两国关系的迫切愿望。中国政府和中国人民对勃列日涅夫主席的这些讲话表示赞赏。中国人民一向十分珍视同苏联人民的传统友谊，希望两国能在和平共处五项原则的基础上友好相处。中国人民诚心诚意地希望两国关系能够排除障碍，得到真实的改善，并逐步恢复正常化。在这悼念勃列日涅夫主席的时候，我们希望安德罗波夫总书记和苏联党政当局作出新的努力，促使中苏关系得到逐步改善。中国人民真诚地祝愿苏联的建设事业日益发展，苏联人民的物质文化生活继续改善，苏联多民族国家的团结更加巩固。

谈话有两处突破了原来请示报告所定的表态范围。一是关于对勃列日涅夫的评价。谈话提到勃列日涅夫是"苏联的卓越领导人"，"他的逝世是苏联国家和人民的重大损失"，加重了对他正面评价的分量，同时指出中苏关系"到60年代后期，恶化到严重地步"，该时期是勃列日涅夫掌权的时期，这实际上是作了委婉的批评。二是关于两国关系。原定方针是不主动谈分歧，不直接提消除障碍的问题。而谈话则明确说道"双方要共同努力，消除两国关系中的障碍"。

特急电报除了要我根据谈话精神表态外，还有两处对原定方针作了重要改动和补充。首先，原定方针没有要同苏方进行正式会谈，特急电则指示我以外长身份主动要求拜会苏联外长葛罗米柯，同他进行坦率的对话，要利用这次出席葬礼之机，举行一次两国外长的政治会谈。其次，特急电报还指示我在会见苏共新总书记安德罗波夫时，除原定表态内容，要加上"希望安德罗波夫总书记和苏联的领导作出新的努力，促使两国关系得到改善"。这实际上表达了中方寄希望于苏联新领导人的意思。

参加红场上的葬礼活动

11月14日，苏副外长伊利切夫在机场迎接我时，特别介绍说：15日上午9时将在红场上举行大型葬礼，社会主义国家的代表团和共产党代表团安排站在红场列宁墓左侧观礼台上，非社会主义国家的代表团安排在右侧观礼台上，他问中国代表团愿站在哪个观礼台上。我答复说，中国是社会主义国家，苏方是主人，客随主便。伊利切夫听后，表示苏方会对中国代表团作出最好的安排。

事实确是如此。苏方不但对我们代表团参加葬礼作了很好的安排，而且对我们的所有活动都作了很好安排，使我们受到周到的照顾和礼遇。抵离机场时，我代表团车队有摩托车队开道。苏方媒体对我们的活动都以比任何其他国家的代表团更显著、更突出的位置予以报道。在所有的仪式和活动中，都把我们安排在社会主义国家队列较前的位置；在红场的追悼大会上，所有其他国家代表团都是只让一位成员上观礼台，而让中国代表团的四位成员都上了观礼台；各国代表团仅由苏方一名翻译陪同，而我团则由伊利切夫副外长全程陪同。葬礼结束后，苏方安排苏联新领导人安德罗波夫礼节性接见各国代表团团长，以示答谢。因前来参加葬礼的代表团数量太多，时间又有限，因此安德罗波夫接见各代表团团长的时间很短，唯独接见我的时间较长。

苏方对中国代表团这种特殊礼遇和照顾，有些少不了是表面文章，有作秀的成分在里面，但也在某种程度上反映了苏方对中国和对中苏关系的格外重视和希望改善两国关系的心态。

11月14日晚7时，中国代表团去到位于莫斯科市中心的圆柱大厅内举行的勃列日涅夫的遗体告别仪式。勃列日涅夫的遗体周围布满了鲜花和花圈，大厅内十多盏大型水晶吊灯被黑纱蒙罩，烛光微弱，气氛肃穆悲哀。有100多个国家的政要包括美国副总统布什前来吊唁，各国代表排队依次向遗体志哀。按苏联礼宾官的安排，社会主义国家的代表们站在长队的前部。中国代表团排在前几名，我团赠的花圈最大，被放在显著位置。在排队向前行进时，我忽然听见后面不远处一位来宾大声说："我是匈牙利的卡德尔，我很高兴在这里看到中国同志。"我马上转身举手向这位匈牙利共产党的领导人致意。因为排队的人很多，又很密集，当时未能与他握手。我和杨守正大使等五人在勃列日涅夫遗体前约五米的地方鞠躬志哀。

1982年11月14日晚，黄华在莫斯科圆柱大厅参加勃列日涅夫遗体告别仪式

　　11 月 15 日上午 9 时，我们到红场出席有十万群众参加的葬礼活动。莫斯科当时的天气虽然晴朗，但非常寒冷，气温约在零下 14 摄氏度。我穿着皮大衣、皮帽、皮靴，没有感到冷，可是许多与会者冷得直打战。我们听从主人的安排，在列宁墓观礼台的第一级台阶左侧站立，周围是社会主义和个别亚非国家代表，右侧主要是西方和亚、非、拉各国代表。安德罗波夫和苏联共产党政治局成员和勃列日涅夫夫人站在我们后上方的列宁墓中央观礼台上。

　　勃列日涅夫的遗体安放在一辆炮车上，被鲜花和黑色及红色的绸缎挽饰围着，身旁站着几十名护卫军官，场面严肃壮观。在勃列日涅夫的棺木下葬在克里姆林宫墙外的墓地之后，我同杨守正大使等步行至克里姆林宫内，进入乔治大厅，参加安德罗波夫的接见。安德罗波夫是苏共的老一辈领导人，是位理论家。我们到达乔治大厅时，安德罗波夫已站在厅的那边准备会见来宾。轮到我时，我按国内指示精神同他谈话。我主要谈了三点，原话如下：一、我代表中国领导人和我本人对列·伊·勃列日涅夫主席不幸逝世表示深切哀悼。他的逝世是苏联国家和人民的重大损失。二、我愿转达中国领导人对您当选为苏共中央总书记表示衷心祝贺，祝您在新的重要岗位上取得巨大成就。三、中国政府和中国人民真诚希望在我们双方共同努力下，中苏两国关系会逐步恢复正常。

　　安德罗波夫紧紧地握着我的手，注意地倾听李凤林同志的翻译后表示，他十分高兴并感激中国党和政府派黄华同志来出席葬礼，相信两国的关系一定会变得友好。我对安德罗波夫讲的几句话确实比别人长，连翻译竟花去了三分钟。全场的人，尤其是媒体特别注意中苏两家的亲切握手和较长时间的说话，而安德罗波夫同其他国家代表的说话时间一般才半分钟。

　　很有意思的是，在我们参加完葬礼返回莫斯科大饭店后，苏方翻译随后也匆匆赶到饭店，要求同我逐字逐句核对我同安德罗波夫谈话的中俄文记录，说是上头要求逐字汇报。这个小小插曲反映了苏联方面尽可能捕捉中方对中苏关系态度的准确信息的认真心情。

　　莫斯科人对我们出席葬礼反应很好，许多普通人打电话给我国驻莫斯科新华社记者，表示赞赏我对新华总社记者的谈话和到莫斯科出席葬仪，并热切地希望中苏关系回到上个世纪 50 年代的日子。新华社驻莫斯科分社为此比平日繁忙了许多。

　　根据苏方的安排，17 日上午中国代表团应邀参观了坐落在莫斯科郊区"星城"的国立加加林宇航训练中心。这个设在莫斯科郊外的宇航中心，是为纪念人类第一位乘宇宙飞船进入太空但后来因车祸逝世的苏联宇航员加加林而命名，是一个不对外开放的保密单位。作为一种特别礼遇，苏方安排我们参观这个中心。我们饶有兴趣地参观了该中心庞大而复杂的设备，看了训练宇航员失重和各种升天和返航操作技术。始终陪同我的是苏联空军第一副司令叶非莫夫空军元帅和其他五位身穿笔挺的军服和胸前挂满各种勋章的将军们。他们高兴地当然也是很自豪地向我们介绍苏联的宇航技术成就。苏联当时的航天技术确实居于世界前列。我在加加林纪念碑前献了花，参观结束时，我表示衷心祝贺苏联科学家的卓越成就，并感谢主人对我们十分友好和热情的接待。

1982 年 11 月 16 日，黄华等参观苏联加加林宇航中心

中苏外长会谈

我这次赴莫斯科的使命是参加葬礼和同苏联新领导人探讨共同努力、消除两国关系中存在的三大障碍、改善两国关系以逐渐实现正常化这一重大问题。我同苏共政治局委员、外交部长葛罗米柯的正式会谈则是我此行的重头戏。这是 20 年来中苏外长第一次直接接触，也是两国关系恶化以来两国外长举行的第一次政治性会谈。

1982 年 11 月 16 日，黄华（左二）等同苏联外长葛罗米柯会谈，左四为我国驻苏联大使杨守正

　　会谈于 11 月 16 日下午在苏联外交部举行。中方参加人为杨守正大使、马叙生司长、王荩卿副司长、李凤林主任，苏方参加人为伊利切夫副外长、贾丕才司长。会谈从下午 4 时开始，至 5 时 50 分结束。

　　会议开始，葛罗米柯首先对我前来悼唁表示感谢并说，很高兴我同安德罗波夫总书记的亲切谈话。他也欢迎利用这个机会举行会谈，讨论两国关系中的一些问题。葛罗米柯说，我同你见面前去见了总书记，同他谈了话，听取了他对这次会谈的指示。我可以负责地代表苏联领导人，代表安德罗波夫表示：我们主张改善中苏关系。听了葛罗米柯的这个开场白，不禁使我对这次谈判有可能打破僵局产生了一线希望。我说赞赏葛罗米柯外长刚才的讲话。我们为了使苏联领导人和广大人民及时了解中国方面对改善中苏关系的热忱和诚意，我作为中国特使行前就此次参加葬礼向新华社记者发表了谈话，并由中国中央人民广播电台向外广播。莫斯科报纸 11 月 15 日已刊登。我对谈话作了简要说明，并特别指出，现在中苏关系举世瞩目，对此猜测很多，针对这种心态，我在谈话中特别强调，希望两国能在和平共处五项原则基础上友好相处，两国关系能够排除障碍，得到真实的改善，并逐步恢复正常化。我的这番话的中心意思是希望中苏关系真正地建立在和平共处五项原则的基础上，而不是建立属于任何其他性质的关系。

　　在会谈中，我重申了改善中苏关系必须消除三大障碍问题。我指出，苏联在中苏边境屯驻重兵，出兵侵占中国的邻邦阿富汗，并支持越南出兵侵占柬埔寨，这些行动对中国的安全构成了现实威胁，是造成中苏关系紧张和对立的症结所在，这都是客观事实。中国提出消除这些障碍的要求是对现存的苏联的威胁作出的正当而自然的反应，这正是真正改善中苏关系和实现正常化的根本所在。我们希望苏联尽快从中苏边境减少和撤退军队，从阿富汗撤军，并劝告越南尽快从柬埔寨撤军，使东南亚恢复和平。总之，中苏关系中积累的问题很多，解决需要耐心和时间，最重要的是需要苏联最高领导人从长远的观点和两国人民的根本利益出发，作出政治决断，消除重大障碍，推动关系发展，逐步实现关系正常化。

葛罗米柯多次发言，阐明苏联对改善两国关系的积极立场。他认为我对新华社记者的谈话是一篇重要的政治声明，很有意义，是一个积极的步骤。改善关系是中苏两国利益的需要，国际局势的发展也要求改善关系，这也完全符合苏联外交政策。葛罗米柯说：他可以负责任地声明，苏联将做一切取决于他们的事情，使苏中关系正常化。改善关系最后能否成功，要靠双方的努力。

在会谈中，我期待他就减少和撤退中苏边界苏军问题作出具体承诺或者有所表示，把磋商引向实际步骤。但是葛罗米柯重视的只是从双方讨论的问题中绝然排除劝说越南从柬埔寨撤军问题，并不重视中方要求的解除来自北、西、南方面对中国安全的威胁问题。葛罗米柯反复强调不应把涉及第三国利益的问题纳入磋商范围，因为人们不应代替第三国作出决定，故应把有关第三国的问题排除在中苏磋商议题之外。他说，如果不能就此问题取得一致，可以先从一些局部问题着手，例如就发展贸易、经济合作、文化交流等具体交往采取步骤，给两国关系增加新的空气，加点温，与此同时讨论各方认为应该讨论的问题。他说，我们能不能把尚不能取得一致的问题放在一边，先来讨论和解决我们目前力所能及的、现实的和取决于中苏双方的问题。

我在发言中指出：我方提出的不是什么涉及第三国利益问题，而首先是消除对我国安全的威胁和消除妨碍两国关系正常化的障碍问题。目前两国关系中存在紧张，部队在边境对峙，在其他边境也存在威胁我国安全的紧张局势，这种情况不改变，即使在贸易、经济合作、文化交流等方面增加一些交往也无益于大局。当然，在双边来往方面有些事可以做，可逐项进行，但这不是决定性的，其意义也是有限的。

在同葛罗米柯会谈将要结束时，我再次强调要从长远眼光和两国根本利益来考虑解决两国关系中的障碍问题，我说：我们把这些关键问题留下来，请安德罗波夫总书记和葛罗米柯外长认真考虑。希望苏联新领导作出政治决断和新的努力，以消除障碍和推动中、苏关系逐步实现正常化。中苏是两大邻国，谁也搬不了家，应该从源头和根本上解决我们两国之间的关键问题。葛罗米柯对我说的这句话表示赞同，但强调说：中国不必害怕苏联。苏联丝毫不会威胁中国。葛罗米柯的这句话不符合事实，完全不适当。我当即对他说：我们不能不担心自己的安全，但也不至于睡不着觉。

虽然如同我们代表团预计的那样，苏联新领导人不会很快从根本上调整对华政策，我和苏联领导人的会晤和会谈不会取得重大突破，但对中国政府派我出席勃列日涅夫的葬礼和主动提出同葛罗米柯会谈，苏方是重视和欢迎的。会谈结束后，从来没有笑容的葛罗米柯向我露出友好的微笑，走了近 30 米的长廊把我们送至电梯旁，握手道别。他的这种表现据礼宾官们说是罕见的。

在与葛罗米柯会谈后的第二天，即 11 月 17 日晚我们离开苏联回国。

漫长的正常化之路

我这次参加勃列日涅夫葬礼之旅，同苏联领导人进行了直接接触，并同葛罗米柯进行了正式会谈，进一步摸清了苏联新领导人对华政策的思路，对如何安排双方对话、共同努力推动两国关系的改善是有帮助的。

苏方对改善对华关系表现了较前积极的态度。苏方虽然断然拒绝劝告越南从柬埔寨撤军问题，但在建议副部长级会谈侧重讨论经济、贸易、文化交流合作等具体协议的同时，双方还可继续讨论中方提出的大问题，算是网开一面，留下会谈余地。在我和葛罗米柯的谈判中，尽管双方难免针锋相对，但态度和气氛是平心静气、坦诚友好的，最后双方同意如期举行新一轮两国副外长政治磋商，都表示将尽力推动磋商取得进展。这些表明，由两国领导人开启的改善两国关系的进程将持续进行。中、苏关系进入了积极对话以求促进双边关系和努力探索正常化道路的时期。

但是，总的说来，苏联方面对勃列日涅夫 3 月份关于改善中苏关系的讲话并没有实质性的准备。虽然葛罗米柯口口声声表示要对力所能及的事做出行动，但未见他提出撤退中苏、中蒙边境的苏军，也未见他要撤出侵阿大军，仍是提出如加强贸易和文化交流之类。在这种政治态度之下，他更不可能允诺劝越南撤军。看来，苏联并没有丝毫改变同美国争夺世界霸权的方针，因而也不可能放弃取得暖洋军事港口等战略，中苏之间关于正常化的对话将是漫长的过程。

安德罗波夫体弱多病，上台仅一年多就于1984年2月9日去世。继位的契尔年科继续执行勃列日涅夫的外交路线和对华方针，中苏政治磋商仍陷僵局。契尔年科也年老多病，上台也仅一年多就于1985年3月10日去世。接任的戈尔巴乔夫在其执政初期，也萧规曹随，在消除三大障碍问题上无所作为。这样，到1986年4月，中苏政治磋商共举行了八轮，历时三年半，双方在关键问题上仍处于"聋子对话"状态，你说你的，我说我的，观点没有交集。每次磋商尽管不是不欢而散，就是无果而终。

在1986年下半年之后，随着执政地位的稳定，戈尔巴乔夫面对日益加剧的内外困境，开始突破前几任领导人对外政策的藩篱，提出外交"新思维"。戈尔巴乔夫外交"新思维"的基本点是：摈弃力不从心的全球攻势战略，逐步实行战略收缩，实际上改变勃列日涅夫上台后实行的与美国争霸和扩张的攻势外交路线。在对华关系上，苏联也开始采取灵活务实的态度，逐渐松动在三大障碍问题上的固执立场。此后再经过四轮马拉松式的政治磋商和两国外长进行互访与多次会谈，双方先后就苏联从阿富汗撤军、削减中苏边境驻军和从蒙古撤军达成共识。消除三大障碍问题中最难的一个，即苏联敦促越南从柬埔寨撤军问题费时费事最多，直到1989年2月6日，中苏两国发表《关于柬埔寨问题的声明》，才最后解决。至此三大障碍问题得到解决，为中苏关系正常化铺平了道路。

1989年5月15日至18日，苏共总书记、苏联最高苏维埃主席团主席戈尔巴乔夫对中国进行正式访问，同中国领导人邓小平举行高层会晤。邓小平用"结束过去，开辟未来"八个字揭开了中苏关系崭新的一页。双方同意在邓小平同志提出的不结盟、不对抗与和平共处五项原则的基础上建立和发展正常的睦邻友好关系。这标志着中苏两国正式结束了长达30年之久的对立和对抗，实现了国家关系的正常化。我作为一名老外交官，看到了中苏两大邻国关系的实质性的发展，感到由衷的高兴。目前，中国同俄罗斯在和平共处五项原则的基础上确立了不结盟、不对抗、不针对第三国的国家关系。几年来，在双方的共同努力下，中俄关系得到全面的长足发展。双方确立了战略合作伙伴关系，签订了睦邻友好条约，并以互让互谅的精神最终解决了历史遗留的边界问题，使睦邻友好和战略伙伴关系在实践中不断充实、加强和提高。中俄建立的新的国家关系符合中俄人民的根本利益，已成为维护和促进世界和平、稳定与发展的一支巨大力量。

我也很高兴地看到，越南于1989年9月宣布越军已全部撤出柬埔寨，1991年越南共产党总书记杜梅访华，这标志中越关系实现正常化，双方在和平共处五项原则的基础上发展睦邻友好关系。

但是，1991年末苏联社会主义制度的解体，让全世界共产党人和进步人士十分痛心。我作为一名老共产党员惊讶和痛苦地看到，在马克思列宁主义思想指导下建立起来的苏联社会主义制度因苏共总书记戈尔巴乔夫解散苏共中央委员会而被摧毁。苏联在苏共中央领导下曾动员全体人民以无比刚毅的精神取得了抗击希特勒法西斯战争的伟大胜利，使人类得到了和平；苏联在共产党领导下曾在十月革命后几十年内取得了经济的快速发展，从一个经济落后的国家变为工业发达并一度跃居为世界第二经济大国；苏联实行了令许多资本主义国家的亿万人民羡慕的制度，如全民就业、全民免费医疗和全民免费教育以及人均近20平方米的住房，等等。在1991年以后，这些成果迅速地消失了。

我常常回味小平同志在1990年说过的几句高瞻远瞩、激励人心的话："在俄罗斯那里有十月革命的光荣传统，有马克思主义、列宁主义的影响，人们还会在演变中比较、反思、鉴别，会得到正确的结论。社会主义因素将来是要起作用的。"

俄罗斯人民是伟大的人民，在历史上曾对人类文明做过许多光辉的贡献。我相信，意志坚强和勤劳干练的俄罗斯人民能找到符合本国情况的发展道路，繁荣昌盛，并成为维护世界和平的重要力量。

第二十一章　同外国议会的交往
出席国际行动理事会年会

当选全国人大常委会副委员长

我在 1978 年 3 月当选为第五届全国人民代表大会代表，1983 年 3 月当选为第六届全国人大代表。6 月，被选为人大常委会副委员长。我国人大每年举行一次全体大会。全国人大代表有将近 3000 名，由各地人民选出，任期五年。全国人民代表大会是我国最高权力机关。全国人大闭幕期间，由人大常委会代行大会职务。根据 1982 年通过的宪法，全国人大常委会有立法权，其重要任务是发展社会主义民主和法制建设。

全国人大作为我国的最高权力机关，审议和批准中央人民政府的工作报告和预决算报告；选举国家主席、副主席；根据国家主席提名，决定国务院总理人选；选举人大常委会委员长、副委员长；选举中央军事委员会主席、最高人民法院院长、最高人民检察院检察长；根据总理提名决定国务院副总理、国务委员和各部委部长。全国人大拥有决定战争与和平问题的权力，有权审议和批准法律和同外国缔结的条约、公约等，并监督国务院、中央军委、最高人民法院、最高人民检察院的工作。我国全体人大代表拥护社会主义，拥护共产党，我国实行一院制。

1982 年通过的我国宪法在 1988 年至 1993 年间有重大的修改，主要是写入了我国正处在社会主义初级阶段，国家的根本任务是根据建设有中国特色的社会主义的理念，集中力量进行社会主义现代化建设；坚持改革开放，把我国建设成为富强、民主、文明的社会主义国家；确立农村中的家庭联产承包为主的责任制以及土地的使用权可以依照法律的规定转让；允许私营经济在法律规定范围内存在和发展，国家实行社会主义市场经济。这些对我国的经济体制的极重要的规定，肯定了处于社会主义初级阶段的我国各种经济成分的法律地位，使他们的活动有法可依。这对解放生产力，发挥广大生产者的劳动积极性和创造性极为有利。

我任副委员长五年期间，参与全国人大全体会议和常委会的立法、视察和其他活动，相当繁忙。常委会在五年中总共举行 25 次会议，每次会议的议程一般有 20 项，会期一周或半个月不等。常委会审议和通过的法律，经国家主席颁布执行。一些重要法律如《森林法》《继承法》《外资企业法》《土地管理法》《义务教育法》等都经过几年的讨论审议才予通过。我国加入 1949 年日内瓦四公约即《日内瓦保护战争受难者公约》的两项附加议定书、加入各国议会联盟和加入《禁止细菌（生物）及毒素武器的发展、生产及储存以及销毁这类武器的公约》和《中日和平友好条约》，都需经人大常委会批准。人大常委会还批准成立中华人民共和国香港特别行政区基本法起草委员会，听取有关政府部门执行五年计划情况，国家领导人出访情况报告和批准驻外大使的任免。

各国议会和议员之间的访问对增进双方了解和友谊，相互交流和借鉴民主法治和治国的经验都十分有益。全国人大的外事活动很多，各国议会议员代表团来访频繁，我人大代表团出访逐年增多。我担任副委员长期间接待了许多来访议员团或议员，也曾率团出席在印度新德里举行的亚洲议员人口和发展论坛大会，率团应邀访问非洲、拉丁美洲和欧洲国家。

访问坦桑尼亚和赞比亚共和国议会

1984 年 12 月，我同全国人大常委会委员段苏权、辽宁省人大常委会主任张正德和浙江省人大常委会副主任陈安羽和丁关根、高尚全、徐晓东等同志应坦桑尼亚共和国和赞比亚共和国议会的邀请对两国进行了友好访问。

我国同坦桑尼亚的议会有多年的交往，坦桑尼亚的国民议会议长曾于1963 年和 1983 年访华。为加强两国人民和议会的友好合作关系，增进两国人民和议会的了解和友谊，我人大于 1984 年首次访问坦桑尼亚。我们一行受到坦桑尼亚议长姆克瓦瓦的热情欢迎和接待。在我们抵达达累斯萨拉姆市当晚，议长举行了欢迎宴会。议长是当地望族的后人，他的祖父姆克瓦瓦酋长是著名的抗英英雄。次日在会谈中，我首先向议长转达了李先念主席和彭真委员长的问候，然后介绍我国宪法和人民代表大会制度，我国当前政治经济情况和改革开放政策，以和平共处五项原则为基础的外交政策，双方就共同关心的国际问题交换了意见。我赞扬坦桑尼亚奉行的不结盟反帝、反殖、反对种族主义和支持南部非洲的民族解放斗争所作的努力和取得的成果，支持坦桑尼亚关于非洲团结统一和建立印度洋和平区、开展南南合作和建立国际新秩序的努力，强调中国作为第三世界的一员，奉行反帝、反殖政策，致力于争取公平合理的国际经济秩序和维护世界和平。

我代表团此次访问正值坦桑尼亚庆祝独立23周年，12月9日独立纪念大会在国家体育场举行。我不由得回想起了1962年我作为中国政府特使曾在这个广场上注视英国国旗降落和坦噶尼喀国旗升起的盛大场面。

10日，曾任坦桑尼亚驻中国大使和时任总理的萨利姆·艾哈迈德·萨利姆会见我代表团，同我们进行了友好的谈话。我们还到丁香之都桑给巴尔去访问，拜会了桑给巴尔的总统和议长，次日我们到达阿鲁沙市访问，参观了外资的汽车轮胎厂，游览马尼亚拉湖野生动物园和火山口动物园。下午返回达市，参观我国援建的纺织厂、农具厂和坦赞铁路。尼雷尔总统亲切接见了我代表团。

14日，我们向为援坦而牺牲的100多位专家烈士墓敬献花圈，会见了数十位援坦工程人员。我代表团同志赞扬他们不怕艰苦，优质地完成工程任务，为中坦人民的友谊作出巨大贡献。他们表示，我们的话对他们是极大鼓励，他们时刻牢记毛主席曾引用过的那句诗："青山处处埋忠骨，何须马革裹尸还。"

我代表团对坦桑尼亚的访问结束时，以人大常委会的名义向坦桑尼亚议会赠送了两辆轿车。

16日，我团到达赞比亚首都卢萨卡，在机场，受到议长纳布里雅托热情的欢迎。他怕我们受热，亲自打着一把太阳伞来接我们。纳布里雅托议长曾于1978年和1981年两次访华，对我团十分热情友好。我们两国建交20年，关系一直很好。在赞比亚议长的欢迎宴会上，我强调称，赞比亚在卡翁达总统领导下国民经济有较大发展，赞比亚在维护国家主权、发展民族经济、提高人民生活的事业中取得了可喜的成就。赞比亚议长在欢迎宴会上盛赞中国取得的经济建设成就，支持第三世界反帝反殖的立场，我讲话表示南部非洲是世界的热点，南非当局实行种族主义政策，阻挠纳米比亚独立，破坏邻国的和平稳定，是南部非洲局势动乱紧张的根源。中国政府和人民赞赏和钦佩赞比亚政府和人民支持南部非洲人民争取解放，为实现本地区和平稳定进行不懈的努力。在同

1984 年 12 月 16 日，黄华率全国人大代表团访问赞比亚，在卢萨卡机场受到鲁宾逊·纳布里雅托议长的热情欢迎。中为段苏权副团长，右一为辽宁省人大常委会主任张正德

议长会谈后，我代表团分别拜会了卡翁达总统和戈马·哈扎外长。为表示对赞比亚受灾人民的关注，我代表团受政府委托向赞比亚政府无偿提供 3000 吨玉米。

我们的日程告一段落后，好客的主人请我们去赞比亚和津巴布韦两国交界的举世闻名的莫西奥图尼亚瀑布（维多利亚瀑布）参观，这是非洲最大的瀑布，落差 120 米，宽 1800 米，声鸣如雷，极为壮观。真是"飞流直下三千尺，疑是银河落九天"。

访问拉丁美洲南端的国家——阿根廷共和国

我率人大代表团在 1985 年 6 月访问了阿根廷共和国。阿根廷于 1972 年 2 月同我国建交，是一个人少地多，资源丰富，工农业都较发达的国家。

应阿根廷参众两院的邀请，全国人大代表团于 1985 年 6 月对该国进行友好访问。我团成员为杨立功、邓家泰、宋林、王厚德等同志。杨迈大使一直陪同和关照代表团。这是人大代表团第一次访问阿根廷，受到东道国议会两院的热烈欢迎，给予我们很高的礼遇。中国的和平外交政策受到阿根廷朝野的赞赏，两国在国际形势和许多重大问题上彼此的看法接近或一致。

我们访问期间受到阿方辛总统的亲切接见。我们还拜会了副总统兼参议院议长、众议院议长、内政部长、最高法院院长和大法官。同议会外事委员会进行了工作会谈，就双方关心的国际问题和发展双边关系交换了意见。阿根廷议长对中美洲局势和外债问题介绍得比较详细。我代表团还同议会各党团、政府有关部门、新闻界、对华友好团体和华人华侨代表进行了接触。我们介绍了我国的外交政策和对重大国际问题的看法，阐明我对内搞活经济和对外实行开放的政策，探讨扩大双方贸易和经济技术合作的方式。

1985 年 6 月 12 日，黄华在布宜诺斯艾利斯拜会阿总统阿方辛

长期以来，我国支持拉丁美洲国家维护国家主权，加强团结，反对强权政治，支持他们提出的建立公平合理的国际经济新秩序的正义主张，得到了拉美国家的良好反应。在访问中，阿根廷各方人士一再感谢我国支持其对马岛主权的要求。国民议会议长感谢中国对孔塔多拉集团为和平解决中美洲问题进行斡旋的支持。他们赞赏我改革开放和维护世界和平的政策，希望我国在国际上发挥更大的作用。他们对中国领导人敢于正视和改正过去的错误和勇于开辟新的发展途径深感钦佩。

当时使阿根廷最为苦恼的是积欠外债过高，达 480 亿美元，人均外债 1600 美元，国内生产总值的 6% 须用于偿还外债，严重影响阿根廷的经济发展。阿根廷正在国内进行经济调整，实行紧缩方针。总的说来，阿方辛政府的经济改革计划是本着量入为出的原则实行改革，但由于各种因素的牵制，难度相当大。

阿根廷政府重视发展同我国的关系,对十亿人口的中国市场寄予很大希望。总统说,只要每个中国人多吃一克牛肉,就可以解决他们的牛肉出口问题。总统和内政部长还提出,阿根廷地多人少,欢迎中国有组织地向阿根廷移民,开垦荒地,保证对中国来的移民无论在法律上还是在政治方面都没有限制,也不会发生歧视。我们代表团觉得这是一个极好的想法,因阿根廷的国土面积相当于我国的1/5,而人口仅有3000万,有组织的移民也可以成为南南合作的一种形式。我们向政府报告这一情况。

由于距离遥远,我们两国贸易额不大,其实,阿根廷在工农业方面有一定优势,在南南合作方面还有许多可扩展的空间,相信在双方的努力下,两国的合作将能更上一层楼。

对墨西哥进行友好访问

1987年4月,我率全国人大代表团应邀赴墨西哥作友好访问。

我代表团的副团长是全国人大常委会委员黄玉昆,团员为人大常委叶林、裘维蕃和山西省人大常委会主任阮泊生,陪同的还有尹作金、班振中、徐少军、徐晓东和吴长胜等同志。驻墨西哥大使馆的黄世康参赞陪同代表团一道活动。

4月6日晨,我代表团拜会德拉马德里总统。我向他转达了李先念主席对他的问候。墨西哥总统也表示请我们转达他对李先念主席的良好祝愿。他对我全国人大代表团的来访表示热烈欢迎,他指出中墨两国在国际问题上有许多共同点,都面临维护世界和平和发展经济的任务。两国关系良好,相互信任,对友好合作充满信心。人大代表团的来访,通过同墨西哥议会和各界人士的交往,定会进一步促进两国友好合作关系的发展。之后,我代表团与革命制度党主席德拉维加共进早餐。其后,向祖国纪念碑敬献花圈。这个纪念碑是为了纪念1847年美军占领墨西哥城时六名少年英勇抵抗美军壮烈牺牲的事迹,墨西哥十分重视对人民的爱国主义教育。我们一行在主人陪同下漫步行至纪念碑前,整理了花圈的绸带,随着悲壮的军号声,肃穆地立正一分钟,表示哀悼和敬意。

因外长在国外访问,副外长罗林茨维克在会见我代表团时表示,墨西哥完全同意中国提出的和平共处五项原则,他认为中国外交政策具有长远的眼光和着眼于未来,其基本特点是尊重别人的权利。他认为现在发展中国家面临的严重困难主要是现存的不合理的国际经济秩序造成的，因此需要南北对话，以建立合理的国际经济新秩序。关于中美洲、东南亚和中东等地区的冲突，由于各方利益的冲突，很难在短时间内获得解决。但国际社会仍应进行不懈努力，以求得一个符合弱小国家利益的、而不是有利于外来势力的和平解决办法，我们在参加墨西哥众议长的宴会后，同参议院议长里瓦·帕拉齐奥进行了第一次会谈。他赞扬中国的外交政策和中墨人民的传统友谊，强调议会外交对推动两国各方面关系的发展发挥重要作用。他说，议会外交是人民代表之间交往的好方式，不但有助于增进两国人民和政府间的相互了解和友谊，而且是两国国家领导人交往的辅助和补充。他相信，中国人大代表团的来访将为两国议会和各界人士的相互了解和合作作出贡献，对两国关系的发展将起积极作用，双方介绍了各自议会的职能，我们还简要地介绍了我国经济形势和改革开放的情况。

1987 年 5 月 6 日，黄华（中间左一）率团访问墨西哥。图为中墨两国议员进行会谈

众议长主持的欢迎宴会十分独特和活泼，他先让刚访问过中国的议员一一发表访华观感后才致欢迎词。这些议员带着真挚的感情，用生动的语言赞扬中国的发展，人民生活水平的提高，人民真诚好客和不隐瞒缺点，领导人谦虚可亲。他们一致认为他们在中国受到的款待很富人情味。

我们同墨西哥议会进行了第二次会谈，我回答了墨西哥议员提出的一些问题，如中国现在是否还存在民族资产阶级、商品经济同社会主义是否有矛盾、中国工人的社会保险情况如何，经济特区的情况如何等。墨方谈了议会如何对政府进行监督，拉美国家如何处理债务等问题。关于债务问题，墨西哥积极参与和支持卡塔赫纳集团的立场，同拉美其他十国要求债务国和债权双方共同承担责任，重新安排外债和筹措新资金，发达国家应采取种种措施，包括取消关税壁垒，扩大在发展中国家的投资，帮助发展中国家恢复经济增长，提高支付能力等。墨西哥坚持对话而不是对抗，结果债务得到重新安排，墨西哥经济有了恢复和增长。

墨西哥前总统埃切维利亚是 1972 年决定墨西哥同中国建交的功勋政治家，他在家里设宴招待我们，气氛亲切热烈。一位工业家客人在宴会中表示，墨西哥是很大的玉米消费国，每年需要 1400 万吨，但不能自给，中国是玉米生产国，如果愿多生产白玉米，可以大大增加同中国的贸易额，墨有些先进技术和装配技术，可把中国生产的部件运到墨西哥加工、装配后再出口欧美国家。

墨西哥参议长和夫人曾应邀访华，对中国印象极好，众议长也提出访华的愿望，我代表我国人大常委会向他发出口头邀请。

访问秘鲁共和国

1987 年 5 月我和黄玉昆、叶林、裴维蕃组成的人大代表团访问了墨西哥和哥伦比亚之后，在我驻秘鲁大使杨迈的关照陪同下于 18 日到秘鲁共和国访问。秘鲁是关于 200 海里承袭海权利的最早倡议国，我国也是最早支持这一倡议的国家。1971 年 11 月 2 日，我同秘鲁驻加拿大大使德拉富恩特在渥太华签署了中秘建立大使级外交关系联会公报及有关问题的换文。建交之后，两国关系良好，高层人员互访也较多。

秘鲁人很好客，秘鲁参众两院对我代表团十分热情友好。我们到了利马市的第二天，原来安排是向独立先驱纪念碑献花圈和总统会见等节目，但不巧的是，首都的警察在罢工。因怕客人的安全没有保证，所以临时决定推迟日程。但是 18 日晚上华侨和华人代表 200 多人设盛宴招待祖国远涉重洋来访的亲人的安排未变，他们的青壮年主动担任保镖，所以中国议员代表团的安全没有问题。我即席讲话，介绍国内的发展情况，也勉励侨胞遵守当地的法律，同秘鲁人民友善相处，为增进中秘人民的友谊作出贡献。华人对这席话觉得很亲切。

旅秘华人多是广东、福建一带漂洋过海来秘鲁的，多从事餐饮业。他们把中国餐馆叫 chifa（吃饭），把中国的餐饮文化从烹调技术到名称一股脑带到了秘鲁。

19 日，虽然市面上有些混乱，但秘鲁的参众两院仍按原定计划为我代表团举办欢迎招待会。众院议长费利克斯·奥斯卡·莱昂·德·利维罗是一位可敬的长者，代表国会授予我秘鲁国会二级荣誉勋章（一级勋章授予国家元首）。众议长在仪式上说："中国人大代表团的来访具有历史的、文化的和精神上的重要意义。中秘两国有着传统的兄弟情谊，两国都需要相互合作，希望中秘友好合作像长江后浪推前浪那样不断地向前发展。"秘鲁参议院代议长（议长在国外治病）、外长、参众议员、前外长和大使以及各界知名人士 100 多人参加了给我的授勋仪式和招待会。之后，秘鲁第一副总统、参院外委会主席桑切斯会见了代表团。桑切斯说两国虽然距离遥远，但太平洋把我们连接在一起。太平洋是世界的未来。太平洋将决定未来世界的命运。两国应共同努力，发展合作，促进世界和平与繁荣。中国有着辉煌的过去和伟大的将来，秘鲁非常珍视同中国的友谊。我在讲话中感谢秘鲁议会对我的褒奖，我理解这是秘鲁人民对中国人民的真挚友谊的表现。中秘两国议会和政府间的友好合作取得了令人满意的发展，在当前形势下，发展南南合作有利于促进国际经济新秩序的发展。

1987 年 5 月 21 日，秘鲁众议院议长费利克斯·奥斯卡·莱昂·德·利维罗为中国议会代表团举行招待会

接着，秘鲁参众两院分别举行了一个多小时的欢迎大会。秘鲁的议长议员们发表欢迎词，热烈赞扬中国对人类历史的伟大贡献和当今的巨大变革，称赞中国人民摆脱外国控制，取得独立和主权；中国人民有勇气，领导人有远见。执政党代表发言说，毛泽东开创人民中国的功绩不可抹煞。左联议员说邓小平使中国进入了新的历史时期。代表右翼的基督教人民党议员说：尽管他们不赞成共产主义，但在和平共处五项原则和维护世界和平方面，与中国立场是一致的，中国出色地应用了求同存异的原则。

我在两院大会上较详细地阐述了我国的外交政策和我国实行改革开放搞活经济的情况，强调我国愿进一步发展同秘鲁在各个领域的友好合作关系。

21日至22日，我们到秘鲁北部洛雷托省的伊基托斯市参观访问。这是世界上流域最大的亚马孙河的上游和热带雨林区，土地肥沃。在这里可以看到极茂密的森林、各种奇花异果、全身只有20公分高的小型猴子和在树枝上极缓慢地爬动的身长一米的大蜥蜴。我们访问了当时的印第安人和一些处于贫困中生活的人们，感到发展中国家脱贫问题甚为艰巨。这次参观伊基托斯市等于让我们也看到巴西的大部分地区，因为巴西大片国土的自然环境同秘鲁完全一样。陪同参观的伊基托斯市市长希望中国派水稻专家帮助那里培育良种和传授耕作技术。我表示中国将尽力同秘鲁合作。

根据代表团成员农业专家裴维蕃的建议，我们去利马附近的马铃薯和豆类研究所参观。秘鲁是马铃薯的原生地，马铃薯现在已成为全世界人民餐桌上不可缺少的主副食。豆类是世界各国人民的主要食品，研究所收集的野生马铃薯和豆类品种甚为丰富，种质基因库的设备也较为先进。研究所就在高耸入云的安第斯山的脚下，在这里我们看到农民赶着驼羊准备上山。这种动物是南美洲特有的长相可爱又耐劳的牲畜。

20日，警察罢工结束，他们的增资要求经谈判取得了满足，他们正在围着总统府高呼总统万岁。这一天，总统、总理和外交部长分别会见我们一行。会见中我高度评价秘鲁在国际和拉美事务中所起的积极作用，希望双方探索发展经贸、科技合作的新途径。秘鲁总统十分重视中国的政治经济的进步和改革，并说中国领导人有能力领导人民沿着正确的方向发展。

秘鲁总统说，他去年访华时对中国人民富有创造性、集体观念和团结精神备感钦佩，感谢中国在国际货币基金组织中对秘鲁的支持。并表示中国政府所赠予的500辆自行车在秘鲁得到很好的利用。

　　四次热情出席我代表团活动的秘鲁外长在谈话中感谢中国对孔塔多拉和利马集团在拉美事务中的支持。秘主张苏、美势力都应撤出中美洲。外长对中国在债务问题上对秘鲁的支持表示感谢，他认为秘鲁用出口的 10% 归还外债是总统的重要举措，这意味着秘鲁决心维护主权，独立自主地对债务问题作出决定，因而取得主动。过去决定权是掌握在国际金融机构和外国私人银行手里的。

　　秘鲁人绝大多数信奉天主教。在西班牙人到来后，为了推行天主教曾对异教徒进行迫害，根据执政的阿普拉（人民）党人、秘鲁众议长的建议，我们参观了在拉美唯一保留下来的宗教裁判所的行刑室。在那里我们看到各种可怕的刑具，残酷折磨异教徒的景象浮现在我们眼前，阴森恐怖。我真没有想到，殖民者把欧洲中世纪最黑暗的统治方法也搬到了拉丁美洲，遭人痛恨，怪不得波里瓦尔在横扫南美洲打到秘鲁时，能够摧枯拉朽，使殖民主义军队和政权一下子就崩溃了。

　　23 日，参院议长刚从美国治病回来，即举行家宴款待我们一行。众院议长、第一副总统、内定下届参议长、外长、利马市长和议会主要党派的头面人物 50 多人出席。我向他转达了彭真委员长的问候，参议长高兴地告诉我，他已定于 6 月 20 日访华。

　　我们一行怀着对秘鲁议会、政府和人民的深刻的良好印象离开利马市回国。我们向全国人大常委会报告了拉美之行，许多人大代表都表示我人大代表团的访问把我国和拉美的距离拉近了。

参加国际行动理事会年会

　　1983 年，30 个国家的前国家元首和政府首脑聚集在一起开会，决定成立一个国际非政府组织，对重大国际问题进行讨论并向有关方面提出建议，这个组织定名为"INTER ACTION COUNCIL"，中文译为"国际行动理事会"。多年来，该组织推选日本前首相福田赳夫为名誉主席，联邦德国前总理赫·施密特为主席。我被邀请为其政策局成员，数年后该政策局被精简，其成员作为特邀来宾出席每年的年会，享有正式成员同等的待遇。理事会成员来自西方国家和亚非拉国家。从言论看，他们多属于开明派或社会民主党人。两三天的会议结束时，由大家通过一份决议，供联合国和各国政府参考。

理事会讨论的问题相当广泛，包括政治、经济、金融、军事、社会、国际人权、国际人类责任、环境、人口等问题。全部用英文发言，使用本国文字时自带译员。由于成员都是七老八十的长者，绝大多数是男士，他们诙谐地称这个组织为"Old Boys Summit"，中文译为"老男孩峰会"。

经中央批准，从 1985 年起，我出席了该组织的十次政策局会议和年会。我参加了在巴塞罗那、巴黎、东京、吉隆坡、莫斯科、华盛顿、布拉格，墨西哥附近的古城格列塔罗、上海、德累斯顿和第二次在东京的年会。

这十年正是我国改革开放已显成效的时期，与会者对中国情况很感兴趣，我的介绍使他们惊奇地知道，中国的经济体制改革已经沿着社会主义市场经济的轨道在运行，中国的 GDP 增速较快较稳的原因是：我国人民勤劳、奋发图强，并且虚心地学习人类文明的优秀成果；以优惠政策吸收外资和引进先进的技术和管理学；我国在和平共处五项原则基础上实行全方位的外交，以争取良好的国际和平环境。理事会主席赫尔穆特·施密特常向我表示，他高度赞扬邓小平对中国改革开放的理论和实践所作的贡献。

1989 年 5 月，在华盛顿出席国际行动理事会年会期间，施密特说："都七老八十的了，随便坐下来说说话吧。"

1993 年国际行动理事会在上海举行年会，受到中国中央政府和上海市政府的热烈欢迎和接待。朱镕基副总理出席会议并讲话，他介绍了我国改革开放以来的成就和我国和平睦邻的外交政策，他坦白地说了我国目前存在的困难和问题。会后我国政府用专机请全部成员和随行人员约 80 多人到北京同江泽民主席会见，江主席同理事会成员亲切会见。与会者都看到中国的兴旺发达和富有朝气的景象。

　　1993 年 5 月 13 日至 16 日，国际行动理事会第 11 届年会在中国上海举行。图为朱镕基副总理同理事会与会者合影

　　理事会成员的亲属们听说会议要在上海举行，乐意随行，看看中国是什么样儿。理事会主席施密特的夫人汉娜洛尔利用男士们开会的时间，抱着去崇明岛观看候鸟的愿望，由接待同志陪同，到上海郊外游览。她高兴地看到公路两旁大片的稻田葱绿齐整，像地毯一样，稻田周围则是三层楼高的农民房屋，白墙黑瓦，一片和谐和富裕景象。她很欣赏中国人民的勤奋精神。哥伦比亚前总统的公子安德烈斯·帕斯托拉纳先生十分赞赏上海的繁荣和周到的服务。此前，他曾被人在哥伦比亚绑架，因而平日由多名近身保镖随从。在上海，他尤其高兴的是，他不需要警卫人员拥戴出入，而是可以同他母亲一道自由地到上海各处参观和休息。几年后他当选为该国总统，并于 1999 年 5 月对中国进行正式友好访问。他常提及对上海和中国其他地区的良好印象。

　　国际行动理事会的名誉主席福田赳夫先生是一位享有很高国际声誉的资深政治家，他对中国满怀友好的感情，在他任内阁总理时促成了《中日和平友好条约》的签署和批准，使两国关系朝着深广领域发展。他卸任后积极投入国际关于人口问题、环境保护、裁减军费、防止饥馑和预防艾滋病、增加对穷国官方发展援助等事业，极力想通过国际行动理事会的公报向各国政府、联合国系统和各非政府组织推动上述事业。他抱病勉强出席了 1995 年的东京年会之后不久，即与世长辞，享年 90 岁。理事会成员们在惋惜这位长者逝去的同时，决心要继承他的遗愿，使世界走向美好的未来。理事会选举施密特任名誉主席，特鲁多任主席。

长期担任会议主席的赫·施密特是一位对当今欧洲和世界政治局势问题具有深邃观察和见地的德国政治家，他的发言总是内容丰富、深入浅出、逻辑性强，又有众多事实支持。他多次应邀来华演说，他的著作有几本被译成中文，我一向喜欢拜读他的著作，从中受益匪浅。施密特在国际行动理事会曾极力主张由联合国通过一个关于人类责任的国际宣言，他认为只有国际人权宣言是不够的，国际局势纷乱，许多是出于不负责任的人的动机和认识。我当然完全赞成此议，因为只有人的权利而没有责任和义务，这个国际规范是不完整的。

施密特还是富有正义感和敢于直言的人。1995 年 5 月，当理事会在日本东京举行年会时，他在最后一天会议上当着海部俊树、宫泽喜一两位日本前首相、与会者和几十名日本记者之面说："最近澳大利亚总理向日本建议，日本应该以政治大国的姿态出现，领导亚洲事务。我认为，日本要成为政治大国必须首先在政治上取得亚洲各国人民的信任，否则，国际上就没有人相信你。没有朋友，怎能担当亚洲的政治大国呢？"

他说："日本在一个多世纪来，不断侵略亚洲其他国家。在侵吞朝鲜和台湾后，它于 1931 年侵占中国的东北，1937 年大举侵略中国，1941 年侵占印度支那、缅甸、马来亚、新加坡、菲律宾、印度尼西亚和香港，犯下极严重的战争罪行。因此，日本政府应该以书面形式正式地向各被侵略国道歉，并处处表示诚恳悔过，这样才能取得亚洲国家的信任，可以放手成为亚洲的政治大国。我这样说是因为我曾担任战败国德国的总理，我有资格说这个话。德国政府在二战后以正式的文件向所有被侵略的欧洲国家进行道歉，德国领导人诚恳参加各种谢罪活动。现在德国是欧洲各国的朋友和合作伙伴，互相信任。"

第二十二章 接力宋庆龄的事业
和岭南学人共事

中国福利会

　　中华人民共和国名誉主席、孙中山夫人宋庆龄，在伟大的一生中对中国人民的革命事业的贡献是多方面的，而她一贯倾注巨大精力和心血的少年儿童的教育和福祉事业是她的主要业绩之一，正如她自己所说的："我的一生是同少年儿童的工作联系在一起的。"

　　全民族抗战开始后，宋庆龄在周恩来的支持下于1938年6月在香港建立了保卫中国同盟，向全世界宣传抗日，同时向国际国内爱好和平民主的人士募捐物资、救助难童，将医药、器械等运往抗日前线。当时保盟的负责人有贝特兰、邓文钊、陈乙明、爱泼斯坦、海弥达·克拉克和诺曼·法朗士等人。由于宋庆龄的威信很高，感召力强，她倡议的事宜得到香港人士的响应和支持，香港首富罗勃特·何东爵士即为保盟慷慨捐献，香港圣公会主教何明华也积极支持保盟的活动。在抗战最艰苦困难的时期，她领导保盟高举中国抗日民族统一战线和国际反法西斯统一战线旗帜，团结广大国内人民、国际友人、港澳同胞、爱国侨胞，从道义上、物质上支援中国人民的抗日战争。保盟将大批药品、设备、保健食品、毛毯、被服等，源源不断地输送到抗日前线，重点支援没有其他援助来源的八路军、新四军。保盟同时募集资金与物资，救济深受战乱灾祸的儿童。保盟编辑出版了《保盟通讯》（英文版），向国外报道中国抗战的真实情况和前线军民急需医药物资的情况。

　　1941年12月，日军侵占香港，宋庆龄转移至重庆，继续领导保盟同许多国家援华团体与友好人士保持密切联系，给抗日民主根据地军民募集捐款和医疗器材。

抗战胜利后，保盟改名为中国福利基金会，迁至上海，争取国内外同情中国人民的朋友支持解放区的战后重建，为全国解放和新中国的诞生而不懈奋斗。同时，宋庆龄开辟了儿童文化教育和福利事业，在简陋的条件下创办了儿童福利站、儿童剧团等。基金会常举办义演义卖等募捐活动，用所得款项救助贫苦儿童，赈济灾民，援助贫病作家和艺术家，并积极迎接上海解放。

新中国成立后，中国福利基金会改称中国福利会，在妇幼保健卫生、儿童文化教育方面进行实验和示范工作。1952 年宋庆龄荣获斯大林和平奖，她把 20 万元奖金全部捐给中国福利会。在政府和社会人士的支持下中福会各项事业蓬勃发展，在人民群众中开展妇幼保健工作、开拓儿童教育新园地、创作演出优秀儿童剧、编辑出版少儿杂志以及开展国际宣传等方面，都取得出色的成就，发挥了实验性、示范性作用，为祖国缔造未来的宏伟事业作出了积极贡献。根据宋庆龄指示，中福会还开展了科学研究工作。因为中福会的竭诚服务的精神和实际工作效果，使之在上海及华东、华中地区的群众中享有很高的声誉。

在改革开放新的历史时期，中福会各项事业不断发展，再创辉煌。但是万分不幸，宋庆龄在 1981 年 5 月 29 日逝世。继任中福会主席的是廖承志同志。可是 1983 年 6 月 10 日，廖承志同志因心脏病突发，猝然辞世。中国福利会工作人员在上海市政府的领导下继承宋庆龄的遗志继续奋力工作。

1988 年 6 月，第五届中福会执委会选我为主席。经执委会一致同意，确定中福会的方针为：加强实验性、示范性和科学研究，发展国际交往与合作。

我早就十分崇拜宋庆龄，对她领导的中福会事业非常赞赏。在为《宋庆龄与中国福利会》一书所写的序言中，我写道："宋庆龄在中国抗日战争最艰苦最困难的时期，于 1938 年 6 月在香港创建保卫中国同盟（中国福利会前身），打开了中国共产党领导下的敌后抗日根据地面向世界的通道，壮大了中国抗日民族统一战线的力量。这是她伟大一生中最重要的贡献之一。1935 年，平津地区学生发起了抗日救亡运动。当时我还是燕京大学的学生。我们目睹日本军国主义侵占东北三省，妄图侵吞华北五省和平津，而国民党政府却采取不抵抗主义，中华民族到了最危急的关头。我们这些青年学生怀着对国家、民族的命运和前途的无比担忧，不畏白色恐怖，高举抗日救亡的大旗，向平素十分景仰的孙中山夫人宋庆龄写了一封信，希望得到她对青年学生爱国行动的支持和指示。不久，通过在燕京大学任教的美国记者埃德加·斯诺和美国女作家史沫特莱转来了宋庆龄坚定的声音——'行动,最重要的是行动!'在党的领导和她的激励下,平津爆发了一二·九运动和一二·一六学生运动,并迅速在全国掀起抗日的波澜。我在陕北接待过的一大批国际友人——埃德加·斯诺、海伦·斯诺、马海德、路易·艾黎、汉斯·米勒、詹姆斯·贝特兰、伊·爱泼斯坦、谢伟思……都是首先认识宋庆龄,然后支持和参加她创建与领导的保卫中国同盟的工作的。"

新中国成立后,我任中共上海市委委员和军备会外事处处长,常有机会同当时在上海居住的宋庆龄同志见面,曾陪她会见外国官方人士,对宋庆龄领导的中福会事业也较关注。让我担任中福会主席,接过宋庆龄留下的事业,我感到十分荣幸,责任重大。

1988年6月,在欢庆中福会成立50周年的热烈气氛里,中福会第五届执委会在北京举行。会议选举全国政协副主席、全国妇联名誉主席康克清担任中福会的名誉主席。我作为中共中央顾问委员会常委、原全国人大常委会副委员长担任主席。爱泼斯坦、李储文、梁于藩、杜淑贞、鲁平、许德馨等同志任副主席。这一届的执行委员人数之多,为历届之最,他们来自中央和上海市党和政府有关部门与人民团体,显示了执委会的广泛性和代表性。执委会确定,中福会以继续贯彻全心全意为妇女儿童服务的宗旨,在妇幼卫生保健、少年儿童文化教育领域内开展工作,立足上海服务全国,面向世界;更紧密地配合社会主义现代化的目标;高标准、高质量地办好现有的事业,不断取得新的成果。

中福会的任务首先是大力宣传宋庆龄的伟大精神和业绩,以她的思想、道德和品质来教育我国的少年儿童。她是20世纪中国最伟大的女性。无论在革命或建设年代,她都发挥了特殊的、别人无法替代的作用。邓小平高度赞誉宋庆龄,称她为国家的瑰宝。她对中国人民的革命事业始终忠贞不渝,信仰共产主义,于1981年光荣地加入中国共产党。她在危险面前从不畏惧。当1922年陈炯明叛变革命,时任非常大总统孙中山的生命处于极度危险时,怀有身孕的宋庆龄央求孙中山率警卫队先行离开危险区,她说:"中国可以没有我,不可以没有你!"在1927年蒋介石叛变革命,全中国陷入一片白色恐怖之中时,她像一个屹立的巨人,高擎革命大旗,坚持孙中山的联俄联共扶植工农的三大政策,始终不遗余力地为中国人民的革命事业取得胜利而奋斗。

同中国福利会的战友们访问海南省文昌市宋庆龄纪念馆。自左至右：梁于潘、鲁平、黄华、爱泼斯坦、李储文、许德馨

中福会举行一系列纪念宋庆龄的活动：1993 年 1 月 20 日，在北京人民大会堂举行纪念中华人民共和国名誉主席宋庆龄诞辰 100 周年大会，江泽民、李鹏、万里、李瑞环、胡锦涛等出席。江总书记发表了长篇讲话。1 月 18 日，吴邦国等出席了在上海举行的纪念大会，陈至立同志作了感人至深的讲话。中福会还联合有关单位，举行了一系列宋庆龄思想学术研究会。

1991 年，即在宋庆龄逝世后十年，1938 年任中国保卫同盟中央委员和一直任中福会顾问的伊斯雷尔·爱泼斯坦同志受宋庆龄生前委托和得到中福会大力协助，写就的《宋庆龄——20 世纪的伟大女性》一书出版问世，受到广大读者的热烈欢迎。爱泼斯坦的精心巨作再现了宋庆龄的伟大精神和业绩，是宣传宋庆龄的极佳作品，爱泼斯坦同志的辛勤劳作是对弘扬宋庆龄精神和业绩的不可磨灭的贡献。

中福会的工作班子是一个作风良好、着力实干和团结奉献的集体，在执委会的领导下，制定了到 20 世纪末的奋斗目标：把中福会建设成在我国妇幼卫生保健、儿童文化教育领域具有一流水平的、以科学研究来指导事业发展的、与海内外广泛联系的人民团体。中福会的整个集体决心"高举宋庆龄创建的中国福利会这面旗帜"，珍视中福会这一中国的宝贵财富，继承发扬宋庆龄的传统，形成具有鲜明特色的中福会，不流于一般。

宋庆龄以慈母般的胸怀关心我国的儿童，妇幼保健卫生、儿童文化教育是宋庆龄伟大光荣的一生中最引为自豪的事业之一。少年儿童工作是中福会的中心工作。我在《人民日报》以《宋庆龄为新中国奋斗的一生》为题发表专文，颂扬宋庆龄把儿童看做世界之宝、人类的花朵、革命的未来、祖国的希望。我引用了宋庆龄的名言："有些事是可以等待的，但少年儿童的培养是不可以等待的"，"我的一生是同少年儿童工作联系在一起的"。今天我们可以告慰宋庆龄同志在天之灵的是，她亲手创建的中国福利会在众多少年儿童工作者和妇幼保健工作者的努力下，取得了卓越的成绩，更加繁荣发展。

在具体工作方面，中福会首先在上海建立一些幼儿园。宋庆龄热爱儿童，关心儿童，因此建设一所以她的名字命名的具有良好设施和先进教育水准的幼儿园，具有特殊意义，完全符合新时期在学前教育方面创造新经验的需要。这些幼儿园建成了，江泽民同志在担任党中央总书记后，欣然为"宋庆龄幼儿园"题写了园名。

成立于1982年的上海宋庆龄基金会是中福会的姊妹单位，基金会主席汪道涵在幼儿园落成仪式上为园名揭牌。我在讲话中要求宋庆龄幼儿园努力创建一流水平，成为培养社会主义现代化建设人才的摇篮。

其次，我们尽量使国际和平妇幼保健院更加现代化。1992年，中福会成功地为国际和平妇幼保健院争取到日本政府无偿援助的一亿五千七百万日元的医疗设备。在这过程中，特别得到宋庆龄日本基金会武田清子等朋友的热心帮助和促成。经李储文副主席的努力，马来西亚籍华裔、嘉里集团董事长郭鹤年先生捐助了1000万元人民币。1994年，一幢总面积为7700平方米、备有160张床位的现代化妇产科大楼建成投入使用，并以郭先生母亲郑格如女士的名字命名为"格如大楼"。

再次，中福会围绕提高儿童素质，开展了学前教育、校外教育和儿童文化工作。中福会少年宫、儿童艺术剧院和少年儿童杂志在这方面做了许多出色的工作。宋庆龄历来倡导要把最好的东西给予儿童，但同时指出，儿童不能只享受幸福，更重要的是善于学习，掌握本领，为社会、为祖国做有益的事。要提高儿童的素质，培养他们有理想、有道德、有爱心、诚实、勇敢、热爱劳动和富有集体主义精神。

宋庆龄是新中国校外教育的开创者，她亲自创立的中国福利会少年宫既是引导孩子热爱科学和艺术的摇篮，也是培养少年儿童良好素质的实验园地。我到上海时总要去少年宫看看，同时我也尽量介绍来访的外国朋友去少年宫观看孩子们的表演，去参观少年宫的人都留下深刻印象。

邓小平同志 1984 年 2 月 16 日给少年宫的儿童计算机活动中心题词："计算机的普及要从娃娃抓起。"根据这个精神，少年宫大力开展电脑普及活动。1988 年，香港实业家叶仲午先生捐赠了约六万五千美元的电脑设备。1997 年，英特尔公司又以该公司的先进产品与少年宫合作建立了英特尔小伙伴工作室。到 1994 年，全市已有两万名中小学生参加了计算机知识竞赛。

随着改革开放政策的实施，中福会努力开创国际儿童文化交流的新领域。少年宫小伙伴艺术团成为国际儿童文化交流的使者。他们先后出访美国、日本、朝鲜、韩国、英国等国家和香港、台湾、澳门等地区，以绚烂多姿、富有中国各民族特色的儿童音乐舞蹈感染了无数海外朋友，播撒着和平友好的种子，展示中国社会主义一代新人的精神面貌。

1995 年 10 月 29 日至 11 月 4 日，应韩中友好协会会长、韩国锦湖集团总裁、友好人士朴晟容先生的邀请，我和许德馨秘书长带领中国福利会代表团访问韩国，进行友好交流，小伙伴艺术团随行。朴先生十分崇敬宋庆龄，非常关心宋庆龄创办的儿童文化教育福利事业。在上海我们一起访问中福会少年宫时，朴先生慷慨捐赠名牌钢琴和资金，鼓励中福会的儿童艺术教育事业。

值得特别介绍的是中福会在 1994 年以来四次举行上海国际少年儿童文化艺术节，使国际儿童文化交流活动规模更大、水平更高。

1994 年 7 月 23 日，上海国际少儿文化艺术节开幕。来自 22 个国家和地区的四十四个团队以及国内各省市 30 个观摩团计 1200 余人，包括海外来宾675 人，与上海市百万少儿一起，参加了开幕式和闭幕式，观看了 40 多场文艺演出，欣赏了不同国家和民族的灿烂的艺术。

中福会的工作在近几年开拓了新的阵地。由医生、护士、教师和文艺工作者自愿报名成立的志愿队到革命老区、少数民族和边远地区如安徽的金寨、内蒙古的呼伦贝尔市和海南文昌等地开展了文化、卫生扶贫工作。

中福会还设立几项奖金，如宋庆龄樟树奖和宋庆龄奖学金，使全国 30 多个省、自治区、直辖市上千名优秀中小学生受益。

中共中央政治局常委、时任国家副主席胡锦涛在第三届宋庆龄奖学金颁奖仪式上代表党中央、国务院向获奖的小朋友祝贺。他指出，全党、全社会都要从党和国家前途命运的高度，切实重视少年儿童工作，把少年儿童培养成新世界社会主义事业的合格建设者和接班人。

1998 年 6 月 14 日，是宋庆龄创立中国福利会 60 周年纪念日。中福会决定在它的诞生地香港举行系列纪念活动。6 月 12 日晚，在香港华润大厦第五十层楼大厅隆重举行了纪念招待会。招待会由中福会副主席李储文主持。香港特别行政区行政长官董建华，新华社香港分社副社长郑国雄、朱育诚，外交部驻香港特派员公署特派员马毓真等出席。来自北京、上海和香港的各界代表，香港特别行政区政府官员，保盟时期的工作人员和后人，在港的全国人大代表、政协委员，支持中福会事业和祖国内地社会经济文化发展的老朋友，外国驻港领事馆官员，宋庆龄生前亲友共 200 余人出席了招待会。

宋庆龄在中华民族抗日战争最艰苦的时期，于 1938 年 6 月在香港创建保卫中国同盟，让全世界都能了解抗日最前线的真实情况，从而壮大了中国抗日的力量。这是她伟大的一生中最重要的贡献之一。这也是香港人民与祖国血肉相连、生死与共的最有力的例证之一。

2000 年，我因年老力衰，提出不再担任中福会的领导的要求。如今，中国福利会在新任主席胡启立同志领导下，继承和发扬宋庆龄倡导的全心全意为妇女儿童服务的思想，立足上海，服务全国，面向世界，开拓创新，使中福会的各项工作更上层楼。

在宋庆龄基金会的工作

为纪念 1981 年去世的国家名誉主席宋庆龄，1982 年 5 月在北京成立了宋庆龄基金会。宋庆龄基金会的宗旨是：继承和发扬宋庆龄毕生致力的少年儿童文教、科技和福利事业，促进少年儿童身心健康发展；增进国际友好，维护世界和平；实现祖国统一。第一届主席是邓颖超同志。

我早年即尊敬宋庆龄同志，她高风亮节，一直站在人民革命事业的前沿。我很荣幸于 1992 年 5 月被选为宋庆龄基金会第二届主席并连任第三届主席。根据宋庆龄的遗愿和我国当时的实际需要，结合基金会的宗旨和外向型的工作定位，我提出了"开门办会"的工作方针，即广泛利用国内外的社会力量，依靠国内外友好团体和人士的支持、帮助，推进基金会的各项事业的发展。同时开展国际友好交流，加强同世界各国人民的友谊和合作。

宋庆龄基金会有 60 名工作人员，分管宣传、对外联络、基金和少儿活动等几个主要部门。基金会下面设有宋庆龄故居管理处。故居是清末代皇帝溥仪出生的硕大王府。在故居的正厅里长年展览着宋庆龄和孙中山的生平活动和业绩，他们使用过的实物和书信手稿等珍贵文物。故居是向公众开放的参观点，众多国内外的游客、学者、市民常来参观，节假日来参观的中外游客尤其多。故居的广阔花园草地和会客厅是基金会举行同中外客人会见、游园和北京市少年儿童活动的良好场地。

为纪念宋庆龄，日本、美国和匈牙利也建立了友好组织。宋庆龄日本基金会建立最早，宇都宫德马任会长，武田清子任理事长、久保田博子为事务局长。宋庆龄日本基金会对我会工作的支持和帮助最为突出。

继续不断宣传宋庆龄的业绩是基金会的主要任务。宋庆龄是中国 20 世纪最伟大的女性，也是世界上知名度最高的女性之一。宋庆龄基金会利用多种渠道和方式宣传宋庆龄。基金会领导人会见来访客人、同国际组织代表会面和到国外访问时都注重宣传宋庆龄。她的知名度很高，但有些人尤其是年轻人未必了解她的多方面的成就，所以不断地向不同的对象宣传增进人们对宋庆龄的伟大之处的了解是基金会的一个重要和长期的任务。基金会编写的许多关于宋庆龄的书刊对于人们了解宋庆龄起到良好的效果。同宋庆龄有长达 50 年友情的著名作家、基金会副主席伊斯雷尔·爱泼斯坦受宋庆龄生前的郑重委托，于 1992 年写成出版的《宋庆龄——20 世纪伟大女性》一书是一部 50 余万字的关于宋庆龄的伟大一生的翔实传记，中文译本也同时出版，是宣传宋庆龄的极可贵的著作。

基金会继承宋庆龄的伟大爱国者的精神，在她母亲般的博大胸怀的感召下，关注着培养教育下一代的事业。基金会利用节假日少年儿童到故居参加活动和组织夏令营活动期间，教育孩子们提高德智体美劳的水平，提高文明程度，远离烟酒毒品和犯罪，并为反对吸烟征集了 150 万少年儿童的签名。基金会与中国福利会保持着密切的合作互助，中福会被宋庆龄基金会尊为大姐，我们十分重视学习和借鉴中福会的经验。

基金会为扶贫支教不遗余力。我国自改革开放的新时期起，经济和社会领域的发展举世瞩目，但我国在 20 世纪 90 年代还处在低收入国家行列，仍有几千万贫困人口，每天每人的消费在 2 元人民币以下，还有一些低收入家庭子女，学习成绩优秀但无钱上学。我国政府和非政府组织大力改善这种状态。基金会从社会各个方面募集资金，按照捐赠人的意愿转赠给贫困地区的学校或学生。

基金会在宁夏缺水缺电的最贫困的西海固地区兴建和改建小学十多所，甚至出资在当地开凿蓄水池和架设电缆，解决学校的水电问题；为贫困地区的小学提供桌椅和教科书，结束了当地学生站着上课和课本破烂的历史。在经济文化相对落后的河南等省的村、镇，基金会建立少年儿童流动图书馆，传播文化科学知识；在北京筹建了宋庆龄儿童科学公园；开展了一些全国性和国际性少年儿童音乐、美术、体育和小创造发明的比赛；基金会的出版社为孩子们提供了杂志和近亿册的各种图书。由宋庆龄日本基金会和香港爱国人士发起的"宋庆龄女童奖学金"计划，专门资助少数民族贫困地区培养女教师，解决极端缺乏的女教师问题，受到当地人民的热烈欢迎。

从 2003 年开始，基金会开展扶贫支教新领域——支持贫困大学生的项目。我们看到，一些考上大学或即将成才的优秀大学生，因家庭贫困无法上学或面临辍学，对这些青年给予资助会使国家和社会迅速得益。我很高兴地得知，国家财政部和税务总局于 2004 年决定，对企业向基金会的捐款给予全额免税待遇。值得表扬的对资助大学生项目提供捐款的有：中国海洋石油总公司其一次性捐款达 1000 万元人民币，加拿大籍华人医生陈辅唐博士的个人一次性捐款达 2000 万元人民币，台湾著名医学博士虞和芳也向基金会慷慨捐赠。德国宝马公司捐款 250 万元人民币，日本丰田汽车公司捐款 2000 万元，目前已有 3000 多名大学生受益。

开展民间外交和广交国际友人也是基金会的重要任务。多年来，基金会每年都接待来华访问团组和客人五六十批，近千人次。他们来自亚洲、欧洲、南北美洲、联合国及港澳台地区。其中有国家领导人、世界知名人士和孙中山、宋庆龄的亲属、朋友等重要贵宾。我很高兴地接待了坦桑尼亚前总统尼雷尔，西班牙国王胡安·卡洛斯一世和王后索菲亚，以色列教育文化部部长阿姆农·鲁宾斯坦和夫人，新西兰贸易部部长兼新西兰"亚洲 2000 年基金会"主席菲利浦·博顿，印度英·甘地的儿媳、拉吉夫总理的夫人索尼亚·甘地夫人，芬兰总理夫人，联合国秘书长加利夫人，以及美国、加拿大、日本等国外宋庆龄基金会的领导成员和孙中山、宋庆龄的亲属、朋友，陪同他们参观展览，讲述宋庆龄的丰功伟绩、介绍宋庆龄基金会的宗旨和开展工作的情况。

1996 年 5 月 29 日至 6 月 3 日，应基金会邀请，由宋庆龄日本基金会副会长、东京"狮子会"国际协调委员会委员长小坂哲郎率领的宋庆龄日本基金会和东京"狮子会"联合组织的访华团一行 11 人来华考察我会在宁夏的扶贫支教项目。我在北京宋庆龄故居会见了以东京"狮子会"总管（即总负责人）菅原雅雄为团长的访华团全体成员。菅原雅雄团长充满感情地表示："我们是为报恩而来，日中文化交流源远流长，日本从中国学到了包括文字在内的很多东西，才发展到今天，但50年前的日军侵华战争给中国人民带来了痛苦，对不起中国人民，上次访华时看到美丽而古老的宁夏还有一些孩子上学有困难，我们东京'狮子会'决定捐款600万日元，援建一所小学。"我对客人的捐赠表示感谢。

1992年9月，为纪念宋庆龄国家名誉主席诞辰100周年，基金会海外理事英国人埃里克·何东先生（中文名何鸿章）向宋庆龄基金会捐赠100万港元，用以发展少年儿童的文教、科技和福利事业。何鸿章先生的祖母是中国人，其祖父罗伯特·何东爵士是孙中山先生的好友，曾资助过孙中山的北伐革命活动。于1938年大力支持宋庆龄创立保卫中国同盟的活动。何鸿章先生的父亲在香港遭日本飞机轰炸而受伤，双腿残废，而且全家被日本人长期迫害，国恨家仇使何鸿章先生一家更对中国人民怀有深厚的感情。新中国成立后，何鸿章先生应宋庆龄的建议来华定居，中国的文化教育事业有多次慷慨捐赠。

截至1998年底，接受何东助学金的女童人数已达1000多人次，有效地缓解了宁夏南部山区贫困女童入学难的问题，女童助学项目深受当地人民群众的欢迎。

宋庆龄基金会的一位日本理事——仁木富美子是宋庆龄多次热情接待的朋友。她领导的山地教育支援会从各方筹资1.7亿日元在受日军残害极严重的河北省兴隆县建立了设备先进的小学和中学各六所。她和上千名中小学教师拒绝采用政府的历史教科书，并教育孩子不要说谎。她在东京建了一所关于日本战犯口供记录和笔供的图书馆，供各国人士访问。我曾对仁木女士说，你们对华友好、主持正义和无畏的精神使我敬佩。

基金会常应邀出访友好国家。为庆祝宋庆龄日本基金会成立十周年，进一步加强两国基金会的合作，我率基金会访日代表团一行五人于1994年10月13日至21日赴日本访问，受到日本友好团体的热情欢迎和周到接待。期间，我会见了宇都宫德马、小川平四郎、木村一三、铃木政志、小坂哲瑯等日本各界知名人士和国会议员，同时也会见了伊东正义、园田直等已故日本老朋友的家属和后代。

"以儿童为使者，以和平为主题"是基金会对外交往的一大特色。基金会每年都派出十几个团组出访，出访成员中大部分是少年儿童。分别访问了美国、日本、加拿大、韩国、以色列、法国、匈牙利、俄罗斯、印度尼西亚等国家及港澳、台湾地区。基金会和联合国儿童基金会、国际儿童义养会、世界卫生组织等一些国际组织也有工作联系和项目合作，他们从多方面支持我会的工作。

1995 年，基金会副主席温业湛率团访问匈牙利，匈牙利是欧洲唯一有宋庆龄基金会的国家。他们受到匈牙利社会福利和家庭事务部部长豪·波得和匈牙利总统阿帕德·根茨的夫人的热情接待，部长高度评价基金会的儿童交流工作，认为这是"极有意义的事"，"是为 21 世纪工作"。他谈到匈牙利出现的虐待儿童的情况，表示正大力工作，使全国儿童能健康幸福地成长。

继续同孙中山和宋庆龄的亲属保持联系一直是基金会的重要活动内容。1993 年 1 月，为纪念宋庆龄诞辰 100 周年，我们邀请了八个国家和地区的70 余位海外客人来京参加纪念大会和活动。其中有孙中山先生的孙子孙治强、孙女孙穗英、孙穗华，以及孙中山、宋庆龄在海外亲朋好友的后代和日本、美国、加拿大、匈牙利宋庆龄基金会的代表等。

1999 年，为让海外人士分享全国人民欢庆中华人民共和国五十华诞的喜悦，让他们亲身了解和感受我国改革开放以来所取得的辉煌成就，我会邀请了一些长期居住在美国、加拿大等地的孙中山、宋庆龄亲属及友人回国参加国庆活动。10 月 3 日下午，我们在宋庆龄故居亲切会见了这些专程来京参加国庆观礼活动的孙中山、宋庆龄的海外亲属及友人。他们中最年长的是美籍华人陈志昆。他是孙中山先生的亲戚，1909 年出生在夏威夷，受父母和大学进步同学的影响，树立抗日救国和崇敬中国共产党、八路军的思想。1939 年夏他来到延安，看到延安军民朝气蓬勃、抗日情绪高昂，非常兴奋。毛泽东、周恩来和许多中共领导人同他亲切谈话，但不同意他上前线的要求。新中国成立后他毅然偕黄寿珍和子女来北京，要为新中国出力，在外文出版社工作多年。1987年回檀香山定居。回美后因思乡之情时常萦绕，老人又多次来华访问。为扶贫支教，在河北丰宁县捐赠五万美元建立一所小学。2006 年，陈老虽年逾 97岁，但心头总是牵挂祖国和亲友，念念不忘还要回中国看看。

基金会近年来更加注意为海峡两岸和平统一事业出力，尤其加强了同台湾大学生的交往。当大陆大学生访问团到台北同台湾大学生联欢时，打出了长条横幅："让世界知道我们都是中国人。"使人万分激动。当大陆和台湾大学生同声高唱"同一首歌"时，人们更感到血浓于水。至今，基金会已三次派出这样的代表团赴台访问，每次访问都使两岸青年在沟通方面收到良好效果。

几年前在我即将进入 90 岁的耄耋之年时，即向宋庆龄基金会提出，请年富力强的同志来接替。我很高兴胡启立同志接替，他已经卓有成效地领导起基金会的工作。

我和岭南学人的情结

长久以来，我认为我国的大学远不足以适应发展的需要，对香港和海外岭南校友的热情资助及爱校精神甚为佩服，我欣然接受岭南校友的邀请，于 1989 年担任学院的名誉董事。

中山大学岭南（大学）学院是在热心教育事业的王仲芳同志的奔走推动下，于 1987 年 12 月经国家教育委员会批准成立的高等学府。国家教委代表于 1988 年岭南大学建校 100 周年庆祝之际宣布这一决定。岭南（大学）学院于 1989 年正式招生运作。1997 年，学院确立以创办"国内一流、国际知名的商学院"为发展目标。十多年来，学院的发展得到了国务院、教育部、广东省政府和中山大学各级领导的关心和支持，由香港业内成绩卓著的岭南大学校友伍沾德博士、黄炳礼博士和陆建源博士先后担任学院董事会主席，美国普林斯顿大学著名经济学教授邹至庄担任名誉院长，舒元教授担任院长，他们和董事会名誉主席林植宣博士、伍舜德名誉教授、叶葆定名誉教授均对学院慷慨捐献，为其发展和提高作出了杰出贡献。我自 1989 年担任董事会名誉董事，1997 年出任董事会名誉主席以来，多次参加董事会会议和学院各项活动，很受教益。

在海内外岭南学长和各界人士的关心资助下，岭南（大学）学院的学术声誉和社会影响不断提高，向实现国内一流，国际知名商学院的发展目标稳步迈进。

燕京教育基金会

为了配合改革开放政策在我国高等教育领域里的落实，我提出了建立"燕京教育基金会"的设想。

基金会之所以用"燕京"命名，是因为原中国高等学府燕京大学曾在中、美两国之间的学术、文化交流中享有盛誉。1952 年，燕京大学与北京大学合并后，海内外的校友及有关人士都期望原燕京大学在办学上的优良传统得以继承和发扬，这种期待在改革开放以后更为迫切。

成立该基金会的目的是：运用燕京大学国内外校友及有关人士的影响，发挥他们热爱中华、关心中国大学教育事业的积极热情，通过在海内外募集资金，在适当的时机于北京大学内筹建一个以"燕京"命名的学术研究机构，为更好地开展中西方之间的教育、科研和文化的合作交流，为国家培育现代化的高级人才，加深中西方民间的相互了解和友谊，发挥相应的积极作用。

我的建议立即得到燕京大学海内外校友的积极响应和北京大学原党委书记王学珍和丁石孙校长的支持。当时的国家教育委员会在得悉这一倡议后，及时发文给北京大学，明确表示肯定和赞同。海内外各界有关的知名人士、中国的著名教育家、社会学家如雷洁琼、费孝通，燕京校友会在香港和美国的会长高苕华、谢国振、杨富森以及美国前总统尼克松、卡特，前国务卿基辛格、前国家安全事务助理布热津斯基也都纷纷表示了对成立这一组织的关切和支持。上述这些海内外的名流，后来都陆续接受了我的邀请，成为"燕京教育基金会"的赞助人、名誉董事或董事会成员。

为了加快基金会的成立，在充分酝酿的基础上，考虑到开展募捐工作的方便，确定将该基金会的办事机构设立在美国。

基金会成立后将美国惠普基金会捐赠的 15 万美元用于第一个项目，支持北京大学图书馆现代化。

20 世纪 80 年代的中国图书馆事业正处于由传统图书馆向现代图书馆过渡的历史时期。北京大学图书馆利用基金会的资助，做了几件实事，有效地推动了中国图书馆事业向现代化迈进。

首先，1988 年下半年，基金会组织北京大学图书馆、中国科学院图书馆等几个图书馆的领导和管理层人员去美国国会图书馆、哈佛大学图书馆、纽约公共图书馆等一批著名图书馆考察访问。开阔了眼界，开拓了思路，明确了国内图书馆由传统向现代化转轨的方向和步骤，也为今后与美国和国际图书馆界的友好往来和合作打下了一定的基础。

上述访问中的一个实质性项目是：北京大学与美国研究图书馆学会（RLG）经过深入的探讨，确定用现代化手段共同研究开发"中文善本书国际联合目录数据库"这一国际合作项目，并正式签署了协议。

经过多年的实践和努力，在美、欧等国家和地区人员的参与下，美国图书馆的数据库中已编出了三万多条中国善本书书目数据，成为开创国际性研究中国传统文化的良好的新工具。同时，这一项目的开发，使这一次合作成为一次学术文化上国际性的创新。当时主持此项目的美国研究图书馆学会副主席约翰·黑格尔（中文名何兆安）明确表示：“此次合作的成效是令人吃惊的。它对今后建立中、日、韩等国的国际图书联合编目，将是一个良好的起步。”

其次，利用基金会提供的资助，北大图书馆还派出了八名计算机技术等专业人员前往美国有关大学进行学习和培训。被派出人员回国后，成为了北大图书馆自动化和现代化的骨干，使北大图书馆在向自动化转轨上走在全国高校图书馆的前列，同时也为国内高校图书馆界向自动化、现代化管理的过渡提供了可以借鉴的经验。

第三，在基金会的资助下，北大图书馆建立了“索引研究编辑室”，继承并发展了20世纪30年代哈佛—燕京引得编纂处的索引编制工作，先后编纂和正式出版了《论语索引》《孟子索引》《毛泽东文选索引》《周易索引》等多批工具书。其中《论语索引》和《孟子索引》还被中国有关权威专家评为：“突破了传统的手编模式，尝试了用人工标引与计算机编排相结合的新方法，进一步便捷了读者的检索，使之成为检索儒家两大经典的新工具。”这两项索引还获得了中国索引学会1994年评出的“优秀成果奖”。

中国长城学会的活动

万里长城是人类历史上的建筑奇迹，是中华民族的象征和骄傲。两千多年来，历代王朝致力于修建长城，横贯中华大地，其实际总长度达五万公里。因明代把一万里长城修成完整的军事防御体系，故人们称之为万里长城。长城是为了防御而修建的人工屏障，故是和平的体现。长城是中华民族珍贵的历史遗产，也是世界文化的灿烂瑰宝，是海内外所有华夏子孙引为自豪并誉为国魂的古迹。对长城的研究、保护、宣传、开发和利用，是中华民族与世界各国人民的共同愿望。随着岁月的流逝，历经风吹雨打或人为破坏，雄伟的万里长城在不断地损蚀着，急需加以保护。1984年9月，邓小平同志向全国发出“爱我中华，修我长城”的号召。在国家和各地有关部门以及群众团体的支持下，在全国各族人民、各界人士、海外华人、国际友好团体、友好人士的积极赞助下，“爱我中华，修我长城”的活动迅速展开。我同魏传统、王定国、侯仁之、杨国宇等一些同志共同倡议成立了中国长城学会。

1987年6月中国长城学会在北京成立了，我和王定国、白介夫、邵华泽、侯仁之、夏国治、罗哲文、陈昊苏等同志担任长城学会的领导人。张振和董耀会同志先后担任秘书长。在学会筹备成立期间，我们联系了长城沿线13家省市电视台加上空军协助，拍摄了37集大型纪录片《万里长城》，出版了《万里长城》大型画册。首次把实际长度为十万里的长城的各处雄姿从空中、地面等角度拍摄，令人耳目一新。画册中收入400年前绘制的《九边图》，即宋代修筑的万里长城的九个军事要塞城的巨幅地图。

中国长城学会成立之初，我们就确定不向国家要经费，而要走出一条艰苦奋斗、自力更生的非政府组织的路子。学会的宗旨是宣传象征中华民族的伟大精神的长城，研究其极丰富的历史价值、军事作用、建筑艺术、工程技术、美学创意和民族交往蕴意等，我亲自邀请英国李约瑟博士、日本平山郁夫先生和韩素音女士等著名学者及社会活动家作为学会的发起人，并请他们参与长城研究和宣传工作。在长城的保护和维修方面，我们作出了不懈努力。在对长城进行实地考察的基础上，学会积极向国家提出建议，配合、协助国家和地方有关部门开展长城保护工作，并为各地重点维修长城提供咨询和支持；在宣传长城方面，学会联合一些部门和团体，摄制有关长城的电影片和电视片，出版书刊和画册，成立专门的展览馆，组织有关长城的体育、音乐、文艺、书画展览等活动；学会还邀请中外人士参加研讨会和考察长城等活动；还利用长城自身的优势以及长城沿线的各种资源，协助有关部门发展长城的区域内文化、经济和旅游事业。

通过十几年的努力，长城学会已经拥有了一支专家和志愿人员组成的研究和宣传工作的队伍，全社会的长城保护意识也有了较大的提高。我因年事已高辞去会长职务。2004年9月，中国长城学会召开了换届大会。卸任后，我仍作为一名热爱长城的志愿者，继续关注和支持长城事业。

第二十三章　同国际友人的交往

三S研究会和中国国际友人研究会

在长期的革命生涯和外交活动中，我有机会结识一些外国朋友，他们热爱中国，把中国看做是自己的第二家乡。他们参加了中国的革命和建设，与中国人民同甘共苦，有的甚至为中国革命献出了自己宝贵的生命，有的为中国建设作出了重大贡献。我们称这些朋友为国际友人，与他们的交往使我极感荣幸和愉快。

改革开放后，我国同外国的交往，无论是官方的或是民间的都快速增加。在各项事业都走向群众化的时代，民间交往较前更显得重要。民间交往方面，与外国各方面的人士交朋友，特别是与那些同情和支持我国革命和建设的各国友人交朋友，增加相互之间的了解，大大有助于促进人民和人民之间的友好，也有助于国家间关系的发展。人民的友谊是不受时间、空间和形式的限制的，可以延长至子孙万代。

在广交朋友的同时，我们绝不能忘记那些老朋友，特别是在战争年代为我国革命作出卓越贡献的国际友人。我们应该研究他们的事迹和著作，弘扬他们的优秀品质和献身精神。我和许多同志深感需要成立一个组织，实现这一事业。1984年初，我们选出了三位知名度高的友人埃德加·斯诺、安娜·路易斯·斯特朗和艾格尼斯·史沫特莱，三位具有代表性的著名作家和记者，恰巧他们英文姓都以S打头，我们采用了"三S"的名称，成立了中国"三S研究会"。该会的发起人有邓颖超、王炳南、梅益、马海德、爱泼斯坦、路易·艾黎、丁玲、李伯钊、龚普生、胡绩伟、傅钟、魏传统、刘白羽、戈宝权、端木蕻良、萧军、石西民、章文晋、陈翰伯、周而复等100多位知名人士。赞助者有聂荣臻、王震、康克清、周培源等同志。邓颖超被推举为名誉会长，我为会长。9月20日，"三S研究会"成立大会在人民大会堂隆重举行。

成立大会收到邓颖超感人的贺信，她说："三位友人从 30 年代起就热爱中国，先后来到中国，他们不避风险，不顾自己的安危，不断地把中国各族人民的革命和胜利，以及在旧中国人民所受的苦难情况，介绍给世界各国人民，以增进各国人民对中国的了解和友谊。新中国成立以后，他们更加兴奋，不知疲劳地为新中国服务，直到他们的生命终止，还留下遗嘱，把骨灰埋在中国的土地上，这是多么感人，又鼓励我们热爱中国、发扬国际主义的永恒动力呀！"我在会上也发了言，我说，我们要发扬"三 S"不畏艰险、坚持真理的献身精神，热爱人民、深入实际的优良作风，一生致力于人民之间的了解、友谊、宣扬正气和团结互助的高尚理想，从而来启迪、教育成千上万的人们以"三 S"为榜样，为世界和平、人类进步和我国的四化发展贡献光和热。

在 11 月 23 日，我们在人民大会堂举行集会，纪念斯特朗诞辰一百周年、史沫特莱诞生九十三周年和斯诺诞辰八十周年，胡耀邦总书记、康克清大姐、胡愈之副委员长、中顾委常委陆定一、爱泼斯坦、路易·艾黎、魏璐诗、柯如思等同志出席。陆定一同志在讲话中深情地回忆 1946 年毛泽东同志在延安会见斯特朗时的情景。他谈到"文化大革命"开始后，斯特朗曾经不理解为什么这么多老同志"都被抛弃了"，今天我们可以告慰她的是，中国共产党又一次依靠自己的力量，纠正了党内错误，中华民族出现了从未有过的兴旺景象。

1985 年 7 月 19 日，我们在内蒙古首府呼和浩特市召开了"纪念埃德加·斯诺诞辰八十周年学术讨论会"。之所以选择在呼和浩特来开这次会议，是因为斯诺于 1929 年夏天呼和浩特之行是其思想发展道路上的一个觉醒点，一个重要的里程碑，成为他后来一系列思想变化与发展的开端。他在上海踏上中国的土地时，只打算待六个星期，结果是在中国一住 13 年。

我在会上指出，正是因为埃德加·斯诺代表了一个重要的历史时代，代表了一批国际主义的先进人物，今天我们纪念他，对他的思想和作品进行研究，有重要意义。我真诚地希望，三 S 研究会以及中国现代史学界、新闻界、文学界的同志们，开展对众多国际主义者的调查、研究工作，将他们坚持真理、实事求是、献身人类进步事业的崇高品德和国际主义精神发扬光大。我们大家都注意到，对这些国际主义友人的研究工作和宣传报道还做得很少，而第一次国内战争年代和抗日战争时期的大多数国际友人已经去世，活着的也已年近古稀。对他们的功绩，我们这一代人还知道一些，青年一代就知之不多了，我们有必要尽早联络各方面的同志，开展调查、采访，撰写和出版他们的传记和作品，使中国人民世世代代牢记他们。我借这次会议号召由三S研究会开始，作为拯救工程，抓紧做这项工作，作出成绩。

这次会议开创了对斯诺、斯特朗、史沫特莱和其他国际友人研究的新局面。1987年3月，在上海召开了"三S及其他国际友人在上海"学术讨论会，1988年6月在北京召开了"《西行漫记》出版五十周年"纪念讨论会。我们与《人民日报》等全国八家主要报刊联合举办了"《西行漫记》和我"征文比赛。从全国各地数百篇来稿中选出15篇编辑成册出版。我们与玛丽·戴蒙德夫人创立的美国埃德加·斯诺纪念基金会合作，每两年定期在对方国家举行斯诺研讨会。玛丽将她拍摄的斯诺最后的照片赠给了我。2006年10月以"进一步增进中美之间的相互了解"为主题的第十二届斯诺研讨会在美国堪萨斯城举行。

在三S研究会的支持和配合下，新华出版社出版了斯诺、史沫特莱、斯特朗文集，收集了这三位国际友人的全部重要著作。影视方面，我们拍了《敬礼，三S》，反映史沫特莱、斯特朗和斯诺在中国各个时期的活动和他们的奉献，还有其他影视作品如：记述耿丽淑生平的《她有一颗中国心》，以及《路易·艾黎的一天》《爱泼斯坦的记者生涯》《玛格丽特重返延安》《斯特朗在延安》等。

三S研究会成立后不久，1985年4月，我就给秘书处的同志们说，我们不要把目标只限制在三个人身上，三个人是象征，他们代表着一个时代，代表着一种类型的人物。我们从事的是友好工作，范围很广，题目要扩大一点，一切对中国革命和建设作出杰出贡献的人都在我们的研究范围之内。1987年在上海开会，我与路易·艾黎、爱泼斯坦、马海德、魏璐诗在一起时，研究如何把研究会的研究范围扩大问题，我们还拟出了100多位国际友人的名单。爱泼斯坦指出，早在太平天国起义时，有一个英国人名叫奥古特斯·林利，他不仅写了起义的故事，还在英国政府镇压太平军时亲自参加了太平军。与太平军在一起的还有一位意大利人莫雷诺少校，另有一些逃离英军的印度士兵及其他一些人。在美国人中，著名作家马克·吐温和史蒂芬·克雷恩是支持爱国的义和团的。1911年辛亥革命前和革命期间，有美国人、英国人、加拿大人、日本人、菲律宾人和印度人帮助了孙中山，1924年到1927年大革命期间，苏联人民曾给了中国的革命者和人民不少帮助，朝鲜、越南也有我们的不少同情者。我也列举了一个人，美国海军军官埃文思·卡尔逊中校，他是访问过延安及晋察冀敌后抗日根据地的第一位美国驻华武官，他实事求是，将亲眼见闻报告美国政府，希望美国改变对华政策，但他的建议未被美国政府重视，而且还遭受压制和警告，不让说真话，他愤然辞去了高官厚禄，仍坚持正义，将自己的见闻写成书，帮助宣传中国共产党的抗日主张，指出中国的前途掌握在共产党领导下的中国人民手中，而不是美国支持的那一群腐败的国民党领导人手中。美国珍珠港遭受日本突然袭击后，他在南太平洋组织了一支突击队，把日本人打得落花流水。这些国际友人都是我们需要记下来，永志不忘的。

经广泛征求意见，我们决定将"三S研究会"改组和扩大，成立"中国国际友人研究会"。1991年3月1日，我们在人民大会堂举行了"中国国际友人研究会"成立大会。

"中国国际友人研究会"是一个民间团体，非政府组织，在人员组成上，我们靠一批在外交、新闻和文化工作岗位上退下来的老同志作为"志愿者"，发挥余热；在经济上我们靠社会热心人士的捐助。邓颖超大姐仍然是我们的名誉会长，江泽民总书记为中国国际友人研究会题词："为各国人民之间的友谊铺路架桥"，我年事已高，请求辞去会长职务，理事会选举了凌青同志为会长，钱永年、杨振亚、王苠卿、张毅君、陈进阳、陈秀霞为副会长，汪大钧同志为秘书长。2006年6月，友研会举行了第三届理事会，选举金永健担任会长，原秘书长顾品锷和副秘书长舒暗升为副会长。友研会的工作人员在缺乏活动资金和办公室异常狭小简陋的条件下，依靠满腔热情，不为名利，做了许多切实的有益的国际友好工作，所以我称赞友研会的工作班子是由几位热心人组成的志愿者团队。

自"中国国际友人研究会"成立以来，我们与老国际友人的联系加强了，也与他们的后代建立了联系。在开纪念会、学术交流、翻译出版、影像制作等方面，做了不少工作。我们翻译出版了国际友人的著作或关于他们的著作，在《国际友人丛书》的总题下，已总共出了100多部作品。2004年出版了国际友人英文原版著作组成的《中国之光》丛书，共52部作品。这些书填补了我国外文书刊方面的一个大空白，因为这些友人的著作现在国内外都已失传或绝版了。我为《国际友人丛书》和《中国之光》丛书写了总序言。

昔日老友，常惦心头

人到老年更怀旧，思念老朋友。我最喜欢读的是老朋友的著作，而这就更使我想起过去的那些老朋友，他们都不是身居高位，而是从事自己的一份事业，更重要的，他们有一颗正直的、善良的心。所以他们作出的贡献也是特殊的，他们的一生也是为人敬仰的。在这里我只列举几位，更多的朋友，我将把他们铭刻在心上，永远不会忘记。

安娜·路易斯·斯特朗是美国人民的杰出的女儿，是中国人民真诚的朋友。她一生追求真理，崇尚正义，用锋利的笔触，揭露反动派的倒行逆施，热情讴歌中国人民的壮丽革命事业。在 1925 年到 1937 年间，她三次来中国访问，根据省港大罢工的伟大场面、武汉革命政府时期的群众斗争和抗日战争，写就几本优秀著作并在美国各处演讲，热情地赞颂中国人民的革命，把它称之为世界上规模最大的事业。

她于 1946 年 7 月第五次来华访问，到达北平。当时我在北平军调部工作，根据中央指示，我到机场迎接，安排她的食宿并送她上执行部的飞机去延安。她开朗、直率和幽默，带着一个大计划到延安采访。8 月 6 日，毛泽东会见斯特朗，提出了"一切反动派都是纸老虎"的著名论断。当时正是解放战争之际，毛泽东要她转告美国进步人士：中国共产党一定会胜利，反动派是可以打败的。毛泽东还表示，希望安娜在中国人民胜利后再回到中国来。1958 年，安娜冲破重重困难，取得了护照，来新中国长住。她不顾七旬高龄和关节疾病，到中国各地包括西藏参观采访，撰写《中国通讯》，向全世界介绍新中国的情况和建设成就。享年 84 岁的她于 1970 年与世长辞，郭沫若为她的墓碑题词，颂她为美国进步作家和中国人民之友。她的一生是光荣和伟大的。

马海德（乔治·海德姆），祖籍黎巴嫩，1910 年生于美国布法罗市一个炼钢工人家庭，1933 年毕业于日内瓦大学医学系，获医学博士学位。同年他来到中国上海行医。他目击周围发生的事，深感中国的社会弊病比人的疾病还要多，深深地同情中国苦难的人民。在上海，他认识了路易·艾黎。艾黎带乔治到工厂、农村参观，看到了在残酷剥削下的工人、童工以及佃农的悲惨生活。这让思想正义和倾向进步的乔治受到很大教育，在艾黎领导的马克思主义研究小组里，乔治知道了中国存在着人民革命的政党——中国共产党和她领导的红军，并希望有一天投身到革命的行列之中。在宋庆龄的关怀下，乔治决心走上革命的道路。一天，乔治向宋庆龄提出了愿去苏区当一名革命军人的要求。

1936 年 6 月，毛泽东从陕北保安写信给宋庆龄，请她推荐一名正直的外国记者和一名医生到苏区考察。乔治接到宋庆龄的通知，兴奋已极，立即准备动身。在郑州火车站同斯诺会齐后，他们一同奔赴西安转至陕北。不久之后，乔治和我陪同斯诺在陕甘宁苏区采访，见到毛主席、周恩来和中共其他领导人，同中国红军一方面军一军团和十五军团一起生活了几个月。他看到了中国革命的希望所在，下定决心留在红军参加中国人民革命。

乔治在红军中救治伤病员，同战士们打成一片，他被委任为军委卫生部顾问，抗战开始后到过太行山前线，在八路军总部为建立战地医疗系统工作。在延安，他为发展八路军和边区的医疗卫生事业，呕心沥血，不遗余力。1937年2月，马海德被光荣地接受为中共党员。

我同乔治在延安美军观察组和北平军事调处执行部一同工作，"文化大革命"期间，我们又一起参加接待来华访问的斯诺。1972年春节前，斯诺病重，周总理专门派了以马海德为首的医疗组赴瑞士为斯诺治病。我曾奉周总理之命去瑞士看望垂危的斯诺，斯诺兴奋地说，啊！我们三个"赤匪"又聚到一起了。

在新中国成立前夕，周总理通知马海德说，中国政府高兴地接受马海德同志为第一位外国血统的中国公民。他曾任第五届全国政协委员和第六届全国政协常委。1950年以来，马海德作为我国卫生部顾问，为防治鼠疫、伤寒、霍乱投入了巨大精力，而最出色的事业是在防治性病方面，有许多年，性病在中国绝迹。"四人帮"被打倒后，马大夫以更饱满的精力投入国内医疗事业的重要领域——防治麻风病，经过多年奋斗，这种顽症现在中国已基本绝迹。20世纪80年代，马大夫先后荣获多种国际学术奖章，1986年国际上知名度最高的美国艾柏特—腊斯克基金会授予马海德公共服务奖，以表彰马海德"在征服中国花柳病和根除麻风病所作出的传奇般的贡献"。一向谦逊的马大夫把这份荣誉理解为国际科学界对中国人的褒奖和赞誉。

繁重的工作损毁了他的健康。他住院期间，我几次去看望相识52年的挚友。他虽已病重，仍尽力表现自己的乐观和幽默，说："在北京，协和医院做的鼻饲食物是最好的！"这倒让我心里更加难过。他于1988年10月与世长辞，我含泪望他西行。我觉得他走时并无遗憾，他看到了"四人帮"可耻地垮台，国家改革开放，欣欣向荣，人民的医疗事业已由他培养的后人接手。

说起艾格尼斯·史沫特莱，中国人都听到过这个响亮的名字。1935年，我在燕京大学投身学生运动时，在斯诺家里结识了史沫特莱，听她讲述对中国革命与反革命斗争的看法。史沫特莱是富有革命激情的美国作家，她出生在一个贫苦农民家庭，通过半工半读，在纽约的一个夜大学受到高等教育。家庭成员的不幸和社会的不公使她思想"左"倾，她曾因撰稿争取女权和支持印度流亡者争取独立的斗争而被捕入狱，这激发了她的革命思想。她离开美国，想到欧洲寻找真理。经过德国共产党员的介绍，她作为《法兰克福日报》记者于1929年到达中国。在上海，她结识了路易·艾黎、鲁迅和宋庆龄，参加了左翼文化运动。她收集了中国自1927年蒋介石反动政变后对进步人士的残酷镇压的事实，撰写了揭露国民党暴行的文章，使外国了解中国的真相。她根据红军干部的口述写了《中国红军在前进》一书，成为第一部介绍中国红军的书。以后，她还写了论述中国人民抗战、为世界反法西斯主义斗争作出重大贡献的《中国的战歌》等书。

1936年冬，在路过西安去延安时，正好发生了"双十二事件"。她作为英国《曼彻斯特卫报》的驻华记者，把事变的真实过程写成文章报道出去，她和贝特兰还用西安简陋的广播设备，承担了口语英语广播，打破国民党的封锁，向全世界作了真实情况的介绍和评论。1937年初，史沫特莱到达延安，受到中共领导人的热烈欢迎，被安排在马海德和我在城里的住处休息。她在各地采访中，已经听到过许多关于朱德总司令的传奇故事，计划写一本朱德传记，书名为《伟大的道路》。在她的恳切要求下，朱德总司令答应她的采访，在延安和太行山谈了他的身世、参加革命和长征的经历，经过断断续续的长谈及随军观察，她积累了大量第一手材料，使她最终写就了一本传世之作《伟大的道路》，歌颂这位典型的农民出身的创造"万里长征"史诗的革命军领导人。

史沫特莱1938年初到武汉，住在大主教亨利·鲁兹家里，我陪同周恩来、彭德怀同志多次去看望她。10月，武汉失守后，她随我们的同志来到鄂豫皖新四军根据地，她在华东、华中各地同部队一起过了两年军事生活。在热情地宣传激励战士士气的同时，她积极参加对伤员的救护工作，并写了《中国的战歌》一书，此书在美国连续再版，并被誉为第二次世界大战中最佳的战地报道之一。1940年，她因病离开了新四军，返回美国。

史沫特莱一生都在追求真理。她性格开朗，对同志热情奔放，对敌人嫉恶如仇。她回到美国后，长期受美国政府和麦卡锡反共分子的迫害。1949年她被美国当局指控为苏联间谍，她立即应诉和抗辩，终于迫使美国当局承认指控没有根据而宣布撤销起诉。

1949年10月，史沫特莱从广播中听到新中国成立的消息，激动不已，立即给朱总司令写了热情洋溢的祝贺信。她非常想到中国来，但美国不发给她护照。她患了严重的胃溃疡病，病情在恶化，1950年4月，她不得不到英国一家医院做手术。她预感到手术难以成功，手术前她委托她的出版经纪人把稿费全部捐给朱德同志以支持中国的建设。并在遗嘱中要求把她的遗骨埋葬在中国的土地上。5月6日，她在英国牛津与世长辞。遵照她的遗愿，人们将她的骨灰运来中国，安葬在八宝山公墓。朱德同志在大理石墓碑上题写了碑文："中国人民之友美国革命作家史沫特莱女士之墓"。1955年，她的传世之作《伟大的道路》终于问世，在世界革命文学作品中又增添了一朵奇葩。

1976年7月，朱德同志逝世，分文未动的史沫特莱稿费被交给康克清同志。在康大姐离开人世之前，她决定交给我保管，我转请友研会负责保管，它代表着一个革命者赤诚、炽热的心。我们决定，这笔款项"全额储存，分文不动"。

美国人民伟大的女儿史沫特莱永远活在中国人民的心中。

海伦·福斯特·斯诺（尼姆·韦尔斯）是一位思路敏捷，多才多艺，富有事业心的进步作家，她一生的著作有50多部，有些虽未出版，但已成册。1937年她从延安回到北平后写就的《续西行漫记》是斯诺《红星照耀中国》（《西行漫记》）的姊妹篇，也是研究中国问题的必备书籍。她同斯诺的婚姻仅持续了十年，但她和斯诺在政治上和思想上是相通的，她和斯诺都认为自己是某种社会主义者。新中国成立后，她多次来中国访问，写书热情歌颂新中国，她始终反对美国和西方国家干涉中国内政，坚信中国选择的社会主义道路是正确的。20世纪70年代我在纽约工作和以后访美时，我几次去她在康涅狄格州麦迪逊市的家中看望她。1979年1月，听说中美建交了，她高兴得手舞足蹈，带着1937年毛泽东为她去太行地区给邓小平政委写的介绍信来华盛顿特区参加中国大使馆庆祝建交招待会，并亲手把这张过了42年都未能交出的介绍信交给邓小平同志。

海伦·斯诺的心中始终装着中国和中国人民。中国作家协会和中华文学基金会同意我的建议，于1990年颁给她首届"理解与友谊国际文学奖"，中国人民对外友好协会赠给她"人民友好使者"的殊荣。她1980年6月写给我的信，我至今还保留着。她说："我深深地热爱所有一二·九运动的学生"，"这个运动对斯诺和我都有很大影响"，"我们和你们风雨同舟。在二次世界大战的前夕迫切需要建立反法西斯统一战线的时候，代表西方青年的我们同中国的青年结成了天然的阵线"。她热爱中国广大的劳动人民。她在《重返中国》一书中写道："我总认为自己是美国人民的代表……我总是站在一个美国人的立场来观察问题。我深爱美国的历史和传统，并深感在美、中两国之间有一种天然友好的命运……我和我的丈夫都隐隐约约地意识到我们担负着某种特殊的外交使命，即作为非共产党的美国人，我们曾经以这个条件在天河上架起了一座通向中国共产党人的桥梁。"

1997年1月11日，海伦·斯诺度过她丰富多彩的一生后，在她康涅狄格州麦迪逊市家中逝世，享年92岁。我收到海伦侄女谢里尔·福斯特·比肖夫的通知，感到震惊，深为遗憾。海伦是我相识了60年的挚友。在斯诺之后，我们又失去一位始终不渝、最要好的国际友人。1997年5月，我和何理良去美国麦迪逊市参加了海伦的葬礼。出席葬礼的有海伦的挚友龚普生、驻美大使李道豫、驻纽约总领事邱胜云和副总领事顾品锷。我们住在友好人士雪莲·古伦女士家。雪莲是华美协会的一位负责人，她一直像自己家人一样热心地照顾贫病中的海伦。雪莲还为堪萨斯城与西安结成友好城市关系出过不少力，她经常到西安帮助大学发展英语教育事业。

海伦的侄女谢里尔和她的丈夫加思·比肖夫把我们当作亲人，他们每次来中国都要来看我们，哪怕我们在外地。有一次他们带着孩子专程到深圳看望我们，还安排一名孙子到中国学习语文和历史。谢里尔不愧是海伦家的好后代，美中友谊的接班人。

爱波斯坦同志（爱称为爱培）是同我有60年友谊的老朋友。在同他认识之前我已从斯诺口中听说过他。我第一次见爱培是1944年5月，当时我任朱德总司令的秘书。我作为英语干部参加接待所有来陕北边区的外国友人，所以也接待了爱培参加的中外记者西北访问团。当时蒋介石政府基本上停止了对日本进攻的抵抗，而彻底击败日本是同盟国共同利益的大局，所以坚持抗日的共产党、八路军引起外界的注意，并在敌后建立了大片根据地。蒋介石却极力封锁陕甘宁边区，不让外界与中共接触。经长期不懈的斗争和在国内外的压力下，中外记者团终于突破重重障碍，到达陕北和延安。爱培采访了毛泽东、周恩来、贺龙、徐特立、王震、陈毅、聂荣臻等，在采访朱总司令时，我为他做翻译。这使我们开始了半个多世纪的友谊。

1938年，爱培接受宋庆龄的邀请，在香港担任保卫中国同盟的中央委员，负责宣传工作。1951年，又是由于宋庆龄的建议，请他参与筹办新中国的英文杂志《中国建设》（现更名为《今日中国》），他和妻子邱茉莉一道从美国回到上海。我当时在上海外事处工作，见到老朋友，格外高兴，我对他们表示特别欢迎。这以后，杂志社迁移到北京。1953年后，我也被调到北京外交部工作，我们的接触就更多了。爱培热爱中国，在1957年加入中国国籍，1964年他光荣地成为中共党员。

爱培和蔼可亲，平易近人。在工作上严谨认真，一丝不苟。无论在多么艰苦或困惑时期，在"文革"期间的无情考验和长年监狱折磨中，他始终坚信中国共产党和中国人民，毫不动摇对中国社会主义革命的坚定信念。听说，他和邱茉莉从几年的监禁中被释放出来后，不到四天就上班工作了。他的高风亮节，给我们树立了革命者的榜样。他是个闲不住的人，写书撰稿，殚精竭虑。1980年，他受宋庆龄的委托，为她写传。他用了十年的时间，写就了《宋庆龄——20世纪的伟大女性》。作为中国全国政协常委，他关心社会上的种种问题，并热心支持当年斯诺夫妇和路易·艾黎创建的工合运动，在新时期积极恢复它的活动，他认为工合是对中国农村和城市人民最适当的劳动组合。2005年4月20日，中央和各友好团体为他举行90华诞的庆祝会，他极感荣幸。他对周恩来怀有特殊的敬爱之情，不顾病弱，坚持要到天津参观周恩来纪念馆，回京几天后不幸仙逝。他的离开是中国人民的重大损失。一想起他，我的心情就很不平静。近20年来，我们在一起负责中国福利会、宋庆龄基金会、中国国际友人研究会的工作，经常见面或电话交谈。他去世前还为出版那套《中国之光》英文国际友人丛书积极奔走呼吁，得到朱镕基总理的有力支持。他真是一位可歌可颂、可敬可爱的老朋友，我一刻都不能忘记他。应亲属的要求，我在他和邱茉莉合葬的墓碑上题字。

路易·艾黎与史沫特莱、斯特朗和斯诺出身不同，生活道路也不一样，但是他们都在中国找到了为之献身的事业。他们又以各自的方式，努力介绍中国的真实情况，促使各国人民和中国人民建立友好情谊。艾黎从20世纪30年代起就支持中国共产党领导的斗争，为中国的独立、解放和进步事业奋勇直前，至死不息。他扎根在中国的大地上，与广大群众同患难、共命运，度过了战争时期最艰难的岁月。特别是他建立山丹培黎学校和中国"工合"，为中国的革命和建设作出了重大贡献。

艾黎在抗战时期（1940年前后）曾三次赴延安。我很敬佩这位一心为中国革命长期工作的新西兰人。后来他转战南北，为"工合"的事呕心沥血。全国解放后，我们才在北京见面。我们经常在一起开会，讨论如何发展中国的对

1985 年 7 月，同路易·艾黎等赴内蒙古呼和浩特开会后留影。左三为黄华

外友好关系，维护世界和平，叙谈国家大事，为建设大业提出建议。他是宋庆龄、斯诺和马海德的好友，是一位工程师、作家，又是一位诗人。他生活朴素，为人随和。1985 年我们一起到内蒙古出席斯诺诞辰 80 周年纪念会。他即兴写出了一首诗，赞扬斯诺，也把我捎上了几句："评论会主席——黄华，斯诺的老朋友，老一辈的外交家，他干练直率，质朴无华……"其实直率、质朴正是他的特点。

1997 年 11 月 28 日到 12 月 7 日，我和何理良应新西兰外交外贸部部长东·麦金农先生和新西兰亚洲 2000 基金会的邀请，访问了新西兰，出席中国人民的老朋友路易·艾黎百周年诞辰及新、中建交 25 周年纪念活动。在惠灵顿，我见到了 25 年前在纽约联合国的新西兰常驻代表约翰·斯科特大使，正是我与他谈判并签署中、新建交公报的。

12 月 2 日，我们到达路易·艾黎的出生地新西兰南岛的克莱斯特彻奇市的斯普领菲尔德镇。出席了路易·艾黎纪念大会及艾黎浮雕像的揭幕仪式。与会的人士有新西兰总督迈克尔·哈迪·博伊斯及夫人，亚洲 2000 基金会会长、前内阁部长菲·波顿、国会议员黄徐毓芳女士、坎特伯雷省省长、新中友协会长云达忠教授和甘肃省副省长率领的一个代表团，浮雕像作者卢波和她的丈夫、画家邓邦镇也出席了。邓邦镇是邓中夏烈士的侄子，是在艾黎的照料和帮助下成长的。

我在会上强调了路易·艾黎在中国 60 年的奋斗中，始终站在正义一边，他富有同情心、正义感和实干精神，为中国人民的抗日战争和解放事业作出了极重要的贡献，为中新两国人民增进互相了解和友谊做了大量工作，他的功绩数不胜数。他深受中国人民的尊敬和爱戴。

在新西兰的北岛大城市奥克兰，我们会见了友好人士汤姆·牛南。他是一名作家，曾有专著记述新西兰的热情奉献中国人民医疗事业的女英雄凯瑟琳·霍尔。这位被路易·艾黎称之为"真正的新西兰女英雄"的凯瑟琳·霍尔，她的中文名叫何明清。她 1922 年来到中国，一直在河北、山西农村从事救死扶伤的人道主义工作。她结识了聂荣臻将军，对抗日战争深表同情。她接受白求恩大夫的委托，承担了为八路军购买药品的任务，不顾危险困苦，多次往返于日本占领下的北平和晋察冀解放区之间。她还协助在北平的一些护士和干部进入解放区，为中国革命做了大量工作。她于 1970 年逝世时，临终遗言，要把她的骨灰撒在她日夜思念的河北省宋家庄。晋察冀人民实现了她的愿望。聂荣臻元帅为她的纪念碑题词："救死扶伤，忘我献身，支援抗战，青史留名。"

访问新西兰期间，我也有机会见到新中友协前主席杰克·尤恩和当时的主席云达忠教授。云达忠教授曾九次率旅行团到北京，总是要来看望我们。我在北京见过新中友协的终身秘书南希·葛达德（中文名郭惠兰）。中国人民对外友好协会曾给他们三位颁发过"人民友好使者"的荣誉称号。新中友协这些朋友几十年如一日，为新中人民的了解和友谊努力，实在令人尊敬。

在我国漫长革命的道路上，有许多国际友人参加了我国的革命事业。白求恩大夫是我们都知道的。在抗日战争最艰苦的时候，英国的和挪威的"中国医疗援助委员会"就从反法西斯的西班牙战场抽调两批医生来中国，一共近 20 人。其中有一位英国女医生，根据爱泼斯坦回忆，她名字叫芭芭拉·考特尼，她因受到严重感染而病逝于贵阳，葬在图云关。1996 年 10 月，我们在北京举行"西班牙反法西斯战争国际纵队成立 60 周年"纪念会，我们从保加利亚请来了参加反法西斯纵队的甘扬道医生，不幸他也于 2004 年 6 月在保加利亚逝世了。他的夫人张荪芬是我在燕京大学的同学，张荪芬 1940 年从燕大护理系毕业后，从北京辗转到图云关参加红十字会救护工作，与甘扬道认识，他们在那里结成终身伴侣。

　　我常回忆原籍德国的心脏科专家汉斯·米勒，他是 1939 年获得医学博士学位后从瑞士到中国来的。在香港，他找到宋庆龄和爱泼斯坦，要求参加中国共产党领导下的抗日战争，通过他们的介绍去延安。到西安时，他巧遇从延安归来的埃德加·斯诺，斯诺对这位追求真理与正义的德国青年深为赞赏，分手时，还把他在延安用过的行军床、蚊帐等生活用品送给米勒。米勒到达延安，受到毛主席和我党领导人的热烈欢迎。后来，党中央安排他与爱德华、柯棣华、巴苏华等医生到太行山地区的武乡县的八路军总部，见到朱德总司令。他们在那里参加了白求恩追悼大会，几位医生受到很大激励，更加决心要沿着白求恩的道路，为中国人民和世界人民的正义事业献出自己的一份力量。

　　在太行山抗日前线极其艰苦和危险的条件下，汉斯·米勒不知疲倦地救治伤病员。这位金发碧眼的大夫的专业是内科，可是在战争环境中，在贫困的山区，他不能顾及分科，只要是为了救死扶伤，他都全力以赴，投入救治。他的医德高尚，对病人伤员关怀备至，不但给战士治伤，还给当地的老百姓看病敷药，群众很快就把他称为神医。他在前线服役时间较长，人们称他为活着的白求恩。他曾因劳累过度和缺乏营养，险些失去性命。1943 年，日本军队重

　　1945 年 5 月，为庆祝反对德国法西斯战争胜利，中央军委设宴，在座的有汉斯·米勒大夫（左一），右二为杨尚昆

点猛烈进攻根据地，中央考虑到这位国际友人的安危，调他回延安，到国际和平医院工作。1945年5月，当法西斯德国投降的消息传到延安，米勒大夫是最最兴奋的人，同朱德、陈毅、杨尚昆等同志一同会餐，庆祝胜利。在解放战争和抗美援朝的艰苦岁月中，他忘我地投入救治伤员的工作。朝鲜停战后他被任命为医院院长，并担任医学院教授工作。出于对中国人民的深厚感情，他于1953年要求加入中国国籍并被迅速批准。同年，他光荣地加入了中国共产党。1972年在周总理的关怀下，米勒大夫任北京医学院副院长并成为全国政协委员。在工作岗位上，他对防治乙型肝炎和制造抗乙肝疫苗投入了巨大的精力，并在自己身上做实验。1989年12月党和政府为米勒大夫来华工作50年举行庆祝大会，康克清、黄镇、萧克和我以及他的几百位战友到会祝贺。中国卫生部部长陈敏章给他颁发了科技一等奖和"杰出的国际主义白衣战士"荣誉证书。

1994年12月，他因病去世。在他患病期间，我多次去看望他。他对我国改革开放带来的进步表示高兴，他对中国的改革事业充满信心。这位创造了光辉业绩的白衣战士和革命者永远被铭记在中国人民的心中。

在北京长住的国际友人戴维和伊莎白·柯鲁克分别来自英国和加拿大，戴维曾于1937年参加国际纵队，为保卫西班牙共和国而斗争。他因看了斯诺的《红星照耀中国》一书而想去看看中国的希望所在——延安，于是他来到了中国。在成都他结识了一位有革命思想的社会学硕士——加拿大姑娘伊莎白，1947年，他们俩到了晋冀鲁豫解放区，被安排到武安县的十里店村，研究那里的土改情况。通过这次下乡实地考察，他们体会到中国革命的根本问题是土地问题。

为迎接革命胜利后外事工作的需要，我们的党注意到要培养外语人才。柯鲁克夫妇愉快地接受英语教学的任务。新中国成立后，他们在北京外国语学院克服种种困难继续培养一批又一批的外语干部，这些干部成为新中国外交工作的生力军。改革开放后，他们还到外省市和边远地区开办师资班，深受欢迎。柯鲁克夫妇还多次到外国访问，他们利用一切机会介绍中国情况，增加人们对中国的了解。1998年，友研会为柯鲁克夫妇来华工作50年举行庆祝大会，大家都为这对革命夫妻真挚热爱中国人民事业的精神所感动，都愿意以他们为榜样激励自己前进。

当戴维身患重病的时候，我去他病榻前看望他。我带去了许多同志和他在外交战线的弟子们的祝愿和感激。他表示，他的一生是充实的和富有意义的，他希望中国更美好。

2005 年是伊莎白同志 90 华诞，友研会和外国语大学为她举行了庆祝会，友研会会长凌青同志和许多同事作了深情的讲话。我虽因听命医嘱不能出席，但我的心在默默祝愿她健康长寿，继续奋力为传播人民间友谊的事业而尽力。

1974 年，同斯诺有深厚友情的玛丽·克拉克·戴蒙德在斯诺的故乡堪萨斯城成立了"埃德加·斯诺纪念基金会"。玛丽的父亲格林威尔·克拉克是美国的著名律师和和平运动领导人，对中国怀有友好感情。出于继承父志和研究斯诺与美中关系的愿望，玛丽建立了这一基金会。基金会的工作是促进美中人民友好，具体工作是收集、整理斯诺的文献资料，组织纪念活动，开演讲会，组织美国人到中国来旅游，接待中国人到堪萨斯城访问，邀请专家学者到堪萨斯城密苏里州大学讲学，每两年轮流在堪萨斯城和北京举行一次斯诺研讨会。我们对这些工作都予以责无旁贷的支持和配合。我与彭迪、冀朝铸和何理良出席了他们 1985 年 5 月在堪萨斯城举行的第二届斯诺研讨会。堪萨斯城密苏里大学校长拉瑟尔还特别授予我荣誉文学博士学位，这不只是我个人的荣誉，也表达了斯诺家乡的人民对中国人民特殊的深厚情谊。

玛丽于 1983 年 6 月因病逝世，她的丈夫，即是于 1971 年争取到访华权的著名的心脏科专家 E. 格雷·戴蒙德医学博士继任会长。他们夫妇为斯诺纪念基金会的完善壮大竭尽全力，30 年来持续不懈做了大量工作。戴蒙德大夫访华就不下 50 次，我们经常通信和见面，讨论如何通过埃德加·斯诺纪念基金会和中国国际友人研究会，促进中美人民友好事业，因此变成了莫逆之交。我在堪萨斯城有许多好朋友，如原堪萨斯城密苏里大学副校长、生物学家亨利·米歇尔教授和他夫人、伍国干大夫、弗吉尼亚·卡尔金斯夫人、爱德蒙·克莱因夫妇等。近几年斯诺纪念基金会副会长念希·威尔逊女士负责每年组织斯诺友好访华团，为帮助美国人了解中国，促进中美人民友谊做了不少工作，我们时刻铭记在心。友研会同美国斯诺基金会每年有学者互访，我国的著名专家学者黄昆、吴作人、高尚全、周广仁和陈辉等十几位教授的讲座，都得到对方的赞誉。他们的努力使我们庆幸地感到，斯诺开创的了解与友谊之事业正日益壮大与巩固。

1985 年 4 月，美国埃德加·斯诺图书馆在堪萨斯城正式开放。友研会会长黄华剪彩

后继有人

最近几年，不断有些老朋友的后人来看我，除了常来中国的海伦·斯诺的侄女谢里·尔·比肖夫外，杜波依斯的儿子戴维·杜波依斯来过，他把他父亲的全部著作给了我们中国国际友好研究会。陈志昆先生的女儿早已接过年迈父母的友好事业，为增进中美人民的友谊和理解奋力工作。美军观察组有吉辛治的儿子罗杰·有吉，在夏威夷从事旅游工作，来北京时看过我，我们翻译出版了他父亲《有吉辛治回忆录》。埃文思·卡尔逊的孙女卡伦·洛文好几次来中国采访他祖父的事迹，拜访过吕正操将军和 1938 年陪同他祖父到敌后根据地视察的刘白羽、欧阳山尊和汪洋同志，准备写书。2005 年 9 月，我们举行抗日战争胜利暨反法西斯胜利 60 周年活动，她母亲珍妮·卡尔逊也来了，到中国的第二天一早就到家里来看我。卡尔逊的老朋友，也是我的老朋友查

尔斯·格罗斯曼大夫也一起来了。他在 1974 年成立了"埃文思·卡尔逊与中华人民共和国之友社"。他们一起来到我家，带来了刚出版的格罗斯曼编著的《卡尔逊的传世友情》一书。该书记述了 30 年来格罗斯曼大夫组团访华，传播卡尔逊与中国人民的深厚情谊，促进美中两国人民友好的事迹。和他们一起来我家的还有美军观察组成员雷蒙德·卢登的儿子洛克威尔·卢登，我谈起当年他父亲在延安和敌后活动时的情景，他特别感动。

友研会一直关注史迪威及其后人的情况，并同重庆史迪威研究中心合作举行史迪威国际研讨会。1991 年 10 月，我们到重庆出席会议，同史迪威的女儿南希·伊斯特布鲁克一起追忆将军的功绩和逸事，畅谈他的豪爽、真挚和果断。2000 年，我很高兴地看到由冯嘉琳老师所著的《史迪威将军》一书作为国际友人丛书出版，作者把我在史迪威将军研讨会上的一番颇动感情的发言作为代序，对我很感谢。宣扬史迪威将军的事迹是友研会和我们许多同志的愿望和责任。

2005 年 9 月，史迪威的外孙约翰·伊斯特布鲁克上校和夫人接受友研会同中国对外友好协会邀请，来北京参加抗日战争和反法西斯战争胜利 60 周年的纪念大会。约翰和夫人还到我家里来看望我。我们谈了许多他外祖父的往事，史迪威将军的光辉事迹，谈他生前切盼中美人民友好相处的殷切希望。中美两个伟大民族和平共处也是约翰已故母亲热情期盼的。约翰向我表示，决心不遗余力地工作，使中美两国人民的友谊和了解世世代代传下去。

约翰·伊斯特布鲁克和他夫人 2005 年 9 月在参加友研会在北京的纪念活动后，还到重庆参观了史迪威研究中心。他们十分高兴地看到史迪威将军在中国受到高度的评价和尊敬。

英国朋友阿瑟·克莱格之女詹妮·克莱格这次也来了，她回去后写的参加活动观感，发表在我国的《人民日报》上。阿瑟·克莱格是英国"援助中国运动委员会"创始人。他在"二战"中为英国组织援华运动作出过重大贡献。他写的《支援中国——回忆一次被遗忘了的英国人民援华运动（1937—1949）》一书，已列入《中国之光》系列丛书出版，我们也曾出版过中文译本。

2004 年 8 月，友研会举办了美军观察组访问延安 60 周年的活动，邀请了美军观察组的人员和他们的后代来京参加活动。谢伟思的儿子罗伯特·谢伟思大使和夫人应邀来京。来参加这次活动的人中，我还见到了美军观察组成员赫伯特·希契的儿子詹姆士·希契和女儿拜特夫人，梅尔文·卡斯伯格大夫之女西尔维亚·卡斯伯格。他们的长辈都是我在延安时天天见面的。

美军观察组成员惠特塞上尉 1945 年在太行山根据地遭日寇伏击而牺牲。在延安，朱德总司令将观察组的食堂题字挂牌，命名为"惠特塞纪念堂"，纪念这位勇敢的美国军人。我很高兴看到惠特塞的侄女费思·惠特塞应邀于2005 年来华参加我国政府纪念抗战胜利的活动。她曾任美国驻瑞士大使，她对日本帝国主义的侵华战争表示愤慨。中国人民也永远感激、怀念她的叔父。我高兴的是我们已将美军观察组在延安的驻地清理恢复，收集当年文物，成立纪念馆，供后人参观和学习。

受我国政府和友协邀请来参加抗战胜利 60 周年大会并讲话的前田光繁先生是我们在延安时期即认识的日本朋友，他在京期间到我家访问并留影。

中国国际友好联络会的活动

从 1984 年起，我在任全国人大常委会副委员长和中共中央顾问委员会常委的同时，先后担任中国国际友人研究会、中国福利会、宋庆龄基金会、中国国际友好联络会（简称友联会）和中国长城学会会长工作。

友联会于 1984 年 12 月 22 日成立，王首道同志任会长，王震同志为名誉会长，我任首席顾问，1992 年任会长。友联会的宗旨是："推动国际民间交流与合作、促进世界和平与发展。"友联会接待来访团体或人士每年近百宗，出访的次数也不少。1991 年王震会长在人民大会堂会见了 1944 年常驻延安的美军观察组访华团，中美老朋友在一起欢叙当年中美间的难忘友谊。几年之间，我率团访问了泰国、印度、日本、韩国和美国。我十分高兴地在华盛顿特区、拜会了美国总统乔治·H.W.布什。民间交往成为政府和议会交往的重要补充，非政府组织为增进各国人民之间的了解和友谊，尽心尽力作出自己的贡献。

友联会的外语干部阵容较强，有英语、日语、泰语和朝鲜语干部。友联会的工作人员认真干练，办事雷厉风行。

友联会根据毛主席关于请左中右人士都来的谈话精神，邀请了各界人士包括一些过去没有接待单位的团体和人士来访。只要不反华、不反对和平，我会就愿意邀请和接待。百闻不如一见，许多人访华后由于亲眼看到了真实的情况，成了中国人民的好朋友。

1991 年 7 月于北京人民大会堂同友联会名誉会长王震、邹家华副总理会见美军观察组访问团。前排右一为黄华

1991 年 1 月 23 日访问美国期间，应布什总统邀请到白宫会谈

友联会的重要工作对象是海外华人。我同夏威夷的美籍华人接触较多，约五次访问夏威夷，我的燕京大学老校友肖成大和刘季承是当地有声望的社会活动家和医生，他们曾组织以著名心脏外科医生刘天就为首的医疗队到我国几个城市的大医院做心脏外科手术示范，受到我国医务人员和病人的热烈欢迎。我每次访问夏威夷，唯一的华人参议员邝友良和友好人士对我热情接待。

生于夏威夷的陈志昆先生是孙科博士的妻弟，受父辈和进步朋友的爱国思想影响，向往坚决抗日的中国共产党。1939 年 12 月毛主席同他亲切谈话，并赠他一帧鼓励斗志的墨宝："将一切真心救国的志士团结起来，中国就有出路。这种志士就是不谋私利，牺牲自己，专为民族解放而奋斗的人。"新中国成立后不久，他携新婚妻子黄寿珍到北京，在外文出版社为宣传人民中国的成就而热情工作。1987 年，年近八旬的陈志昆回夏威夷居住后仍不断为增进中美人民的友谊而努力。他们在中国出生的女儿陈燕已接过父母的友好事业为中美大民的友谊和理解奋力工作。

陆关琪先生是为反对清王朝和建立共和国而献身的孙中山的亲密战友和兴中会元老陆皓东的后人，是美国的知名华人，现任夏威夷国民银行的董事长和总裁，曾多年在旧金山联邦储备银行担任高级职务。我同他和他的夫人多次互

1995 年 10 月，黄华同老朋友、美国宋庆龄基金发起人陈志昆及夫人黄寿珍在黄山合影

访见面。除了金融方面的活动外，他还领导孙中山夏威夷基金会的工作。在教育事业方面，他一直是孙中山曾就读的夏威夷普纳厚中学的董事，长期支持该校学生同中国几省市的学生进行学术交流，并慷慨资助中国留学生到美国名校就读。

我很高兴会见夏威夷华人商会每年组织的水仙花访华代表团，这对加深华人对祖先之国——中国的了解很有帮助。

第二十四章 退 休 生 活

1992 年 11 月，我在担任中共中央顾问委员会常委五年之后，彻底地从党政工作岗位退了下来。这时我已进入了 80 岁的老龄人行列。

退休是一种很好的制度。退休后我有较多的时间阅读一些原先未及看的书籍、会见老战友、登录网站、护理花木、同儿孙们谈笑。当然，不断学习，追踪当前国内形势的发展，关心目前存在的问题，宣传我国的各方面成就等仍是我的主要兴趣所在。社会工作和五个非政府组织的会长工作占去了我一些精力和时间，我能老有所为，做些有益的事，心里很高兴，再说这对我也是了解社会和接触实际的好机会。

1997 年 7 月，喜悉香港回归祖国，不禁即时命笔，抒发情怀。2002 年，我作为老党员，光荣地被邀请出席中共第 16 届全国代表大会，还参加了抗战胜利 60 周年的纪念活动。

在退休后到 88 岁之时，我曾应邀赴美国、日本、韩国、泰国、印度、新西兰以及中国香港访问。我到夏威夷看望了陈志昆夫妇，在旧金山同约翰·谢伟思夫妇、比尔·鲍威尔夫妇和杨孟东夫妇见面。

十几年来，有一些外国政治活动家和实业界朋友趁来中国访问的机会抽时同我见面，叙叙旧，十分愉快。我特别高兴见到阿迦·夏希先生、园田天光光女士、福

2006 年 10 月，黄华在家中会见基辛格博士

田康夫阁下、赫尔穆特·施密特先生、亨利·基辛格博士、亚历山大·黑格将军和朗各斯—斯华洛奇先生。

近四年来，我陆续退出各民间机构的会长职务，请年轻有为的同志接任。由于各位医生和周围同志的照料，我生活能够自理。按照"活到老，学到老"的信条，我仍以读书报学习、上网求知为主，但已注意劳逸结合。总之，以极大的兴趣关注我国和世界的发展。

我在耄耋之年常回忆少时求学和参加革命的燕京大学，在未名湖边沉思往日的激情岁月。我也时常怀念周总理，阅读我 1967 年 5 月写的悼周恩来总理。这份深情是难以言表的。我常和家人团聚谈笑，同相伴 60 年的老伴何理良在春花树下合影。

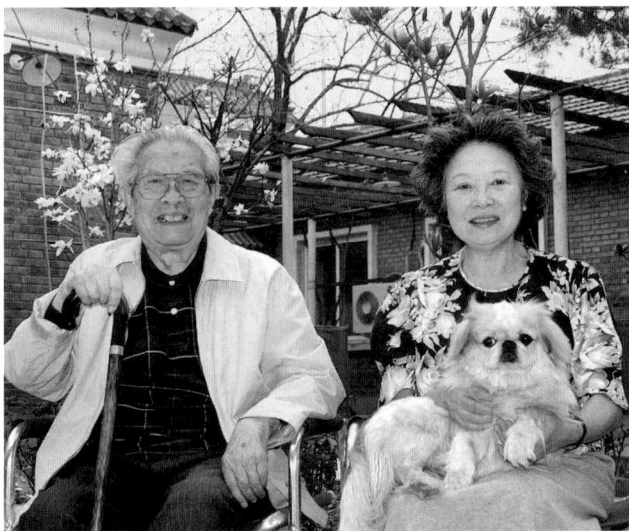

相伴不觉六十载

我于 2006 年秋因病住入北京医院，受到各位医护人员和名誉院长伍蔚然和院长的悉心照顾和关怀，何理良则每天来看我。

当 2008 年 8 月北京举行奥运会时，专门来参加开幕式的基辛格博士于次日上午到医院看望我，我身穿红色唐装，手摇拨浪鼓欢迎他，俩人见面，谈笑风生，十分愉快。

我知道我的时日不多了，我感到我生逢其时，一生见证并参与我国从站起来到富起来到强起来的斗争过程，心里无比幸福和自豪。我坚定相信和希望我国将建成更加富强、民主、文明和人民幸福的国家。

附录　黄华年表

1913 年 1 月　　出生于河北省磁县。

1925 年 9 月　　入磁县（第二）中学。

1928 年 9 月　　在河南安阳读高中一年级。

1929 年 9 月　　考入辽宁锦州东北交通大学预科。

1931 年 10 月　　九一八事变后到北平的大学旁听和自修。

1932 年 9 月　　考入燕京大学，主修经济。参加燕京大学抗日救国会。

1935 年 5 月　　被选为燕大学生自治会执委会主席。

1935 年 11 月　　被选为北平市学联执委会总交际。

1935 年 12 月　　参加一二·九学生运动，一二·一六游行时被捕入狱，一周后经学校师生声援出狱。

1936 年 1 月　　加入中国共产党。任中共北平学生联合会党团书记。任平津学生南下扩大宣传团第三团团长。

1936 年 3 月 31 日　　因抬棺游行被捕入狱，半月后获释。

1936 年 6 月中　　离北平赴陕北苏区，任埃德加·斯诺翻译。

1936 年 10 月　　随红军一方面军参加在甘肃会宁同红四方面军的会师和在宁夏隆德县将台堡同红二方面军的会师。

1937 年 1 月至 8 月　　随红军总部和中共中央党政机关进驻延安，任中央军委红军总部后方司令部英文翻译。

1937 年 8 月至 11 月　　延安中央党校学习。

1937 年 11 月至 1938 年 1 月　　任中共中央组织部干部科干事。

1938 年 1 月　　在延安任西北青年救国会组织部部长。

1938 年 3 月至 6 月　　在武汉任中共中央长江局青委委员、全国学联党团书记、中共中央青委委员。

1938 年 6 月至 1939 年 12 月　在西安担任西北青年救国会组织部部长，常赴泾阳县安吴堡青训班任课。

1939 年 12 月至 1941 年 6 月　任延安泽东青年干部学校教育长。

1941 年 6 月至 1944 年 7 月　在延安任朱德总司令政治秘书，兼任中共中央海外工作委员会秘书长。

1944 年 7 月至 1945 年 12 月　任延安中央军委外事组翻译科科长和联络科科长，入住延安美军观察组驻地。

1946 年 1 月至 1947 年 2 月　任北平军事调处执行部中共代表叶剑英秘书和中共代表团新闻处处长。

1947 年 2 月 21 日　随叶剑英同志和中共方面人员自北平撤回延安。

1947 年 2 月　任中共中央外事组翻译科长。

1947 年 3 月 9 日　任外事干部队副队长，带队离延安赴晋西北军区司令部所在地兴县。

1947 年 3 月至 12 月　任中共中央华北工作委员会常委朱德同志的政治秘书，自晋西北的兴县转晋察冀军区阜平城南庄。

1947 年 6 月　随朱总司令视察晋察冀军区冀中前线野战军后，移住平山县西柏坡。

1947 年 7 月至 1948 年 2 月　参加西柏坡全国土地会议后到晋察冀阜平王快区细沟村任土改工作组组长。

1948 年 2 月　返回西柏坡，任中央青委委员。

1949 年 1 月　赴天津市任军管会外侨事务处处长。

1949 年 4 月至 9 月　当选全国新民主主义青年团第一届中央委员。任中共南京市委委员、南京军管会外侨事务处处长。其间同司徒雷登会谈。

1949 年 10 月　任中共上海市委委员、上海市军管会外侨事务处处长。

1952 年 7 月　陪同李德全部长赴加拿大多伦多出席国际红十字大会。

1953 年 10 月至 1954 年 3 月　赴朝鲜任中国志愿军代表团中国政府关于朝鲜和平问题的政治谈判代表。

1954 年 4 月　任日内瓦会议中国代表团顾问和发言人。

1954 年 8 月至 1958 年 8 月　任外交部西欧非洲司司长。

1955 年 5 月　任万隆会议中国代表团顾问和发言人。

1958 年 8 月至 1959 年 3 月　任华沙中美大使级谈判顾问。

1960 年 7 月至 1965 年 11 月　任驻加纳共和国特命全权大使。

1961 年 12 月 9 日　作为中国政府特使赴坦噶尼喀庆祝该国独立。

1964 年 2 月 18 日　同刚果（布）签署建交公报。

1966 年 3 月至 1969 年 7 月　任驻阿拉伯联合共和国（埃及）特命全权大使。

1968 年 3 月　作为中国政府特使赴毛里求斯参加其独立庆典。

1970 年 8 月至 1971 年 2 月　接待埃德加·斯诺访问中国。

1971 年 7 月　任中央三人小组成员，参加同美国总统国家安全事务助理基辛格谈判邀请尼克松访华公告文稿事宜。

1971 年 7 月至 11 月　任驻加拿大大使。

1971 年 11 月　任中国出席二十六届联合国大会代表团副团长。任常驻联合国及安全理事会代表。根据双方约定同基辛格保持不公开联系。

1972 年 2 月初　赴埃塞俄比亚出席反殖问题安理会会议，拜会海尔·塞拉西皇帝。

1972 年 2 月 10 日　奉周总理指示赴瑞士探望重病的埃德加·斯诺，转达毛泽东和周恩来的问候。

1973 年 3 月　赴巴拿马出席联合国安全理事会讨论巴拿马收回运河区美国领地问题会议。

1973 年 8 月 28 日　当选为中共第十届中央委员。

1976 年 9 月 9 日　出席联合国安理会成员为毛泽东逝世默念仪式。

1976 年 12 月 1 日　奉调回国，担任外交部部长。

1977 年 3 月　当选全国人大代表。

1977 年 8 月 18 日　当选为中共第十一届中央委员。

1977 年 9 月 10 日　率团出席第三十二届联合国大会。

1977 年 10 月 4 日　应邀赴加拿大进行正式友好访问。

1978 年 1 月　当选为第五届全国人大代表。

1978 年 3 月 12 日　陪同李先念副总理访问菲律宾共和国和孟加拉共和国。

1978 年 5 月　率团赴纽约参加联合国关于裁军问题的特别会议。

1978 年 6 月　应邀对扎伊尔、荷兰、土耳其和伊朗进行正式友好访问。

1978 年 8 月 12 日　代表中国政府在中日和平友好条约上签字。

1978 年 8 月 17 日　陪同华国锋主席赴罗马尼亚、南斯拉夫和伊朗访问。

1978 年 9 月 9 日　陪同邓小平副主席赴朝鲜访问。

1978 年 9 月 22 日　应邀访问希腊并签订中希文化协定。

1978 年 9 月 20 日　出席第三十三届联合国大会。

1978 年 10 月 4 日　应邀访问意大利并签订中意文化科技合作协定。

1978 年 10 月 12 日　应邀抵伦敦开始访问大不列颠及北爱尔兰联合王国。

1978 年 10 月 15 日　应邀抵巴黎对法国进行访问。

1978 年 10 月 22 日　陪同邓小平副总理抵东京开始访问日本并同日本外相互换中日和平友好条约的批准书。

1978 年 11 月 6 日　陪同邓小平副总理抵曼谷，开始访问泰王国、马来西亚和新加坡。

1978 年 12 月 16 日　中国同美国建立外交关系并发表联合公报。

1979 年 1 月 29 日　陪同邓小平副总理抵华盛顿特区开始访问美国。

1979 年 10 月 16 日　陪同华国锋总理赴巴黎，对法国、德国、英国和意大利进行正式友好访问。

1979 年 11 月 6 日　应邀抵圣马力诺共和国进行正式友好访问。

1979 年 11 月 8 日　应邀抵贝尔格莱德对南斯拉夫进行访问并拜会铁托总统。

1979 年 11 月 12 日　应邀抵布加勒斯特，对罗马尼亚共和国进行访问，拜会齐奥塞斯库总统。

1979 年 11 月 20 日　应邀访问缅甸联邦。

1979 年 11 月 21 日　应邀抵加德满都，访问尼泊尔王国，并签订中尼边界联合检查议定书。

1979 年 12 月 9 日　陪同日本国首相大平正芳一行访问西安。

1980 年 1 月 19 日　应邀访问巴基斯坦伊斯兰共和国。

1980 年 3 月 12 日　应邀抵马尼拉，开始访问菲律宾、马来西亚和新加坡等国。

1980 年 3 月 21 日　顺访香港。

1980 年 4 月 15 日　应邀抵达累斯萨拉姆，开始访问坦桑尼亚联合共和国和塞舌尔共和国。

1980 年 4 月 18 日　应邀作为中国政府特使抵索尔兹伯里，参加津巴布韦独立庆典。

1980 年 4 月 19 日　拜会穆加贝总统，同副总理兼外长穆增达达成并发表建交公报。

1980 年 4 月 22 日　应邀抵洛伦索－马贵斯市，访问莫桑比克，拜会萨莫拉总统。

1980 年 4 月 25 日　应邀访问坦桑尼亚共和国，拜会尼雷尔总统。

1980 年 5 月 7 日　应邀抵曼谷，对泰王国进行访问，草签中泰民航协定。

1980 年 5 月 28 日　陪同华国锋总理抵东京，访问日本国。

1980 年 6 月 8 日　应邀抵伊斯兰堡，访问巴基斯坦。

1980 年 6 月 10 日　应邀抵斯德哥尔摩，对瑞典王国进行访问。

1980 年 6 月 13 日　应邀抵奥斯陆，对挪威王国进行访问。

1980 年 6 月 18 日　应邀抵哥本哈根，对丹麦王国进行访问。

1980 年 6 月 20 日　应邀抵波恩，对德意志联邦共和国进行访问。

1980 年 9 月 10 日　任副总理兼外交部长。

1980 年 9 月 21 日　赴纽约出席第三十四届联合国大会。

1980 年 9 月 30 日　应邀抵法国斯特拉斯堡，在欧洲委员会议会发表讲演。

1980 年 10 月 3 日　应邀抵伦敦，对英国进行访问。

1980 年 10 月 21 日　接待法国总统德斯坦访华并陪同赴西藏访问。

1980 年 11 月 26 日　赴日本东京出席中日部长会议。

1981 年 6 月 26 日　应邀抵新德里开始对印度、斯里兰卡和马尔代夫等国进行友好访问。

1981 年 8 月 1 日　抵墨西哥坎昆市，出席关于合作与发展会议的部长级预备会议。

1981 年 8 月 5 日　应邀抵加拉加斯，访问委内瑞拉共和国。

1981 年 8 月 9 日　应邀抵波哥大，对哥伦比亚共和国进行访问。

1981 年 9 月 4 日　向全国人大常委会第二十次会议报告国际形势和外交工作。

1981 年 10 月 30 日　应邀抵华盛顿，对美国进行正式友好访问。

1981 年 11 月 15 日　应邀对西非五国进行友好访问。

1981 年 11 月 18 日　抵拉各斯，对尼日利亚进行正式友好访问。

1981 年 11 月 25 日　参加几内亚共和国科纳克里市庆祝战胜外国入侵纪念日集会，接受杜尔总统授勋。

1981 年 11 月 29 日　抵巴马科，拜会马里共和国总统特拉奥雷。

1981 年 11 月 30 日　抵达喀尔，访问塞内加尔共和国并拜会迪乌夫总统。

1981 年 12 月 5 日　抵阿克拉，对加纳共和国进行友好访问并拜会利曼总统。

1981 年 12 月 16 日　抵东京出席中日两国部长级会议。拜会铃木首相。

1982 年 5 月 5 日　任国务委员兼外交部长。

1982 年 6 月 2 日　赴东京参加中日两国外长会谈。

1982 年 6 月 6 日　赴纽约参加裁军问题特别联大。

1982 年 6 月 16 日　应邀抵波恩，对联邦德国进行访问，拜会施密特总理。

1982 年 6 月 19 日　应邀抵卢森堡进行访问，分别拜会卢森堡大公和首相。

1982 年 6 月 21 日　应邀抵伯尔尼，对瑞士进行访问。

1982 年 6 月 23 日　应邀抵里斯本，对葡萄牙共和国进行正式访问。

1982 年 6 月 30 日　应邀抵马德里，对西班牙王国进行正式访问。

1982 年 8 月 17 日　中美两国政府就分步骤直到最后解决美国向台湾出售武器问题发表联合公报（即《八一七公报》）。

1982 年 8 月 19 日　向五届全国人大常委会第二十四次会议作关于中美就解决美国售台武器问题达成协议的情况报告。

1982 年 9 月 17 日　陪同访华的金日成主席向人民英雄纪念碑敬献花圈。

1982 年 9 月 24 日　陪同邓小平与来访的英国首相撒切尔夫人会谈。代表中方宴请首相一行。

1982 年 9 月 29 日　当选为中共中央第十二届中央委员。

1982 年 9 月 30 日　出席第三十七届联合国大会。

1982 年 11 月 14 日　向新华社记者发表关于中苏关系的书面谈话。

1982 年 11 月 15 日　出席勃列日涅夫葬礼。

1982 年 11 月 16 日　同苏联外长葛罗米柯会谈。

1982 年 11 月 18 日　被免去外交部部长职务，调至全国人民代表大会常委会。

1982 年 11 月 23 日　作为国务委员会见阿曼苏丹国负责国防和安全事务的副首相泰穆尔一行。

1982 年 11 月 27 日　作为国务委员出席欢迎孟加拉国部长会议主席艾尔沙德将军的宴会。

1982 年 12 月　出席纪念国际主义战士柯棣华逝世四十周年纪念大会。

1983 年 6 月 6 日　出席第六届全国人民代表大会。

1983 年 6 月 19 日　当选第六届全国人大常委会副委员长。

1983 年 7 月　同延安美军观察组老朋友在人民大会堂会见。

1984 年 4 月 16 日　在北京会见四十四年前在延安日本工农学校学习的日本朋友前田光繁和香川孝志等。

1984 年 8 月　担任中国国际友人研究会（原名三 S 研究会）会长。

1984 年 12 月 9 日　率全国人大代表团参加坦桑尼亚独立二十三周年庆典，拜会坦桑尼亚总统尼雷尔。

1984 年 12 月 16 日　率全国人大代表团抵卢萨卡，访问赞比亚，受到议长纳布里雅托的热情欢迎。

1984 年 12 月 22 日　担任中国国际友好联络会首席顾问。

1985 年 1 月 16 日　应邀作为国际行动理事会政策局成员出席巴塞罗那会议。

1985 年 4 月 25 日　出席国际行动理事会巴黎年会。

1985 年 4 月 28 日　赴英国剑桥访问著名汉学家李约瑟博士。

1985 年 5 月 2 日　作为中国国际友人研究会会长，应邀访问美国堪萨斯城斯诺纪念基金会，并接受密苏里州立大学授予的名誉文学博士学位。

1985 年 5 月　应邀作为中国国际友好联络会首席顾问率团赴美国亚特兰大，访问哈盖依研究所。

1985 年 5 月　赴美国康涅狄格州看望老朋友海伦·斯诺。

1985 年 5 月 12 日　在北京会见老朋友西园寺公一及雪江夫人。

1985 年 6 月 1 日　率全国人大代表团访问委内瑞拉，拜会卢辛奇总统。

1985 年 6 月 6 日　率全国人大代表团访问阿根廷共和国，拜会阿方辛总统。

1986 年 6 月 7 日　出席国际行动理事会东京箱根年会。

1986 年 12 月 12 日　出席全国政协纪念西安事变五十周年大会，会见老朋友贝特兰。

1987年4月14日 出席国际行动理事会吉隆坡年会。

1987年5月6日 率全国人大代表团访问墨西哥共和国，拜会德拉马德里总统和议长里瓦·巴拉齐奥。

1987年5月13日 率全国人大代表团访问哥伦比亚共和国，拜会总统巴尔科·巴尔加斯。

1987年5月20日 率全国人大代表团访问秘鲁共和国，拜会秘鲁第二副总统兼总理阿尔瓦·卡斯特罗。

1987年6月25日 任中国长城学会会长。

1987年11月 在中共第十三届全国代表大会上当选中共中央顾问委员会常委至1992年10月中顾委结束。

1987年11月 率全国人大代表团访问芬兰，拜会总统科伊维斯托。

1988年5月17日 出席国际行动理事会莫斯科年会。

1988年6月 担任中国福利会会长。

1989年4月 同燕京校友集会庆祝母校七十周年华诞。

1989年5月 在北京宴请第一百次访华的日本经济界老朋友冈崎嘉平太。

1989年5月25日 赴华盛顿特区出席国际行动理事会年会。

1989年10月 应邀赴奥地利进行友好访问。

1990年10月 出席重庆史迪威研讨会，会见史迪威女儿南希·伊斯特布鲁克。

1990年12月 作为中国国际友好联络会首席顾问应邀率团访问日本，拜会日本首相海部俊树。

1991年1月 应基辛格邀请率团访美，拜会布什总统。

1991年5月30日 出席国际行动理事会布拉格年会。

1991年9月18日 作为中国国际友好联络会首席顾问，陪同国家副主席王震在人民大会堂会见美军观察组老朋友。

1992年1月18日 担任中国国际友好联络会会长。

1992年5月 担任宋庆龄基金会主席。

1992年5月18日 在东京拜会日本首相宫泽喜一和日本前代理首相伊东正义。

1992年5月28日 赴墨西哥格列塔罗出席国际行动理事会年会。

1992年6月3日至6月14日　作为特邀客人出席里约世界环境与发展大会。

1992年9月14日　率中国国际友好联络会代表团对韩国进行友好访问，拜会卢泰愚总统。

1992年11月16日　率中国国际友好联络会代表团，与政协副主席叶选平（友联会副主席，代表团副团长）访日，庆祝中日邦交正常化20周年。

1993年5月13日　出席国际行动理事会上海年会。

1993年10月　应邀访日，拜会日本前首相福田赳夫。

1993年12月4日　应泰国副总理兼内政部长、泰中文化经济协会会长差瓦立上将的邀请，出席庆祝泰国王寿辰阅兵式和在曼谷唐人街举行的华人祝寿的盛大活动。

1994年6月7日　出席国际行动理事会德莱斯顿年会。

1994年10月　同中国福利会同事们访问海南文昌宋庆龄纪念馆。

1994年10月　作为中国长城学会会长，主持在北京举行的中国长城国际学术研讨会。

1995年5月23日　出席国际行动理事会东京年会。

1995年10月29日　应韩中友协会长朴晟容先生邀请率中国福利会代表团访问韩国。

1996年8月　接待拉吉夫·甘地基金会会长索尼亚·甘地访华。

1997年3月　应邀率中国国际友好联络会代表团访问新德里，会见拉吉夫·甘地纪念基金会会长索尼亚·甘地。

1997年5月1日　赴美国康州麦迪逊市参加海伦·斯诺的葬仪。

1997年5月　访问美国名校普林斯顿大学，会见邹至庄和莱因哈特教授。

1997年5月9日　在旧金山看望老友约翰·谢伟思夫妇、比尔·鲍威尔和杨孟东夫妇。

1997年9月　作为特邀代表出席中共第十五次全国代表大会。

1997年12月　应新西兰亚洲2000年基金会邀请，出席克赖斯特彻奇市纪念中国人民老朋友路易·艾黎的集会，会见总督哈地·波伊斯和众多新西兰朋友。

1998年6月　赴香港参加庆祝宋庆龄创立的保卫中国同盟（现名中国福利会）建立六十周年纪念会。会见特首董建华先生。

1999 年 1 月　作为海南开发促进会理事长，和理事会同事们在海口聚会。

1999 年 6 月　在广州以国立中山大学岭南（大学）学院董事会名誉主席身份出席董事会并讲话，赞誉以伍沾德博士为首的热心支持祖国大学教育事业的香港企业界人士。

1999 年 9 月 30 日　出席国庆五十周年招待会。

2000 年 10 月　在北京会见日本前首相村山富市。

2000 年 12 月　在北京出席一二·九运动六十五周年座谈会。

2000 年 12 月　在北京出席同台湾少年儿童访问团联欢会，欢迎李钟桂博士一行。

2001 年 5 月　应中国宋庆龄基金会名誉理事小坂哲琅的邀请，出席日本狮子会东京 330A 地区年会。

2002 年 11 月　作为特邀代表出席中共第十六次全国代表大会。

2004 年 10 月 11 日　在北京接受联合国秘书长安南颁发"特殊贡献奖章"。

2005 年 9 月 20 日　出席纪念抗日战争暨反法西斯战争胜利六十周年纪念大会。

2010 年 11 月 24 日　黄华逝世。

后　记

　　过去三年期间，我有幸得到全国人民代表大会常务委员会、中共中央文献研究室、外交部领导和有关主管司、外交部档案馆、外交史研究室的大力支持，并在凌青、柯华、温业湛、李道豫、张再、过家鼎、程瑞声、叶弘良、解晓岩、王效贤、郭世琮、舒暲、江培柱、陈发兵、尹承德、李星、柯林渭、徐晓东、黄玫和杨克木等同志的热情帮助下，以及何理良的总策划和编辑下，得以完成这部回忆录。

　　我特别愿意在此向以上各个单位和各位同志表示衷心的感谢。

　　我的回忆和感想可能有不当和错误之处，诚恳地希望各位读者给予批评指正。

黄华

2006 年 6 月 28 日

第二版后记

黄华于2006年写完回忆录后，曾健康地度过两年时光，但他的腿脚已逐渐颤动无力，不得不依靠手杖支撑。此时他更多依靠电脑和手机同许多老同志联系。

2008年7月，黄华因肺部不适入北京医院治疗。许多老同志和老朋友都来探望他，江泽民、习近平、王毅和杨洁篪同志亲自到病床前看望黄华，中国福利会副主席许德馨从上海向黄华问候，黄华的老朋友基辛格率全家于2008年8月9日到北京医院来看黄华，二人谈笑至欢，儿孙和亲戚也常来照顾黄华，夫人何理良则每天守候在他床边。

黄华虽经北京医院的院长和医生们精心医治，但病情越来越严重，终于2010年11月24日离开人间。临终前他希望将他的骨灰撒入他从事革命初始时的燕园未名湖内。

2010年12月1日，在八宝山革命公墓大礼堂举行黄华同志的遗体告别式。参加告别式的有以胡锦涛同志为首的党和国家领导人、部委代表、黄华家乡河北磁县县委领导同志和黄华亲属及黄华同志的亲朋好友共1700人。香港好友伍沾德再次来京表达哀思。

中共中央对黄华同志给予高度评价，称他在70多年的革命生涯中对共产主义理想坚贞不渝，对党和人民无限忠诚，对祖国无比热爱，为中华民族的独立和人民的解放和社会主义建设和改革开放事业贡献了毕生精力……他努力学习马克思主义和毛泽东思想……具有坚定的政治立场和高度的政治敏锐性，坚持真理，坚持原则……在错综复杂的对外交往活动中始终保持政治上的清醒和坚定，是我国外交战线的楷模，他德高望重，平易近人，……他作风民主、光明磊落、无私无畏、清正廉洁、生活俭朴，始终保持了共产党员的政治本色。

在本书第一版的编撰过程中，蒙中共中央文献研究室、外交部档案馆、新华总社图片社和许多摄影者大力支持和帮助。这次由中共党史出版社再版，编辑同志又做了一些文字修订、图片增补等，并附录了"黄华年表"。在此特向各位同志表示诚挚的感谢。

编者及何理良

2025 年 1 月 12 日